汉语言学新视界

2020 （总第 5 期）

目录

图书在版编目(CIP)数据

汉语言学新视界. 2020 /《汉语言学新视界》编委会编. —上海：学林出版社，2020

ISBN 978-7-5486-1653-5

Ⅰ. ①汉… Ⅱ. ①汉… Ⅲ. ①汉语—语言学—文集 Ⅳ. ①H1-53

中国版本图书馆 CIP 数据核字(2020)第 109051 号

汉语言学新视界 2020 （总第 5 期）

编者：《汉语言学新视界》编委会
责任编辑： 汤丹磊 张予澍 **封面设计：** 魏 来
出版： 上海世纪出版股份有限公司学林出版社
地址：上海福建中路 193 号 电话/传真：021-64515005
发行： 上海人民出版社发行中心
地址：上海福建中路 193 号
印刷： 上海世纪嘉晋数字信息技术有限公司
印张： 13.25 **字数：** 43 万
版次： 2020 年 8 月第 1 版 **印次：** 2020 年 8 月第 1 次印刷
书号： ISBN 978-7-5486-1653-5/H・134 **定价：** 68.00 元

卷首语

新中国成立70周年的2019年刚过去,2020年便欣欣然到来了。在新时代的大好形势下,学林出版社《汉语言学新视界2020》也及时与读者见面了。党的十九大报告强调:“文化自信是一个国家、一个民族发展中更基本、更深沉、更持久的力量。”这是至关重要的论断,值得引起我们每一个文化学者的反思。文化自信和中华优秀传统文化密切相关,我们的文化自信当然要建立在传承和弘扬中华优秀传统文化,坚持创造性转化、创新性发展的基础上。说到底,文化自信就是要在国际上确立属于我们自己文化的话语权。毋庸讳言,近代以来由于西方文化的强势渗透,我们似乎已经习惯了局限于西方文化的模式来看待问题,语言研究也是如此。从《马氏文通》开始,我们的汉语研究在相当长的时期内就是依赖西方语言的体系框架展开的,事实证明基于形态构建起来的西方语言体系框架不适合无形态的汉语,以至于我们始终难以建立起具有汉语特点的语言体系。令人欣喜的是改革开放以来,尤其是21世纪以来,汉语学界开始立足汉语事实,将探索重点转为发现、揭示、提炼汉语特点,努力构建属于我们自己的汉语言学体系框架。这是可喜现象,也是汉语学者开始确立文化自信的具体表征。

《汉语言学新视界2020》遴选、收录了近两年(2018—2019)汉语研究中部分重要的、有代表性的专业论文,展示了近两年来汉语研究的态势和动向。诚如上文所述,这两年的汉语研究反映出一种显著趋势,即老中青三代学者都从不同层面、不同角度、不同领域积极探索汉语特点,形成了一道亮丽的风景线。

一、探索汉语研究方略

不同的语言既有底层共性,又有显著的体系个性,因此语言研究需要一种顶层设计的方略来驾驭。这种探索难度较大,因此研究成果也不多见。下面四篇论文都立足汉语事实,从不同的侧面探索了相关的汉语研究方略。

袁毓林的论文《为什么要给语言建造一座宫殿?》从符号系统的转喻本质探索语言学的过度附魅。作者受当代人本主义哲学关于“哲学家建造一座理念的宫殿,却住在茅屋里”等论断的启发,提出问题:“我们在茅屋里说话,为什么要为语言建造一座宫殿?”论文认为现代语言学竭力堆砌理论、大肆为语言修筑宫殿的附魅行为,主要归咎于两个教条:(1)意义的组合性原理,(2)句法-语义同态原理。诸如空语类或轻动词、语壳结构或DP结构等假设概念和相应的理论方案,莫不是为了更好地体现这两个原理。但是,参照人类手势语的形式(结构)与意义(功能)之间的关系及其转喻机制可以发现人类语言本质上是一种转喻性的符号系统,其形式与意义之间未必具有完全的对应关系和可归约性。因此,不需要为它假设这么多的空语类或轻动词等隐变量,以及语壳结构或DP结构等看不见的句法结构。论文的可贵之处在于主张为语言祛魅,希望语言学研究能够让语言呈现出其本来的朴素面貌。

陆丙甫、应学凤的论文《人类信息处理能力限度对语言结构的基本制约》首先援引了心理语言学家Miller(1956)的观点指出:根据认知心理学的研究,人类语言信息处理的过程是“组块”(chunking),即将小单位按照一定的结构模式组成越来越大的结构单位。在此基础上论文讨论了认知心理学中的两个重要的常数,即“短时记忆限度七左右(7±2)”和“工作记忆限度四左右(4±2)”,强调其本质不仅仅是记忆的限度,而是人类信息处理能力的一般限度,包括次范畴分类的限度。然后论文集中讨论了这两个限度的关系,以及这两个限度所决定的人类语言句法结构的两个基本共性:人类语言句法结构的直接成分不会超过七个左右,其中决定结构模式的“模块成分”不会超过四个左右。在论述过程中,作者立足汉语事实,充分展示了此类跨语言的倾向性规律在汉语中的表现,及其对汉语结构的基本制约。

陈平的论文《论现代汉语语法研究中的证据问题》指出,语法研究所用经验证据有三个主要来源:(1)自拟例证，(2) 真实出现的语料(包括口语和书面语)，(3) 实验或调查结果。现代汉语语法研究始于黎锦熙1924年出版的《新著国语文法》。1950年代之前的现代汉语语法著作，证据几乎全部是书面语材料，包括早期白话文和现代白话文作品，并大都标明出处，以示有书为证。从1955—1956年公布的普通话定义也可以看出，它代表了当时的共识。1960年代之后，尤其是近三四十年来，通过自拟获取例证的做法渐渐通行开来，更为重视口语，尤其是北京口语的研究，即使从书面语直接引用或改写的例句也可不必注明出处。这些变化反映了汉语语法研究者对自己语感的自信正在不断增强，反映了现代汉语学界对于什么是合语法或不合语法的用法有了越来越多的共识，也反映了现代汉语标准化程度正在不断提高。作者认为：现代汉语语法研究应该如何获取证据，涉及许多同现代汉语标准语的起源与发展有关的问题，主要围绕如何看待作为语料的现代汉语标准语、口语和书面语这三者之间的关系，如何把握自拟、利用真实语料以及实验/调查这三种获取证据的方式各自的特点。论文对此梳理了有关问题的来龙去脉，并指出了某些问题的症结所在。

史有为的论文《带调音节：解释汉语的一个出发点》指出，语言系统的各个主要部分之间应有不同程度的相关性：有的直接，有的间接；有的程度高而明显，有的相关度低而不很清楚。作者强调，汉语语音与语法存在相关性。带调音节是汉语的特点，汉语在句法-构词法的同构、句法词类、词语韵律、诗词格律以及汉字类型等方面存在很明显的相关性。通过调查，作者还发现带调音节与单音节语、语法手段、句首指称词地位等类型也存在明显的相关性，而汉语是其中最突出而典型的一种。由此证明，带调音节是解释汉语的一个出发点，在很多层面都具有一定的控制性。我们认为作者提出的结论是一种很有新意的汉语研究思路，值得汉语研究者重视。

二、提供汉语研究思路

鉴于传统汉语研究的历史局限，当前探索汉语个性特点，前提就是要突破传统汉语研究的框架。古语云：不破不立，破字当头，立在其中。也就是说我们要用一种新的思路来重新审视汉语，继而发现汉语的个性特点。下面四篇论文即从不同的角度为揭示汉语个性特点提供了探索和研究的思路。

张伯江的论文《汉语句法中的框-棖关系》指出，汉语的句法关系是篇章关系的凝结，并认为廖秋忠在篇章关系中确立的“框-棖”语义关系可以用来刻画汉语的句法关系。作者认为，传统上所谓的主谓谓语句、周遍性主语句、无定主语句、反身与相互代词句、名词作状语以及带“得”补语句等等，都存在着大的话题框架之下还存在小的次话题的现象，好比“框-棖”结构模式。汉语的句法关系是话题-说明关系，论元关系的有无在句首部分并不重要，话题的指称性以通指为本，而作为棖成分的次话题，其指称性倒是多种多样的。

张敏的论文《时间顺序原则与像似性的“所指困境”》旨在重审戴浩一(1988)提出的时间顺序原则(PTS)。该原则简约地概括了汉语中大量被认为互不相干的语序表现，自提出之后即受到汉语学界的广泛关注，并在一定程度上推进了从认知功能角度研究汉语的趋势。作者认为，该原则之所以有重审的必要，是因为以下三方面的问题至今并未得到很好的解答。第一，现代汉语的语序为什么会在显著大于其他许多语言的规模上受制于这一像似原则？第二，PTS在汉语里的作用范围和效度到底有多大？是否有例外？若有又见于何处？尽管学界对PTS已有各个角度的检讨，但相关研究并不充分，且存在不少理解和阐释的问题。第三，海内外学界对“像似性”概念的界定一直不明确，所指不明，作为像似原则的PTS同样存在这个问题。论文探索的重点在第二个问题。

方梅的论文《话本小说的叙事传统对现代汉语语法的影响》指出，传统小说大多来自话本，而作为讲述底本，话本在叙述程式和叙述视角上具有显著的现场性特点。从话语行为角度看，表现为故事讲述与言者评价的交错；就叙述视角而言，表现为情节内人物视角与言者视角的交错。这种叙事传统对后代叙事语体的组织方式产生了重要影响。作者认为其影响主要表现在：(1) 叙事语篇中有大量的为构建现场效应所采用的互动性表达。(2) 体现叙述视角的语言形式不仅包括人称选择、元话语词汇选择，还包括一些具有人际互动功能的构式。(3) 无论是情节的开启和转换，还是话题的建立、延续和转换，以及讲述行为与评价行为的切换等篇章框架标记，都大量来自以无主语形式呈现的小句，如言说动词小句、视觉动词小句和认识义动词小句，这种弱化的小句甚至可以理解为动词本身的虚化。

刘丹青的论文《寄生范畴：源于语法库藏限制条件的语义范畴》指出，“寄生范畴”是在语言库藏类型学框架下库藏手段和语义范畴的一种非直接对应现象。由于表达甲范畴的库藏手段在使用中存在语义条件乙的限制，因此语义乙也在该手段中得到隐性表达，成为寄生于甲范畴的语义范畴。论文先简述古今汉语中的三个寄生范畴实例：(1) 现代汉语复数标记“们”寄生范畴，(2) 析取连词“或者”和“还是”寄生陈述—疑问的语气范畴，(3) 先秦汉语情态动词“可”寄生表被动的态范畴。然后论文着重考察了在多种方式类副词、表时间起点的介词连词和相对时间域名词中寄生事态或时态范畴的情况。最后论文总结了寄生范畴区别于语法库藏的目标范畴的一些特点，并讨论了寄生范畴现象的理论意义和对语言库藏类型学的推动。

三、揭示汉语语法特点

在汉语语法的某个领域，立足汉语事实揭示汉语语法的特点，这是历来汉语研究的一个传统。21 世纪以来这个传统得到了充分的传承，关于汉语语法研究的论文大都围绕这个主题展开。下面三篇论文分别选择不同的领域，立足汉语事实揭示了汉语语法的某些特点。

宋作艳的论文《名词转动词的语义基础》指出，名词转动词研究经历了从动词视角到名词视角的拓展，前者关注名词在动词的论元结构中担当什么论元角色，而后者关注动词在名词的物性结构中担当什么物性角色。论文探讨了引入名词视角的意义和两种视角之间的关系。作者认为名词视角可以揭示什么样的名词易于转用为动词，也可以揭示名词与动词之间的语义映射关系，尤其是事物功用与事件目的之间的互通性。两种视角互为补充，名转动是物性结构与论元结构互动的结果：动词化是物性结构驱动的，但哪个物性角色被激活以及如何实现为动词义受制于论元结构。

完权的论文《人称代词移指的互动与语用机制》指出，人称代词是广义移指词，指称对象随情境而变；甚至可偏离典型的指代对象，即狭义移指用法。论文借鉴认知语用学(Bara 2010，2017)的互动言语分析理念，解释人称代词广义移指与狭义移指的共同机制。作者认为，人称代词的基本语法意义是恒定不变的，如果意识到语言世界并不等同于现实世界，则可以发现，移指意义是发话人和释话人在各自自然坐标系与话语坐标系的转移和联系中，运用各种直指机制而联合建构的语用解读。决定代词指称对象的是会话双方在不同指示坐标系中各自的参与者角色。

李劲荣的论文《汉语旁格宾语的实现机制及其语法后果》以“吃食堂”为例解释汉语非受事宾语构式的实现机制。作者指出，汉语学界早就注意到一种语言现象，就是汉语动词除了通常带受事宾语外，还能带非受事宾语，如“写黑板、吃大碗、打主力、听耳机、哭鼻子”等等。本文立足构式的及物性视角，以处所宾语为例讨论非受事成分做宾语的现象。论文的主要观点是：动词的作用在于指示事件图景，处所成分做宾语是由构式决定的，构式的及物性特征要求其宾语成分必须凸显。这能证明宾语的性质是处所宾语而非受事宾语，也能证明构式的意义是如何浮现出来的，因为有一系列句法语义特征作为依据。作者认为该构式已有熟语化倾向，构式义是对某种行为方式的确认，表述的是特定“现象”而非具体“事例”。

四、关注历时汉语演变

汉语发展具有悠久的历史，现代汉语就是汉语历时发展的自然结果。自有文字以来，从先秦到汉魏，从唐宋到明清，汉语经历了几千年的发展历程。这就好比一棵大树，从它的横断面能清晰地看到从小到大的年轮圈，这就是一棵树的成长轨迹。因此汉语研究固然要关注现代汉语，还应该从汉语的历时发展来解释汉语演变的趋势，以及现代汉语中种种状态的历时缘由。下面四篇论文正是这样一个考察角度，值得引起汉语研究者们的关注。

吴福祥的论文《语义演变与主观化》指出，这些年来言语表述的主观性和主观化是认知功能语言学界和历史语言学界共同关注的话题，尤其在语法化和语义演变研究中，主观化无疑是一个重要的热点话题和研究课题。论文从历史语言学角度讨论主观化与语义演变的关系及相关问题。作者认为：其一，主观化并非语义演变的机制，而只是语义演变的一种结果或类型；其二，主观化也不是语义演变的单向性过程，最多只是语义演变的一种倾向或趋势；其三，很多语义演变过程与主观化无涉，既非主观化亦非客观化。

蒋绍愚的论文《也谈文言和白话》指出，什么是文言，什么是白话，这是讨论了很久的问题。虽然前辈学者都涉猎过这个问题，比如吕叔湘先生写过文章《文言和白话》，张中行先生写过书《文言和白话》，但是有些问题还是不太清楚，所以作者要写这篇《也谈文言和白话》的文章。作者认为，文言和白话的区别，不在于是脱离口语还是接近口语，而在于文言使用的是上古汉语的词汇语法系统，而白话使用的是近代汉语的词汇语法系统。作者还强调，现代汉语的书面语是白话，但文言在今天仍然需要，白话还需要发展和提高。

彭睿的论文《关于图式性构式历时扩展的理论思考》指出，近年来复合型图式性构式(complex and schematic construction)的历时演变逐渐成为学界的一个研究热点。原因很清楚，语法化研究的局限性导致学者们不得不寻找一种新的研究思路。图式性构式历时扩展是历时构式语法研究的重要课题。目前的一些理论方法(如"构式化"理论)以统一的模式来概括不同类型构式历时演变的规律，而对诸如图式性构式历时扩展的理论问题不够关注。作者认为，图式性构式的历时扩展应当具有特定的机制和原则，当务之急是在调查事实的基础上，逐步地总结这些普遍性规律。作者还强调，近年来以汉语为考察对象的相关研究很有价值，为图式性构式扩展普遍规律的归纳作出了理论贡献。

董秀芳、郝琦的论文《从上古汉语一批代词形式的消失看汉语量化表达的变化》指出，古代汉语中有一批代词形式(包括否定性代词、无定代词等)后来消失了，如"莫、靡、罔、或"等。这些代词的一个显著特征是都与量化表达有关，后来这些代词所表达的语义都要通过动词短语("动词＋名词性成分"，其中动词用"没有"或"有")或限定词短语("限定词＋名词性成分"，其中限定词用"有的"或"有些")来表达，即通过分析性的句法形式来表达。作者认为，这些代词形式的消失，反映了汉语的量化表达从以单语素代词为主到量化算子和描述性内容分立表达的变化过程，是汉语从综合到分析演变大趋势的一种表现。

五、解释韵律句法现象

汉字具有表意特点，汉语的基本单元是形音义三位一体的，因此汉语韵律极有个性，也极有规律，并与汉语句法形成了内在的互动关联。汉语韵律句法研究历来是汉语研究的一个热点，尤其是双音化形式及四字格表述，一直受到学界的关注。下面两篇论文即对此展开了进一步的阐述和解释。

沈家煊的论文《说四言格》指出，缩放型的四言格是汉语骈偶性的体现，骈文对言来自生活、来自对话，是语言的本源，其特点是"把类似性添加在邻接性之上"。作者强调讲汉语语法，不仅要讲骈文对言，而且要先讲骈文对言，弄清它的性质和成因，不然是本末倒置。作者认为，从"大语法"着眼，四言格是汉语的语法形式，四言格式化是汉语的语法化。印欧语语法以主谓结构为主干，是以"续"为本；汉语大语法是以对言格式为主干，是以"对"为本。因此，对西方人来说主语接续谓语才表达一个完整的意思，形式上才是完好的(well-formed)；而对中国人来说"对着说"的对言才表达一个完整的意思，才制造意义(make sense)，形式才是完好的，不对言无以明义完形。作者进一步解释：四言格之所以是"四"，是二二式，有两个相依相存的原因。一个是汉语每个字在形音义用上等价，一个是数字中唯有 4 这个数既是 $2+2$ 又是 2×2，两个原因结合满足对言、明义、完形的要求。论文还对汉语的互文、回文、顶真三种修辞现象重新加以审视和阐释，说明汉语的组织具有互文性、可回文性、顶真递系性等倾向性规律。

周韧的论文《汉语韵律语法研究中的双音节和四音节》认为，过去的汉语韵律语法研究，主要的关注点在单音节和双音节的分布对立上，实际上汉语中双音节和四音节之间也常常会引起句法分布上的差异。论文首先指出，汉语中存在着一级比双音节更高的韵律单位，这种韵律单位通常由四音节组成。然后论文通过讨论词缀对词干音节数目的要求、特定格式对音节数目的要求、语序调整和音节数目的关联三个方面，证实汉语韵律语法中存在着双音节成分和四音节成分的对立。论文还进一步讨论四音节成分在汉语韵律层级体系中的地位，说明在汉语韵律语法现象中，常常展现音节计数的特点，因而无法直接套用音系短语和音系词等当代西方韵律音系学理论中的概念。

总体而言，21 世纪以来汉语学界开始倡导突破西方语言理论的框架，重新审视汉语特点，建立汉语言学新体系，毫无疑问这是一种觉醒，是学术自信的表现。不过，要真正突破传统观念并不容易，古语说：不破不立，破字当头，立在其中。沈家煊在第20次现代汉语语法学术研讨会开幕辞中指出：理论创新不能简单地搬用国外的理论。吕叔湘先生、朱德熙先生到了晚年的时候都有这样的感受，现代汉语语法研究必须进一步突破印欧语的眼光。吕叔湘先生甚至号召，要大破特破，将句子、词、主语、动词这样一些基本概念，都要暂时抛弃，重新加以审视。如果按照吕叔湘先生的呼吁，传统范畴类都暂时抛弃了，那么适合汉语个性的范畴体系是什么样的呢？我们又如何去发现、概括这些范畴类，并设定合适的分类依据，给予合适的概念解释？那就有待于汉语学界的学者同仁共同努力，在实践中去不断探索、逐步完善了。

《汉语言学新视界》编委会

论现代汉语语法研究中的证据问题*

陈　平

提　要　语法研究所用经验证据有三个主要来源：自拟，真实出现的语言材料，包括口语和书面语，以及实验或调查。现代汉语语法研究始于黎锦熙1924年出版的《新著国语文法》。1950年代之前的现代汉语语法著作，根据的几乎全部是书面语材料，包括早期白话文和现代白话文作品，并且大都标明出处，以示有书为证。这种做法延续到1950年代。从1955—1956年公布的普通话定义也可以看出，它代表了当时的共识。1960年代之后，尤其是近三四十年来，通过自拟获取例证的做法渐渐通行开来，更为重视口语，尤其是北京口语的研究，从书面语直接引用或改写的例句也可以不必注明出处。这些变化反映汉语语法研究者对自己语感的自信在不断增强，反映现代汉语语法学界对于什么是合语法或不合语法的用法有了越来越多的共识，也反映现代汉语标准化程度在不断提高。现代汉语语法研究应该如何获取证据，涉及许多同现代汉语标准语的起源与发展有关的问题，主要围绕如何看待作为语料的现代汉语标准语、口语和书面语这三者之间的关系，如何把握自拟、利用真实语料以及实验/调查这三种获取证据的方式各自的特点。本文的主要目的，是梳理有关问题的来龙去脉，并指出某些问题的症结所在。

关键词　现代汉语　语法　普通话　北京话　口语　书面语　白话文

一、语言研究中理论依据与经验证据的区别及其来源

任何一个论点，首先需要有可靠的论据，然后经过严密论证才能成立。无征不信，说话要有根据，不仅是日常生活中的基本思维方法和行为准则，更是科学研究中的铁律。论点、论据和论证三者中，论据是基础，论证是方法。基础不牢靠，论证和论点都谈不上。胡适常将"有几分证据说几分话，有七分证据不能说八分话"写成条幅送人。言必有据，体现了五四时代提倡的科学精神，也是包括乾嘉学派在内的中国优良学术传统的重要内容。无论是传统语言学还是现代语言学研究，论据最常见的表现方法就是例证，用例子说明问题。黎锦熙早年提出"例不十，不立法"，更是为语言规律能否成立给出量化标准。王力又将这句话引申到反例上去，提出"例外不十，法不破"。两位学者主张的是同一条原则：寻绎语言规律的过程中，例证必不可少，而孤证或者出现次数很少的例子不足为凭。

(一) 理论立场 vs 经验证据

强调例证的同时，我们也要避免陷入"唯证据论"的误区。语言学既是经验科学，也是理论科学。涉及具体研究课题时，理论问题和实证问题往往密切相关，甚至缠绕难解。在讨论某个论点的过程中，我们或许会认为，论点能否成立完全取决于能否找到证实或证伪的例证。这种态度是片面的。面对我们研究的问题，我们首先要区分，这是理论问题，还是实证问题；哪些方面是理论问题，哪些方面是实证问题。大多数理论观点应该通过经验证据来检验能否成立，但也有许多理论观点，尤其涉及定义问题时，经验证据的多寡强弱往往对论点能否成立并无实质影响，甚至毫无影响。划清经验证据的效用边界，能使我们对例证在语言学研究中所能起到的作用，有更清醒的认识。我们下面以1950年代汉语语法学界三次大讨论为例，说明这个道理。

---

* 2017年12月，复旦大学举办中文学科百年庆典，作者应邀以"现代汉语的起源：再论'白话文运动'"为主题作学术报告，本文根据报告记录改写。对祝克懿教授的邀请和陈光磊教授及其他听众提出的宝贵意见，作者表示深切的感谢。本文在此次出版时，修订了原作的某些文字及表述，特此说明。

首先是汉语词类划分，这是至今都充满争议的研究课题。主要有两个相连的问题，一是汉语有无词类，或者说能否划分出名动形这样的词类；二是如果认为汉语有词类，那么划分词类的标准是什么，如何划分词类。这个问题之所以聚讼纷纭，一定程度上是因为涉及的问题，有些是理论立场问题，有些是经验证据问题。高名凯主张，区别词类，只能以狭义的、标明各种词类的特殊词形变化为标准。这个主张有两方面的内容，一是经验证据问题，汉语中能否找到他说的狭义的特殊词形变化，如果找得到，那汉语能分出词类，如果找不到，就无法为汉语划分词类；二是理论立场问题，高名凯认定，只有他说的特殊词形变化才是划分词类的标准，其他如意义、功能、分布等都与此无关。这是典型的由定义决定的理论立场，不涉经验证据。评判这类理论立场，主要根据其逻辑是否自洽、周延，对有关语言现象的说明是否全面、透彻，描写和解释的方式是否简练、深刻，是否导向有重大意义的研究课题等标准来决定它们的优劣。在高名凯词类划分标准问题上，就理论立场而言，经验事实本身不足用作证据判定他这个主张的对错，因为旁人用来证明汉语可以分出词类的语言事实，用高名凯的定义来衡量，作为划分汉语词类的标准，都不合格，因此没有充任证据的资格。黎锦熙(1924)主张，“凡词，依句辨品，离句无品”。这个观点也有两个部分，第一部分“依句辨品”，是他主张用来辨别词类的方法，是个理论立场问题，无法用经验事实对它证实或证伪；“离句无品”则是个经验事实问题，如果有语言事实可以证明，离开句子，照样能对汉语中的词进行分类，那就是用证据推翻了“离句无品”的论点。其他研究者给出“离句无品”的反证之后，黎锦熙改变了自己的观点。他在《新著国语文法》1951年“今序”中说：“‘凡词，依句辨品’是对的，但又说‘离句无品’则是不正确的。”(黎锦熙1924/1992：25)其实，“依句辨品”是理论立场问题，不受经验事实左右，只有优劣之别，没有对错之分。讨论汉语词类划分的文献中，涉及有无所谓兼类词，以及兼类词的划类策略等问题时，一般会用到“常体”“变体”等概念，取决于具体用法在语言中使用频率的高低，这是经验事实问题，可以通过统计数字来判定。

主语宾语的辨识在很大程度上也是一个理论立场问题，无法根据经验事实决定对错。汉语传统语法著作中，往往将施事认作主语，受事认作宾语，施事受事是初始成分，主语宾语是次生成分，后者的认定取决于前者。“他卖了栋房子”是主谓宾句，“房子他卖了”成了宾语前置句。美国结构主义理论框架中，主语宾语也都是句子的次生成分，由句子的结构关系(constituency)，主要是层次关系和前后语序决定，可由短语结构语法定义。句子S下辖两个直接成分，NP和VP，NP就是主语，VP是谓语，VP下辖V和NP，V后面的NP就是宾语。主宾不在同一个层次。在一些以依存关系(dependency)为主的理论模式中，主语宾语同为初始成分，在句中位于同一层次，一般不设谓语的概念。在这几大类理论模式中，主语宾语的辨识由理论立场决定，同经验事实没有多大关系。在功能语法研究传统中，往往将主语看作施事、话题等语义、语用成分的语法化结果，具备某些典型的语法行为特征，涉及许多经验事实范畴里的问题。

至于单复句问题，几乎完全取决于研究者自己设定的标准，是个理论立场问题，旁人无法根据经验事实来判断对错。所谓单复句之争，因为各人所用标准不同，往往实际上并没有许多实质内容。

（二）语法研究中经验证据的来源

语法研究所用的例证有三种主要来源。首先是自拟，研究者根据自己的语感，就有关语言现象自造例句，并以此为据，对有关论点加以论证。自拟例证可靠程度有多高，主要取决于本人对于该语言的熟悉程度。一般说来，研究者只有对自己的母语才有资格通过自拟获得可靠的例证。

第二种来源是真实出现的语言材料，可以是口语，也可以是书面语。录音机出现之前则基本都从书面语获得例证，即所谓的“书证”。研究古代语言，因为不能起古人于地下，书证向来是唯一选择。从语料价值来看，书证其实有很大缺陷。首先，书证表现的主要是书面语而不是口语，而就语言的本质属性来说，口语是第一位的，书面语是口语的文字表现。书面语同口语之间一般来说总是有距离的，书面语作者往往时间充裕，在遣词造句方面可以仔细推敲，倾向使用比较正式的词语；而口语则相对而言比较随意，在用词和组织条理上有时不是太齐整。即使尽可能忠实再现口语内容的文字记录，也无可避免地会丢失许多重要信息，如说话人语音语调上的快慢轻重等。20世纪录音机的普遍使用，对语言学家来说，无疑为口语研究带来很大方便。从事社会语言学、话语分析等研究工作的人经常使用录音材料作为研究对象。过去几十年来，出现了汇集数亿甚至数十亿字词的书面语和口语语料库，为研究者提供了可用电脑方便地搜索、提取、归类、对比的语言材料，大大丰富了语言研究经验证据的种类和数量。

值得强调指出的是，利用真实语料搜集证据的方法，还有一个严重的缺陷。当代语言学在研究方法上有别于传统语言研究的创新之一，是大量利用不合语法或不适用所在语境的句子，从反面揭示相关规则。这种例证可以通过自拟或实验/调查方法获取，但在实际出现的语料中是见不到的。

第三种是通过实验或调查方式获取例证。实验或调查采取的形式可以多种多样，规模可大可小。有的是按照精心设计的方案请多人参与的正式实验和调查，也有的只是向个别人简单地问几个问题。现代汉语语法研究领域里通过大规模实验和调查获取证据的情况并不常见，但研究人员就某个语言成分的用法咨询周围说母语的人的意见，则是非常普遍的做法。

研究者的理论背景、研究领域和课题，很大程度上决定了他们主要使用哪一种方式获取证据。致力构建形式理论模式的生成语言学派几乎完全使用自拟的例证，认为对于语句是否合乎语法的判断，是说话人语言能力(competence)的一个核心内容。心理语言学、社会语言学、语言习得、方言研究等所用的经验证据，基本上都是通过实验或调查取得。话语分析，以及最近二三十年发展很快的基于用法的一些理论学派，主要用的是实际出现的真实语料，尤其是口语材料，而语言成分所在的语境则是语料不可分割的一部分。功能语言学、认知语言学背景的语言学家，一般根据研究课题和研究目的，在自拟、利用真实语料与实验/调查三种方式中间，选择最方便、最有效的方式获取证据，常常采取一种以上的方式。

获取例证的三种主要方式各有特点、各有利弊，但都有一个可靠性问题，而可靠性的核心是研究者个人的语感。语法研究中，某个句子是否能说，语义应该怎样理解，用在某个特定的语境是否适当等，都涉及研究者的判断问题。自拟例证完全是研究者基于语感的个人判断，主观性最强。真实出现的语料以及实验和调查取得的结果，并非能自动成为可靠的证据。对于前者，研究者从中挑选可以用作证据的材料，选择的过程，就是个人主观判断的过程。虽然实验和调查结果相对而言客观性较强，但实验和调查方式的设计，以及所得结果的解读，许多时候也是个人判断的结果。个人基于语感的判断是否可靠，是语言学界许多争议的症结所在。

三种方式中，自拟无疑最省事省力，是语法研究中最常用的举证方式。但是，研究人员虽然讲的是同一语言，语感往往可能因国别、方言、年龄、家庭背景、教育背景等因素而表现出或大或小的差异。在涉及语句合法性(grammaticality)和适当性(appropriateness)判断的时候，自拟的例子往往是一些结构复杂、语义晦涩、日常生活中极少碰到的语句，而生成学派的创始人 Chomsky 与其同道偏偏十分喜好这样的例句。他们认为，正是这些常人看来复杂得不可思议的语句，最能反映说话人的语言能力，反映语言的本质特征。研究者对这类句子的判断是否可靠，是否会受个人语言(idiolect)的影响而缺乏足够的代表性，一直有很大争议(参见 Schütze 1996/2016)。Gibson & Fedorenko(2013)认为，在句法和语义研究中，语句的合法性判断不能仅仅根据单个语言学家的语感，而是应该采用科学实验的常规方法，请许多人对有关语句是否能说作出独立的判断。他们提出，参与测试的人员数量要足够大，而且不能是语言学家，避免因专业背景的影响而作出不够客观的判断。Sprouse & Almeida(2013)对此作出回应。他们采用 Gibson & Fedorenko(2013)建议的方法，做了几个实验。其中一个实验是以 Adger(2003)一书中的例句作为检验对象。该书共有 469 个例句，用以说明 9 个领域中 365 个句法问题。作者请了大量非语言学家对这些句子的合法性给出独立判断，结果显示，365 个句法问题中，参加测试的人员在 359 个问题的判断上同该书作者 Adger 一样，重合率达 98%。另一个实验是，生成语言学主要刊物 *Linguistic Inquiry* 2001—2010 十年间刊登的所有论文中，一共出现 1743 个例句，作者随机抽取了 292 个例句，涉及 146 个语言现象，实验请来的测试人员在 139 个现象的判断上同原作者一致，重合率达 95%。Sprouse & Almeida(2013)根据这些测试结果得出的结论是，应该认为，句法和语义研究中，研究者根据内省获取的证据是可靠的。两位作者同时指出，有些例句介乎合法与不合法之间，文献中一般在句子前用问号标注，多人参与的检测结果能就这类句子的合法性给出更为全面的定量分析，而单个研究者则无法提供这类信息。

二、现代汉语语法研究代表著作所用例证的来源

从现代语言学的角度研究汉语语法，始于 1898 年出版的《马氏文通》。20 世纪前半叶的汉语语法研究，可以

商务印书馆1980年代重印的《汉语语法丛书》十种，再加上胡以鲁和刘复的两部著作为主要代表：

《马氏文通》 马建忠 1898

《高等国文法》 杨树达 1920

《国文法草创》 陈承泽 1922

《国文法之研究》 金兆梓 1922

《新著国语文法》 黎锦熙 1924

《中国文法论》 何容 1942

《中国文法要略》 吕叔湘 1942—1944

《中国文法革新论丛》 陈望道等 1943

《中国现代语法》 王力 1943

《汉语语法论》 高名凯 1948

《国语学草创》 胡以鲁 1913

《中国文法通论》 刘复 1920

以上十二部著作中，大多数研究对象是古代汉语。比较系统、全面地描写汉语语法的专著共有五种，分别是《马氏文通》《高等国文法》《新著国语文法》《中国文法要略》和《中国现代语法》。《马氏文通》和《高等国文法》研究对象是古代汉语，两部书有共同的特点：一是均从清儒的训诂学著作，如《助字辨略》《经传释词》《古书疑义举例》等中采撷了许多观点与材料；二是都因依西文语法著作的理论框架，参伍比较，为汉语语法搭建新的描写架构。在大量使用源自西文语法著作的概念、术语和分类组织框架的同时，两位作者也致力于揭示汉语本身的特点。用杨树达的话来说，“酌采欧西文法之规律，而要以保存国文本来面貌为期”（杨树达 1920/1955：2）。几乎所有例子，都标明出处。两书在解释词语意义时，很少提到现代汉语。《马氏文通》只有几处将古汉语词语同所谓“俗语”相比，如讲到“矣”字时，解释说：“‘矣’字者，所以决事理已然之口气也。已然之口气，俗间所谓‘了’字也。凡‘矣’字之助句读也，皆可以‘了’字解之。”（吕叔湘、王海棻 1986：566）同书中所收七千多古汉语例句相比，提到现代口语的次数极少。

黎锦熙的《新著国语文法》是第一部以现代汉语为研究对象的语法著作。《马氏文通》和《高等国文法》受拉丁文语法著作的影响，均以词法为主，而《新著国语文法》主要以英语语法著作如 Reed & Kellogg 的《高级英文法》（*Higher Lessons in English*）为参照对象，句法占了重要地位，并提出后世影响较大的“句本位”主张。作者说，该书的研究对象是现代的汉语，不是文言文，是大众的普通话，不是某一阶层的行话和某一地区的方言。作者在解释书名中的“文法”一词时特意说明，文法就是 grammar 的翻译，不作“行文之法”讲，因为说话也要符合文法。之所以不用“国语法”，是因为当时小学有“说话”课，教“话法”，又称“口语法”，同“读法”（读书）和“缀法”（作文）对立，如果用“语法”，可能会引起误解。那么这部《新著国语文法》为什么不叫《新著白话文法》呢？黎锦熙特意说明，本书的主要研究对象，并不是口语或白话，而是限于用汉字书面化的白话文（黎锦熙 1924/1992：12）。当时流行的白话文中，欧化文体在知识阶层中相当通行，尤其常见于翻译作品和一些文艺作品。《新著国语文法》对书面语中的欧化现象举例很少，因此未能全面反映当时白话文语言特点的全貌，作者后来认为这是一个缺点。书中所收例句，主要出自明清传统白话小说如《水浒传》《西游记》《儒林外史》《石头记》《老残游记》等，以及五四以来新出的白话文作品，前者给了出处，后者则一般从略。

吕叔湘 1942—1944 年间出版了三卷本《中国文法要略》，上卷讲词语结构，中卷和下卷从范畴和关系出发，研究它们的表现形式。上卷从形式出发研究意义，中/下卷从意义出发，研究表现形式，是第一部全面研究汉语语义的著作。该书的另一个特点是将文言和白话放在一起讲，读者通过对比，可以在文言和白话的异同以及联系方面获得深入了解。书中例句来源很广，大都取自当时流行的中学课本，从四书五经、传统白话小说、诗歌、词曲，一直到当代作家如冰心、老舍、徐志摩等人的现代白话文作品，大都标明出处。

王力 1943 年出版《现代汉语语法》。该书以不自造例句为原则，同时为避免语言夹杂，南腔北调，例证尽量先从用北京话写成的《红楼梦》里找，而且挑选口语化的句子，如家常谈话时所用，文绉绉的语句不用。如果《红楼梦》里找不到合适的例子，则临时自造，或从《儿女英雄传》里寻找。凡是书证，都标明出处。

就语料的性质来说，成书于20世纪上半叶的这三部研究现代汉语的语法著作有两个共同的特点，一是它们语料的主要来源都是白话文著作，包括传统白话文和现代白话文，是书面语而不是口语，大都标明出处；二是自拟的例子很少。

1948年哈佛大学出版社出版赵元任的 *Mandarin Primer: An Intensive Course in Spoken Chinese*（《国语入门》）。这是赵元任在哈佛大学教美国陆军汉语口语短训班用的教科书。李荣将该书部分内容编译成一本书，1952年以《北京口语语法》为名由开明书局出版。全书例句均为当代北京口语，没有标明出处。

赵元任又于1968年出版 *A Grammar of Spoken Chinese*（《中国话的文法》），他在该书前言中写了这样一段话，解释为什么不用"国语文法"这样的书名：

国语有标准官话的意思，而我想强化的是弱化官话的标准性，因为尤其是就语法而言，本书有关官话的讨论大都适用于整个汉语，甚至适用于文言的许多方面。(*Gwoyeu* connotes Standard Mandarin, and my emphasis has been to de-emphasize the standard aspect of Mandarin, since, especially in matters of grammar, most of what is said here about Mandarin is true of all Chinese, even of a good part of the literary language.)(Chao 1968: viii)

赵元任在自己两本著作的中文书名中没有用"口语"或"汉语语法"这些词，认为它们是"新造的学术词汇"，有"专门名词的气味"。赵元任(1968)有吕叔湘的节译本《汉语口语语法》(1979年由商务印书馆出版)，香港中文大学出版社1980年出版丁邦新的全译本《中国话的文法》。书中例句有多种来源，主要是自拟的例子、真实口语记录以及口语化的当代文学作品，一般不标明出处。

1961年，商务印书馆出版丁声树等撰写的《现代汉语语法讲话》。该书根据1952年7月至1953年11月《中国语文》连载的《语法讲话》修订而成。该书前言中说，书中"讨论的现代汉语，口语和书面语并重，口语以北京话为主，书面语以现代作品为主"。所用例句百分之八十以上采自当代白话文作品，并给出了来源，代表以北京话为主的口语例句不到百分之二十。朱德熙1982年出版的《语法讲义》，标明书面语例句出处的不到百分之五。1984年商务印书馆出版吕叔湘主编的《现代汉语八百词》，该书编纂过程中参考了大量从书面材料里摘抄下来的例句，但在书中都没有标明出处。1990年代以后，《中国语文》等学术刊物刊登的现代汉语语法论文，例句自拟的比例相当高，摘自书面材料的例句许多也并不标明出处。

如无其他限定词，"现代汉语语法研究"中的"现代汉语"，指的是现代汉语标准语。从上面的简单回顾中可以看出，从黎锦熙(1924)开始，1950年代之前的现代汉语语法研究所用例证几乎全部出自用汉字书写的白话文，包括早期白话文和现代白话文作品，而且大都标明出处。自拟的例子和日常生活中的口语一般来说不足为证，因此在书中出现次数很少。这种做法一直延续到1950年代。1955年公布的普通话定义有两个部分：以北京语音为标准音，以北方方言为基础方言；1956年补充了第三部分，以典范的现代白话文著作为语法规范。其中第一部分讲语音，第二部分讲词汇，第三部分讲语法。普通话的定义反映了当时的共识，即现代汉语语法研究所需的证据应该从书面语而不是口语中获取。

从1960年代开始，尤其是近三四十年来，通过自拟取得例证的做法渐渐为较多的研究者所采用，口语语料得到更多的重视，书证标明出处的做法也越来越松动。不过，多年来搜集例证最常用的还是传统方式，研究人员许多时间花在从各类书报杂志上搜集例句，打勾画线，转录为卡片，分门别类存档，写论文时再将相关卡片全部摊开。使用例句卡片，主要目的是便于研究，大量相关例句排列在一起，有助于对照、比较、联想和总结，从中找出语法规律。这样做的另一个好处是方便，可将例句直接写到论文里去。因此，从过去到现在，卡片一直是语法研究中普遍使用的工具。古代汉语和近代汉语研究人员写论文，例句必须标明出处；现代汉语语法研究论文所用例句虽然没有强制说一定得提供出处，但相当长一段时间里比较普遍的看法似乎是，标明出处比不标明出处显得更为严谨一些，哪怕是"我抱着花，向大家敬礼"这类几乎人人日常生活中都会说、毫无争议的句子。对普通例子都要标明出处，或许反映自拟的例证在研究者群体中可能公信力不足，要有书为证才好。这同时也反映，对于什么是现代汉语语法研究中的合格证据，研究者群体还缺乏足够的共识。

在现代汉语语法研究的证据问题上，我们在相当长的一段时期内主要依靠书面语而不是口语材料，较少使用自拟的例句。这种态度和做法的原因是什么，结果是什么，是我们下面要讨论的问题。

三、现代汉语标准语、口语、书面语

我们称之为普通话的现代汉语标准语，1950 年代以前叫国语，如赵元任(1948)中文书名《国语入门》所示。明确定位为现代汉语标准语的国语，其实历史并不长。受日本明治维新后语言文字改革取得很大成绩的启发，从 19 世纪下半叶开始，汉字、汉文及汉语必须改革以促进中国社会的进步，成了当时社会精英阶层的共识。除了文字改革以外，清末开始的国语运动有两个主要目标，首先是言文一致，用接近口语的白话文取代传统文言文，成为主要的书面语文体；用来取代文言的新式白话文，到底应该是什么样子，同传统白话文有何区别，同日常口语有何联系？在这些问题上，学界讨论十分热烈。傅斯年(1919)在谈到怎样做白话文时，提出两个胡适认为最重要的主张，一是必须根据我们说的活语言，先讲究说话，话说好了，自然能做好白话文，二是要欧化，充分吸收西洋语言的细密结构，这样才能传达复杂的思想，以因应新时代的新需要。第一个主张听上去很有道理，但在当时实行起来会有很大困难。对于生活在广大南方方言区的人来说，除非他们先学会说比较流利的北方官话，否则无法将他们的活语言笔之于文。提出“我手写我口”的黄遵宪，母语是广东话，“我手写我口”对他来说，实际上是很难做到的。

国语运动的另一个主要目标是国语统一，向全国推广标准口语。中国现代教育制度 20 世纪初才开始渐渐在全国建立。当时中国存在极大的方言歧异，缺乏普及的共同语，给不同地区的口语交流造成很大的障碍。作为标准语的国语应该是什么样子，也是一个引起热烈讨论的问题。代表当时语言文字改革中坚力量的国语运动积极分子，于 1916 年成立了自己的组织“国语研究会”，1917 年在《新青年》杂志上刊登了下面的主张：

> 同一领土之语言皆国语也。然有无量数之国语较之统一之国语，孰便？必曰统一为便；鄙俗不堪书写之语言，较之明白近文，字字可写之语言，孰便？则必曰近文可写者为便。然则，语言之必须统一，统一之必须近文，断然无疑矣。
>
> 使立定国语之名义，刊行国语之书籍，设一轨道而导之，自然渐趋于统一，不过迟速之别而已。
>
> 不必虑统一之难，当先虑统一之无其术与具尔。同人等有见于此。思欲达统一国语之目的，先从创造统一之术与夫统一之器具为入手方法。(严修等 1917)

“国语研究会”认为，口语含有许多鄙俗成分，因此不能将口语等同于国语。哪些口语成分能成为“统一之国语”的一部分呢？条件是必须要“近文”，要“字字可写”，也就是说，能否以文字形式进入书面语，是口语成分是否有资格进入国语的衡量标准。上面讲过，黎锦熙将他撰写的现代汉语语法著作命名为《国语文法》而不是《白话文法》，因为文法的例证取自书面语，即白话文，不能来自口语白话。黎锦熙是“国语研究会”的骨干成员，对于口语和书面语的区别分得十分清楚。同时代的林琴南，则用夸张的语言表达了他对土语进入文字的反感：“若尽废古书，行用土语为文字，则都下引车卖浆之徒，所操之语，按之皆有文法，不类闽、广人为无文法之啁啾，据此则凡京津之稗贩，均可用为教授矣。”(林琴南 1919/1935：172)林琴南在白话文运动中站在“国语研究会”和胡适等人的对立面，但在重文轻语这一点上，两者有某些共同之处。

胡适(1918)提出“国语的文学，文学的国语”，简洁、明确地表述了他在现代汉语标准口语和标准书面语两者之间关系问题上的主张。胡适认为，“文学”，即书面语，要基于标准国语，用汉字将国语写成书面语，就是现代白话文，因此他将“白话文学”正名为“国语文学”。而另一方面，“国语”又要基于书面语，是现代白话文的口语形式。仔细分析胡适的主张，可以发现，这实际上是个先有鸡还是先有蛋的问题。没人能够根据他的主张，写出基于全国统一的标准国语的白话文，因为当时国语还没有标准；而要有标准国语，又先要有普遍认可、普遍使用的现代白话文。胡适说，不能等有了标准国语以后再开始写白话文，大家应该先做起来，慢慢形成标准。据他自述，他的白话文是从《儒林外史》《红楼梦》《儿女英雄传》《老残游记》等传统白话小说中学来的，同当时的国语没有多少关系。因此，胡适做的白话文，与其说是“国语的文学”，不如说是“《儒》《红》《儿》《老》的文学”(详细讨论参见陈平 2017b)。取代文言文成为通用文体的现代白话文应该比较接近口语，通俗易懂，对此大家没有异议。但是，自 1917 年白话文运动起，直到现在，对于什么是现代白话文，我们实际上并没有普遍认可的标准。在如何对待文言、俗语、方言、明清小说中的传统白话、欧化文体等问题上，作家们基本上是各行其是，只要有读者就行。有过几次白话文标准的大讨论，涉及如何看待现代白话文同文言、方言、欧化文体和大众口语的关系，但离取得共识还差得很远(陈望道等 1943)。现代汉语书面语在处理这些语言成分的实际做法上，同其他语言如英语很不一样。我们阅读今天的英文书报，见不到古英语的踪迹，但古汉语词语句式却是现代汉语书面语的常用成分。

确定国语的标准音，相对来说比较简单，1932 年采用新国音的《国音常用字汇》公布以后，以北京音为国语标准音的原则基本上就此确定了。不过，即使有标准国语，要推广普及到全国也并非易事。自 1950 年代起完整的教育体系在全国建立起来以后，我们以举国之力，花了近半个世纪的时间，才将普通话普及到近百分之六十的人口中去。对于许多人来说，掌握国语和现代白话文的顺序，往往不是先学会说国语，然后根据国语做白话文；而是如胡适那样，先从书面语学会写大家能懂的白话文，不必理会是否符合标准国语。

国语长期缺乏普遍认可的标准并且未能在全国及时普及，造成学界对于什么是现代汉语标准语长期缺少共识，语法学家对于包括自己在内的语感缺乏信任，加上严重的方言歧异，知识阶层传统的重文字、轻口语——所有这些因素加在一起是 1920 年代开始的大半个世纪里，现代汉语语法研究倚重现成的书面语材料、较少使用自拟例证的主要原因。

主要以典范的现代白话文作品中出现的例子为经验证据，由此寻绎现代汉语标准语的语法规律，这既是我们定下的原则，也是自黎锦熙(1924)之后半个多世纪里的常规做法，这样的指导原则和实践给现代汉语语法研究带来什么问题呢？

首先，何为"典范"，何为"现代白话文"？两者都是模糊概念，伸缩范围可以很大，方言、古汉语、早期白话、欧化等语言成分，都会在现代汉语白话文作品中程度不同地出现，语法研究者对这些成分如何辨识和处理，取决于研究者本人的语言能力、理论水平和研究目的。涉及一个个具体例证时，研究者本人的语感是否可靠，基于语感所作的判断是否具有足够的代表性，能否为汉语语法研究者群体所普遍接受？我们常说"有书为证"，其实，仅仅是以文字形式出现过，这本身并不足以为证。根据来源多样、成分复杂的语料得出来的语法规则，其科学价值如何？这些都是我们常常思考的问题。根据大型计算机语料库进行现代汉语语法研究，因为语料库所收材料往往相当芜杂，情况可能会更为复杂。很难想象如"了""着""过"的用法等这样需要均质性很强的语料才能做出精准判断的研究课题，能够完全依靠大型计算机语料库提供的证据来完成(陈平 2015a，2015b)。现代汉语语法研究论文因作者对文中例句的可接受度判断与他人不同，从而引起争议，是时时发生在我们周围的事情。前面提到的 Sprouse & Almeida(2013)那样的测试，我们还没有人做过。是否现代汉语语法研究领域里也会有那么高的重合率，是一个值得考察的问题。

朱德熙(1987)主张，要使现代汉语语法研究深入下去，应该对口语语法和书面语语法分别进行细致的研究，观察它们之间的异同。以书面语为对象的语法著作应当将目前书面语语法的不稳定性恰当地反映出来。他同时提出，现代汉语语法研究应该以北京口语语法研究为基础。他用来作为范例的是赵元任(1968)《中国话的文法》。该书以北京口语为主要研究对象，从北京口语语料中寻绎汉语语法的规律。朱德熙(1987)提出的无疑都是很有见地并且十分及时的主张，其基本出发点是作为语法研究的语料，数量要足够大，纯度应该尽量高，即内部均匀、无矛盾。

北京口语的范围应该比典范的现代白话文著作窄得多，语法研究因语料内部不一致而造成的问题也会相应少得多。但是，实际研究过程中还是有不少有待回答的问题，有些是技术问题，有些是理论问题。首先，怎样搜集例证？可以通过自拟，也可以依靠北京人日常说话的录音或精确的录音转写。但是，许多因素决定了几乎不可能完全依靠这类录音材料开展比较大的研究课题。一般来说，日常口语有许多迟疑、省略、重复、倒错现象，如果做话语分析，这些现象应该都是研究对象(陈平 2017a)，但要从中总结出语法规律，则需研究者决定哪些现象能说明语法规律因而可用，哪些不可用，这就取决于研究者本人的语感和理论水平，于是又回到是自拟可靠还是客观语料可靠的老问题。还有一个实际问题是，我们很难有大量可靠的录音和转写材料可用。几乎所有现代汉语语法研究者，包括赵元任和朱德熙本人，除了书证以外，涉及口语时实际上都主要通过自拟获取例证，必要时再采用调查或实验方式加以补充。从事现代汉语语法研究的非京籍语言学家应该都能说流利的普通话，但很少有人会说地道的北京话。如果承认非京籍语法学家也独立做出了大量的一流研究成果，能否就此推论，就语法规则来说，普通话和北京口语两者的交集非常大，对称差非常小，对于语法研究往往不产生实质性影响？不过，无论这个推论是否成立，许多从事现代汉语语法研究的非京籍研究人员，包括笔者在内，为审慎起见，研究过程中经常同时用上自拟、书证和调查三种搜集证据的方式，重要例句或者自己没有太大把握的地方，都要向北京本地人核实一遍才放心。

上面的讨论引出另外一个问题：京籍语言学家在现代汉语语法研究上无疑具有独特的优势，但正如朱德熙(1987)所说，汉语语法研究从来不是京籍语言学家的专利。那么，非京籍汉语语法学家，他们从事以北京口语为基础的语法研究时，语感从何而来？他们的普通话是怎么学的？中小学教育、广播影视应该是主要渠道，但另一个重要渠道是书面语。非北方官话区的人从书面语而不是口语中学会许多普通话常用的词语结构，一直是十分普遍的现象。甚至北京人也从书面语学会一些北京话原来没有的成分，渐渐用在日常口语中。黎锦熙1951年对于欧化长句，发表了这样的意见：虽然出现次数少，不适宜于口语，但如果符合汉语“共同的法式和基本的规律”，因为许多人实际上是通过书面语学习语言的，所以这些欧化长句尽管不是“从群众中来”，但很容易“向群众中去”，变成大家的普通说法(黎锦熙 1924/1992：24—25)。这个判断不仅适用于欧化成分，也适用于方言成分。“有没有VP”是吴语成分，“有VP”是闽南方言成分，这些用法开始都是先在书面语中出现，没过多少年，“有没有VP”已经完全进入普通话，“有VP”也越来越常用(王森等 2006)。这说明，书面语不仅是人们掌握北京话和普通话的重要渠道，也同时成为北京口语、普通话、方言、白话文等语体之间相互借用、相互影响的重要渠道，这就无可避免地降低了北京口语的独特性和“纯度”。

造成北京口语内部非均质性的原因，除了方言和欧化等外源成分的影响之外，还有两个重要因素，一是谁的北京口语，二是口语所指对象到底应该是什么。

北京人本身是个相当模糊的概念。年龄、职业、居住地区、家庭和教育背景不同的人，其日常口语也不会完全相同。老舍和王朔是现代汉语语法研究中最常用来作为北京口语发话人代表的两位作家，他们两人的语言还是有相当差别的。某些数词如“一”“二”等后跟名词时省略个体量词，是当代北京口语中的常见现象，青年人中尤其盛行。这种用法据说是王朔开的头，他的小说和根据小说改编的影视作品走红以后才流行开来的。同样代表北京口语但年代早一些的作品，如老舍的《茶馆》，没有或极少见到这样的用法(陈平 2016)。王朔是北京军队大院子弟，从小在封闭环境中长大，说的是大院通行的普通话，同北京老百姓几乎没有什么接触。据王朔自述，上中学开始是在东城区，后来转到西城一所中学后才第一次听周围的人说北京话，开始许多词根本就听不懂。我们的问题是，老舍、王朔、在京机关学校工作人员、内九城胡同里的居民、京郊的工人农民，谁的语言能代表北京口语？还是他们都能代表北京口语？如果都能代表北京口语，那么北京口语和普通话到底有什么区别？北京人这个概念不易精准定义，他们的口语也同样如此。

根据使用场合、目的、受众等因素的不同，口语的用词、句式和组织也会有很大的区别。陶红印(1999)提出，就现代汉语语法研究的对象来说，口语书面语两分不够，应该根据语体(genre)进行更详细的分类，找出语体之间语法特征的异同。文中证明，现代汉语的一些语法现象，如“把”和“将”的用法，用语体的概念比用口语书面语的区别更能将有关规律揭示出来。这告诉我们，有必要更深入地探讨“北京口语”或“口语”“书面语”这些概念的内涵和外延，以及它们同语体等概念之间的关系。从例证采集方法上来看，涉及语体时，只能更多地利用自拟之外的其他两种方法，主要还得依靠书面语材料。

朱德熙(1987)文中提出的另一个建议是对口语语法和书面语语法分别作细致的研究，找出它们的异同。这也是一个很好的建议。限于篇幅，我们另文讨论对该建议的具体想法。与此同时，我们不妨观察一下英语语法研究中的相关情况。近几十年来最重要的英语语法著作应该是 Huddleston & Pullum(2002)。它是一部1842页的巨著，出版后广受好评。作者说，他们要写一部尽量在口语和书面语之间保持中立的著作，但读者可能还是会觉得，该书在语料问题上偏重书面语。作者解释说，如果确实对书面语有所偏重，那并非他们的编写原则，而只是出于实际考虑：书面语能直接引用，书面语语料比口语语料容易获取，口语材料如录音中错误很多等。更重要的是，作者持有这样一个假设(assumption)：口语和书面语各自内部都有文体(style)上的差异，但口语句法和书面语句法之间的显著分歧罕见到不存在的程度(rare to the point of non-existence)(Huddleston & Pullum 2002: 11—13)。也就是说,根据书面语提供的例证,写一部在口语和书面语之间保持中立的英语语法著作,理论上是做得到的。我认为,英语语法学家能将撰写大部头的语法著作建立在这样的假设之上,主要原因之一是现代英语(Modern English)历史较长,一般认为从1776年开始就基本定形了。我们现代汉语语法学家能持这样的预设吗?

四、结　　语

本文结束之前,我引用一段黎锦熙1951年讲的话(黎锦熙 1924/1992: 21):

在三十多年以前,一般人只注意中国的文言文法,对于口语和白话文,听说也要建立起文法来,就感觉到是一件新奇而困难的事:你究竟根据一些什么材料呢?

一个世纪过去了,我们今天依然问同样的问题。从现代汉语语法研究实践来看,1950年代之前的现代汉语语法著作,根据的几乎全部是书面语材料,包括早期白话文和现代白话文作品,并且大都标明出处,以示有书为证。这种做法延续到1950年代。从1955—1956年公布的普通话定义也可以看出,它代表了当时的共识。1960年代之后,尤其是近三四十年来,例证自拟的做法渐渐通行开来,更为重视口语,尤其是北京口语的研究,从书面语直接引用或改写的例句也可以不必注明出处。这些变化反映汉语语法研究者对自己语感的自信在不断增强,反映现代汉语语法学界对于什么是合语法或不合语法的用法有了越来越多的共识,也反映现代汉语标准化程度在不断提高。

现代汉语语法研究应该如何获取证据,涉及许多同现代汉语标准语的起源与发展有关的问题,主要围绕如何看待作为语料的现代汉语标准语、口语和书面语这三者之间的关系,如何把握自拟、利用真实语料以及实验/调查这三种获取证据的方式各自的特点。本文的主要目的是梳理有关问题的来龙去脉,并指出某些问题的症结所在。本文同时提出许多问题,没有现成答案,希望引起更多的关注。

参考文献

陈　平(2015a),系统中的对立——谈现代语言学的理论基础,《当代修辞学》第2期。

陈　平(2015b),从现代语言学经典论著看语言学论文的写作与发表,《当代修辞学》第6期。

陈　平(2016),汉语定指范畴和语法化问题,《当代修辞学》第4期。

陈　平(2017a),话语的结构与意义及话语分析的应用,《当代修辞学》第2期。

陈　平(2017b),白话文运动:传承还是摈弃,《语言战略研究》第4期。

陈望道等(1943/1987),《中国文法革新论丛》,北京:商务印书馆。

丁声树等(1961),《现代汉语语法讲话》,北京:商务印书馆。

傅斯年(1919/1935),怎样做白话文　《建设理论集》,胡适编选,上海:上海良友图书印刷公司。

胡　适(1918/1935),建设的文学革命论　《建设理论集》,胡适编选,上海:上海良友图书印刷公司。

黎锦熙(1924/1992),《新著国语文法》,北京:商务印书馆。

林琴南(1919/1935),附林琴南原书　《建设理论集》,胡适编选,上海:上海良友图书印刷公司。

吕叔湘、王海棻(1986),《马氏文通读本》,上海:上海教育出版社。

陶红印(1999),试论语体分类的语法学意义,《当代语言学》第3期。

王　森、王　毅、姜　丽(2006),"有没有/有/没有+VP"句,《中国语文》第1期。

严　修等(1917),中华民国国语研究会暂定简章,《新青年》第3卷第1号。

杨树达(1920/1955),《高等国文法》,北京:商务印书馆。

朱德熙(1987),现代汉语语法研究的对象是什么?《中国语文》第5期。

Adger, David(2003), *Core Syntax: A Minimalist Approach*. Oxford University Press.

Chao, Yuen Ren(1948), *Mandarin Primer: An Intensive Course in Spoken Chinese* (《国语入门》). Harvard University Press.

Chao, Yuen Ren(1968), *A Grammar of Spoken Chinese* (《中国话的文法》). University of California Press.

Gibson, Edward, & Evelina Fedorenko(2013), The need for quantitative methods in syntax and semantics research. *Language and Cognitive Processes*, 28.1/2: 88 - 124.

Huddleston, Rodney & Geoffrey K. Pullum(2002), *The Cambridge Grammar of the English Language*. Cambridge University Press.

Schütze, Carson T. (1996/2016), *The Empirical Base of Linguistics: Grammaticality Judgments and Linguistic Methodology*. Language Science Press.

Sprouse, Jon, & Diogo Almeida(2013), The empirical base of data in syntax: A reply to Gibson and Fedorenko. *Language and Cognitive Processes*, 28.3: 222 - 228.

陈平，澳大利亚昆士兰大学　pingchen1812@gmail.com

（原载《当代修辞学》2018 年第 5 期）

从上古汉语一批代词形式的消失看汉语量化表达的变化*

董秀芳 郝 琦

提　要　古代汉语中有一批代词形式(包括否定性代词、无定代词等)后来消失了,如"莫、靡、罔、或"等。这些代词都与量化表达有关。后来这些代词所表达的语义都要通过动词短语("动词+名词性成分",其中动词用"没有"或"有")或限定词短语("限定词+名词性成分",其中限定词用"有的"或"有些")来表达,即通过分析性的句法形式来表达。这些代词形式的消失,反映了汉语的量化表达从以单语素的量化代词为主到量化算子和描述性内容分立表达的变化过程,是汉语从综合到分析演变大趋势的一种表现。

关键词　代词　量化　语言演变

上古汉语中有一批代词形式在现代汉语中消失了,如"莫、靡、无、或"等。这批代词从功能上看都具有量化作用,特别是与表达存在量化相关,它们的消失表明汉语的存在量化表达策略发生了改变。本文比较全面地找出了上古汉语中的这类代词,对这类代词的量化表达方式和特点进行了描写和分析,指出了这批代词消失的时间,并分析这类代词的现代汉语对应形式的结构特点,从而揭示出汉语在量化表达方面发生了从综合到分析的变化。

一、上古汉语一批代词的消失

汉语历史上一批否定性或无定性的代词在现代汉语中完全消失了,如"莫、靡、无、或"等。下面我们对这些代词进行分类讨论。

(一) 上古汉语一批否定性代词的消失

古代汉语中的"莫"是一个否定性代词,表达的是全量否定①,义为"没有一个",相当于英语中的 nobody、nothing、none 等,既可指人,也可指物。如:

(1) 终窭且贫,莫知我艰。(《诗经·邶风·北门》)(指人)

此例中"莫"指人,相当于 nobody,是泛指的,"莫知我艰"是指"没有人知道我的艰难"。

(2) 朝廷之臣,莫不畏王。(《战国策·齐策》)(指人)

此例中"莫"相当于 none,所指的范围是朝廷之臣,"莫不畏王"指的是"朝廷之臣中没有一个人不害怕大王(国君)"。

(3) 故禁奸止过,莫若重刑。(《商君书·赏刑》)(指物)

此例中"莫"指物,相当于 nothing,是泛指的。"莫若重刑"指"没有什么比得上重刑"。

(4) 虫莫知于龙,以其不生得也。(《左传·昭公二十九年》)(指物)

此例中"莫"指物,相当于 none,否定的范围是前面提到的"虫",句子的意思是"动物当中没有比龙更聪明的"。

---

* 本研究得到香港特别行政区研资局优配基金(GRF)项目(编号:18600915)的资助以及 2015 年度教育部人文社会科学重点研究基地重大项目(项目编号:15JJD740001)、国家社科基金重大项目(项目编号:14ZDB098)的资助。感谢胡建华、陈振宇、梁银峰、刘明明等先生以及匿名审稿人提出的宝贵意见。文中错漏之处,概由作者负责。

① 传统上称为"无指代词",亦称"否定性无定代词"(王力 2003[1980]:325),按照形式主义语言学的术语,可以看作"否定性量化词"(negative quantifier, Huang 2015),按照 Haspelmath(2013)的术语,叫作"否定性不定成分"(negative indefinites),按照刘丹青(2013)的术语,表达的是全量否定。

"莫"的代词功能在后代消失了[①]。

在上古汉语中,用法与"莫"类似的,还有"靡、无、罔、毋、亡"等。《尔雅·释言》中说"靡、罔,无也",表明三者语义功能相通。而且,这些否定性代词在声母上非常接近。"靡"和"无"属明母,"罔、毋、亡"属微母,在上古都是双唇鼻音。

先看"靡"的用例:

(5) 靡不有初,鲜克有终[②]。(《诗经·大雅·荡》)

(6) 子孙绳绳,万民靡不承。(《诗经·大雅·抑》)

(7) 德厚侔天地,利泽施四海,靡不获福焉。(《史记·孝文本纪》)

(5)中"靡"是泛指的,相当于 nothing。(6)中"靡"所指的范围是"万民",相当于 none。(7)中"靡"是泛指的,相当于 nobody,指人。

"靡"的使用频率比"莫"要低得多,在《诗经》中"莫"出现了 50 例,而"靡"只出现了 3 例;在《史记》中,"莫"在前二十列传中就出现了 65 例,而"靡"一共只出现了 15 例。"靡"消失得比较彻底,完全没有在现代汉语中保留下来,而"莫"还作为语素保留在现代汉语中,虽然语义上已发生了变化。

"无"在上古经常用作动词,但也有否定性代词的用法,相当于 nobody、nothing、none 等,也是既可指人,也可指物。如:

(8) 大夫闻之,无不耸惧。(《左传·成公十四年》)

此例中"无"是否定性代词,相当于 none,所指的范围是"大夫","无不耸惧"义为"(大夫中)没有一个人不惊恐"。下例中的"无"也是这样的。

(9) 国之材人,无不事也;亲自桓以下,无不恤也。(《左传·文公十六年》)

(10) 臣少好相人,相人多矣,无如季相。(《史记·高祖本纪》)

此例中,"无"相当于 nobody,是泛指的。"无如季相"指"没有人的面相比得了刘季(刘邦)的"。

以下两例中的"无"都是指物的。

(11) 吾矛之利,于物无不陷也。(《韩非子·难一》)

此例中"于物无不陷"义为"对于物体而言,没有什么东西刺不穿"。"无"指物,相当于英语的 none。

(12) 龙之所以为名者,乃以白马之论尔!今使龙去之,则无以教焉。(《公孙龙子·迹府》)

此例中,"无"相当于 nothing,"无以教焉"即"没有什么东西可以教给别人"。

"无"作为否定性代词,经常出现在"无以、无不"等结构中。

"无"的否定性代词用法在后代消失了。由于"无"的动词用法使用频率很高,"无"在上古的否定性代词用法不突显,因此没有被太多学者注意到。"无不(VP)"原来是"无"与"不"两个词的跨层组合,意思是指"没有一个(人或东西)不 VP",相当于英语的 nobody/nothing/none is (does) not。"无"的代词用法消失后,"无不"在句法上

---

① "莫"的代词用法的消失造成的一个后果是,"莫"与一些成分的跨层组合有的经历了词汇化,比如"莫大"(曹亚北 2017),原来是代词"莫"与"大"的跨层组合,表示"没有什么东西大于……",其中"莫"作主语,"大"作谓语。如:

夫利天下之民者,莫大于治。(《商君书·开塞》)

今宋人弑其君,罪莫大焉!(《国语·晋语五》)

后来,"莫大"变为一个形容词,相当于"极大",如"这是莫大的荣幸","莫"变成了语义模糊的词内成分,"莫大"实际上接近于单纯词了。

② 这里的"鲜"其实可以看作否定性不定代词,相当于英语的 few 或 little,在句中充当主语。在此例中,"鲜"与"靡"位置对应,功能平行。"鲜"的这种功能在后代也消失了,在现代汉语中没有对应的词,其语义要用"很少+有+人/什么"来表达,这其实也是用动宾短语来表达,而且动词核心也是"有"。"鲜克有终"译成现代汉语可说成"很少有什么能有终了"。再如:

不度之人,鲜不为患。(《左传·襄公三十一年》)

此例中,"不度之人"是话题,表示所指范围,"鲜"是主语。同样的例子还有:

夫火烈,民望而畏之,故鲜死焉。(《左传·昭公二十年》)

夫人知极,鲜有慢心。(《国语·晋语一》)

在上古汉语中,"鲜"也有形容词用法,经常作谓语,相当于"少",如:

量力而动,其过鲜矣。(《左传·僖公二十年》)

其为人也孝弟而好犯上者,鲜矣。(《论语·学而》)

上古汉语中的"鲜"类似于英语中的 few,few 也是既可以作代词,也可以作形容词。

"鲜"的否定性不定代词用法在以往的研究中未被注意,可能是因为用例不太多。我们在这里也不详细讨论。

变得无法分析，因而发生了词汇化，《现代汉语词典》已将“无不”作为一个副词收录，解释为“没有一个不，表示没有例外”。“无不”的重新分析正反映了“无”的代词用法的失落。以下现代汉语的例子，在当代人的语感中，“无不”整体上就被看作副词了，类似于“都”：

(13) 听了他讲的故事，大家无不啧啧赞叹。

“罔”的否定性代词用法使用频率比较低，在上古基本只出现在《尚书》中，是比较古老的一个形式。如：

(14) 四方之民，罔不祗畏。(《尚书·金縢》)

(15) 自成汤至于帝乙，罔不明德恤祀。(《尚书·多士》)

“罔”在后代也彻底消失了。

“毋”主要用作禁止否定词，也偶有作为否定性代词的用法，如下例中“毋”相当于 none，指人，可译为“其中没有一个人”：

(16) 上察宗室诸窦，毋如窦婴贤，乃召婴。(《史记·魏其武安侯列传》)

杨伯峻(1963)指出，比“莫”更早的金文中的“亡”也有这种全量否定功能(杨伯峻用的术语是“无指代词”)。武振玉(2006)也指出，两周金文中虽也有“莫、无”，但用例有限，两周金文中用的最多的是“亡”。如(转引自武振玉 2006)：

(17) 文王孙亡弗怀井(型)，亡克竞厥烈。(8,4341 班簋，西中)①

刘翔等(1989)翻译为：“文王子孙无不思慕并以他为效法的典型，没有人能与他显赫的功业相比。”其中的“亡”相当于 none。

这些全量否定代词在后代消失之后，其所表达的语义现代汉语一般用否定动词加名词性成分构成的动宾结构来表达，要说成“没有人”或“没有什么”。

(二) 肯定性不定代词的消失

“或”在上古汉语中也可作代词，是肯定性的不定代词，相当于英语的 someone、somebody 或 something，主要用于指人，如(18)和(19)；指物用法较少，如(20)。

(18) 或谓孔子曰：“子奚不为政？”(《论语·为政》)

(19) 南蒯之将叛也，其乡人或知之，过之而叹。(《左传·昭公十二年》)

(20) 鱼潜在渊，或在于渚。(《诗经·小雅·鹤鸣》)

“或”的代词用法在后代也消失了，演变为选择连词。“或”的代词用法在后代被“有的人、有人、有的、有些”等形式所替代。

“有”除了动词用法，在上古汉语中也有作不定代词的用例(宋玉珂 1983)，相当于 someone、somebody、something，比如：

(21) 三年春，王二月己巳，日有食之②。(《春秋·隐公三年》)

此例中“有食之”指的是“有一个东西吃它(太阳)”，“有”是不定代词，不能确定具体所指，相当于 something。

(22) 小臣有晨梦负公以登天，及日中，负晋侯出诸厕，遂以为殉。(《左传·成公十年》)

此例中，“小臣”是话题，作为讨论范围，而“有”是代词作主语，句义为“小臣当中有人梦见背着国君上天”。这里的“有”只能解释为代词而不能解释为存在动词。

(23) 齐人有谓齐王曰：“河伯，大神也。王何不试与之遇乎？臣请使王遇之。”(《韩非子·内储说上》)

此例中“齐人”是话题，是讨论的范围，“有”是代词作主语，句义为“齐人中有一个人对齐王说：……”

《汉语大词典》也收录了“有”的代词用法。“有”的第 24 个义项是“用同‘或’。代词。有人；有的”。举书证如下：“《书·尧典》：‘下民其咨，有能俾乂。’杨筠如核诂：‘有，犹谁也。有、或古通用。’晋潘岳《杨仲武诔》：‘披帙散书，屡睹遗文，有造有写，或草或真。’”

作为代词的“有”可以与“莫”平行出现，如：

---

① 括号中的数字为《殷周金文集成》(中国社会科学院考古研究所编，中华书局 1994 年)中的编号，后为分期，“西中”指西周中期。

② 感谢匿名审稿人指出这个例子。

(24) 有闻之，有见之，谓之有；莫之闻，莫之见，谓之亡。(《墨子·非命中》)

"有"与"无"相对，二者都是既可以做动词，也可以做代词("无"的代词用法见上文)，"有"有肯定性代词用法，"无"有否定性代词用法，两者的语义是平行的。

"有"的代词用法在后代被"有人、有的"等形式所替代。

二、这批代词的性质：量化词

上一小节中讨论的上古汉语中的这批代词跟"吾、尔、之、彼、此"等人称代词和指示代词性质很不一样，这批代词都与量的表达有关，在逻辑语义上属于量化词(quantifier)。"或、有"等表达的是存在量化，是典型的存在量化词，"莫"等实际表达的是对存在量化的否定，属于否定量化词。其语义用逻辑式分别可以表示为：

"或 P"(P 为谓词)：$\exists x\ P(x)$

"莫 P"(P 为谓词)：$\neg\exists x\ P(x)$

因此，这批代词可以称为"量化代词"，即具有量化功能的代词，而且它们都与表达存在量化有关。以往对这批代词的研究没有注意到它们的量化性质，本文主要从量化表达的角度观察这批代词的使用特点及其消失所带来的量化表达方式的变化。

三、量化代词的使用特点

我们调查了《诗经》、《左传》、《荀子》、《史记》(前二十列传)、《世说新语》、《齐民要术》、《祖堂集》[①]中"莫、靡、罔、或"四个量化代词的使用情况，以下提到的使用倾向和用例统计结果都基于对上述文献的调查。

(一) 量化域的类型

量化词一般都有一个量化域，即量化所针对的背景集合(background set)，也可称为限定语(restrictor)。如"班里的学生都来了"中"班里的学生"就是该句中全称量化词"都"的量化域。

与上古汉语中这批量化代词相关的量化结构可表示为：(量化域)+量化词+VP。这就是说，量化域既可以在句子中显性出现，也可以不出现。如果细分一下，上文所讨论的量化代词的量化域有三种情况：1) 话题性量化域，即量化域作为话题性成分出现在句首；2) 继承自上文的量化域，即量化域是上文中出现的某一名词性成分，在本句中没有出现；3) 无明确量化域，即在话语中没有出现量化域，量化域在语境中隐含或是泛指的类。下面分类举例讨论。

1. 话题性量化域

话题性量化域出现在句首，量化代词紧随其后充当主语[②]。这种情况十分常见。如(量化域下加了下划线，量化代词加粗，下同)：

(25) 陈乱，<u>民</u>**莫**有斗心。(《左传·桓公五年》)

(26) 盖闻中国有至仁焉，德洋而恩普，<u>物</u>**靡**不得其所。(《史记·司马相如列传》)

(27) 今<u>我民</u>**罔**不欲丧，曰"天曷不降威，大命胡不至"？(《史记·殷本纪》)

(28) 好恶不愆，民知所适，<u>事</u>**无**不济。(《左传·昭公十五年》)

(29) 齐君恐不得礼，故不出，而使四子来。<u>左右</u>**或**沮之，曰："君不出，必执吾使。"(《左传·宣公十七年》)

(30) <u>齐人</u>**有**谓齐王曰："河伯，大神也。王何不试与之遇乎？臣请使王遇之。"(《韩非子·内储说上》)

---

① 《诗经》《左传》《荀子》代表先秦文献，《史记》代表汉代文献，《世说新语》《齐民要术》代表中古文献(南北朝时期)，《祖堂集》代表代近汉语。由于这些量化代词往往还有别的用法，因此对用例需要仔细鉴别，统计起来工作量较大，因此我们的统计只选取了每个时代的少量文献。

② 匿名审稿人质疑这里说的量化域的话题地位，认为这些成分的后面好像没有停顿的情况。实际上当作为量化域的话题在语音形式上比较简短(比如是单音节或双音节时)，其后自然没有停顿，但当语音形式较长时，停顿是很可能的，如：

朝廷之臣，莫不畏王。(《战国策·齐策》)

在有量化域充当话题时，量化域由于是名词性成分，又处于句首，看起来就像是处于主语的位置，而量化代词从位置上看就很像是副词，因此蒲立本(2006：142)将这类词称为"代词性的副词"。在传统的分析中，这些形式的代词地位是公认的，无人质疑。但传统的分析主要是从语义的角度着眼的。严格来讲，我们还是要回答这些形式何以不能分析成副词。但实际上要找到有力的证据并不容易。下面，我们尝试指出一些分析为代词更合适的证据。

首先，当句子中没有出现量化域时，这些成分的主语地位就比较明显了(如"靡不有初，鲜克有终")，代词可以作主语，而副词是不可以作主语的。

第二，从与否定词"不、非"等共现时的顺序看，这些词都在否定词之前出现，而不能出现在否定词之后，如：

(31) 琴瑟在御，**莫不**静好。(《诗经·郑风·女曰鸡鸣》)

(32) 溥天之下，**莫非**王土，率土之滨，莫非王臣。(《诗经·小雅·谷风之什·北山》)

(33) 今我民**罔弗**欲丧，曰："天曷不降威？大命不挚？"(《尚书·西伯戡黎》)

(34) 是无它故焉，或为之，**或不**为尔！(《荀子·修身》)

对比有量化功能的副词"都"，"都"既可以出现在否定词之前，也可以出现在否定词之后。再对比否定副词"未"，"未"与"莫"虽然可以出现在类似的结构中①，但"未"从不出现在"不"之前，因为"未"与"不"都是否定性副词，占据相同的句法位置，这说明"莫"与"未"词性不同。

需要指出的是，"莫"在上古也有少量否定副词用法，如：

(35) 莫往莫来，悠悠我思。(《诗经·邶风·终风》)

(36) 终远兄弟，谓他人父。谓他人父，亦莫我顾。(《诗经·王风·葛藟》)

(37) 身不先知，人又莫之谏，此蔽塞之祸也。(《荀子·解蔽》)

作为副词，"莫"的前面可以出现其他句内副词，比如"亦"(36)、"又"(37)等。作为副词的"莫"不是本文的讨论对象②。

量化域作为话题出现的结构对于量化代词的后续演变起着至关重要的作用，经常与量化域话题的紧邻共现决定了这类量化词的演变趋向。因为在位置上与副词接近，量化代词的一个常见的演变方向就是变为副词，相应地，量化域话题就被重新分析为主语。

2. 继承自上文的量化域

有时，量化代词可在小句首作主语，其量化域可以在上文中找到，如：

(38) 叔孙氏之司马鬷戾言于其众曰："若之何？"**莫**对。(《左传·昭公二十五年》)

(39) 君独不观夫博者乎？**或**欲大投，**或**欲分功，此皆君之所明知也。(《史记·范雎蔡泽列传》)

3. 无明确量化域

(40) 今适南亩，**或**耘**或**耔，黍稷薿薿。(《诗经·小雅·甫田》)

此例中"或"的量化域隐含在语境中，可以理解为"农人"。

(41) 及楚杀子玉，公喜而后可知也。曰："**莫**余毒也已。"(《左传·宣公十二年》)

此例中"莫"的量化域是泛指的，可以理解为所有人。

后两类其实可以归入一大类，都属于句中不出现显性量化域的，与量化域作为话题出现的第一类形成对立。"莫、靡、罔"比"或"更多地出现在带有量化域话题的结构中，而"或"较多出现在无显性量化域的结构中。

---

① "莫"和"未"所出现的结构看起来非常接近。当"莫"和"未"所在的句子中有代词宾语时，宾语会提前，而且宾语提前的位置可以在"莫、未"之后，助动词或副词之前，如：

有众逐虎，虎负嵎，莫之敢撄。(《孟子·尽心下》)

楚君之惠，未之敢忘。(《左传·僖公二十八年》)

保民而王，莫之能御也。(《孟子·梁惠王上》)

子路有闻，未之能行，唯恐有闻。(《论语·公冶长》)

虽使五尺之童适市，莫之或欺。(《孟子·滕文公上》)

自古以来，未之或失也。(《左传·昭公十三年》)

② 实际上，要区分副词"莫"与代词"莫"一方面要结合句法分布，一方面也要结合语义，要通过上下文的语义信息来判断"莫"的语义功能。

（二）只能出现在动词前的位置

上古汉语中的量化代词在句法上都只能出现在动词前的位置，上文的例子都是如此。即使在语义上表示的是受事，还是会出现在动词前。如：

(42) 吾矛之利，于物无不陷也。(《韩非子·难一》)

“无”是“陷”的受事，但在句中出现在动词前。

(43) 灵公闻之怒，滋欲杀之甚，众莫可使往者。(《公羊传·宣公六年》)

“莫”是“可使”的受事，但位于助动词之前。

“无”和“莫”等都是否定性代词，按照上古汉语的语法规则，在作宾语时要提到动词之前。另外，不定代词“或”也总是出现在动词前[①]。

而英语中相应的名词性量化词是既可以出现在主语位置(动词前)也可以出现在宾语位置(动词后)的。如：

(44) **Somebody** asked me at one stage, “Are you depressed?”(来自“美国当代英语语料库”(Corpus of Contemporary American English)，下同)(动词前)

(45) It's one thing to teach **something** but then it's another thing to see where it's actually applied in life.(动词后)

(46) **Nothing** happens without your say; **nothing** works without your input.(动词前)

(47) In other words, NCLB actually did **nothing** to improve education.(动词后)

（三）施事主导

在我们考察的797个例句中，量化代词做施事解读的共765例，占96%；量化代词做受事解读的共30例，占4%。以下是个别的量化代词做受事解读的例子，如：

(48) 哀今之人，胡憯**莫**惩？(《诗经·小雅·十月之交》)

“莫惩”义为“什么都不惩戒”，“莫”是受事。

(49) 比于文王，其德**靡**悔。(《诗经·大雅·皇矣》)

这句话的意思是“一直到了周文王，他的德行没有什么可悔恨。”

施事和受事的不平衡这个问题该如何解释尚需进一步思考。

（四）在肯定句和否定句中的分布

“莫、靡、罔”本身是否定性量化词，其所出现的句子带有否定特征，表现在可以根据上古汉语的句法规则引发代词宾语的前置。如：

(50) 保民而王，莫之能御也。(《孟子·梁惠王上》)

(51) 余掖杀国子，莫余敢止。(《左传·僖公二十五年》)

我们考察了量化代词在肯定句和否定句中的分布情况。注意，这里肯定句和否定句的判定标准是看句中谓语是否带有否定成分，如“不”等否定副词，有否定成分就算作否定句，没有就算作肯定句。也就是说，对于否定性量化代词而言，是看在它本身之外，句中是否还有别的否定词。考察结果如表1所示：

表1 “或、莫、靡、罔”在肯定句与否定句中的分布

	肯定句		否定句		合计
或	179	99.4%	1	0.6%	180
莫	332	68.2%	155	31.8%	487
靡	13	48.1%	14	51.9%	27
罔	3	37.5%	5	62.5%	8

① 匿名审稿人认为不能出现在动词后作宾语可能表明这类形式不是论元类代词，但我们认为不出现在动词后作宾语可以归结为上古汉语代词的特殊语序，因而并不能否定这类成分是论元类代词。

从表 1 的统计可以看出,“莫、靡、罔”在肯定句和否定句中均有分布,而“或”基本不出现于否定句。“或”偏向于出现在肯定句可能是有语义上的原因,这还需要进一步的研究。

四、上古汉语量化代词的消失时间

上古汉语中这批有量化功能的代词在中古以后式微,到唐代时已基本消失。表 2 反映了“或、莫、靡、罔”四个词在不同历史时代文献中的分布情况。

表 2 “或、莫、靡、罔”在历代文献中的分布

	或①	莫	靡	罔	总字数
《诗经》	31	55	4	0	3.9 万
《左传》	66	90	0	0	27.7 万
《荀子》	17	235	1	0	9.1 万
《史记》	22 (前二十列传)	67 (前二十列传)	20	8	61.6 万 (7.8 万)
《世说新语》	38	32	0	0	8.0 万
《齐民要术》	5	5	2	0	12.1 万
《祖堂集》	3	3	0	0	24.4 万
总　计	182	487	27	8	

从表 2 可以看出,“或”和“莫”在上古用例较多,而“靡”和“罔”在上古用例就不多,到了南北朝时期的《世说新语》和《齐民要术》中,量化代词的用例减少,在《齐民要术》中用例很少,这是因为这部书的口语性非常强,因此存古的东西就少。到了唐末的《祖堂集》中,用例进一步减少,而且仔细分析仅存的一些用例,其中量化代词的用法也不典型了,可以看作正处于演变中的例子,与新的用法并存。比如,“莫”在汉代以后发展出了禁止副词的新用法,《世说新语》中“莫”用作否定性量化代词的用例有 32 例(84.2%),用作禁止副词的用例有 6 例(18.8%);而《祖堂集》中“莫”用作否定性量化代词的用例只有 3 例(7.0%)(而且表量化的功能也不典型了),用作禁止副词的用例有 40 例(93.0%)。从中可以看出,旧用法逐步让位给了新用法。

我们推测,大致到了唐五代时上古汉语中表量化的代词用法就基本消失了。

五、量化代词的消失反映了汉语存在量化表达方式的演变

刘丹青(2011)指出,全量否定代词“莫、靡”等在普通话及现代所有的方言中都不存在了,消失得非常彻底。上一节中提到的肯定性量化代词“或、有”等在现代汉语中也消失了。

新的语言形式的出现值得重视,旧的语言形式的消失也同样值得重视。但在实际中,语言研究者们往往对前者注意较多,而对后者关注不够。Lightfoot(1991)指出,语言形式的消失往往反映参数的重设②,因为新的语言形式的出现,可能是由于表达的原因,但语言形式的消失一般不会是由于表达的原因引起的,一定是由于语言规则的变动,因此特别值得重视。汉语历史上这一批量化代词系统性的消失,也需要予以深究。我们认为,这批量化代词的消失反映了汉语存在量化表达方式的演变。

(一) 从代词/光杆名词表达(词库表达)到动词短语表达(句法表达)

这批量化代词消失后,在现代汉语中的代替性表达最常见的是使用动词短语,如“莫”可以翻译成现代汉语的

① “或……或……”连用格式,只计一次。

② 在生成语法学家看来,语法的演变是在语言习得的过程中发生的,表现为参数重设,即儿童一代设定了某个不同于父母一代的语言参数。

“没有人”或“没有什么”。代词性的表达是从词库中直接抽取量化词，而动宾结构的表达是通过句法手段生成量化结构。这就是说，汉语存在量化的表达方式经历了从词库手段到句法手段的变化。

特别值得注意的是，现代汉语中表达存在量化的动词短语都含有“有”字。可见，这些量化代词的消失与动词“有”表示存在量化的兴起是联系在一起的。下面我们就简单看一下“有”作为存在量化标记的兴起。

现代汉语中主语位置上的光杆名词一般要求是有定的(definite)，无定光杆名词或由“一＋量词”引入的无定成分如果要做主语，其前要加“有”字：

(52) a. 客人来了。　　　　(“客人”一般做有定解读)

b. 来客人了。　　　　(“客人”一般做无定解读)

c. 有客人来了。　　　(“客人”做无定解读)

d. 有一个客人来了。

e. *一个客人来了。

(52c)和(52d)中的句首动词“有”在文献中被认定为助动词，语义上相当于存在量化算子，为光杆名词“客人”和数量名结构“一个客人”带来存在量化约束，见黄正德(1988)、Tsai(2003)等研究[①]。

“有”的这种功能不是自古而然的，而是后起的。上古汉语中主语位置上的光杆名词可以是无定的[②](董秀芳2010)，如：

(53) 楚子涉睢，济江，入于云中。王寝，**盗**攻之，以戈击王。(《左传·定公四年》)

(54) 旦日，**客**从外来。(《战国策·齐策一》)

(53)中的“盗”和(54)中的“客”都是无定的，翻译成现代汉语分别是“有强盗”和“有客人”。

变化发生在中古以后。董秀芳(2010)指出，中古汉语时期，主语位置的无定光杆名词逐渐被“有＋一＋NP”取代[③]。在《世说新语》中，“有＋一＋NP＋VP”格式已很常见，但是主语位置的无定光杆名词仍然存在；而到了唐代，在口语化程度较高的文献中，主语位置上光杆名词的无定用法就基本消失了。这就表明，“有”慢慢演变成了存在量化的标记。

不难发现，量化代词的消失时间与“有”表存在量化的兴起正好是平行的，都是在唐五代时期。简言之，原先的名词性存在量化策略(主语位置上的无定光杆名词、代词性存在量化词)从中古汉语开始让位于“有”字结构，至近代汉语则完全消失，彻底被“有”字结构所取代。相应地，表达否定性量化时就用“没有＋NP”。

(二) 从单语素名词表达(词库表达)到限定词短语表达(句法表达)

还有的量化代词消失后是用限定词短语来表达。例如，“或”的一部分用法翻译成现代汉语是“有的人、有些人”。

“或”作为量化代词性质比较复杂，这里我们从当代语言学对量化的认识来考察一下“或”的特点。“或”的量化代词用法仔细来看可分为两种，一种是纯粹的存在量化的用法，表达“存在某人/某物……”，在现代汉语中可以用“有人”[④]或“有＋一＋量＋NP”来表达，也就是用动词性短语来表达，如(55)所示，这属于我们前文讨论的情况；另一种用于话题性成分之后，该话题性成分表达量化域，其后两个及以上的“或”连用，如(56)所示，这种用法属于

---

① 黄正德(1988)和Tsai(2003)都将存在句“有一个人在教室里”中的“有”和表事件实现或完成的句子“他有吃饭”(台湾“国语”)中的“有”等同处理——当“有”表达主语的存在时，实现存在句的语义；当“有”表达事件的存在时，实现完成貌的语义。因此，Tsai(2003)也将“有”定性为“无择约束算子”(unselective binding operator)。这种等同处理是否可行，是另外一个需要独立研究的问题。但“有”字的动词地位和引入存在量化的语义性质是没有争议的，本文只讨论“有一个人在教室里”这种存在句，并将这种存在量化方式定性为VP结构的存在量化。

② 注意，我们这里说的只是光杆名词在上古汉语中作主语时可以是无定的，但并不是说一定是无定的。光杆名词的实际解读是依赖于语境的。

③ 匿名审稿人指出，用动词“有”引入参与者的用法，在战国时候就有了，的确如此，董秀芳(2010)的文章中也已指出这一点。但是我们这里说的是“有＋一＋NP”代替主语位置上的不定光杆名词的时间是在中古，不是说“有”字引入参与者最初出现的时代。

④ “或”的有些用例可以翻译成“有人”，如“或曰”就可以翻译成“有人说”。“有人”已基本词汇化了，相当于someone、somebody，可以看作一个双音复合代词了(董秀芳 2010)。在“有人”替代“或”的情况下，就相当于一个双音代词替换了以前的一个单音代词，不过，这个双音代词从其源头上看是由包含“有”的动宾短语词汇化而来的，即“或”先变为动宾结构“有＋人”再变成复合代词“有人”。发生词汇化的“有人”在全部“有＋NP”组成的动词短语中只是一个特例。

“部分量化”(partitive quantification),表达“在某个集合中存在一部分人/物……”。在现代汉语中用“有的/有些”加名词性成分或单独用“有的/有些”代替。

(55) 或谓孔子曰:“子奚不为政?”(《论语·为政》)

(56) 臧孙说,谓其人曰:“卫君必入。夫二子者,或挽之,或推之,欲无入,得乎?”(《左传·襄公十四年》)

(56)中,“二子”是话题,也是“或”的量化域,“或挽之,或推之”可以译为“有的拉他,有的推他”。

“有的、有些”虽然包含“有”,但已发生了词汇化,因此“或”的部分量化用法在现代汉语中不能说是被动词短语所替代。根据 Tsai(2003),“有的、有些”是强限定词(strong determiners),带来部分量化的解读。“有的/有些人”的句法结构可以分析为:

(57) [$_{DP}$有的/有些[$_{NP}$人]]

这就是说,“有的/有些”作为 DP 的中心词 D,选择 NP“人”作为补足语。“有的、有些”具有限定词性质。“或”被“有的/有些(NP)”所替代,可以看作单语素的量化词被限定词短语替代,这种情况也属于词库手段被句法手段所代替。当“有的/有些”单独出现时,可以认为其后 NP 因在前文出现而省略。

综合上文所说的量化代词被动宾结构替换的现象,我们可以得出结论,汉语存在量化的表达经历了从词汇型策略到句法型策略的演变。

六、量化代词消失的实质:从综合到分析

从语言成分的内部构成上看,用动词性短语或限定词短语代替原有的代词进行量化表达是一种从综合到分析的变化,语义表达变得更为透明。

语言中的量化表达的逻辑表征是“算子-变量”约束关系。也就是说,量化结构包含算子(如全称算子∀、存在算子∃)和变量(即个体变元,通常用字母 x、y 表示)两部分。变量变动的范围由量化词中的描述性内容确定。以英语的量化句(58a)为例,其逻辑式可以表示为(58b):

(58) a. Some students are smart.

b. $\exists x.$ students(x) & smart(x)

在(58)中,量化词 some students 里的 some 贡献了量化算子的语义,而 students 限定或描述了变量变动的范围,可以称为“描述性内容”(descriptive content)。

Tsai(1999a, 1999b)及蔡维天(2008)比较了不同语言中算子-变量关系的形态句法表现,提出“算子合并参数”(Operator Merger Parameter),即不同语言中算子合并的句法位置不同:

1. 现代汉语:合并量化算子到 IP 或 VP,如(59a)中句子副词(sentential adverb)“都”带来全称量化,(59b)中助动词“有”带来存在量化:

(59) a. 谁都进来了。

b. 有谁进来了。

2. 日语:合并量化算子到 PP 或 DP,如(60a)中否定极性标记 mo 合并到 PP 上,(60b)存在量化标记 ka 附着在 DP 上:

(60) a. [dono gakusei]-ni-mo　　A-o　　age-nakat-ta.

哪个　学生　-与格-否极标记　　A-宾格　给-不　-过去式

“我不是哪个学生都给 A 的。”

b. [dono gakusei]-ka-ga　　rakudai-si-ta.

哪个　学生　-存在标记-主格　　不及格-过去式

“有个学生不及格。”(字面上是“哪个学生不及格。”)

3. 英语:合并量化算子到 D^0,如 who-ever, some-what。

蔡维天(2008)进一步把这一语言参数与“分析性”(analyticity)这一概念联系起来,认为算子合并的句法位置

越高，相应的量化结构分析性程度也越高。英语中算子是DP中心词的一部分，综合性程度最高；现代汉语中算子合并到IP或VP，句法位置很高，因此分析性程度最高；而日语中算子合并到PP或DP，分析性介于英语和现代汉语之间。

我们参考蔡维天对量化结构的语言类型分析，认为上古汉语中“莫、或”等量化代词是将量化算子合并到DP内部而形成的量化词，在上述参数中属于“英语型”，甚至相比于英语而言综合性程度更高，因为量化算子和描述性内容在表层结构中合二为一，表现为单语素形式。而“没有谁、没有什么、没有人、有（＋数量）＋NP”等现代汉语中动宾形式的量化表达是把量化算子（即“有、没有”）显性地编码出来，算子合并到动词短语VP，通过动宾组合的方式实现量化表达，是一种分析性形式。另外，“有的人、有些人”这类DP结构量化词，虽然也是将算子（“有的、有些”）合并到DP内部，但量化部分和描述性部分（“人”）分立，相较于古汉语的“或”更具分析性。所以可以说汉语中存在量化的表达方式经历了从综合到分析的演变。

顺带提到，除了存在量化，上古汉语中一些表示全称量化的代词虽然没有在后代消失，但是也发生了一些变化，而且也是沿着从综合到分析的路径变化。比如代词“各”，在古代汉语中可以做主语，相当于英语的each，表达全称量化。《马氏文通》中将“各”归为逐指代字，并举例解释：“论公冶：‘盍各言尔志。’‘各言’者，‘每人言’也。‘各’字单用，而在主次。”可见，《马氏文通》将“各”定性为代词，并且实际已经发现了其全称量化的功能。“各”和“莫”可以出现在对应的位置，这也可以从一个侧面表明“各”与“莫”性质相当，都是具有量化功能的代词。比如：

（61）各顾其后，莫有斗心。（《左传·成公十六年》）

与上古汉语的其他量化代词一样，“各”的量化域既可以在句子中充当话题，如（62），也可以出现在上文中或在语境中隐含，如（63）和（64）：

（62）<u>三子</u>**各**毁其乘。（《左传·襄公十一年》）

（63）出令不信，刑政放纷，动不顺时，<u>民</u>无据依，不知所力，**各**有离心。（《国语·周语下》）

（64）天下非有公是也，而**各**是其所是。（《庄子·徐无鬼》）

现代汉语虽然保留“各”，但已变为限定词，只能作定语，后接名词性成分，如“各班、各人、各家、各位领导”，而不能再单独充当主语。根据Lin（1997）的观点，“各位领导”的句法结构应当分析为：

（65）[DP　各x[CLP　位（x）[NP　领导x]]]

“各”原来是单语素的全称量化词，后来变为限定词（指示代词），描述性内容独立出来，同样是从综合到分析的演变。

另外，原本单独作主语出现在动词前的代词“各”在现代汉语中已经被重新分析成副词，《现代汉语词典》（第七版）在“各”的副词义项下的释义是：“表示不止一人同做某事或不止一物同有某种属性”，举例如“双方各执一词”“左右两侧各有一门”“三种办法各有优点和缺点”，这些结构如果放在上古汉语，其中的“各”都应分析为量化代词作主语。“各”的这一重新分析符合量化代词容易演变为副词的常见倾向。

从综合到分析是符合汉语整体演变趋势的①。汉语从综合到分析的变化还表现在很多方面（Huang 2015）。比如，名词动用减少，由轻动词构成的动宾结构大量出现；完结语义从隐性地编码在完结动词中到显性地表达为补语成分，如：遇>遇到/遇上（董秀芳2017）；方位从隐含在实体名词中表达到单独编码为方位词来表达（藏金于山→把金子藏在山上）（李崇兴1992）等等。分析性增强之后，形式与语义有了更好的对应，透明性也就增强了。

七、结　　论

上古汉语中有一批代词“莫、靡、或、罔”等在后代系统性地消失了。这批代词都具有量化功能，主要是表达存

① Peyraube（2014）认为，在不同时期汉语的演变趋势可能是不同的，可能在一个时期存在从综合到分析的演变趋势，在另一个时期又会出现从分析向综合发展的趋势。从上古汉语到中古和近代汉语阶段，汉语是从综合到分析发展的，而在当代汉语中又出现了一些从分析向综合发展的趋势。我们讨论的量化代词的变化其实就是从上古汉语到近代汉语时期发生的，属于Peyraube（2014）认定的汉语从综合向分析发展的阶段。对量化表达而言，从分析再向综合发展的趋势尚未出现。

在量化，或者是表达肯定性的存在量化，或者是表达否定性的存在量化，后者相当于全量否定。这些表量化的代词只能出现在动词前，其量化域可以显性地出现在话题位置，也可以出现在上文中，或者找不到显性的量化域。大约到唐五代时期，量化代词基本消失，其功能在后代被包含动词"有"的动词性短语或被限定词短语所取代。这反映了汉语存在量化策略的调整：从词汇型策略转变到句法型策略，即量化算子和限定变量的描述性内容从融合到同一语素中演变为分立表达(VP 结构或 DP 结构)，是汉语从综合到分析的演变的反映。

参考文献

Cao, Yabei (曹亚北). 2017. On the lexicalization and related problems of *moda* (莫大). *Studies in Language and Linguistics* 2: 87-9.[2017,"莫大"的词汇化及相关问题。《语言研究》第 2 期,87—9 页。]

Dong, Xiufang (董秀芳). 2010. Diachronic changes of the referential properties of bare nouns in Chinese. *Studies in Language and Linguistics* 1: 11-20.[2010,汉语光杆名词指称特性的历时演变。《语言研究》第 1 期,11—20 页。]

——. 2017. On post-verbal completive elements. *Studies of the Chinese Language* 3: 290-8.[2017,动词后虚化完结成分的使用特点及性质。《中国语文》第 3 期,290—8 页。]

Haspelmath, Martin. 2013. Negative indefinite pronouns and predicate negation. In Matthew S. Dryer & Martin Haspelmath, eds., *The World Atlas of Language Structures Online*. Leipzig: Max Planck Institute for Evolutionary Anthropology.

Huang, C.-T. James (黄正德). 1988. On '*be*' and '*have*' in Chinese. *Bulletin of the Institute of History and Philology* 59, 1: 43-64.[1988,说"是"和"有"。《中研院史语所集刊》,第 59 本,43—64 页。]

——. 2015. On syntactic analyticity and parametric theory. In Yen-hui Audrey Li (李艳惠), Andrew Simpson, and W.-T. Dylan Tsai (蔡维天), eds., *Chinese Syntax in a Cross-linguistic Perspective*. Oxford: Oxford University Press. Pp. 1-48.

Li, Chongxing (李崇兴). 1992. A preliminary investigation on the historical development of location words. In Zhu'an Hu, et al., eds., *Investigation on Early Modern Chinese*. Beijing: Commercial Press. Pp. 243-63. [1992,处所词发展历史的初步考察。见胡竹安等编,《近代汉语研究》。北京:商务印书馆。243—63 页。]

Lightfoot, David. 1991. *How to Set Parameters: Arguments from Language Change*. Cambridge, MA: The MIT Press.

Lin, Tzong-hong (林宗宏). 1997. On *Ge* and other related problems. In Liejiong Xu (徐烈炯), ed., *The Referential Properties of Chinese Noun Phrases*. Paris: EHESS. Pp. 209-53.

Liu, Danqing (刘丹青). 2011. The reservation and disappearance of typological features in the history of Chinese: A cross-dialectal examination. *Language Teaching and Linguistic Studies* 4: 28-38. [2011,汉语史语法类型特点在现代方言中的存废。《语言教学与研究》第 4 期,28—38 页。]

——. 2013. Lexicon for quantification of Chinese: The 'many'/'few' dichotomy and the 'all'/'some'/'no' trichotomy. In *Collection of papers on Chinese Grammar in Honor of Professor Hideki Kimura on the Occasion of His 60th Birthday*. Japan: Hakuteisha. Pp.54-72. [2013,汉语特色的量化词库:多/少二分与全/有/无三分。见《木村英树教授还历纪念中国语文法论丛》。日本:白帝社。54—72 页。]

Liu, Xiang (刘翔), Kang Chen (陈抗), Chusheng Chen (陈初生), and Kun Dong (董琨). 1989. *Readings of Ancient Chinese Characters in Shang and Zhou Dynasties*. Beijing: Language and Culture Press. [1989,《商周古文字读本》,北京:语文出版社。]

Peyraube, Alain (贝罗贝). 2014. Has Chinese changed from a synthetic language into an analytic language? In Zhihua He and Shengli Feng, eds., *Adaptation and Innovation: Research on Chinese Language and Script*, Vol.1. Hong Kong: The Commercial Press. Pp. 39-66. [2014,见何志华、冯胜利主编,《承继与拓新:汉语语言文字学研究》(上卷)。香港:商务印书馆。39—66 页]

蒲立本(Pulleyblank, Edwin G.)著,孙景涛译,2006,《古汉语语法纲要》。北京:语文出版社。原著:1995. *Outline of Classical Chinese Grammar*. Vancouver: University of British Columbia Press.

Song, Yuke (宋玉珂). 1983. The pronominal use of "you" in Old Chinese. *Language Teaching and Linguistic Studies* 1: 109-18. [1983,古汉语"有"的代词用法。《语言教学与研究》第 1 期,109—18 页。]

Tsai, Wei-Tien Dylan (蔡维天). 1999a. *On Economizing the Theory of A-Bar Dependencies*. New York: Garland Publishing. 1994, Ph. D. diss., MIT.

——. 1999b. On lexical courtesy. *Journal of East Asian Linguistics* 8, 39-73.

——. 2003. Three types of existential quantification in Chinese. In Yen-hui Audrey Li and Andrew Simpson, eds., *Functional Structure(s), Form and Interpretation: Perspectives from Asian Languages*. London: Routledge Curzon. Pp. 161 - 79.

Tsai, Wei-Tien Dylan (蔡维天). 2008. Theories of comparative syntax and Chinese interrogative and quantificational constructions. In Yang Shen and Shengli Feng, eds., *Contemporary Linguistic Theories and Related Studies on Chinese*. Beijing: The Commercial Press. Pp 26 - 41. [2008,比较句法理论与汉语疑问、量化结构研究。见沈阳、冯胜利主编,《当代语言学理论和汉语研究》。北京:商务印书馆。26—41 页]

Wang, Li (王力). 2003[1980]. *Lectures on the History of the Chinese Language*. Beijing: Zhonghua Book Company. [2003[1980],《汉语史稿》。北京:中华书局。]

Wu, Zhenyu (武振玉). 2006. Non-referential pronouns in bronze inscription of Zhou Dynasties. *Yangtze River Academic* 3: 67 - 71. [2006,两周金文中的无指代词。《长江学术》第 3 期,67—71 页。]

Yang, Bojun(杨伯峻). 1963. Non-referential pronouns "wang1", "wang2" and "mo" in Old Chinese. *Studies of the Chinese Language* 6: 473 - 5.[1963,上古无指代词"亡""罔""莫"。《中国语文》第 6 期,473—5 页。]

董秀芳,北京大学中文系 xdong@pku.edu.cn

郝琦,北京大学中文系 hq2010pku@163.com

(原载《当代语言学》2019 年第 4 期)

话本小说的叙事传统对现代汉语语法的影响

方　梅

提　要　传统小说多来自话本。作为讲述底本，话本在叙述程式和叙述视角上具有显著的现场性特点。从话语行为角度看，表现为故事讲述与言者评价交错；就叙述视角而言，表现为情节内人物视角与言者视角交错。这种叙事传统对后代叙事语体篇章的组织方式产生了重要影响。其影响主要表现在：(1) 叙事语篇中有大量的为构建现场效应所采用的互动性表达。(2) 体现叙述视角的语言形式不仅包括人称选择、元话语词汇选择，还包括一些具有人际互动功能的句式。(3) 无论是情节的开启和转换，还是话题的建立、延续和转换，以及讲述行为与评价行为的切换等篇章框架标记，都大量来自以无主语形式呈现的小句，如言说动词小句、视觉动词小句和认识义动词小句，这种弱化的小句甚至可以理解为动词本身的虚化。

关键词　叙事语体　篇章框架标记　互动性表达　视角

引　言

中国近代叙事文本的典型代表是话本。话本主要包括两大类，一类是平话，用浅显的文言叙述帝王将相的故事；另一类是小说，用白话讲述平凡人的故事。

叙事语体(narratives)的典型语料是独白的故事讲述。话本是中国口头文学中最具有代表性的叙事语体的文本。话本是在书场说书的脚本，或者是为了“说”而写作的文本。“说书”有开场套路，它的起承转合模式具有特别的特征。从话语行为角度看，表现为故事讲述与言者评价交错；从叙述视角的角度看，表现为情节内人物视角与言者视角交错。这种叙事传统对后代叙事语体篇章的组织方式产生了重要影响，也影响到现代汉语篇章的语法表达。下文将围绕三个方面分别讨论。[①]

一、话本小说的叙述特点

从叙事学(narratology)的角度看，故事(story)指表达的对象。同一个故事可以采用不同的话语(discourse)来表达。叙事讲述行为实际包含三个方面：

1) 故事(story)：被叙述的事件。涉及叙述了什么，包括事件、人物、背景等。

2) 叙述话语(discourse/text)：叙述故事的口头或笔头所呈现的话语。涉及怎么叙述的，包括各种叙述形式和技巧。

3) 叙述行为(narration)：产生话语的行为或过程。(参看申丹、王丽亚 2010：16)。

故事具有独立性。同一个故事可以通过不同媒介(比如小说、电影、话剧等)呈现。同一个故事，以何种叙述

① 文中引用的晚清北京话语料依据王洪君、郭锐、刘云总编的《早期北京话珍本典籍校释与研究》中由刘云主编的《早期北京话珍稀文献集成》(北京大学出版社，2018)。现代北京话语料依据老舍的小说和话剧。当代北京话语料有：1) 电视片系列《这里是北京》解说词；2) 北京作家的小说和随笔。

话语来表达传递，这是叙事学关注的重要问题。

话本小说是说书人的讲述底本。作为讲述底本，它在叙述程式和叙述视角上具有显著的现场性特点。我们不妨从叙事开篇、话题导入、话题转移、情节结束这几个方面来观察。

（一）情节的开启与结束

叙事语体的典型语料是独白的故事讲述。中国话“说书”有开场套路，它的起承转合模式不同于现代的文人小说。在正式开始故事讲述之前，总有一段引场辞，例如：

（1）词曰：

试看书林隐处，几多俊逸儒流。虚名薄利不关愁，裁冰及剪雪，谈笑看吴钩，评议前王并后帝。分真伪占据中州，七雄扰扰乱春秋。兴亡如脆柳，身世类虚舟。见成名无数，图名无数，更有那逃名无数。霎时新月下长川，江湖变桑田古路。讶求鱼缘木，拟穷猿择木，恐伤弓远之曲木。不如且覆掌中杯，再听取新声曲度。

诗曰：

纷纷五代乱离间，一旦云开复见天。
草木百年新雨露，车书万里旧江山。
寻常巷陌陈罗绮，几处楼台奏管弦。
人乐太平无事日，莺花无限日高眠。

话说这八句诗，乃是故宋神宗天子朝中一个名儒，姓邵讳尧夫，道号康节先生所作。……（《水浒传》）

上面是《水浒传》的开篇。引场辞中有“词曰：……”“诗曰：……”。导入第一个篇章话题“一个名儒”则用了“话说……”。

再如下面一例，虽然前文有一个“有”字句“前清末季，京城安定门里，菊儿胡同，有春阿氏谋害亲夫一案……”引出事件，即全书的话题。但是，开启故事情节在后文中用“话说”。

（2）人世间事，最屈在不过的，就是冤狱；最苦恼不过的，就是恶婚姻。这两件事，若是凑到一齐，不必你身历其境，自己当局，每听见旁人述说，就能够毛骨悚然，伤心坠泪，<u>在前清末季，京城安定门里，菊儿胡同，有春阿氏谋害亲夫一案</u>，各处的传闻不一。各报纸的新闻，也有记载失实的地方。现经市隐先生把此案的前因后果，调查明确，并嘱余编作小说。余沇蔷读罢，始知这案中真相，实在可惊！可愕！可哭！可泣！兹特稍加点缀，编为说部，公诸社会，想阅者亦必骇愕称奇，伤心坠泪也。

话说东城方中巷，有一著名教育家，姓苏名市隐，<u>性慷慨，好交游，生平不乐仕进。惟以诗酒自娱，好作社会上不平之鸣</u>。这一日，天气清和，[　　]往地安门外访友。[　　]走至东西牌楼西马市地方，正欲雇车，忽然身背后有人唤道：“市隐先生，往哪里去？”市隐回头一看，正是至交的朋友原淡然。二人相见行礼，各道契阔。（《春阿氏谋害亲夫》第一回）

上例中，“话说”后用“有”字句引入主角（著名教育家苏市隐）。其后的语句虽然主语没有出现，但是零形主语的指称都指向“有”字句引入的这个话题。

“话说……”是高频使用的开篇方式，下面是《儒林外史》第二回和第三回的开篇。

（3）a. 话说山东兖州府汶上县有个乡村，叫做薛家集。这集上有百十来人家，都是务农为业。（《儒林外史》第二回）

b. 话说周进在省城要看贡院，金有余见他真切，只得用几个小钱同他去看。不想才到‘天’字号，就撞死在地下。（《儒林外史》第三回）

在章回结尾，说书人常用的结束叙述的表达形式是“且听下回分解”。例如：

（4）a. 毕竟史进与三个头领怎地脱身，<u>且听下回分解</u>。（《水浒传》第二回）

b. 毕竟扯住鲁提辖的是甚人，<u>且听下回分解</u>。（《水浒传》第三回）

这里虽然没有出现直接体现现场性的名词，但是一个动词“听”就使讲述者与受众的对待关系跃然纸上。“话说”是言者自行开启言谈的表达方式，而“且听……”是祈愿句，是面向受众的。

（二）话题导入与话题转移

话题导入的常见形式是用"单说"。"单说"可以引入一个篇章话题，用于"有字句"。

(5) 闲话还是不提，说话这就开书。单说保定府西主人关外，有一家富户，家里房产买卖不少，干脆说很有几个糟钱。姓李行五，……（损公《新鲜滋味第五种：裤缎眼》）

如果不处于开篇位置，"单说"可以用作话题的转换出现。有的时候，前面有结束上一段故事情节的表达式，如"……不必细说""……打住""……不提"等。例如：

(6) 一路之上，也没有多少可叙的。到了南阳，同城文武如何迎接，如何接任，又如何拜同城，那都是外官场照例的套子，不必细说。

单说南阳府知府胡太尊，那天请刘军门吃饭。同席子一共七位，主人之外，首席自然是刘军门喽。（损公《新鲜滋味第六种：刘军门》）

(7) 闲话二次打住。单说春爷，第二天又奔往茶馆儿。……（损公《新鲜滋味之四种：麻花刘》）

不难看出，无论是一个篇章新话题的建立还是篇章话题的转移，都是采用说话人现身的表达方式。篇章中反复出现的"说"类词语，如"叙、说"等，都只能理解为故事讲述者的行为，不是故事中人物的言语。

（三）互动性表达

"说书"是现场讲述，既要充分体现情节自身的篇章层次，又要构建与听者的人际互动。

如果我们看传统小说就会发现，通过虚拟受众的方式构筑讲述者与受众的互动是这类叙事文本的重要特征。例如：

(8) 您说这事也真怪，小额自从上上这个药，就瞧疮口里头直长肉珠儿，真是一天比一天浅，四五天的功夫，居然就快长平啦。（《小额》）

(9) 那位瞧书的说啦："你编的这个小说，简直的没理。你说伊老者素常得人，为甚么青皮连跟他打架，旁边儿的人会不管劝劝呢？眼瞧着让他们打上。世界上岂有此理？"诸位有所不知，他们正要打架的时候儿，正赶上堂官来啦，里里外外一阵的大乱。（《小额》）

(10) 亲侄子吃顿饭都费事，过继更休想了，头一个先得过继内侄。您就瞧罢！过继内侄的，十个里头，有九个糟心的。溯本穷源，为甚么妇人都是这宗毛病呢？就因为没受过好教育，不明白真理，所以一味的私心。唐家的武后，前清的慈禧太后，按说是聪明绝顶啦，就是这地方儿想不开，所以糟心。（损公《新鲜滋味之第十种：铁王三》）

这里，第二人称使用"您"是虚拟一个与讲述者直接交际的受话人；而"那位瞧书的说啦"实为作者借用一个虚拟的读者提问，自问自答。后面的"诸位有所不知"用的也是虚拟受众的表达。

（四）叙事与评价交错

除了上述叙述者与受众间人际互动的构建，话本的现场性还表现为说话人叙述故事与叙述者发表个人评论交错推进，随述随议。例如：

(11) 头道菜一上来，谁也摸不清是甚么，用刀子切也切不动，曹猴儿急了，说："拿筷子来罢！"（吃大餐要筷子，闻所未闻。）（损公《新鲜滋味之三种：理学周》）

(12) 赵大好喝两盅儿，又好戴高帽子（全都是糟心的毛病）。狗爷知道他妹丈这宗脾气，所以极力的狗事。要按亲戚说，他是大舅子，赵大是妹丈，得管他叫大哥。（损公《新鲜滋味之三种：理学周》）

(13) 单说保定府西主人关外，有一家富户，家里房产买卖不少，干脆说很有几个糟钱。姓李行五，因为他身量高，都管他叫大李五（号可不叫顺亭），五十多岁，夫人儿苗氏。跟前一儿两女，儿子叫李拴头，十一、二岁。大女儿叫金姐儿，已然出阁，给的是本处财主丁老虎的儿子，叫作丁狗儿（虎父生犬子，可称半语子养哑吧，一辈不如一辈）。（损公《新鲜滋味第五种：裤缎眼》）

例(11)"吃大餐要筷子，闻所未闻"是对故事中人物行为的评价；例(12)"全都是糟心的毛病"是对故事中人物的习性（爱喝酒、爱被人奉承）的评价；例(13)"号可不叫顺亭"相当于脚注，"虎父生犬子，可称半语子养哑吧，一辈不如一辈"是说书人的评价。

从叙述故事到对所叙述内容的评价，不同话语行为的转换是以随文注释的方式呈现的。

二、叙 述 视 角

叙述话语具有多样性。比如：1) 顺序：是否打破自然时序；2) 时距：用多少文本篇幅来描述在某一事件段中发生的事；3) 频率：叙述的次数与事件发生的次数之间的关系；4) 语式：通过控制距离或选择视角来调节叙事信息；5) 语态：叙述层次和叙述类型。（参看申丹、王丽亚 2010：25）上述几个方面中，叙述视角与叙述层次都与话语形式的选择密切相关。

叙述视角是指叙述时观察故事的角度。无论是文字叙事还是电影等其他媒介的叙事中，同一个故事，若叙述时观察角度不同，会产生大相径庭的效果。传统叙事学上对视角的研究关注小说中的事件表达方式。在区分叙述层次的时候，书面叙述与口头叙述存在差异。口头叙述时叙述者与受话者面对面，受话者可以直接观察到叙述者的叙述过程，其声音、表情动作对叙述效果具有重要作用(参看申丹、王丽亚 2010：19)。因此，像上文(11)(12)(13)那样脚注式的评价表达，也是说书的现场性的体现。① 从语言学角度，我们更关注不同表达方式对语言学的基本范畴的影响，或者说，哪些语言手段可以区别和传递不同信息，区分不同视角。

（一）视角标记

有些词汇是用来传递视角信息的，比如“在……看来”：

(14) 杨继盛在监狱里，溜溜关了三年，满朝文武百官，却死活找不出，这位大好人的任何罪状来。最后呢，杨继盛还是被杀了。为什么呢？没有理由。<u>在当时看来</u>，得罪严嵩的人，就该死。杨继盛死后，松筠庵，就改成了祠堂。因为杨继盛号椒山，所以，达智桥胡同里的这座，杨继盛故居，又叫杨椒山祠了。（《这里是北京》）

(15) 他对朱由校的忠诚，<u>在外人看来</u>，有点得不偿失，甚至有点多余。难怪他这么多年，都混不出个头来。（《这里是北京》）

上面例子中的“在当时看来”“在外人看来”，直接通过“在……看来”这种词汇形式表示其视角定位。这也是现代元话语(meta-discourse)研究中已经关注到的现象。

我们认为，体现叙述讲述视角的语言形式，主要包括两类表达形式：1) 元话语；2) 句式。下面我们分别讨论。

（二）元话语

Hyland(2005：49)根据功能把元话语分为两大类：一类是语篇交互类元话语(interactive metadiscourse)，这类元话语反映语篇内部的关系，其作用是引导读者理解语篇；另一类是人际交互类元话语(interactional metadiscourse)，这类元话语反映作者与读者之间的互动，其作用是吸引读者参与到交际中来。②

大致说来，语篇元话语属于信息层面(informative)，而人际元话语属于互动层面(interactional)。

人称选择是元话语的重要表现形式，同时也是体现视角的重要途径。言者通过人称代词的使用，选择是言者叙述(第一人称叙述)还是第三方叙述。采用第一人称叙述是言者叙述的直接体现。比如《小额》开篇的一段就有“听我慢慢儿地道来”。

(16) 庚子以前，北京城的现像，除了黑暗，就是顽固，除了腐败，就是野蛮，千奇百怪，称得起甚么德行都有。

---

① 现在，对口相声中叙述故事，往往是逗哏的讲述故事，捧哏的充当在一旁评价的角色，说出如同(11)—(13)例中括号里的评价话语。

② Hyland(2005：49)的元话语描写系统包括语篇元话语和人际元话语两个大类。语篇元话语包括：1) 转接语(transition)，体现小句之间的关系(如 in addition、but、thus)；2) 框架标记(frame marker)，体现言语行为或序列或阶段(如 finally、to conclude、my purpose is)；3) 内指标记(endophoric marker)，提及语篇中其他部分的信息(如 note above)；4) 示证成分(evidential)，显示提及其他语篇的信息(如 according to X、Z states)；5) 编码注释(code gloss)，显示对命题的详细阐释(如 namely、such as、in other words)。人际元话语包括：1) 模棱语(hedge)，如 might、perhaps、possible、about；2) 助推语(booster)，如 in fact、definitely、it is clear that；3) 态度标记(attitude marker)，表达作者/言者对于命题的态度(如 unfortunately、I agree、surprisingly)；4) 自我提及(self mentions)，显示言者(如 I、we、me、our)；5) 参与标记(engagement marker)，明确地建立或加强与读者之间的关系(如 consider、note、you can see that)。

老实角儿是甘受其苦，能抓钱的道儿，反正没有光明正大的事情。顶可恶的三样儿，就是仓、库、局。要说这三样儿害处，诸位也都知道，如今说一个故事儿，就是库界的事情，这可是真事。诸位别忙，听我慢慢儿地道来。(《小额》)

但是，第一人称叙述也有不同。叙述者也可以是事件之内的参与者，即自述。例如：

(17) “冷吗?”我问，手不知道放在哪里。

柳青没回答，面无表情。(冯唐《北京北京》)

叙述者还可能是在事件之外的，虽然使用了第一人称，像上面举的《小额》的例子。再如，老舍先生的《骆驼祥子》，开篇叙述者(narrator)就以第一人称出现：

(18) 我们所要介绍的祥子，不是骆驼，因为“骆驼”只是个外号；那么，我们就先说祥子，随手儿把骆驼与祥子那点关系说过去，也就算了。(老舍《骆驼祥子》)

但是，我们知道，《骆驼祥子》讲述的并不是作家自己的故事。

这种言者直接显身的叙事方式正是中国传统章回小说的常见手法。在各章起承转合之处，也是用“话说”“单说”等词汇组织篇章结构。

(三) 情节内人物视角

视角表达除了可以借助人称代词之外，还常借助视觉动词，如“看、见、瞧”等。

叙述时，表达情节内人物视角，视觉动词小句有行为主体，或者可以补出隐含的行为主体。

(19) 曹立泉回头一瞧，不由的一楞儿。【】但见一个五十多岁的穷老太太，挽着个旗阄儿，穿着个破蓝布衫儿，愁眉泪眼一脸的菜色，原来不是别人，正是他师娘富二太太。(损公《新鲜滋味第二十八种：曹二更》)

上面例子中，“一个五十多岁的穷老太太，挽着个旗阄儿，穿着个破蓝布衫儿，愁眉泪眼一脸的菜色……”可以理解为曹立泉所见。

(四) 全能视角

下面一例中，“但见”后面的内容就很难解读为人物所见了。例如：

(20) 单说春莺，自生产之后，母子皆安，伯英夫妇乐的都闭不上嘴。洗三那天，来了不少亲友，成氏也前来添盆。?【】但见这个孩子，又胖又大，啼声洪亮，实在是个英物。(损公《新鲜滋味之十五种：搜救孤》)

这类用法的特点是，视觉动词的前面补不出隐含的“见”的行为者。“但见”的作用在于提示读者或者听众，关注下面即将叙述的事物。换句话说，这里“但见”的使用是叙述者把自己置身于故事情节之中的表达方式，进而使读者获得身临其境的感受。

(五) 视角切换

在叙述中，相同的词汇形式，有时候以情节内人物的视角叙述；有时则是言者的视角叙述。

(21) 有一天晚晌，记者跟随先祖母在门外纳凉，曹二更的木厂子已然关门，就瞧由东边来了一个人行步匆匆，打着一个纸灯笼，一下坡儿，差点儿没栽了一个跟头。(损公《新鲜滋味第二十八种：曹二更》)

(22) 大拴子刚走，这当儿底下人回禀说，酒醋局希四老爷来啦。额大奶奶说：“快请。”底下人出去，功夫不大，就瞧希四爷摇摇摆摆踱了进来。(《小额》)

(23) 正这儿说着，就瞧起外边荒荒张张的跑进一个人来。大家伙儿一瞧，都吓了一跳。您猜进来的这个人是谁？正是伊老者的二少爷善全。(《小额》)

上面(21)中“瞧”可以理解为以故事中的人物视角进行的叙述，“由东边来了一个人行步匆匆，……差点儿没栽了一个跟头”是记者所见；但是(22)和(23)中“瞧”则不是前面语句已经交代的那个人物，“瞧”的行为主体并非故事情节中的人物。“就瞧”用作引导一个在说话人看来特别需要关注的情节。“就瞧”用于聚焦新动态，在现代汉语书面语中，“只见”具有同样的功能。

叙述视角的切换也可以通过认识义动词实现。例如：

(24) 李鸿章，跟荣禄关系挺铁，有利益裙带关系。也知道，他跟慈禧之间，高于君臣的默契。于是求荣禄，帮忙疏通疏通。碍于面子，荣禄只好向慈禧说情。不知慈禧是为了避嫌，还是真生气了。先是当场勃然大怒，但结果呢，在荣禄的一番劝解之后，慈禧还是心一软，把徐致靖的死刑，改判了终生监禁。(《这里是北京》)

在这一段叙述中，"不知慈禧是为了避嫌，还是真生气了"是叙述者对其所述内容的评论，是情节之外的。其中"不知"并非情节内人物的认知状态，而是表达言者的认识状态。

三、现代北京话叙事语体

说书是现场讲述，既要充分体现叙事情节自身的篇章架构，又要构建与听众的互动。现场性的表达是传统章回小说的叙述特点，这种言者显身的叙述方式不仅在小说中具有传承性。话本的叙事传统对后代叙事语体篇章的组织方式产生了重要影响，也影响到现代汉语篇章的语法表达。其影响主要表现在：

1) 叙事语篇中有大量的为构建现场效应所采用的互动性表达形式。

2) 体现叙述视角的语言形式不仅包括人称选择、元话语词汇选择，还包括一些具有互动表达功能的句式。

说书没有文化阶层的门槛，这就要求它的表达方式一定是最接近当时的口语高频使用的形式，也可以作为那个时代口语的代表性文献。因此传统章回小说的这种言者显身的叙述方式不仅在小说中具有传承性，而且是现代叙事语体的常用范式，也可能真实反映语法演变的条件。

(一) 构建现场效应

我们注意到，传统章回小说的言者显身的叙述方式不仅在小说中具有传承性，而且是现代叙事语体的常用范式。例如，在下面的叙述中，讲述者通过第一人称代词包括式"咱"来构筑与听者的互动关系，如：

(25) 说起康熙爷，绝对属于男人里挑出来的精英。就算在皇帝堆儿里，也是个数一数二的佼佼者。咱常说，成功男人的背后，一定有一个支持他的女人。康熙爷也不例外。只不过，他背后这个女人，不是皇后，而是她的皇祖母，孝庄皇太后。话说当年在武英殿，康熙跟他的几个小兄弟，智擒了鳌拜。这事儿，至今令人津津乐道。殊不知，整个事件的幕后策划，就是咱们的孝庄皇太后。一日，在孝庄的指点下，玄烨以下棋为名，召见了他的岳父索额图。老中青三代人，连夜拟定了，擒鳌拜的整体方略，才有了武英殿里，初生牛犊不怕虎的那一幕。(《这里是北京》)

在上面这段讲述中，与"俗话说"相比，用了"咱常说"以构筑言者与受话人或者读者的人际互动关系，因为"咱"是第一人称包括式，指称上既有言者，又含有受话人。用"说起"引入篇章的叙述主角"康熙爷"。其后，用"话说当年在武英殿……"开启具体事件，用时间词"一日"切分故事的情节层次。

在叙事语篇中，构筑言者与受众人际互动关系除了使用一些表达人际的词汇(如"咱""咱们")之外，还使用一些直接表达互动性行为的句式。

1. 祈使句

祈使句的典型行为功能是请求他人做某事。在讲述过程中的祈使句，作用在于构筑言者与受众的人际互动。例如：

(26) 轮到汉菜上桌，洪承畴，也只能随着太后皇帝的节奏，喝酒夹菜。您想想，一个五大三粗的男人，怎么能跟女人孩子的饭量相比。洪承畴这饭吃不饱，是一定的了。(《这里是北京》)

(27) 据《清稗类钞》的另一种记载，说慈禧跟慈安俩人原本相安无事。后来慈禧病了，慈安独揽大权。您听清楚喽，是东太后慈安独揽大权。(《这里是北京》)

(28) 一提到这个皇上啊，感情生活啊，都说什么，后宫佳丽三千，三宫六院七十二嫔妃啊。这皇上的感情生活，真的这么随心所欲吗？我看不一定。也请您琢磨琢磨，就那光绪皇帝，那感情生活就挺苦的。大老婆，是慈禧太后硬塞给他的。您看那长相，那脾气，就够光绪一呛。(《这里是北京》)

从言语行为的角度说，叙事是讲述行为，讲述行为不依赖于受众的参与。祈使句是执行一个请求行为，也即要求有受众参与的交际行为。

2. 设问句

设问句是言者或者作者的自问自答。如上文(14)中"为什么呢？没有理由"的"为什么呢?",再如：

(29) 司礼监,现北京市东城区,景山东街吉安所右巷10号,从黄化门街到景山后街一带。刘瑾的主要工作地点,就在现在(的)东城区,景山东街的吉安所右巷10号。明朝那会儿,这是司礼监的所在地。司礼监,是明朝的一个特殊部门,由太监组成。这些太监都干什么呢？这么说吧,小到叫皇上起床,大到代皇帝写口谕,都是司礼监的职责。(《这里是北京》)

下面一例,先用了祈使句"您可别小看这1万块钱",然后又用了设问句。

(30) 张自忠重视教育,是出了名的。他在天津当市长的时候,不但建立了教育局,还每年给因经费短缺,而面临危机的南开中学拨款1万元。您可别小看这1万块钱。您知道当时的1万元相当于咱们今天多少钱吗？我们大概齐算了一下,差不多相当于今天的80万元人民币。由此可见,张自忠将军对教育事业的重视了吧。(《这里是北京》)

(二) 叙事与评价的切换

叙事语体的互动性依赖于叙事与评价的频繁切换。现代口语的叙事语体中所采用的切换手段,与上文谈到的话本小说的范式一脉相承。比如,以"说"类词语导入篇章话题,使用第一人称显现言者,使用第二人称代词、祈使句、设问句构筑与受众的互动。

在故事讲述与发表评论之间的切换,有一些特别的表达。如下面一例的"您想啊"。

(31) 咱们分析乾隆和和珅的关系,有人呢,得出这么一个结论。说这和珅啊,一辈子光顾着算计别人了,反过头来,被乾隆皇上给算计了。乾隆生前的时候呢,借着和珅的手敛财。等他一死,这财产啊,留给儿子嘉庆了。您想啊,一抄家一灭门,这和珅一辈子积的钱,全归嘉庆了,相当于好几个国库啊。这嘉庆,至少少奋斗十年。这正应了那句话啊,红楼梦里,形容王熙凤的,机关算尽太聪明,反断了卿卿性命。(《这里是北京》)

在这个例子里,"您想啊"引出说话人对自己所述事件的评论。用含有"想"的祈使句"您想啊"实现了从事件叙述到言者评论的转变。再如：

(32) ……先是当场勃然大怒,但结果呢,在荣禄的一番劝解之后,慈禧还是心一软,把徐致靖的死刑,改判了终生监禁。您看出来了吧,这荣禄和慈禧两个人啊,互相扶持,互相帮忙,给足了对方面子,还避了嫌。其中的默契,真是非常人可以理解。(《这里是北京》)

这里的"您看出来了吧",意思就是"可见",引出言者的评价性结论。"可见"是言者直接引导言者的评价性结论,而"您……吧"是表达征询的句式,更有互动性。

评价有别于对事件的叙述,一般为通指句(方梅2019)。例如：

(33) 五次来北京,康有为一共七次上书,请求变法。起初根本没人搭理他。俗话说"人微言轻",一个老百姓想跟皇上说上话,太难了。更何况那会儿主事儿的,是光绪皇帝的大姨妈,慈禧太后。(《这里是北京》)

上面的例子中,"一个老百姓"的所指并不是语境中确定的对象,而是任何一个具有老百姓这种身份的人。这种"一+量+名"主语的句子,可以换成光杆名词,但是不能像以往语法学著作中讨论的"无定NP主语句"(参看范继淹1985)那样,换成"有"字句。例如：

(34) 只可惜,此次承德消暑游,对于咸丰来说,只能用四个字概括,叫做"有去无回"。咸丰十一年七月十七,慈安、慈禧成了寡妇了。一个男人倒下去,两个女人站起来。从此以后,慈安、慈禧手拉手,肩并肩,联合恭亲王,灭了八大辅臣。怀揣"同道堂""御赏"两枚大印,抱着孩子,走上了清末政治舞台。(《这里是北京》)

尽管孤立地看,"一个男人倒下去"可以说成"有一个男人倒下去"。但是,在上面这个语境中不可把"一+量+名"主语的句子换成"有"字句。

"一+量+名"主语句具有截断话题链的功能,因此要对一个已知对象加以评论的时候,会用"一+量+名"形式的主语句来表达。例如：

(35) 清史稿上说，张廷玉，仗着自己是三朝元老，要这要那，患得患失。却也有人说，乾隆心胸狭窄，嫉贤妒能。君臣的事情，自古就没有对错。张廷玉为大清朝贡献了一辈子，不可能因为乾隆朝的官方评价，就葬送了他一世的清白。即便如史书记载，真是倚老卖老，患得患失了，转过头来想一想，一个年近古稀之人，奉献了一辈子，也谨慎了一辈子。好不容易鼓起勇气，想为自己争取点什么，又有何罪过呢。（《这里是北京》）

上面的例子中，第一次评价出现的时候，用的是名词短语“君臣的事情”，是类指名词短语，其后的述谓语“自古就没有对错”是惯常体。其中“一个年近古稀之人”，虽然可以理解为张廷玉——前文已经引入的对象，但是，此处不再是叙述其人其事，而是言者要发表评论。说话人在使用“一＋量＋名”主语句这样一种有标记的、区别性的句法形式，在同一个人的言谈中区分叙事与评价这两种全然不同话语行为（详见方梅 2019）。再如：

(36) 说起宣武区的菜市口，给人印象最深的，就得数清朝时候的刑场了。但今天，我们要给您念叨的，是菜市口另外一个身份，奸相严嵩的户口所在地，丞相胡同。菜市口菜市口，指的就是这个路口。路口南边的菜市口胡同，便是明朝大奸臣，严嵩住的地方。过去，这儿叫丞相胡同。……严嵩住的宅子，究竟有多大呢？您琢磨琢磨吧。现在的菜市口南大街，就是过去的丞相胡同。就算当年的胡同没有现在的大马路这么宽，那咱就按照单向车道的宽窄算。甭管是占地面积，还是使用面积，也都不算小了吧。一个丞相住在半条菜市口大街上，倒也是无可厚非的事儿。所以咱也没有必要，追究人家不明财产的来历。（《这里是北京》）

这一段里，用“说起”导入话题“菜市口”，其后，用设问、祈使句以及人称代词“咱”构筑与受众的互动。上面例子中，最后用“一个丞相住在半条菜市口大街上，倒也是无可厚非的事儿”这种“无定 NP 主语句”结束叙事，开启评价。这种叙事当中嵌入的评论句不体现事件过程，通常为惯常体（详见方梅 2019）。

四、叙述者视角与词汇义虚化

（一）超句连词

大量超句连词（macrosyntactic conjunction，Chao 1968）的来源小句是无主语小句，甚至可以理解为动词本身的虚化。赵元任先生（Chao 1968）在讨论连词的时候说，有一类超句的连词与“弱化了的主句”（reduced main clause）重叠。

关于汉语词汇化以及话语标记的讨论已有不少文献，如董秀芳（2007）关于词汇化与话语标记的形成的讨论，罗耀华、牛力（2009）对“再说”的语法化的讨论，董秀芳（2010）对来源于完整小句的话语标记“我告诉你”的讨论，曹秀玲（2010）关于从主谓结构到话语标记的讨论。

“弱化了的主句”中大量是含有“说”的元话语表述，如“听说、据说、俗话说、常言说、按理说、按说、照说、依我说、照我说、比如说、譬如说、换言之、换句话说、简单地说、就是说、相对来说、反过来说、顺便说一下、总的来说、总起来说、总体上说、一般来说、一般说来、不用说、老实说、不瞒你说、说实在的、说真的、说到底、说心里话、再（者）说、再说、应当说、可以说、不消说、不管怎么说、具体说、这么说、说来”等。

以“再说”为例。罗耀华、牛力（2009）《“再说”的语法化》曾讨论过“再说”变为连词的用法。“再说”本来是用作述谓语的短语，其中的“再”是“又”的意思。如：

(37) 武松把那大虫的本事，再说了一遍。（《水浒传》第二十三回）

在同一部书中，“再说”可以用作篇章连接，来导入一个新的话题。例如：

(38) 再说金老，得了这一百五十两银子，回到店中……（《水浒传》第三回）

现代汉语口语中，“再说”可以用作连词，表达递进关系，是“而且”的意思。例如：

(39) 富人目标大，犯罪分子把他们作为对象，是投入小，收益大。再说，加害富人的，也未必是穷人。（《人民日报》2005.11.5）

另一类篇章连接成分含有“看”类动词，如“却见、但见、只见、可见”等。先看“可见”。在现代口语里，用“可见”引出言者的概括性评价。它甚至可以在韵律上独立，或者后附语气词。

(40) 这座门是乾隆在修完圆明园之后，顺手儿，在这儿建的。其实圆明园里，有很多中西结合的建筑。可见乾隆是一个思想比较开放、审美比较时尚的皇帝。这样的西洋门，在北京只有两座。(《这里是北京》)

(41) 在旧社会，西服革履者，与拉车卖浆的同桌共饮，并无贵贱之分。由此可见，豆汁儿，确实是贫富相宜，雅俗共赏，普通得不能再普通的食品了。(《这里是北京》)

(42) 康有为第一次来北京，是在25岁那年，来参加乡试。到1898年戊戌变法失败，他在北京与外地之间，一共打了五个来回儿。但住的地方，只有一个，就是宣武区，米市胡同43号的南海会馆。咱以前介绍过不少北漂的名人，刚来北京的时候，都住会馆。但人家到最后，多少都能，再置办上一两套房子。康有为在北京，却只有南海会馆这么一个落脚之处。可见，这么多年，康先生混得不咋地。(《这里是北京》)

(43) 很多人认为这四扇石屏风啊，是圆明园的遗物。因为大家看到夹镜和垂虹两个字，就会想到圆明园四景之一，叫做夹镜明琴。它呢是出自李白的两句诗，叫作“两湖夹明镜，双桥落彩虹”。所以很多书，想当然把它列为到圆明园的遗物当中了。您看完前两句后，就应该能想到，它是描写舒春园石舫周围的景色的。那么它的建造年代，应该是乾隆年间，由和珅建造的。可是圆明园呢是雍正时期建造的，可见啊，它不是圆明园的遗物。(《这里是北京》)

同样是“看”类动词，现代汉语“只见”替换了“但见”，用作引进一个新出现的情形并提请读者注意(参看董秀芳 2007)。

(44) 9日上午9时04分，美国俄克拉何马城中心，“轰”的一声巨响，只见火光冲天，浓烟滚滚，响声和震动波及数十英里之外。

(45) 5时15分，护卫队长一声令下，军乐队高奏国歌，只见升旗手一挥手，五星红旗在千万双眼睛的注目礼中冉冉上升。

从上面分析不难看出，这些从动词小句而来的表达形式，即便是相同的动词，功能上也存在差异。这类“只见”属于参与标记(engagement markers)。在语篇中，用于引导受述者关注新引入篇章的事物。

(二) 功能差异

弱化主句来源的篇章连接成分，其浮现条件是现场讲述或者模拟现场讲述。这表现在：1) 言者显身的篇章框架，2) 讲述与评价交错的表达方式，3) 高频的人际互动表达。

从篇章框架标记的角度看，大体可以分成三类不同功能：1) 情节：开启、转换；2) 话题：建立、延续、转换；3) 行为：叙述(事件内)、评价(事件外)。以上文所述的几个词汇为例：

“单说”：框架标记(frame marker)，用作开启情节、建立篇章话题。

“只见”：参与标记(engagement marker)，提示受话人、读者关注其后的重要情节。

“可见”：框架标记(frame marker)，标记从讲述行为到评价行为的转变，引出言者对其所叙述内容的总结。用作小句间关联、宏观句际关联。

“看来”：框架标记(frame marker)，标记从讲述行为到评价行为的转变，引出言者对其所叙述内容的评论。只用作宏观句际关联。

“说”类。即含有“说”或言说义语素的词，如“话说、单说、再说”。这类词语始终保持言者视角的表达功能。

“看”类。这类词语的表达功能有两类。1) 表达从事件参与者视角发展为超叙述者视角(全能视角)。如“只见”。2) 表达言者视角，进而成为表示总括的连词，如“可见”。

五、结　　语

在篇章组织手段方面，现代口语叙事语篇与话本小说一脉相承。表现为：

1) 叙事语篇中有大量为构建现场效应所采用的互动性表达形式。

2) 通过人称选择、元话语词汇选择，以及一些具有互动功能的句式体现叙述视角。

3）各类篇章框架标记大量来自以无主语形式呈现的言说动词小句、视觉动词小句和认识义动词小句，用作情节的开启和转换，话题的建立、延续和转换，讲述行为与评价行为的切换。由于说书是现场性语境，叙述者无需将自身作为参与者角色作句法上的编码，带来叙述者自身在句法上编码缺失。因此，这些篇章框架标记甚至可以理解为动词本身的虚化。

说书是民间口头文学的重要形式，话本的叙述方式代表了汉语叙事语体的典型样态。话本小说叙述话语具有的互动性，为我们考察互动交际对语言演变的影响提供了重要的依据。

参考文献

董秀芳（2007），汉语书面语中的话语标记“只见”，《南开语言学刊》第2期。

范继淹（1985），无定NP主语句，《中国语文》第2期。

方　梅（2005），认证义谓宾动词的虚化——从谓宾动词到语用标记，《中国语文》第6期。

方　梅（2006），北京话里“说”的语法化——从言说动词到从句标记，《中国方言学报》第1期，北京：商务印书馆。

方　梅（2013），谈语体特征的句法表现，《当代修辞学》第2期。

方　梅（2017），叙事语篇的衔接与视角表达——以“单说”和“但见”为例，《语言教学与研究》第5期。

方　梅（2019），《汉语篇章语法研究》，北京：社会科学文献出版社，即出。

廖秋忠（1986），现代汉语篇章中的连接成分，《中国语文》第6期。

刘安春、张伯江（2004），篇章中的无定名词主语句及相关句式，*Journal of Chinese and Computing Language*，14(2)：97－105.

刘乐宁（2005），文体、风格与语篇连接，载冯胜利、胡文泽编《对外汉语书面语教学与研究的最新发展》（哈佛大学高年级对外汉语教学研讨会论文集），北京：北京语言大学出版社。

罗耀华、牛　利（2009），“再说”的语法化，《语言教学与研究》第1期。

屈承熹（2006），《汉语篇章语法》，潘文国等译，北京：北京语言大学出版社。

申　丹（2004），《叙述学与小说文体学研究》（第三版），北京：北京大学出版社。

申　丹、王丽亚（2010），《西方叙事学：经典与后经典》，北京：北京大学出版社。

谭君强（2014），《叙事学导论——从经典叙事学到后经典叙事学》（第二版），北京：高等教育出版社。

陶红印（2003），从语音、语法和话语特征看“知道”格式在谈话中的演化，《中国语文》第4期。

徐赳赳（2010），《现代汉语篇章语言学》，北京：商务印书馆。

许余龙（2004），《篇章回指的功能语用探索——一项基于汉语民间故事和报刊语料的研究》，上海：上海外语教育出版社。

许余龙（2007），话题引入与语篇回指——一项基于民间故事语料的英汉对比研究，《外语教学》第6期。

玄　玥（2011），“说”的一种新用法——客观叙述标记词，《汉语学报》第2期。

郑贵友（2001），关联词“再说”及其篇章功能，《世界汉语教学》第4期。

Beauvais，Paul(1989)，A speech-act theory of metadiscourse. *Written Communication* 6(1)：11－30.

Chafe，Wallace L.(ed)(1980)，*The Pear Story: Cognitive，Cultural and Linguistic Aspects of Narrative Production*. New Jersy Ablex Publishing.

Chao，Yuen-ren(1968)，*A Grammar of Spoken Chinese*. Berkeley：University of California. 吕叔湘译《汉语口语语法》，商务印书馆1979年版。

Chu，Chauncey(1998)，*A Discourse Grammar of Mandarin Chinese*. New York：Peter Lang Publishing.

Givón，Talmy(1980)，The binding hierarchy and the typology of complements. *Studies in Language*，4(3)：333－337.

Heine，Bernd & Tania Kuteva(2002)，*World Lexicon of Grammaticalization*. Cambridge：Cambridge University Press.

Hyland，Ken(2005)，*Metadiscourse*. London/New York：Continuum International Publishing Group.

Li，Charles & Sandra A. Thompson(1981)，*Mandarin Chinese: A Functional Reference Grammar*. California：University of California Press.

Thompson，Sandra A.(2002)，“Object complements” and conversation：Towards a realistic account. *Studies in Language*，26(1)：125－163.

Thompson，Sandra A. & Anthony Mulac(1991)，A quantitative perspective on the grammaticalization of epistemic parentheticals in

English. In Elizabeth Gloss Traugott & Bernd Heine (eds.) *Approaches to Grammaticalization* (Vol. 2), 313 - 332. Amsterdam/Philadelphia: John Benjamins.

Wang, Yu-Fang, Aya Katza & Chih-Hua Chen(2003), Thinking as saying: *Shuo* ("say") in Taiwan Mandarin conversation and BBS talk. *Language Sciences*, 25(5): 457 - 488.

方梅，中国社会科学院语言研究所　fangmei@cass.org.cn

（原载《当代修辞学》2019 年第 1 期）

也谈文言和白话

蒋绍愚

提　要　文言和白话的区别,不在于是脱离口语还是接近口语,而在于文言使用的是上古汉语的词汇语法系统,白话使用的是近代汉语的词汇语法系统。现代汉语的书面语是白话,但文言在今天仍然需要,白话还需要发展和提高。

关键词　文言　白话　上古汉语　近代汉语　口语　书面语

什么是文言?什么是白话?这是讨论了很久的问题。吕叔湘先生写过文章《文言和白话》,张中行先生写过书《文言和白话》。但是有些问题还是不太清楚,所以要写这篇《也谈文言和白话》。

一、什么是白话

20世纪初的新文化运动反对文言文,提倡白话文,"白话文"与"文言文"相对而言,其涵义是很明确的。但在历史上什么是"白话"?这就有不同的看法。有人说《尚书》《诗经》《论语》都是白话,这样说对不对?

这要从"白话"的界定说起。胡适认为"白话"有三个意思。胡适《白话文学史·自序》:"我把'白话文学'的范围放的很大,故包括旧文学中那些明白清楚近于说话的作品。我从前曾经说过,'白话'有三个意思:一是戏台上说白的'白',就是说得出,听得懂得话;二是清白的'白',就是不加粉饰的话;三是明白的'白',就是明白晓畅的话。以这三个标准,我认定《史记》《汉书》例有许多白话,古乐府歌辞大部分是白话的,佛书译本的文字也是当时的白话或很近于白话,唐人的诗歌——尤其是乐府绝句——也有很多的白话作品。"(1928: 13)

这三个意思,主要是第一条,即"说得出,听得懂"。也就是后来人们常说的,是反映口语的作品。"说得出"就是人们口中所说的话的记录,而且记录时不加粉饰,所以明白晓畅,都能听得懂。这样的语言就是白话。这是"白话"的一种界定。

根据这种界定,就有人认为《尚书》是白话。

裘廷梁《论白话为维新之本》:"文字之始,白话而已。"上古帝王的"文告皆白话,而后人以为诘屈难解者,年代绵邈,文字不变而言语变也"(转引自徐时仪 2015: 15)。

钱玄同《尝试集序》:"周秦以前的文章,大都是用白话;像那《盘庚》《大诰》,后世读了,虽然觉得佶屈聱牙,异常古奥;然而这种文章,实在是当时的白话告示。"(1999a: 88—89)

确实,《尚书》中很多文告,都是说给老百姓听的,如《盘庚》,是盘庚迁都时动员百姓的讲话,如果用的不是老百姓都能懂的口语,老百姓都听不懂,那还能起什么作用?

有人认为《国风》是白话。

胡适的《白话文学史》是从《史记》《汉书》和汉乐府讲起的。但他在1922年三月廿四日拟定的《国语文学史》的新纲目有一条:"二千五百年前的白话文学——国风。"之所以在《白话文学史》没有讲《诗经》,"是因为我去年从外国回来,手头没有书籍,不敢做这一段很难做的研究"(1928: 14)。

确实,《国风》是当时的民歌,记录的是当时的口语。

也有人认为《论语》是白话。徐时仪《汉语白话史》:"《论语》和《世说新语》等,也不妨作为汉语史上的早期白话”,“《论语》……记载了当时的白话”。但书中又说:“先秦……出现了一大批雅言写的文献著作,如《左传》《论语》……雅言……也就是文言。”(2015: 19、65、7)

确实,《论语》反映的是口语。《汉书·艺文志》:“《论语》者,孔子应答弟子时人,及弟子相与言而接闻于夫子之语也。当时各弟子有所记,夫子既卒,门人相与辑而论纂,故谓之论语。”《论语·卫灵公》:“子张问行。子曰:‘言忠信,行笃敬,虽蛮貊之邦行矣;言不忠信,行不笃敬,虽州里行乎哉?立,则见其参于前也;在舆,则见其倚于衡也。夫然后行。’子张书诸绅。”《论语》中很多条目都是孔子对学生说的话的记录,当然是反映口语的。

如果《论语》是白话,那么,其他先秦诸子的著作呢?《墨子》《老子》《孟子》等可能“粉饰”的成分要多一点,因为要宣传自己的主张,要驳倒其他学派,总要在文辞上加以修饰。但总的看来,其语言和《论语》差别不大。那么是否也应该说是白话呢?

如果《尚书》《国风》以及《论语》等先秦著作都是白话,到后来(大约是东汉)书面语脱离了口语而形成文言,然后从敦煌变文开始又用白话,那么,汉语书面语自古以来发展的历史就是“白话—文言—白话”。这样的看法自有其道理,但和通常的看法距离太远。

在新文化运动前后,一些白话文的提倡者如裘廷梁、胡适、钱玄同等,主张《尚书》《国风》是白话,是为了说明最初是言文一致的;白话文不是鄙俗浅薄之文,在历史上,诸如《诗》《书》这样的经典都是白话文,“当以白话为文学正宗”(陈独秀 1917/1922: 90)。这是当时反对文言文提倡白话文的需要。到了今天,我们不必再这样为白话文争地位。

至于说反映口语的就是白话文,这样一种判定标准当然也有一定的理由,但它忽略了一点:同样是口语,殷周时的口语跟唐宋以来口语有很大的不同,反映这两种口语的书面语也有很大不同。这种不同,并不需要学者来论证判别,今天任何一个稍有阅读能力的人都能直观地感到。如果因为《尚书》《国风》《论语》和《西游记》《红楼梦》都反映当时的口语,而把它们都称为“白话”,一定会使人大为惊讶:为什么“白话”作品的面貌这样不同!

胡适把“说得出,听得懂”作为白话的标准,吕叔湘《文言和白话》(1944)也很重视“听得懂和听不懂”,认为“白话是现代人可以用听觉去了解的,较早的白话也许需要一点特殊的学习;文言是现代人必需用视觉去了解的”。但他们划出来的文言和白话的界线很不一样。比如,胡适说《国风》是白话,吕叔湘说:“‘求我庶士,迨其吉兮。’……难道我们还能说这不是文言?”问题在于:“听得懂”是谁听得懂?胡适没有明说,但他指的是在《史记》《汉书》时代乃至《国风》时代,当时的人能听得懂就是白话。而吕叔湘明确地说,是现代人听得懂才是白话。实际上,他们两位的标准是不一样的,所以划出来的文言和白话界线也不一样。

“当时人听得懂”和“现代人听得懂”这两个标准都不大容易掌握。“当时人听得懂”,我们当然无法让当时人站出来听话,只能通过各种办法来推论(比如《盘庚》是对当时百姓的告示,当时的百姓一定能听得懂)。“现代人听得懂”,第一是“现代人”的知识水平和文化修养有很大差距,有些作品,有人能听懂,有人听不懂,究竟以什么人为准?大概是以现在的中等文化程度的人为准吧。第二是“白话”的范围不仅仅是现代的作品,照吕叔湘的说法,也包括“唐宋以来的语体文”,这些“唐宋以来的语体文”有的和现代白话文差距还相当大,现在中等文化程度的人未必能听懂;那么,这些还算不算白话文?

吕叔湘曾选了12段文章,请他的朋友来判断:哪些是文言,哪些是白话。这些朋友的意见比较一致,认为(7)—(12)中,(7)唐张鷟《朝野佥载》是文白夹杂,(10)宋李元弼《作邑自箴》是文言,其余(8)宋《景德传灯录》,(9)宋秦观《满园花》词,(11)宋《燕云奉使录》,(12)明刘仲璟《遇恩录》是白话。吕叔湘认为这样的判断“反映一般人心目中的文言和白话的区别”。但吕叔湘也说:“和现代的口语合不合?那么连最近的(12)也有相当差异。”吕叔湘的朋友是文化修养较高的,如果请一位中等文化程度的人(比如大学低年级学生)来,把这12段文章念给他听,大概这后面6段也未必听得懂;让他自己看,可能也是一脸的茫然。可见,以“现代人听得懂”为标准来确定白话文也还有问题。

吕叔湘的结论是:“白话是唐宋以来的语体文。”这个结论是对的。但若要问“为什么”,就不能以“现代人听得懂”来回答,而要从另一个角度来论证。

这要从汉语的历史发展说起。首先要回过来说文言文。

二、什么是文言

什么是文言文？这个问题，也有不同的说法。

张中行说："文言和白话有分别，概括地说，文言是以秦汉书面语为标准，脱离口语而写成的文字。白话是参照当时口语而写成的文字。"他还说："称为文言，意思是只见于文只用于文的语言。"(1995：187、16)

吕叔湘《近代汉语读本序》(1985)也有过类似的说法："秦以前的书面语和口语的距离估计不会太大，但汉魏以后逐渐形成一种相当固定的书面语，即后来所说的文言。"这样定义文言，是把"脱离口语"作为文言的主要标准。按这种标准，就只有汉魏以后才有文言。那就把《论语》《史记》等接近口语的排除在文言之外了。

但吕叔湘(1944)说："白话是唐宋以来的语体文。此外都是文言……文言是现代人必需用视觉去了解的。"这里所说的"文言"不限于汉魏以后，其判断标准是文言的面貌不同于今天的语言。

其实，张中行上述看法，是"概括地说"，在他的书中已经说到，"以脱离当时口语为标准"有很多困难。"文言，早期的，也许离口语很近，或相当近"。他举了《尚书·汤誓》和《论语·为政》中的两段文字，说："如果我们以'脱离当时的口语'为文言的定义，显然，我们只好说这两例是白话。但这就必须放弃我们千百年来死抱住不放的旧看法——说这是文言。任何人都知道，这是做不到的。其结果就是，我们不能不承认，有的文言并不脱离当时的口语。"(1995：3、9—10)

他认为文言有一个发展过程。"文言在秦汉时期定形"(1995：102)。在定形以前也算文言，在定形以后路子不变。在6.1.1，6.1.2，6.1.3三个小节中，他分别讲述了这三个阶段的特点。

"**定形以前**　这类商周的文字是定形以前的事物，它可以算作文言，却与通用的文言有分别"(1995：104)。

"**秦汉时期**　秦汉时期文献资料很多……用现在的眼光看，这些都是文言……这些著作是文言的标本"(1995：106—107)。

"**汉魏以后**　直到清末。这个阶段时间很长，但都是顺着秦汉的路子走，也就是用的是同一个词汇句法系统"(1995：107)。

可见，他说的"文言是以秦汉书面语为标准，脱离口语而写成的文字"并不是对文言的完全的概括，而只适用于定形以后的文言。

既然"脱离口语"不能作为判断文言的标准，那么，什么是判断文言的标准呢？

吕叔湘(1944)提出的问题是："一般人分别文言和白话用的是什么标准？"文章说："究竟文言是什么，白话是什么呢？大家都苦于心知其意而不容易下明确的界说。"作者举出12段文字，让朋友们判断哪些是文言，哪些是白话，回答相当一致，作者说，这"恰好反映一般人心目中的文言和白话的区别"。我认为，要回答"什么是文言"的问题，应当采用"一般人""心知其意"的这个标准，也不妨找一些人对一些作品作一个调查，来确定什么是文言。如果做一个调查，问大家：从《诗经》《论语》《史记》以及唐宋八大家、明清桐城派直到《聊斋志异》，这些是不是文言？大家一定会不约而同地说：这些都是文言。现在中小学都读一些《论语》的选段，如果老师对学生说："《论语》不是文言。"学生一定感到很奇怪。如果老师对学生说："《论语》是白话。"学生会感到更奇怪。尽管说"《论语》不是文言""《论语》是白话"都有一定的根据，但这和大家心目中的标准差得太远。

那么，大家心目中的文言和白话的区别在哪里？其实并不在于是根据口语还是脱离口语。张中行说，文言和白话的区别，"最重要的当然是词汇语法系统，文言有自己的一套，白话另有自己的一套，其中相当多的部分，两者不能通用"(1995：199)。这话说到了点子上。

三、判断文言的标准

汉语的词汇语法系统在历史上有很大的变化。现在能看到的语言资料，最早的是甲骨文和金文。但甲骨文都是卜辞，金文都是刻在器物上的铭文，很难说是全面地反映了当时的语言面貌。传世文献中最早的是《尚书》

《诗经》《周易》，大致能反映当时的语言面貌，但《尚书》中文告较多，《诗经》是诗歌的总集，《周易》更是一部卜筮之书，都是比较特殊的语体，是否能全面反映当时词汇语法系统也还难说。从总体看，甲骨文、金文和《尚书》的词汇和语法跟春秋战国时期的作品时有较大不同。这是由于时代不同，还是由于殷代的语言和周代的语言是两种不同的语言（或方言），这个问题还有待于深入讨论，在这篇短文中不谈。至于那些春秋战国时代的作品，基本上是反映当时口语的，反映的程度有所不同，如吕叔湘所说，可能有的是"超语体"，但那也是在口语基础上加以修饰，是语体的差异，而不是由于语法发展演变而造成的不同。由于语法发展演变而造成的不同也是有的，如果比较《论语》和《韩非子》，可以找出因时代不同而产生差异的不止一两处，但这些差异不至于造成整个词汇语法系统的不同。

在西汉，语言又有发展。《史记》作为一部史书，在叙述先秦的历史时不可能不参照先秦的史料，所以在《史记》中会有一些和《左传》《战国策》乃至《尚书》很相像的语句。但是，《史记》对这些史料中的一些句子作了改写，如《尚书·尧典》："（舜）克谐以孝，烝烝乂，不格奸。"《史记·五帝本纪》作："（舜）能和以孝，烝烝治，不至奸。"这说明西汉的语言和西周的语言已经有所不同。《史记》中还有不少是写汉代的事，有些句子把人物的情态和口气都如实写出来了，如《高祖本纪》："汉王三让，不得已，曰：'诸君必以为便，便国家……'"《张丞相列传》："臣口不能言，然臣期期知其不可。陛下虽欲废太子，臣期期不奉诏。"这些肯定是用的口语。但从总体上看，《史记》的整个词汇语法系统和先秦的《论语》《左传》等相比没有大变，所以，当前的汉语史研究一般把先秦和西汉放在一起，作为汉语史的一个大阶段"上古汉语"。上面所说的《诗经》《论语》《左传》《韩非子》《史记》等，都是属于上古汉语的词汇语法系统。

到了东汉，语言进一步发展，词汇语法系统和先秦、西汉有较大不同，研究汉语史的把东汉看作另一个大阶段的开始：从东汉到隋唐，是"中古汉语"。但是，从东汉开始，书面语和口语逐渐拉开距离，尽管口语已经向前发展了，但书面语却仍然保持先秦和西汉的面貌，也就是说，仍然采用上古汉语的词汇语法系统。其典型的代表是《汉书》。梅思（2013）把《史记》和《汉书》的语言做了比较："《史记》大体上更加详尽明确，因此字句偶显冗余，这可以视为一般被看作口语语言的典型特征……《汉书》可以视为文言风格的真正起点，它自觉地重回到上古晚期即'古典文献'的风格，这种风格特别受到赞誉；而《史记》则表现得贴近它那个时代的口语。"《汉书》以后的"正史"，尽管语言风格不完全一样，书中的一些片段反映当时口语的程度也有不同，但总的说来，都是"以秦汉书面语为标准，脱离口语而写成的文字"。不仅仅是史书，从东汉直到"五四"新文化运动以前，人们使用的正规的书面语言都是这样的文字，当然这些文字都是文言文。

所以，文言文包括两大类：一类是先秦和西汉时期文献的语言，它们是反映口语的，属于上古汉语的词汇语法系统。一类是东汉以后的书面语，它们是脱离口语的，继续采用上古汉语的词汇语法系统。在是否反映口语这一点上，两类有差别；但在词汇语法系统上，两类一致。今天大家把这两类文献使用的语言都称为文言，正是着眼于它们在词汇语法系统上的一致性。而它们和当时口语的关系如何，主要是研究语言的人关心的问题，一般人是不容易判断的，所以，不必也不能以此为判断文言文的标准。

四、判断白话的标准

那么，什么是判断白话文的标准呢？我认为还是以词汇语法系统为标准。

不过，这里碰到一个问题。正如张中行所说："文言有相当严格的词汇句法系统"，而"白话比文言个性强，不同时期总有不同的面目"（1995：14、160）。形成这种差异的原因很清楚：文言（特别是后代仿古的文言）都是模仿一个样板，所以其词汇句法大致相同（当然也有变化，只是变化不大）。白话是根据当时的口语来写，而口语随时代变化，不同时代的白话语言面貌就会不同。吕叔湘举的第（12）个段落是朱元璋讲话的记录，其语言面貌就和我们当前看到的白话有较大的不同，吕叔湘（1944）说："这也难怪，五百多年了呢。"既然如此，我们还能不能以词汇语法为标准来判定白话文？

我认为是可以的。因为我们使用的标准不是具体的哪一个词，哪一个语法格式，而是词汇语法系统。再说得明确一点，是近代汉语的词汇语法系统。

近代汉语是汉语史上一个重要阶段，它上承中古汉语，下接现代汉语，一般认为是从晚唐五代到清代中期。近代汉语的时间跨度很长，其间的词汇语法也有很多变化，但其词汇语法系统是比较固定的。而且，和现代汉语的词汇语法系统也很接近，用吕叔湘(1985)的话来说："我们的看法是，现代汉语只是近代汉语的一个阶段，它的语法是近代汉语的语法，它的常用词汇是近代汉语的常用词汇，只是在这个基础上加以发展而已。"所以，吕叔湘(1944)说："白话是唐宋以来的语体文。"这就是说，唐宋以来直到如今的语体文，虽然呈现出来的语言面貌有较大不同，但其词汇语法系统是同一个，这样的书面语就是白话文。

那么近代汉语的词汇语法系统究竟是什么样的？我们先从具体例子说起。吕叔湘(1944)举出的4段文章，人们一致认为是白话文，原因是什么，吕文没有说，但我们可以从中找到一些词汇语法现象，都是近代汉语有，而上古汉语(文言文)不可能有的。那4段文章是：

(8) 诸和尚子，饶你道有什么事，犹是头上著头，雪上加霜，棺木里枨眼灸，疮盘上著艾燋。遮个一场狼籍，不是小事。你合作么生各自觅取个托生处好。莫空游州猎县，只欲捉搦闲话。待老和尚口动，便问禅、问道、向上、向下、如何、若何；大卷抄了塞在皮袋里卜度；到处火炉边三个五个聚头。口喃喃举，更道遮个是公才语，遮这个是从里道出，遮个是就事上道，遮个是体语。体你屋里老邪老娘！噇却饭了，只管说梦，便道我会佛法了也。将知你行脚驴年得个休歇么？更有一般底，才闻人说个休歇处，便向阴界里闭眉合眼，老鼠孔里作活计，黑山下坐，鬼趣里体当，便道得个入头路。梦见么？(《景德传灯录》卷一九，云门偃语录)

(9) 一向沈吟久，泪珠盈襟袖。我当初不合苦㨶就。惯纵得软顽见底心先有。行待痴心守，甚捻著脉子倒把人来僝僽？近日来非常罗皂丑，佛也须眉皱，怎掩得众人口？待收了孛罗罢了从来斗。从今后，休道共我，梦见也不能得勾。(秦观《淮海词·满园花》)

(11) 粘罕云："所言都好，但蔚、应州亦恐阿适走去彼处，候我家兵马到日来商量。所要系官财物，曾思量来，也系不是，便待除去。"粘罕、兀室云："我皇帝从上京到了，必不与契丹讲和，昨来再过上京，把契丹墓坟、宫室、庙像一齐烧了，已教契丹断了通和底公事。而今契丹更有甚面目来和也？千万必不通和。只是使副到南朝，奏知皇帝，不要似前番一般中间里断绝了。"……粘罕大喜云："两家都如此则甚好。若要信道将来必不与契丹通和，待于回去底国书内写着。"(《三朝北盟汇编》卷四引赵良嗣《燕云奉使录》)

(12) 你每这几个也，年纪小里，读书，学好勾当。你每学尔的老子行。我来这里时，浙东许多去处，只有你这几个老子。来到如今，也只有你这几个。每每和那士大夫翰林院说呵，也只把你这几个老子来说。你每家里也不少了穿的，也不少了吃的。你每如今也学老子一般般，做些好勾当，乡里取些和睦。你每老子在乡里，不曾用那小道儿捉弄人。他与人只是诚义，所以人都信服他。大丈夫多是甚么做？便死也得个好名。歪歪搭搭，死了也干着了个死。(《诚意伯文集》卷一，诚意伯次子阁门使刘仲景《遇恩录》)

人们为什么认为这四段文章是白话？我想，主要是看到下面这些词汇语法现象：

(8) 饶(尽管)，遮个(这个)，合(该)，作么生(怎样)，好(表祈使语气)，莫(不要)，抄了(V＋了)，噇却饭了(V却＋O＋了)，……了也(事态助词)，么(疑问语气词)，一般底(N＋底)。

(9) 不合(不该)，见底心(V＋底＋N)，行待(行将)，甚(为何)，捻著脉子(V着＋O)，把(处置标记)，怎(怎么)，收了，罢了(V＋了)。

(11) 曾思量来(来，助词，表曾经)，昨来(来，词缀，表时间)，把(处置标记)，烧了，断了(V了)，通和底公事(底，结构助词)，甚(什么)，……断绝了(了，事态助词)，若要(如果)。

(12) 每(相当于"们")，里(相当于"哩")，行(词尾)，把(处置标记)，穿的，吃的(的，结构助词)，便(即使)，死了(V＋了)。

这里只列举了一些常见的词汇语法现象，而没有列举一些较特殊的词语，如(8)中的"体当(体会)"，(9)中的"僝僽(折磨)"，这些词语，读这四段文章的人也未必懂得，但不妨碍他们断定这是白话。人们断定这四段文章是白话，主要是因为上面列举的那些常见的词汇语法现象，这些现象绝不可能出现在文言中，只能出现在唐宋以来的"语体文"中。其中有些在现代汉语中仍很常见，如"收了""罢了"，"吃的""穿的"，"把……"；有的和现代汉语有一定距离，如"你每""通和底公事"，但如果知道"每"就是"们"，"底"就是"的"，那就很好懂了。从汉语史研究的角度来说，这些词汇语法现象都是近代汉语的词汇语法现象。所以，可以说，如果一篇文章的词汇语法现象是近代汉语的词汇语法现象，那么，这篇文章就是白话。

大体上说，近代汉语的代词系统、语气词系统是和上古汉语截然不同的。在近代汉语的代词中，除了"我"和"谁"是从古到今不变的以外，其他的"你""他""这""那""什么""怎么"以及"们"都是上古汉语中没有的（上古汉语中有"他"，但不是第三人称代词）。语气词"啊""呀""呢""吗"也是上古汉语没有的。还有结构助词"的"（早先写作"底"），用在动词后面的"（V）得"，助词"（V）了""（V）着""（V）过"，表处置的"将"和"把"，都是上古汉语没有的。有这些成分的就一定是白话，不会是文言。

反过来说，上古汉语有自己的词汇语法系统，是和近代汉语截然不同的。上古汉语的代词是"吾""尔""汝（女）""若""厥""其""之""孰""此""兹""斯""彼""何""如何"，语气词是"也""矣""已""焉""乎""耶（邪）""与（欤）""哉"，有"是之谓""不吾知"等宾语前置的格式，这些在近代汉语的语体文（白话文）中基本上是不用的，除非是有意作为仿古的成分使用。

同时，从上古汉语到近代汉语，很多常用词产生了替换，如"目—眼睛""口—嘴""面—脸""食—吃""饮—喝""视—看""寐—睡""坚—硬""柔—软""智—聪明""愚—笨"等，这也是两个阶段词汇系统的差别。

苏联语言学家雅洪托夫（1969/1986）从唐宋时期的 9 部文献中找了 10 多个上古汉语最常用的虚字和近代汉语最常用的虚字，并统计这些虚字在这些文献中的使用情况。

他找出来上古汉语最常用的虚字：

1. 代词：其，之，此，何
2. 关系词：者，所
3. 名词性定语标志"之"和动词谓词标志"而"
4. 介词：以，于
5. 句尾语气词：也，矣
6. 其他：无，乃，则

近代汉语最常用的虚字：

1. 代词：这
2. 名词性定语标志：底
3. 名词词尾：子，儿
4. 动词词尾：了，着，得
5. 其他：个（量词），里（后缀词），便，只

在他选的文献中，韩愈《原道》、苏轼《赤壁赋》和唐人小说《李娃传》《莺莺传》只用上古汉语的虚字，是文言；话本《宋四公大闹禁魂张》《碾玉观音》绝大部分是近代汉语虚字，上古汉语虚字几乎没有，是白话。在敦煌变文《伍子胥变文》《韩擒虎话本》中，可以找到几乎所有的近代汉语虚字，但上古汉语的"而，之，何，无，此，乃"用得很多，这是"人为地'文言化'"。朱熹《小学》则是上古汉语和近代汉语的混合。

所以，文言和白话的根本区别是词汇语法系统的差别。依据上古汉语词汇语法系统的是文言，依据近代汉语和现代汉语词汇语法系统的是白话。这是人们通常所说的"文言"和"白话"的区分。

五、什么是古白话

但是，在汉语史上，在上古汉语和近代汉语之间，还隔着一个阶段"中古汉语"，指的是从东汉、魏晋南北朝到隋朝、唐朝中期。在中古汉语阶段，书面语和口语已经有了距离，书面语是模仿先秦和西汉的文章，口语却一直在

发展。那种书面语叫"文言",那么,那时期的口语叫什么呢?有时候,人们会称之为"古白话"。这种"古白话",不是指"五四"新文化运动之前的《水浒传》《西游记》之类的白话,而是指唐宋语体文之前的"白话"。

比如,东汉和魏晋南北朝的一些汉译佛典,比较接近当时的口语,其语言和当时仿古的书面语不同,有人就称之为"白话"。

胡适《文学改良刍议》(1917):"自佛书之输入,译者以文言不足以达意,故以浅近之文译之,其体已近白话。"

梁启超《翻译文学与佛典》(1936):"(佛典)质言之,则当时一种革命的白话新文体也。"

又如,当时中土文献中的一些片段,和口语比较接近,也有人称之为"白话",如刘坚《古代白话文献选读》中选收了《世说新语》的八段,以及王羲之的一些书札,和《昭明文选》中的《奏弹刘整》。

刘坚在书中是这样说的:"《世说新语》的语言是比较接近当时的实际语言的。虽然还不是语体文章,但是用了不少口语语汇,也有一些不同于传统的文言的句法。"(1999:4)

他所说的"语体文章",大概就是吕叔湘所说的"语体文"。也就是说,《世说新语》还不能算白话文。那么,为什么把《世说新语》的一些选段称为"古白话"呢?大概是因为它们"比较接近当时的实际语言"。前面说过,把"反映口语"作为判定白话文的标准,这种看法我不大赞同,我认为文言和白话主要应以词汇语法体系的特点来区分。《世说新语》之类的文献在词汇语法体系方面有没有自己的特点呢?有的。刘坚说,《世说新语》"用了不少口语语汇,也有一些不同于传统的文言的句法"。确实,《世说新语》在词汇语法方面是有自己的特点的。如选段中"卿云艾艾,定是几艾"的"定是","姓何等"的"何等",就是当时的口语语汇;选段中"为是尘务经心,天分有限?""伧父欲食饼不?"之类的句子,就是不同于传统的文言的句法。这些语汇和句法,确实是与传统文言不同的,但都没有保留到近代汉语或现代汉语中。既然如此,它和作为唐宋以后的语体文的"白话"有什么共同点呢?为什么还把它称为"古白话"呢?

我想,把反映中古汉语实际语言的文献称为"古白话",主要理由并不是由于其语言和近代汉语或现代汉语相近,而是由于它们和近代汉语或现代汉语有继承和发展关系。比如,在汉语史的研究中,对"何等—何物—是物—什么"以及"为是/为复—还是"的发展演变的关系已经作了较充分的讨论。日本汉学家志村良治说:"作为近世汉语中发达的各种倾向的先驱,近世汉语中也多少保留着一些中世的要素……(中古汉语)在音韵、词汇、语法各方面,都可以找到不少现代汉语的祖型乃至原型。"(1983/1995:4)(他说的"中世汉语"指魏晋至唐末五代,和我们通常说的"中古汉语"有一点差别。)这个看法是对的。把中古汉语的反映当时实际语言的一些文献称为"古白话",大概是着眼于它们和近代汉语或现代汉语的继承和发展关系,或者说,它们是近代汉语发展的源头。

根据这种关系,把《世说新语》和东汉、南北朝的汉译佛典称为"古白话",我认为是可以的。首先,把这些文献称为"古白话",不会产生概念上的混淆。"古白话"这个名称,既然称"白话",说明这些文献的语言和"文言"不同;既然有个"古"字,也说明和唐宋以后的"白话"有区别。不像《论语》,如果根据反映口语而称之为"白话",又根据词汇语法系统而称之为"文言",那就把人搞糊涂了。其次,把这种语言称为"古白话",也可以显示作为"唐宋以来的语体文"的"白话"是语言演变的产物,是从中古汉语的实际语言演变而来的。只有一点要注意:称之为"古白话",并不是说其语言面貌和唐宋以后的"白话"相同或类似。

应该看到,"文言"和"白话"只是一种大的区分,它与汉语史的分期有关系,但不能以"文言"和"白话"的区分来代替汉语史的分期。对于中古时期的文献,重要的是从汉语史的角度来分析其词汇和语法体系,分析其中有哪些是继承了上古汉语的,哪些是中古汉语特有的,哪些是作为近代汉语的源头并到近代汉语中进一步发展演变了的;而不一定非要把某一篇文献纳入"文言"或"古白话"的范围。上面说了,像《世说新语》的一些篇章,称之为"古白话"是可以的。那么,陶渊明的一些文章也比较接近口语,是不是也可以称为"古白话"呢?陶渊明的《桃花源记》,清代的吴楚材、吴调侯是选入《古文观止》的,也就是说,大概是把它归入文言文的。我认为这也未尝不可,确实,《桃花源记》词汇语法的总体面貌是大致和上古汉语相同的。但《桃花源记》也有不少中古时期的新的特点:像判断句用系词"是",如"问今是何世";用"其"表示第三人称的主格,如"太守即遣人随其往";又如"便扶向路","扶"表示"沿着","向"表示"原来的"。这都是上古汉语没有的语法词汇现象。其实,说它是文言,或者说它是"古白话”，都不完全能合适。

从汉语史研究的角度来看，中古汉语确实是一个独立的阶段，它上承上古汉语，下接近代汉语，和两者都有联系，但又都有区别。中古汉语和上古汉语语法体系的不同，魏培泉《上古汉语到中古汉语语法的重要发展》(2003)有详细讨论；中古汉语和近代汉语语法体系的不同，还有待于进一步研究，这是汉语史研究的任务。至于中古汉语时期的众多文献究竟哪些算文言，哪些算古白话，这个问题不必深究。

六、文言和白话的关系

上面讨论文言和白话的区别，是就总体而论。强调上古汉语和近代汉语词汇语法系统的差别，也是就总体而论。事实上，事情没有那么简单。一方面，语言发展既有阶段性，也有继承性，上古汉语的词汇语法有不少还保留在现代汉语中。另一方面，从历史文献来看，典型的文言作品和典型的白话作品都有，但文白夹杂的也不少。像吕叔湘所举的第(7)段唐张鷟《朝野佥载》就是文白夹杂，叙述是文，对话是白。同时，文言和白话，书面语和口语也不是壁垒森严，截然分开，而是会互相影响和渗透。因为唐宋以后的人，虽然用文言写作会竭力模仿先秦两汉，但还是不可避免地会受他们当时口语的影响。如《聊斋志异・聂小倩》：“背地不言人。我两个正谈道，小妖婢潜来无迹响。幸不訾着短处。”“我两个”绝非先秦两汉的表达法，是《水浒传》的用语；“谈道”“訾着”也不是先秦两汉的说法。而用白话写作，虽然依据的是当时的口语，但文言文那么强势，在白话作品中也会有不少文言的成分。就是到新文化运动之后，已经是白话的天下了，写小说都是用白话，不再用文言。但一些古文根底深厚的作家，他们写的小说里也会有不少“文”的成分。拿茅盾的小说和赵树理的小说相比，明显地可以看出，前者“文”的成分要高于后者。但这主要是语体的问题。语体的问题相当复杂，当另作专题讨论。

前面说过，“白话比文言个性强，不同时期总有不同的面目”。白话有一个发展过程。张中行(1995)把白话分为三期，徐时仪(2015)也把白话分为三期，两书分期的起讫不完全相同。这个问题是可以进一步研究的。如果采取吕叔湘的看法，把白话界定为“唐宋以来的语体文”，那么，白话的发展史就是近代汉语的发展史。近代汉语是一个很长的历史时期，其中有几个阶段，这几个阶段的词汇语法有什么不同，前一阶段到后一阶段是怎样发展的？这些都值得深入研究。而且，语言的发展演变不但要考虑时间因素，还要考虑地域因素和语体因素。不同地域的语言发展是不平衡的，不同地域的语言发展会互相影响；不同语体的语言状况是不一样的，彼此间也会有一定影响。这些都是在研究近代汉语发展史或白话发展史的时候应当深入考虑的。徐时仪(2015)收集了很多不同时期的白话资料，而且做了很好的分析，对清代的白话文，还注意到南北的不同。但从词汇语法系统来看，近代汉语各个时期有什么不同，这个问题还有待于深入研究。

七、文言文在今天仍然需要

在历史上，文言文有很高的地位。在五四新文化运动以前，文言文一直是正规的书面语。不仅如此，直到明清时期，不少读书人在谈话时也使用文言。

《利玛窦中国札记》：“事实上常常发生这样的事：几个人在一起谈话，即使说得很清楚、很简洁，彼此也不能全部准确地理解对方的意思。有时候不得不把说的话重复一次或几次，或甚至得把它写出来才行。如果手边没有纸笔，他们就蘸水把符号写在什么东西上，或者用手指在空中划，或者甚至写在对方的手上。这样的情况更经常地发生在有文化的上流阶级谈话的时候，因为他们说的话更纯正、更文绉绉并且更接近于文言。”(2001：21)

直到20世纪，在蒋光慈的小说《田野的风》里写到乡绅的谈话，仍然是半文半白的。如：“此人不除，恐怕吾乡永无安息之日矣！”“我们特为求教而来，非有别意，望敬翁万勿误会。”

这一方面是由于他们的观念，他们觉得谈话用文言更高雅、更符合自己的身份。一方面是跟他们的阅读有关。张中行说：“执笔的人，总是通文的人。通文，旧时代的，脑子里装满《庄》《骚》《史》《汉》，新时代的，脑子里装满鲁迅、巴金，自己拿起笔，自然就不知不觉，甚至心摹手追，也就《庄》《骚》《史》《汉》，或者鲁迅、巴金。”(1995：

167)不但写文章如此，说话也如此，满脑子都是文言文，说话也就接近于文言了。

经过新文化运动，白话取代了文言的地位，成为全民使用的正规的书面语。这在中国历史、文化上是一个重大的转变。这一转变的重要意义，人们已经谈得很多，这里不拟重复。

但文言文在今天的社会生活中仍然需要。

现在，传承和发展中华优秀传统文化得到了全社会的高度重视，大家都认识到这是关系到提高民族文化自信心，增强国家文化软实力，实现中华民族伟大复兴的大事。文言文是中国传统文化的主要载体，要了解和继承中国传统文化，不能不懂文言文。研究传统文化的学者要懂文言文，而且不能一知半解，否则就不能正确把握古代典籍的含义，甚至会闹一些笑话。从事文化工作和教育工作的，都肩负弘扬中华优秀传统文化的责任，都要懂一点文言文。从事科技工作的，也需要了解中华优秀传统文化，事实上，一些很有造诣的科技专家也有较深厚的文言功底，能自如地阅读文史古籍。即使是一般文化水平的公民，也要懂一点文言文，否则，就无法懂得“学而不思则罔，思而不学则殆”“三人行，必有我师焉”这样一些深刻的思想，无法了解“老吾老，以及人之老；幼吾幼，以及人之幼”这样一些传统美德。所以，学习文言文，是继承和弘扬中华优秀传统文化的需要，是提高国民文化素质的需要。

从语言方面讲，我们今天的现代汉语书面语中有不少文言成分。孙德金(2013)对此作了很好的论述：“现代汉语书面语是在近代白话的基础上，融合了文言、方言及其他语言(主要是以英语为主的西方语言)的成分，经过百年多发展而成的”，“在其形成与发展过程中，文言语法成分起了十分重要的作用，是现代汉语书面语正式、典雅语体风格的主要决定因素”。这些文言成分不是外加的，不是因为仿古、转文而使用的，而是现代汉语的书面表达(特别是比较典雅、庄重的书面表达)所必需的。比如，“之”“其”“以”“所”是四个很常用的文言虚词，今天在一般情况下，会用现代汉语的虚词代替，“之”换成“他/它”，“其”换成“他的”，“以”换成“用”，“所”换成“……的”。但是，在某种情况下，仍然要用这些文言虚词，如“高山之巅”“自圆其说”“以少胜多”“集体所有”。而且，即使在口语中，有的还是不可替代的，如“三分之一”，“之”不能换成“的”；“以大局为重”，“以”不能换成“拿”。语法格式是如此，词汇更是如此。很多文言词在现代汉语中不单用了，但作为语素还很活跃，如“奥”可以构成“奥秘”“奥妙”“奥义”“深奥”等。有的词在历史上早已被替换，如“舟”已被“船”替换，但在现代汉语中，有时还必须用旧词，如“扁舟”“诺亚方舟”“神舟七号”。在成语中保留文言词语更多，如“唯利是图”“空空如也”“披荆斩棘”“有的放矢”“罄竹难书”“破釜沉舟”等等，这些都要有一定的文言知识和历史知识才能正确理解。实际上，很多文言成分积淀在今天的日常语言中，成为现代汉语有机的组成部分。所以，可以说，要很好地掌握现代汉语，就必须懂文言文。至于文言文对白话文发展提高所起的作用，将在下面说到。

这些都说明，文言文在今天的社会生活中仍然需要。所以，现在的中小学教育中很重视文言文教学，教育部门要求初中学生具有阅读浅易文言文的能力，高中学生要有初步的文言语感，这是非常正确的。这对于提高全民的文化素质有很重要的意义。

八、白话文要进一步发展和提高

另一方面，白话文要进一步发展和提高。这里所说的不是历史上的白话文，而是我们今天的白话文，也就是现代汉语的书面语体。

新文化运动提倡白话文，至今已经一个世纪了。在这一个世纪中，白话文有了长足的发展，产生了不少白话的经典。但白话文的发展是否可以到此止步了？当然不是。在肯定白话文发展的成绩的同时，我们还要看到其不足。

回到胡适给“白话”的定义：说得出，听得懂；不加粉饰；明白晓畅。这是白话所必需的。如果用的是现代汉语的词汇语法，但文辞十分艰涩，意思十分难懂，这绝不是好文章。但是，是不是像黄遵宪所说的“我手写我口”，完全照口语写，就是好文章呢？

这要看是什么语体。如果写的是说相声的稿子，当然要完全口语化。但在现实生活中，现代汉语的书面语用途十分广泛，根据不同的需要，有不同的语体，有很多语体，如工作总结，工作报告，新闻报道，时事评论，科普作品，文艺作品等（且不说医学、法律、商业等的专用文书），就不能一律“不加粉饰，明白晓畅”。“言之无文，行而不远。”[①]这话在现代也完全适用，完全照口语写，[②]会使我们的书面语贫乏无力。总的来说，现代汉语的书面语应该基于口语，而又高于口语。在“高于”这一点上，确实还需要努力。

有人说：白话文的表现力不如文言，今天的文章远不如古人典雅含蓄。这个问题应该怎样看？

我觉得不能一概而论。文言和白话都有经典的名篇，拿白话名篇（包括宋元以来的白话小说和新文化运动以后的白话作品）和文言的名篇相比，应该说毫不逊色。在表现力方面，文言和白话各有所长。同样是写景，苏轼《记承天寺夜游》：“元丰六年十月十二日夜，解衣欲睡，月色入户，欣然起行。念无与乐者，遂至承天寺寻张怀民，怀民亦未寝，相与步于中庭。庭下如积水空明，水中藻荇交横，盖竹柏影也。何夜无月，何处无竹柏，但少闲人如吾两人耳。”总共不到一百字，只用五六个短句就写出了月色和心境，这是白话文难以做到的。朱自清《荷塘月色》：“月光如流水一般，静静地泻在这一片叶子和花上。薄薄的青雾浮起在荷塘里。叶子和花仿佛在牛乳中洗过一样；又像笼罩着轻纱的梦。虽然是满月，天上却有一层淡淡的云，所以不能朗照；但我以为是恰到了好处——酣眠固不可少，小睡也别有风味的。”色彩和光影的描写都很细致，在描写中显示一种朦胧的美，这是文言文不易做到的。同样是写人，《聊斋志异·婴宁》写婴宁，没有大段的描写，只是屡次写到她的憨笑，以及王子服要和她“夜共枕席”，她回答说：“我不惯与生人睡。”寥寥数语，写出婴宁的憨痴。这是文言文之所长。《红楼梦》写凤姐，“凤姐儿滚到尤氏怀里，嚎天动地，大放悲声……说了又哭，哭了又骂，后来放声大哭起祖宗爹妈来，又要寻死撞头。把个尤氏揉搓成一个面团，衣服上全是眼泪鼻涕”。把凤姐的发泼写得绘声绘色，淋漓尽致。这是白话文之所长。

但总的来看，文言文比白话文成熟，这和两种书面语的发展历史有关。一种书面语的成熟是需要时间的。文言文如果从《尚书》算起（《尚书》中的《尧典》等大概是周代的史官根据远古的史料加工写成的），到《论语》大约五百多年，到《史记》大约九百多年，到韩愈、柳宗元则是一千八百多年。白话在敦煌变文中还是雏形，到宋元话本开始成熟，到《水浒传》《西游记》《金瓶梅》《红楼梦》等白话经典的出现，也经过了八九百年。而我们今天的白话文，是新文化运动以后的白话文，它不只是近代白话的继承，而是在近代白话的基础上，融合了文言、方言及其他语言（主要是以英语为主的西方语言）的成分而形成的一种新型的书面语。这种新型的书面语，从新文化运动算起，至今才一百年。这种融合的趋向是对的，但如何融合得好，是一个需要在发展过程中解决的问题。

早在20世纪的20年代，一些新文化运动的主将就提出了这个问题。

钱玄同《理想的国语》（原载1925年9月6日《国语周刊》第13期，收入《钱玄同文集》第3卷。这是钱玄同给周作人的回信，写于1925年9月3日）：

> 国语应该用一种语言做主干……用了北京话做主干，再把古语、方言、外国语等自由加入……我认为国语应该有三个美点：活泼、自由、丰富。采用活语，方能活泼（作主干的北京话，加入的方言跟外国语，这三种都是活语，唯有古语是死语；但它的本质虽是死的，只要善于使用，自能化腐臭为神奇，变成活泼泼地……）；任意采之，斯乃自由；什么都采，所以丰富。
>
> 有许多词句，普通会话中虽不大用它，但表示较深奥、曲折、细致的意思时便须用到的，近来新文学作品中，尤其是所谓欧化的文章中，尤其是诗歌中，到处遇着它。这本也是白话，那般爱凿四方眼儿的人们往往要认它为‘文言’——就是古语——因而非难它，排斥它，这是非常地错误，不可不纠正的。（1999b：221—233）

周作人的信（1925年7月26日）：

> 古文不宜于说理（及其他用途）不必说了，狭义的民众的言语我觉得也决不够用，决不能适切地表现现代人的情思。我们所要的是一种国语，以白话（即口语）为基本，加入古文（词及成语，并不是成段的文章）、方言及外来

---

① 这话是孔子说的。鲁襄公二十五年，郑国攻打陈国，大获全胜。晋国责问郑国为何攻打陈国，子产出使晋国，说了一番出色的外交辞令，完成了外交使命。孔子用这八个字称赞子产的言辞。确实，在重要的场合，如果“言之无文”，是行不通的。

② 口语也有语体的不同。两个政府官员在一起讨论工作，两个大学教授在一起谈论学术，以及这些官员和教授回家后和小孩子谈话，用的都是口语，但语体风格却大不相同。说书面语以口语为基础，还要考虑什么语体的书面语以什么语体的口语为基础。但这个问题本文不拟展开。

语，组织适宜，具有论理之精密与艺术之美。这种理想的言语倘能成就，我想凡受过义务教育的人民都不难了解，可以当作普通的国语使用。假如以现在的民众知识为标准来规定国语的方针，用字造句以未受过国民教育的人所能了解的程度为准，这不但是不可能，即使勉强做到，也只使国语更为贫弱，于文化前途了无好处。

他们两人的通信中提到，如果把"国语"仅仅限于普通会话，仅仅以一般民众的知识为标准，只会"国语更为贫弱"，而"理想的国语"要"活泼、自由、丰富"，为此就要把"古语、方言、外国语等"加以融合。这种主张是对的。实际上，这一百年来，现代汉语书面语不断在吸收方言和外来词，如"尴尬"（上海话），"埋单"（粤语），"的士"（经粤语吸收的英语词），"酷"（英语词），"丁克族"（英语词），丰富了现代汉语书面语的语汇。但钱玄同、周作人对"古语"的重视还不够，"古语"并不是"死语"，很多还是有生命力的；而且，如冯胜利（2010）所说，古语是构成现代汉语典雅语体的重要因素，根据语体的需要，不但要适当地采用古词语，而且要适当地采用古句型，如"少而精""为我所爱""为现代化而努力奋斗""品种之多"等。这些成分如何才能融合得好，现代汉语的书面语如何才能"言之有文"，这是应该引起大家注意，而且需要在实践中加以解决的。

我觉得，要使现代汉语书面语有更丰富的表达力，不单要恰当地吸收一些古文的词语，还要注意学习古文的意境和表达。古文很多篇幅不长，但意在言外，含义深远。写景的文章，往往是寓情于景，如上面引的苏轼《记承天寺夜游》，不但写了月色，也写了作者的情怀；柳宗元的很多山水小品，都写得"凄神寒骨，悄怆幽邃"，使人感慨。写人的文章，着墨不多，但感人至深，如《史记》写廉颇、蔺相如，真是千载下凛凛有生气；方苞写左光斗，只写了狱中的一件事，就写出其"肺肝皆铁石所铸造也"。古文的表达，有很多值得学习。欧阳修写《醉翁亭记》，原稿开头是"滁州四面有山"，凡数十字，后来改定，只"环滁皆山也"五字。范仲淹《严先生祠堂记》，原稿作"云山苍苍，江水泱泱，先生之德，山高水长"。后来把"德"改为"风"。（杨树达 1953/1980：30、19—20）这样的改动，使文章增色不少。这告诉我们，文章的开头该写得简练峭拔；文章的用字，有时用具体的意象比用抽象的概念气象更为阔大。这都是我们在提高现代汉语书面语的表达力时值得学习的。

张中行说：书面语和口语要"不即不离"。"不即，是和日常谈话韵味不一样（比一般的口语丰富、深刻、严密）；不离，是就格局说，仍属于口语的系统"。（1995：170）现在又提出了语体的问题，不同的语体，其"即"和"离"的程度又不一样。怎样做到不即不离，而且恰到好处，这是需要讨论的，更是需要在实践中解决的。

总的来说，现代汉语书面语要基于口语，又高于口语，形成这样一种书面语，是我们努力的方向。

参考文献

陈独秀（1917/1922），《独秀文存》卷三，上海：亚东图书馆。

冯胜利（2010），论语体的机制及其语法属性，《中国语文》第5期。

胡适（1917），文学改良刍议，《新青年》第2卷第6号。

胡适（1928），《白话文学史》，上海：新月书店。

利玛窦、金尼阁（2001），《利玛窦中国札记》，何高济等译，桂林：广西师范大学出版社。

梁启超（1936），《翻译文学与佛典》，见氏著：《饮冰室合集》专集第14册，上海：中华书局。

刘　坚（1999），《古代白话文献选读》，北京：商务印书馆。

吕叔湘（1944），《文言和白话》，《国文杂志》第3卷第1期。

吕叔湘（1985），《近代汉语读本序》，见刘坚编著：《近代汉语读本》，上海：上海教育出版社。

梅　思（2013），《汉朝汉语文言中的口语成分——〈史记〉与〈汉书〉对应卷的语言学比较研究》，见冯胜利主编：《汉语书面语的历史与现状》，北京：北京大学出版社。

钱玄同（1999a），《钱玄同文集》第1卷，北京：中国人民大学出版社。

钱玄同（1999b），《钱玄同文集》第3卷，北京：中国人民大学出版社。

孙德金（2013），《现代汉语书面语中文言语法成分的界定问题》，见冯胜利主编：《汉语书面语的历史与现状》，北京：北京大学出版社。

魏培泉（2003），《上古汉语到中古汉语语法的重要发展》，见何大安主编：《古今通塞：汉语的历史与发展》，台北：中研院语言学研究所（筹备处）。

徐时仪(2015),《汉语白话史》,北京：北京大学出版社。
雅洪托夫(1969/1986),《七至十三世纪的汉语书面语和口语》,见氏著：《汉语史论集》,北京：北京大学出版社。
杨树达(1953/1980),《汉文文言修辞学》,北京：中华书局。
张中行(1995),《文言和白话》,哈尔滨：黑龙江人民出版社。
志村良治(1983/1995),《中国中世语法史研究》,北京：中华书局。
周作人(1925),《理想的国语》,《国语周刊》第13期。

蒋绍愚,北京大学中文系 jiangshy@pku.edu.cn

(原载《清华大学学报(哲学社会科学版)》2019年第2期)

汉语旁格宾语的实现机制及其语法后果*

——以“吃食堂”为例

李劲荣

提 要 本文立足于构式的及物性视角,以处所宾语为例讨论旁格成分做宾语现象。文章的主要观点是:动词的作用在于指示事件图景,处所成分做宾语是由构式决定的,构式的及物性特征要求其宾语成分必须凸显。这能证明宾语的性质是处所宾语而非受事宾语,也能证明构式的意义是如何浮现出来的,因为有一系列句法语义特征作为依据。该构式在于确认某种行为方式,表示的是特殊“现象”而非具体“事例”。

关键词 旁格宾语 实现机制 语法后果 构式及物性 “吃食堂”

引 言

汉语学界早就注意到了一种现象,就是汉语的动词除了带受事宾语外,还能带非受事宾语,如“写黑板、吃大碗、陪床、打主力、听耳机、哭鼻子”等。邢福义(1991)称这种非受事宾语为非常规宾语。陈平(1994)借鉴原型施事和原型受事的语义特征讨论了句子成分和语义成分的配位关系,指出非受事成分存在做宾语的可能性,即须带有一定程度的受动性。

此后,学界对非受事成分如何实现为宾语进行了重点讨论。归结起来,主要有三种做法:

一是句法配位。袁毓林(1998: 135—140)从论元的配位观出发,认为外围格成分占据宾语位置需要经过述题化这一句法操作并使之成为信息焦点。

二是转换生成。Lin(2001)认为旁格成分做宾语是由轻动词选择,而不是由主要动词选择。熊仲儒(2005,2009)指出,主要动词的作用在于指示事件图景,论元的实现由功能范畴决定,即旁格成分做宾语受制于功能范畴选择。孙天琦(2009)运用施用结构来解释旁格宾语的生成机制,施用是一种典型的增加论元数目的操作手段,把非核心成分提升为核心成分。

三是认知转喻。任鹰(2000)、王占华(2000)、张云秋(2004: 110)、胡勇(2016)等持这种看法,认为像“吃食堂”这类结构的生成机制是转喻,其中的“食堂”转指“食堂的饭”,两者处于“容器—内容”这一认知框架模式中,因而转喻得以实现,且“食堂”仍充当受事宾语。

本文拟从另一个角度出发,运用构式及物性观念来讨论非受事成分如何实现为宾语这一问题,即及物性不仅是动词的特征,更是构式的特征,构式决定了非受事成分做宾语。其实,构式语法学者已逐渐倾向于接受此看法,比如吴义诚、李艳芝(2014)就指出及物性是整个句子结构的整体属性,是一种构式现象,宾语与其看作是动词的宾语,还不如看作是构式的宾语。不过,构式学派尚未深入涉及非受事成分实现为宾语的具体机制。

* 本研究得到国家社科基金一般项目(18BYY182)和国家社科基金重大项目(17ZDA307)的资助,写作过程中先后与任鹰、施春宏、陆丙甫、吴为善等教授有过诸多交流,修改稿吸收了匿名审稿专家和编辑部的重要意见。谨表示衷心的感谢!

本文研究的主要内容是：（一）旁格成分做宾语要受到哪些条件的限制？（二）旁格成分做宾语后对句法结构产生了什么样的语法后果？为什么会产生这样的语法后果？（三）与之相关的问题是，宾语为何种语法性质？构式表达什么样的语法意义？本文的目的在于揭示句法结构内部各构成成分之间在及物性特征上的有机整体性。

为行文方便，本文将由非受事成分充当的宾语统称为旁格宾语。

一、旁格宾语的实现机制

从世界语言范围看，除汉语外，实际上还有不少语言中的旁格成分也能做宾语。这说明，语言中的动宾关系并不是非得严格基于逻辑语义关系，以往仅根据动词的特征来区分及物不及物以及及何物等做法会遇到不少挑战。

基于以上情况，本文借鉴构式语法思想来看待及物性观念，认为及物性不仅是动词的特征，更是构式的特征，动词能不能带宾语以及带什么样的宾语主要由构式决定，动词的作用就是将参与事件的相关图景指示出来。

（一）动词指示事件图景

说及物性由构式决定并不意味着就否认了动词在其中的作用，相反，动词的作用依然重要，因为抛开动词而谈及物性犹如无源之水，动词是一切及物性特征的基础。从构式的角度看，动词的作用就在于指示出具体的事件图景。

关于动词的这一作用，卢英顺（2005，2008）、熊仲儒（2005，2009）分别都有论述，卢文说“动词激活认知图景”，熊文说“动词指示事件图景”，观点基本一致。本文采纳二位先生的看法，同时进一步区分事件图景和认知域两个概念，以说明二者在语义构建过程中所起的不同作用。具体情况如下。

就及物动词而言，既有动作的发出者，又有动作的接受者，同时还有伴随动作发生的相关要素，如时间、处所、方式、工具、目标、对象等等，尽管这些要素被划分为动词的不同语义角色，如施、受事为核心格，其他为外围格，但它们都处在动作进行的图景中，虽然具体因动词不同而略有所差别。例如：

“吃”——谁吃、吃什么、什么时间吃、什么地方吃、用什么吃

“考”——谁考、考什么、什么时间考、什么地方考

动词“吃”“考”的认知图景中都能激发施事、受事、对象、时间、处所等语义角色，不同的是，工具要素通常处在“吃”的认知图景中，但在“考”之外。

就非作格动词而言，有动作的发出者，没有动作的接受者，有动作发生的时间、处所、方式、工具、目标等，没有动作的对象等。可能相关的要素也同样具体因动词不同而有差别。例如：

“睡”——谁睡、什么时间睡、睡哪儿、用什么方式睡

“哭”——谁哭、什么时间哭、为什么哭

动词“睡”“哭”都可以激发发出者、时间等语义角色，区别在于，“睡”可以激发处所格，而“哭”能激发原因格。

非宾格动词较为独特，它表示的是某种结果状态，所以事件图景中只有与该结果状态相关的客体、时间、处所等，而不可能有动作的发出者、方式、工具、目标等。例如：

“死”——死了什么、什么时间死的、哪儿死的

“沉”——沉了什么、什么时间沉的、哪儿沉的

动词“死”“沉”都能激发客体、时间、处所等语义角色。

这里要区分事件图景和认知域两个概念。事件图景是就相关语义角色而言，认知域是指进入事件图景中的语义角色，其各具体成分与动作之间具有一定的关联性，关联性大的在域内，关联性小的在域外。因此，特别需要注意的是，在具体的言语交际中，能够进入事件图景中的各具体要素实际上都处在与动词相关的认知域内。比如：

“吃”的事件图景

	认知域内	认知域外
处所角色	家里、食堂、馆子	厨房、教室、路边、房间
工具角色	碗、筷子、刀叉	盘子、手
来源角色	工资、父母、公款、救济	同学、抢劫
方式角色	气氛、开心	——

对于“吃”而言，处所角色处在其事件图景中，但不是每一个具体的处所都在其认知域内，“吃”与“家里、食堂、馆子”等处所成分的关联度高，与“厨房、教室、路边、房间”等处所成分的关联度低。这就是为什么“厨房”虽然也提供饭，但却不能说“吃厨房”，因为“厨房”并不在“吃”的认知域内。

另外，也存在这样的情况，就是某一语义角色在此图景中凸显而在彼图景中不凸显。比如时间角色在动词“吃”的事件图景中并不凸显因而不涉及其认知域，但在动词“睡”的事件图景中就很凸显并从而进入其认知域。

“睡”的事件图景

	认知域内	认知域外
时间角色	晚上、白天	上课时、看电影时
处所角色	床上、地板、沙发、马路、车上	海上、草原上
方式角色	侧身	——

我们可以说“你睡白天，我睡晚上”，但不能说“你吃白天，我吃晚上”。

（二）动词带宾语由构式决定

卢英顺(2005)指出了动词的作用在于激活认知图景，但在具体的事件结构中动词带什么样的宾语，卢文认为还需要借助相关理论进行解释；吴义诚、李艳芝(2014)明确了构式决定动词带宾语，但尚未涉及具体的内在机制。

1. 及物性的构式观念

传统上一直把及物性看成是动词的特征，所以将动词分为及物动词和不及物动词两类。Hopper & Thompson(1980)突破动词的限制，将及物性看成是句子的特征，即句子的及物性有高低之分。本文拟将及物性特征与构式观念结合起来，把及物性看成是构式的特征。

一个句子，其表达的意义一般可以直接从其组成成分中推导出来，而构式则相反，其表达的意义不能简单从组成成分中推导出来。个中原因在于，句子关注局部意义，即各组成成分之间都要有理据可言，而构式关注整体意义，某些成分之间并不要求很强的理据性。也因此，句子形式常常是复杂多样的，而构式则一贯性地表现为简约。

构式的形式有多种，本文讨论的及物性构式是指带有宾语的构式，句法上表现为“主—动—宾”结构。

及物动词有动作的发出者，动作的发出者理所当然做句法主语，剩下的问题就是构式对宾语的选择，到底是选择受事做宾语还是选择其他语义格做宾语？

同样，非作格动词的动作发出者充当句法主语，它虽然没有动作的接受者，但并不意味着不存在句法宾语，因为这由构式决定。那么，选择何种语义格做宾语？

不同的是非宾格动词，由于它只有内论元并占据了宾语位置，所以就不存在宾语选择问题，构式的功用就是要为其选择一个语义格充当主语。这种情况不在本文的讨论范围内。

2. 宾语的信息凸显

说宾语由构式决定，是否就意味着进入认知域中的成分都能做宾语？也不是。菲尔墨格语法的二期理论(见任鹰 2005 的介绍)特别强调“透视域”，认为格角色要成为句子的核心成分需要通过“透视域”的选择，透视域是句子所描述的事件场景中受到注意的部分。这就是说，根据场景的不同，任何语义格都有可能成为受到注意的部分。于是就出现像“吃米饭、吃食堂、吃公款”中多种语义格充当宾语的表达形式。例如：

(1) 而按医院规定，不管你多大岁数，未婚就不给房，就只能住单身宿舍，两人一间，没有火。没有火就意味着只能吃食堂，食堂的饭吃一顿两顿可以，一天两天可以，长年累月天天顿顿地吃，人的味蕾都会吃麻木

了。(王海鸰《中国式离婚》)

(2) 事后才知道,这出"三角债"完全是有计划、有预谋的圈套。主办单位的某经理与那家服装公司的某副经理,原来都是插队在贵州的知青,以后又各自经商,成了商场上的"战友"。这次,他们联手以主办方的名义"吃"下了上海参展单位的积压货,并于第2个月以9折价抛掉,后又把汇拢的资金,以3分"高利息"放出,最终私分了这笔货款,但在形式上造成了"三角债"的假象。这种里应外合"吃公款"的现象,已成了目前某些人借"三角债"名义,进行经济犯罪的一个主要特点。(林觉《"三角债"新内幕》)

所以,认知域中的语义格并不一定都能通过透视域而成为句子的核心成分。比如宾语,根据句子的信息结构由旧到新的安排原则,宾语通常为新信息并作为句法焦点,因此进入透视域的语义格中的凸显成分才能做宾语。虽然处所格可以做宾语,但我们一般不说"吃家里",而说"吃食堂、吃馆子",这是因为人通常是在家里吃饭,"家里"是吃饭的常规处所,不作为新信息,而"食堂、馆子"等不是人们通常吃饭的常规处所,容易作为新信息被凸显。不过,如果有特殊表达需要,也能做宾语,比如"你吃食堂,我吃家里",因为对比而成为焦点。

非作格动词虽然只有动作的主体,但构式同样可以为其提供宾语,前提是这个充当宾语的成分必须具备作为新信息的焦点特征。例如[①]:

(3) 在房间里睡觉——*睡房间

在沙发上睡觉——睡沙发

在地板上睡觉——睡地板

(4) 在公路上走路——*走公路

在小路上走路——走小路

在人行道上走路——走人行道

(5) 在跑道上跑步——*跑跑道

在操场上跑步——跑操场

走山路上跑步——跑山路

"房间、沙发、地板"都在动词"睡"的认知域内,但"房间"不能做宾语,原因就是它作为"睡"的常规处所而不能提供新信息,"沙发、地板"因不是"睡"的常规处所而具备了做宾语的可能。同样,"公路"和"跑道"分别不能为"走"和"跑"提供新信息,因而也不能做宾语。

当然,说旁格成分进入透视域成为凸显成分并做宾语还有一个前提,这就是动词原有宾语所传递的信息量少,信息价值不大。例如:

在食堂吃饭——吃食堂　　在馆子吃饭——吃馆子

但当动词的原有宾语信息价值大时,旁格成分是难以取得宾语位置的。例如:

在食堂吃大鱼大肉——*吃食堂

在馆子吃残羹冷炙——*吃馆子

因为,"饭"是"吃"的默认成分,不言自明,可以说是无信息价值可言,这就给信息价值大的成分提供了取而代之的便利。[②] 而"大鱼大肉、残羹冷炙"等的信息价值大,就不可能被其他成分所替代。

除及物动词外,一些非作格动词的情况也是这样。比如上面提到的"睡、走、跑"等,其实它们也有宾语,分别为"觉、路、步",但这些只是同源宾语,也无信息价值可言,因此易被其他成分取代。

(三)"前松后紧"的节律促动[③]

如上所述,旁格成分一旦作为事件场景中受到注意的部分,那么,它就有可能在构式及物性的作用下取代受事成分而成为句子的宾语,从而满足宾语作为信息焦点的语用需求。陆丙甫(2004)指出,汉语中之所以存在大量

---

① 部分例句根据审稿专家的意见做了调整。谨致谢意!

② 施春宏(2018)称之为"影子论元",即这种论元的语义内容少,话语凸显度也低,所以常可省略。

③ 这一条是在审稿专家的追问下增加的。审稿专家指出,旁格成分做宾语的实现机制应该要揭示得更加清楚。于是笔者想到,节律原则也是一条不可忽略的因素。特此致谢!当然,可能还有更深层的机制,但限于学识,目前还难以进一步深入。

的非典型宾语，原因之一就是作为受事和自然焦点集合的宾语，在汉语中焦点性更强。

但是，在句法形式上，旁格成分做状语和做宾语时的表现并不相同，做状语时须由介词引导，做宾语时介词必须隐匿。例如：

他在食堂吃饭——*他食堂吃饭——*他吃在食堂——他吃食堂

他用毛笔写字——*他毛笔写字——*他写用毛笔——他写毛笔

究其原因，这与短语内部词语之间在节律上的松紧度有关。已有研究表明，在动词短语中，相关成分(也可以看作是论元成分)跟核心动词结合关系的松紧取决于位置的前后：比起后置论元，前置论元与核心动词的节律关系较松散，常常需要更多表示它跟核心动词之间语义关系的形态标志。这就是动词短语结构关系的"前松后紧"的节律原则。这一原则不仅体现在汉语中，在其他语言中也得到了印证。具体可参看吴为善(2010)和陆丙甫、应学凤(2013)。

旁格成分位于动词前时，由于跟动词的节律较为松散，为了表示它跟动词之间存在语义关系，就需要借助形态标志，如介词；而当它位于动词后时，由于跟动词的节律较为紧密，于是就不需要借助形态标志来表示它跟动词之间的语义关系了。特别是做宾语时，动宾之间紧密性和整体性高于状中、主谓等其他结构，更不需要形态来标示了，甚至不允许。因此，当旁格成分做宾语时，原本标明其与动词之间语义关系的介词一律不出现。

二、旁格做宾语的语法后果

(一) 句法、语义后果

旁格成分做宾语要受到构式的制约，只有在信息结构中凸显的成分才成为可能。当旁格成分实现了宾语功能后，对语法结构会产生一系列的句法、语义后果，这种后果在已有的研究中也曾提及过(任鹰 2000；孙天琦 2009；孙天琦、李亚非 2010；胡勇 2016)。归结起来，主要表现在以下方面：

1. 动词的动作性减弱

动词主要为单音节，双音节动词较难适应。例如①：

他在食堂食用午餐——*他在食用食堂

动作性强的单音节动词也难以适应。例如：

他在食堂啃馒头——*他啃食堂

动词后不能添加"了/着"等体标记成分。例如：

他在食堂吃了/着饭——*他吃了/着食堂

动词前不能加描摹性状语。例如：

他在食堂大口大口地吃饭——*他大口大口地吃食堂

动词前不能加时间副词，只能加频率副词。例如：

他正在/刚才/将要在食堂吃饭——*他正在/刚才/将要吃食堂

他常常/偶尔/天天在食堂吃饭——他常常/偶尔/天天吃食堂

主要为单音节且不能是强动作性，表明动词是处在基本层次范畴的动词；不能加"了/着"等体标记，说明动词并不表示是否进行或完成的动作②；不能被描摹性状语修饰，也不能被时间副词限制，表明动作并不是现场发生的瞬间性行为。这些都反映出，动词在句中并不表具体动作，而是表某种抽象的行为。

2. 逻辑宾语隐退

当旁格成分占据宾语的位置时，如果是及物动词，那么逻辑宾语不能再出现在动词之后，只能以话题形式

---

① 骆健飞(2017)统计了单、双音节动词分别与五类旁格宾语搭配的数量情况。在"$V_{单}+O_{旁}$"中，空间/处所宾语占 54%；而在"$V_{双}+O_{旁}$"中，空间/处所宾语只占 15%。这说明，动词带处所宾语结构中，单音节动词占绝对优势。王丽娟(2018)进一步证明了两种形式在句法生成机制和语体韵律实现机制方面的不同。

② 虽然可以添加体标记"过"，但"过"只表示以往经历，并不关注当前发生的具体事件。感谢审稿专家的提醒！

出现。

我在食堂吃中饭——*我吃食堂中饭——中饭我吃食堂

我用正针织毛衣——*我织正针毛衣——毛衣我织正针

我用油漆刷城墙——*我刷油漆城墙——城墙我刷油漆

如果是非作格动词,其同源宾语也不能出现,同时,同源宾语还不能作为话题。

在沙发上睡觉——*睡觉沙发——睡沙发——*觉睡沙发

在人行道上走路——*走路人行道——走人行道——*路走人行道

逻辑宾语隐退,表明动作失去了对象,也就意味着动词的动作性不发生效力。

3. 旁格宾语无个体性

不能受名量词修饰,但可受动量词修饰。例如:

*他吃一个食堂——他吃一次食堂

不能加描写性定语。例如:

吃饭店——*吃豪华的饭店　　*吃干净的食堂——吃干净的水果

写毛笔——*写崭新的毛笔　　*写漂亮的钢笔——写漂亮的字

不能被直接提取。例如:

他吃父母——*他吃的是父母——*他吃的父母

他抄卡片——*他抄的是卡片——*他抄的卡片

也不能被直接提问。例如:

他吃父母——*他吃什么——他靠什么吃

他抄卡片——*他抄什么——他用什么抄

不能被描写性定语修饰,也不能被直接提取或直接提问,说明宾语名词不具有个体性特征;不能受名量词修饰而只能受动量词修饰,说明宾语名词是一个无指性成分。

4. 旁格宾语不受影响

一般情况下旁格宾语结构不能变换为受事主语句。例如:

吃饭——饭吃了　　吃食堂——*食堂吃了

洗碗——碗洗了　　洗冷水——*冷水洗了

旁格宾语结构不能变换为“把”字句。例如:

吃饭——把饭吃了　吃食堂——*把食堂吃了

洗碗——把碗洗了　洗冷水——*把冷水洗了

不能做受事句的主语,也不能做“把”字句的宾语,表明旁格成分虽然做了宾语,但并不受到影响,因而不是典型的宾语。

(二)后果产生的原因

当旁格替代受事格占据宾语位置(动词为及物动词)或旁格直接占据宾语位置(动词为非作格动词)后,结构产生了上述句法、语义后果。我们认为,后果产生的原因就是及物性的构式特征。

Hopper & Thompson(1980)提出了广义的及物性观念,认为及物性不是句子中某一两个成分之间的关系,而是句子的整体性质,它包括十个语法特征,分别对应于句子中各构成要素。句子的及物性高低取决于所具备特征的多寡:具备越多特征的句子,其及物性就越高;反之,及物性就越低。具体如下:

主语:[±施动性]

谓语:[±动作]、[±完成]、[±瞬时]、[±可控]、[±肯定]

宾语:[±受动性]、[±个体性]

句子:[±2个参与者]、[±直陈语气]

应该说,这十个特征是衡量句子及物性高低的可靠标准,汉语学界运用此理论已有不少成功的研究,如王惠

(1997)、张伯江(2009：1—86)等。

不过，我们想进一步探究的是这十个特征之间的相互作用，即某一特征的变化会对其他特征产生什么影响？是对所有其他特征产生影响还是对部分其他特征产生影响？这些特征之间的内在联系性如何？这就要着眼于构式的角度。

根据广义的及物性观念，一个高及物性的句子基本上涵盖了上述十个语法特征，归结起来就是：句子包含两个参与者、主语的强施动性、谓语的强动作性和宾语的强受影响性。如果从宾语的性质看，受事宾语有受影响性，所以，只有宾语是受事的句子才可能具有高及物性，才有可能涵盖这十个语法特征。

但现在，宾语是由旁格成分充当，不具有受影响性，这对结构中的其他成分产生了什么样的影响？

从上面的分析可以看到，旁格成分挤掉受事做宾语使得动词失去了动作性、完成性、瞬时性等特征，而动词的动作性、完成性和瞬时性等是决定宾语受影响的关键因素。由此可以看出，动词和宾语之间的关系在这几个特征上紧密相联。

因此，旁格成分做宾语可以看作是一种去及物化(detransitivisation)的句法手段，也就是使动词失去了动作性、完成性和瞬时性。①

三、宾语的性质和结构的意义

(一) 宾语的性质

上一节中结构表现出来的句法、语义特征可以证明，旁格成分做宾语只能是旁格宾语，而不是受事宾语。“吃食堂”就是如此，是由处所充当宾语形成的一种处所宾语结构。

如果把它看成是受事宾语，就会与结构的特征相抵牾。首先就是它不能被个体化，不能进入“把/被”句，而这些却是受事宾语的典型特征；其次，由旁格成分做宾语的句子，动词的动作性弱，又不具备完结性，这也不符合受事宾语句的特性。

胡勇(2016)认为在“吃 NP”构式中，NP 的处所义和转喻而来的受事义都起作用，但处所义永远是背景信息，受事义永远是前景信息，并列举了一些实例来证明构式凸显的是受事义。现抄录几例如下：

(6) 他说他见我每次回去都不见胖，担心吃食堂搞垮了身体。

(7) 他生活简朴，只有工作必须的几套衣服，到北京后十几年一直过集体生活，与爱人、小孩各自在机关、学校吃食堂。

(8) 每个家庭都摆脱不了家务，你可以不要孩子，省去生育之劳累，可你不能天天不开伙去吃食堂。

胡文说“吃食堂”在这些例句中都是凸显吃的内容，比如只有吃的内容才会搞垮身体，才能看出生活简朴。不过，我们的看法恰好相反，虽然确实是吃的内容会搞垮身体，但吃的是什么内容才会搞垮身体呢？如果不凸显处所义，所吃的具体内容是体现不出来的。正因为凸显了处所义，才使“吃食堂”在一定语境中表现出饮食质量不高(搞垮了身体)、过集体生活和不做家务等言外义。

已有不少研究也注意到了宾语细化的问题(陆俭明、郭锐 1998；任鹰 2000；孙天琦 2009；唐依力、齐沪扬 2010；任俊舒等 2014；胡勇 2016)，基本观点是，旁格成分做宾语时只能加限制性定语，不能加描写性定语。如：

吃食堂——吃学生食堂/吃单位食堂

吃食堂——*吃干净的食堂/*吃便宜的食堂

胡勇(2016)从信息结构作出解释，认为旁格宾语的信息量高，是信息焦点，而描写性成分一般表示新信息而常作为句子焦点，这样两者产生冲突，从而削弱了结构的合法性。应该说这是个不错的解释角度，但与胡文自身的论证不吻合，因为胡文认为“吃食堂”类结构凸显的是吃的内容而不是吃的处所。

---

① 吴义诚、李艳芝(2014)提出了及物性的构式特征这一思想，但主要指成分做宾语由构式决定这个方面，而没有提及宾语性质的改变会对其他成分产生什么样的影响。

我们可以换一个角度解释,即有指成分才能受描写性定语修饰。如前所述,旁格成分做宾语后表现为非个体性和不受影响性,这些是无指成分的语义特征,而无指成分是不能受描写性定语修饰的。

另外,限制性定语更是处所宾语得以凸显的进一步证明。如胡勇(2016)中的例句:

(9) 她念及晓晴和苒青不会做饭,也没时间做,更舍不得出去吃,便经常带他们俩去吃学校的食堂。

(10) 几位单身来五河工作的领导干部,不住宾馆、招待所,住在自己的办公室里,吃自办的小食堂。

(二) 结构的意义

句法成分按照一定的句法规则组合成一定的句法结构,且结构中的成分可依据聚合特征进行无限制地替换,这样的结构是基础结构,表达的是基础意义,即结构意义由构成成分的意义组合而成。但当句法成分突破句法组合规则形成句法结构,这样的结构其构成成分的替换就要受到限制,结构意义也不是由构成成分简单相加而成。后一种情况用现在的术语来说就是构式。

言语表达者突破句法规则是一种语用上的"明示"行为,即要明确表达说话者的话语意图,于是结构的意义就明显带上了说话者的主观色彩,即结构浮现出新的意义。

"在食堂吃饭"是一个基础结构,结构的意义就是成分相加,表示处所发生的事件,即客观叙述某一个具体事实。而当处所成分居于宾语位置时,句法表现为"吃食堂",这是受到语用驱动而产生的后果,作为构式,它的意义就不是成分的简单相加了。"吃食堂"并不表示在食堂吃饭,不是指处所发生的事件,而是主观表达某一种行为方式。简单说明,两种结构表达两种不同的意义,这跟结构内部成分之间的松紧度有关。根据前文第一节第三部分的分析,处所做宾语时与动词之间的关系更为紧密,甚至形成了一个不可分割的整体。既然成了一个整体,这就为其浮现出新的意义奠定了基础。正是因为"吃食堂"表示的是行为方式,所以在特定的语境中还可以包含更为丰富的意义蕴涵,比如可以表示"生活条件艰苦""没时间做饭""图方便""乐于过集体生活""廉洁自律"等意义。例如:

(11) 我爷爷是一位标准的中国农民,为了自家烟囱里的那一炷炊烟,在土地上劳作了一生,最后是在那个"墟里上孤烟"的吃食堂的年代里去世的。(《人民日报》1995 年)

(12) 他们几乎没有午休的时间,饿了,抓上一把饭票,到《人民日报》的大院里去吃食堂,吃完了,工作也就又开始了。(1994 年报刊精选)

(13) 考虑到宿舍离教室近,住宿可以吃食堂,节省时间,还可以过集体生活,结交一些一起生活的朋友,女儿对学校提供的住宿机会还是挺动心的。(土一族《从普通女孩到银行家》)

(14) "吃食堂。"队长挥着手说。"村里办了食堂,砸了锅谁都用不着在家做饭啦,省出力气往共产主义跑,饿了只要抬抬腿往食堂门槛里放,鱼啊肉啊撑死你们。"(余华《活着》)

(15) 富春同志生活简朴,关心同志。富春同志基本上每天一日三餐都吃食堂,饭菜十分简单。(《人民日报》2000 年)

"吃食堂"作为一种行为方式,在那"墟里上孤烟"的年代凸显出生活的艰辛,在"几乎没有午休时间"的日子里凸显出工作的忙碌,在只有住宿才能实现的情况下凸显方便省事,在高喊奔向共产主义的大环境中凸显对集体生活的向往,在成为国家领导人的日常生活习惯时凸显出作风的廉洁。

胡勇(2016)认为"吃 NP"的浮现意义就是"(在 NP)吃 NP 的饭",并且处所义永远只做背景信息,受事义永远是前景信息。倘若如此,那么构式在以上例句中浮现出的意义从何而来?我们认为正是处所成分得到凸显才使构式整合出"吃饭的行为方式"这一新的意义来,因为被凸显才使成分得到更多关注,相关意义也因此得以浮现。这就是为什么把食堂的饭打回办公室吃仍叫吃食堂,而把家里的饭带到食堂去吃却不能叫吃食堂的原因。另外,这也符合结构成分突破句法规则制约的语用目的,因为突破规则就是要能被凸显。

四、现象与事例

杉村博文(2006)指出,讨论汉语的述宾结构应该区分"现象"和"事例",与其他语言相比,汉语更倾向于采用

VN形式给“现象”取名，且V和N虽然在形式上是述宾关系，但在语义上并不一定是述宾关系，因为只要成分具有象征性，就可以充当V和N。比如对“人在阳光下吸收光和热”这一现象而言，“晒”和“太阳”是两个最具象征性的要素，因而用“晒太阳”表示；同理，“陪床”也是对“留在病房照料病人”这一现象的概括。该文也提到了“吃食堂”这类情况，且根据该文，若硬要把“食堂”分析成受事宾语，可能会遇到不少问题。

我们赞同杉村先生的观点，把“吃食堂”这类结构看作是一种“现象”，根据本文前面的分析，这种看法是有充分理据的。这在句法、语义和篇章上有具体表现。

（一）句法、语义特点

首先，与长时成分共现而不与短时成分共现，如不说“*我吃了一会儿/几个小时食堂”“*我刚才吃食堂”，但可以说“我吃了一辈子/几年食堂”“我常常/一年三百六十五天吃食堂”。其次，动词不表示具体动作，如不能说“*我正吃着食堂”“*我已经吃了食堂”。再次，宾语不能提前，也不能个体化，如不说“*饭我吃食堂”“*我吃一个食堂”。这些都符合“现象”作为常态的特性。

据此，我们可以把“在食堂吃饭”分析成“事例”，因为其句法、语义特点与“吃食堂”大相径庭，比如我们可以说“我在食堂吃了一会儿饭”“我已经在食堂吃过饭了”“饭我已经在食堂吃过了”。这些都符合“事例”表示临时、具体的意义。

这样，我们可以对两种结构的意义加以归纳。

“在食堂吃饭”强调在某处所发生的事件。某一处所可能发生多个事件，甚至是，在某一处所任何事件都可能发生；同样，某一事件也可能在任何处所发生。所以可以说：

在食堂吃饭　在食堂喝水　在食堂洗碗　在食堂打球　在食堂打架　在食堂打牌

在食堂吃饭　在饭店吃饭　在家里吃饭　在厨房吃饭　在寝室吃饭　在阳台吃饭

甚至还可以说“在路边吃饭、在门口吃饭、在车上吃饭”等等。

“吃食堂”强调动作关联的处所。动作不可能和所有处所关联，某一动作与其所关联的处所处在一种理想的认知模式中，符合人们的认知常识，所以只能说“吃食堂、吃饭店、吃家里”，而不能说“吃厨房、吃寝室、吃阳台”，更不能说“吃路边、吃门口、吃车上”等。因为强调的是动作而不是事件关联的处所，所以“*吃饭食堂”不成立。也正因为动作与处所的经常性关联，两者的组合才容易产生出新的意义。

宾语细化也是一个旁证。前期研究都已注意到了这一点，但对宾语细化后能否成立有分歧。胡勇（2016）从信息结构角度加以分析并认为，“吃干净的食堂、吃豪华的餐厅”等不成立是因为处所成分在句末是自然焦点且信息量高，而组合式定中结构因自身具有述谓性而常成为句子焦点，这样焦点冲突而使结构不合法；“吃教工食堂、吃勺园七号楼餐厅”等成立是因为黏合式定中结构在意念上是一个整体，两者之间不存在焦点竞争关系。

如果着眼于宾语的性质，我们宁愿这么认为，是宾语的语义属性（受事还是处所）而不是语用属性（焦点还是非焦点）决定了结构能否成立。“吃干净的食堂、吃豪华的餐厅”等不成立是因为“食堂、餐厅”是处所，而“干净、豪华”指内容（即饭菜卫生干净或质量档次高），两相矛盾；“吃教工食堂、吃勺园七号楼餐厅”中的宾语仅指处所，“教工、勺园七号楼”分别从外延上限定“食堂、餐厅”的范围。

（二）篇章表征

篇章表现也能说明两者的差别。“在食堂吃饭”可以表示具体事例。例如：

（16）鲍远昌说：“若说现在正当班的甲班四个人，那倒是可以排除嫌疑的。那个何家声案发时在车间食堂打饭，见到他的人多着哩，我当时在食堂吃晚饭，也好算一个证人。”（魏肇权《原子弹部件失窃始末》）

（17）那天中午在食堂吃饭的时候，恰好旁边桌子上坐着一个女孩子，眉清目秀的，一个人在那里低头吃饭。（木云《我的大学》）

例（16）、（17）中都有表示特定时间点的成分“当时”和“那天中午”，倘若采用“吃食堂”这一结构，句子就难以合法，如“*我当时在吃食堂”“*那天中午在吃食堂的时候”。

“吃食堂”则只能表示特殊现象。例如：

（18）我问她：“你在家里不和爸爸妈妈一起吃饭吗？”她摇摇头说：“不，我一个人吃食堂。爸爸吃爸爸的，妈妈吃妈妈的。爸爸忙,有时要我和他一起吃顿饭就写张条子给我,约好时间,才能一道用餐。妈妈也是这样。还是你们这样好,整天在一起……”(水静《我眼中的江青》)

(19) 蔡德惠偶尔也被人拉到米线铺里去吃一碗焖鸡米线,但这样的时候很少。他每天只是吃食堂。吃煮芸豆和“魔芋豆腐”。四年都是这样。(汪曾祺《日规》)

例(18)中,爸爸妈妈平时都很忙,没时间在家里做饭,也没时间和“我”一起吃饭,“我”常一个人在食堂吃。例(19)中,“吃食堂”是他四年来“每天”的生活状况,但当“偶尔”去外面吃时,不说“吃饭店”,而说“到米线铺里去吃一碗焖鸡米线”。这是“现象”不同于“事例”的有力证明。

五、余　　论

本文开头部分提到,生成观和认知观都讨论过旁格成分做宾语的实现机制,前者认为是由轻动词或功能范畴选择,后者认为是通过转喻实现的。两种观点都有较强的理论自洽性和事实解释力,不过,有些现象也还需要进一步澄清。

如果说旁格做宾语是由轻动词或功能范畴选择,那么,至少要解决以下三个问题:

第一,是否所有的旁格成分都可以做宾语?

他在食堂吃饭——他吃食堂　　　他在家里吃饭——*他吃家里

在“吃”所指示的事件图景中,轻动词或功能范畴可以选择处所做宾语,但并不是事件中的任何处所成分都可以被选择做宾语。

第二,到底有多少轻动词?是否每个旁格成分都有相应的轻动词?

吃食堂——AT　　吃父母——?BY　　　吃情调——?

如果说,由于轻动词AT的存在决定了处所成分“食堂”做宾语的话,那么,表来源的“父母”做宾语是否由轻动词BY选择?而表环境的“情调”又是由哪个轻动词选择来做宾语的呢?何况,汉语中充当宾语的语义成分丰富多样。

第三,会产生什么样的句法、语义后果?

他吃食堂——他吃一次食堂——*他吃一个食堂

他吃食堂——他常常吃食堂——*他刚才吃食堂

句法单位改变职能后会对相应的句法结构产生什么样的语法后果,这是任何语法理论都需要面对且需要解决的问题。

如果说旁格做宾语是通过“转喻”实现的,那么也要面对以下问题:

第一,如何处理“吃家里”和“吃厨房”不能成立?从认知角度看,“家里”和“饭”、“厨房”和“饭”也属于原型的“容器—内容”框架,如“家里的饭”和“厨房的饭”,按理转喻也容易实现。

第二,如何解释结构表达的浮现意义。转喻观认为“食堂”在“吃食堂”中做受事宾语,凸显的是“食堂的饭”。倘若如此,那么“饭菜质量差”这一主观情感意义又是怎样浮现出来的呢?因为受事宾语“饭”是无论如何也浮现不出来的。

本文从构式及物观出发可以避免上述不足,可以对以上问题作出一定程度的解释,具体不再赘述。当然,构式及物观在针对旁格成分做宾语时是否具有普遍的解释力,还有待更多语言事实的检验。

参考文献

陈　平(1994),试论汉语中三种句子成分与语义成分的配位原则,《中国语文》第3期。

胡　勇(2016),“吃食堂”的认知功能分析,《世界汉语教学》第3期。

卢英顺(2005),认知图景与句法、语义成分,《复旦学报》第3期。

卢英顺(2008),关于认知图景的几个问题,《语言科学》第6期。
陆丙甫(2004),汉语语序的总体特点及其功能解释:从话题突出到焦点突出,《庆祝〈中国语文〉创刊50周年学术论文集》,北京:商务印书馆。
陆丙甫、应学凤(2013),节律和形态里的前后不对称,《中国语文》第5期。
陆俭明、郭　锐(1998),汉语语法研究所面临的挑战,《世界汉语教学》第4期。
骆健飞(2017),论单双音节动词带宾的句法差异及其语体特征,《语言教学与研究》第1期。
任俊舒、吴炳章、吴明会(2014),例示与细化:以"吃食堂"为例,《世界汉语教学》第2期。
任　鹰(2000),"吃食堂"与语法转喻,《中国社会科学院研究生院学报》第3期。
任　鹰(2005),《现代汉语非受事宾语句研究》,北京:社会科学文献出版社。
杉村博文(2006),"VN"形式里的"现象"和"事例",《汉语学报》第1期。
施春宏(2018),影子论元的句法效应及其认知解释,《汉语学习》第1期。
孙天琦(2009),谈汉语中旁格成分作宾语现象,《汉语学习》第3期。
孙天琦、李亚非(2010),汉语非核心论元允准结构初探,《中国语文》第1期。
唐依力、齐沪扬(2010),非常规关系下的动词带处所名词现象考察,《汉语学习》第5期。
王　惠(1997),从及物性系统看现代汉语的句式,《语言学论丛》第19辑。
王丽娟(2018),汉语旁格述宾结构的语体鉴定及其语法机制,《语言教学与研究》第6期。
王占华(2000),"吃食堂"的认知考察,《语言教学与研究》第2期。
吴为善(2010),认识论和语言观的思考:系统、信息、同构——汉语音节结构究竟提示了哪些信息?《东方语言学》第七辑。
吴义诚、李艳芝(2014),语言及物性的构式研究,《外国语》第3期。
熊仲儒(2005),论元的句法实现,《外国语》第2期。
熊仲儒(2009),论元与谓词的语义关系,《外国语》第5期。
邢福义(1991),汉语里宾语代入现象之观察,《世界汉语教学》第2期。
袁毓林(1998),《汉语动词的配价研究》,南昌:江西教育出版社。
张伯江(2009),《从施受关系到句式语义》,北京:商务印书馆。
张云秋(2004),《现代汉语受事宾语句研究》,上海:学林出版社。
Hopper, Paul J. & Sandra A. Thompson(1980), Transitivity in grammar and discourse. *Language* 56(2): 251-299.
Lin, Tzon-Hong(2001), Light verb syntax and the theory of phrase structure. Ph.D. dissertation, University of California, Irvine.

李劲荣,上海师范大学　lijinrong@shnu.edu.cn

(原载《语言教学与研究》2019年第6期)

寄生范畴：源于语法库藏限制条件的语义范畴*

刘丹青

提 要 “寄生范畴”是在语言库藏类型学框架下库藏手段和语义范畴的一种非直接对应现象，即由于表达甲范畴的库藏手段在使用中存在语义条件乙的限制，因此语义乙也在该手段中得到隐性表达，成为寄生于甲范畴的语义范畴。本文先简述古今汉语中的三个寄生范畴实例：现代汉语复数标记“们”寄生生命度范畴，析取连词“或者”和“还是”寄生陈述—疑问的语气范畴，先秦汉语情态动词“可”寄生表被动的态范畴。文章主体着重考察了在多种方式类副词、表时间起点的介词连词和相对时间域名词寄生事态或时态范畴的情况，并比较了其他语言中的某些类似情况。论文最后总结了寄生范畴区别于语法库藏的目标范畴的一些特点，并讨论了寄生范畴现象的理论意义和对语言库藏类型学的推动。

关键词 寄生范畴 目标范畴 语言库藏类型学 语义条件限制 事态范畴

一、寄生范畴的界定与实例

（一）寄生范畴的界定

语言库藏类型学(刘丹青 2011,2012)致力于从跨语言视角研究形式和语义之间的复杂关系，关注特定范畴特别是显赫范畴的超范畴扩张及语言之间的跨范畴对应。

在范畴扩张的种种表现中，有一种常见类型是由库藏手段在使用中的限制条件所诱发的，即某范畴的语法手段因为使用中有某种语义条件限制，使得该范畴同时带上这种条件所代表的另一种语义范畴，本文称之为“寄生范畴”(parasitic category)①。而承载它们寄生的范畴则可以称为“宿主范畴”(host)。这里的宿主不是语言形式，而是带形式表征的语义范畴。

汉语工具书的释义，早已关注有些虚词使用时的特定语义条件限制。如《现代汉语词典》(自1960年试印本起，以下简称《现汉》)和《现代汉语八百词》(吕叔湘主编 1980，以下简称《八百词》)都指出了“再”和“又”不同的使用条件，即与事件的时间状态有关(引文为节录)：

(1)【再】zài 副词。① 表示又一次(有时专指第二次)：～版|……机器没有～发生故障。注意 表示已经重复的动作用‘又’，表示将要重复的动作用‘再’。如：这部书前几天我又读了一遍，以后有时间我还要～读一遍。……(《现汉》试印本)

(2) 在表示动作重复或继续时，‘再’用于未实现的，‘又’用于已实现的。(《八百词》)

以上释义的正文，都指出了“又”和“再”表示又一次、重复一类意义，说的是“表示”。同时，补充说明“又”用于

---

* 本文受中国社科院创新工程项目“汉语口语的跨方言调查与理论分析”资助。卢笑予博士帮助进行了专项语料统计分析。论文初稿曾先后在第三届语言类型学国际研讨会(2017.7)、北京语言大学汉语学院、中山大学中文系、法国高等社会科学中心东亚研究所等处报告，得到 Walter Bisang、罗仁地(Randy LaPolla)、陆丙甫、金立鑫、程工、崔健、强星娜、李炜、林华勇、陆烁、贝罗贝(Alain Peyraube)、罗端(Redouane Djamouri)、柯理思(Christine Lamarre)、徐丹、于秀金、唐正大、白鸽、盛益民、周晨磊等诸多学者的指教；论文还得到《中国语文》多位匿名审稿人的宝贵意见。以上意见对论文改进帮助甚多，一并致谢。尚存疏漏皆属作者。

① 认知语言学有寄生范畴化(parasitic categorization)的说法，所指与本文不同，见温格瑞尔、施密特著，彭利贞等译(2009：83)。

“已经”“已实现”,“再”用于“将要”“未实现”,说的是“用”和“用于”,显示这是用法,不同于副词“表示”的词义。

这样的释义方式很合理。本文想指出的是,如果用法是以语义限制为条件的,那么这一语义限制也构成了一种隐性范畴,寄生在显性库藏的目标范畴(即库藏手段本身旨在表达的语义)中,属于寄生范畴。这属于语法库藏和语义范畴非直接对应现象。

对语法库藏和语义范畴的非直接对应现象,近些年有国外学者从不同的角度讨论过。Nesset(1999)认为,俄语定指范畴没有在语法上直接实现的条件,但是可以有“间接实现”的机制,例如句法上,名词短语可以在由语序表征的话题与焦点位置上分别获得有定和无定的解读。再如有些俄语名词通过宾格和部分格(以领格形式出现)之对立,体现无指和有指的对立。他说的间接实现的范畴,用本文观点看,就是一种寄生范畴,即指称范畴成为依附于信息结构范畴或格范畴的寄生范畴。Chumakina *et al*.(2007)就 Archi 语的人称范畴,提出了“非自主范畴”(non-autonomous categories)概念,认为 Archi 语没有直接表征人称范畴的形态,但是在动词的数范畴和性范畴构成中,需要涉及人称因素,因此人称是 Archi 语中的一种非自主范畴。他们还指出,从库藏直接得到的范畴是现实范畴,而有些范畴则通过推理获得。

(二)寄生范畴的三个实例

在进入本文主体的个案研究前,先简要列举古今汉语中三个寄生范畴的实例。

1. 现代汉语后缀“们”的目标范畴是复数或群集,接近数范畴。普通话后缀“们”用于名词及名词短语时,有生命度的限制,主要用于人类(参看吕叔湘 1980:342),拓展到与人接近的宠物家畜等。这一限制条件使得“们”在用作复数的形态手段的同时也蕴含了高生命度的语义,即由数范畴扩展到生命度(animacy)范畴。生命度便是依附于数范畴的寄生范畴,数范畴则是其宿主范畴。在特定情况下,汉语使用者可以正面启用“们”表生命度的功能。例如:

(3) a. 他把骆驼拉了起来。对待骆驼的方法,他不大晓得,可是他不怕它们,因为来自乡间,他敢挨近牲口**们**。骆驼**们**很慢很慢的立起来,……(老舍《骆驼祥子》第三章)

b. 单是周围的短短的泥墙根一带,就有无限趣味。油蛉在这里低唱,蟋蟀**们**在这里弹琴……Ade(德语,再见的意思),我的蟋蟀**们**! Ade,我的覆盆子**们**和木莲**们**!(鲁迅《从百草园到三味书屋》)

(3a)中给“牲口”和“骆驼”加上了“们”,在表示复数的同时,也凸显了牲口和骆驼的高生命度,体现了“他”(小说主人翁祥子)跟牲口和骆驼的亲密关系。(3b)例用“们”的名词语,都含有拟人意蕴,并与句子其他拟人表达相配合。蟋蟀“弹琴”本身就是拟人,“蟋蟀”加了“们”,正与其拟人谓语一致;后面作者将带“们”的动植物名词用作呼语,也是一种拟人化处理,通过呼喊将昆虫和花草人格化。生命度含义就是依附于“们”的数范畴上的寄生范畴。

2. 现代汉语析取连词“或者”和“还是”,在英语中都说 or,《八百词》“还是”条连词义项谓“用于选择,同‘或者’”。但是我们知道,在普通话中,“还是”用于疑问句,包括直接疑问句(你买苹果**还是**梨?)和间接疑问句(我问他买苹果**还是**梨),“或者”用于陈述句(我想买点苹果**或者**梨)、祈使句(你去买点苹果**或者**梨)。由于“还是”与“或者”的使用有句子语气(言语行为类型)的用法差异,(析取)连接范畴中实际上寄生了疑问～陈述的语气范畴。

3. 先秦汉语的“可”是属于情态(modality)范畴的助动词,表达道义及可能性。但是,当时的“可”有一个使用条件限制,它的主语必须是后面实义动词的受事而不能是施事(参看王力,1980:419。该书同时提及有类似表现的“足”,本文暂不讨论),如:

(4) 儒者**可**亲而不**可**劫也,**可**近而不**可**迫也,**可**杀而不**可**辱也。(《礼记·儒行》)

“儒士,可以被亲近,不能被威逼,可以被接近,不能被强迫,可以被杀掉,不能被侮辱。”

(5) 白圭之玷,尚**可**磨也;斯言之玷,不**可**为也。(《诗经·大雅·荡之什·抑》)

“白玉上的瑕疵,尚且可以被磨去;这句话的污点,无法处理(它)了。”

假如“可”用在悬空的介词之前,则主语是这一介词的支配对象,亦即介词后的空位与主语同指(例中用下标的 i 表示),如“NP 可以 V”表示“可以 NPV”。由于现代汉语一般不允许介词悬空,所以这类句子有时难以直译,只能做接近原意的意译。如:

(6) 是以大物$_i$不**可以**[t_i]命。“因此重要事物不能用来命名。”(《左传·桓公六年》)

(7) 人而无恒，不**可以**作巫医。“人若没有恒心，不能用他做巫医。”（不能直译为“他不可以做巫医”）（《论语·子路》）

(8) 晋$_i$未**可与**[t_i]争。“不能与晋国竞争。”（《左传·成公三年》）

(9) 赐$_i$也，始**可与**[t_i]言《诗》已矣！“子贡$_i$啊，可以跟他$_i$谈《诗经》了。”（《论语·学而》）

尽管“可”在先秦只用于受事主语，但是它本身只是表情态的手段，不是表被动的手段。对这一细微的区别，王力先生早有觉察。他指出（王力 1957）：

当我们讨论到被动式的时候，指的是具有结构特点的被动式，而不是概念上的被动式。因此，我们在这里有必要先把概念的被动撇开。经常被人误会为被动式的，主要是下列的两种结构：

第一是“可”字句及其类似的结构。把“可”“足”等字后面的动词解释为含有被动意义，这对于了解古代汉语是有好处的；‘可见’和“能见”显然是不同的概念。但是，在结构上看，它和“能”字句并没有什么区别。……

王力先生认为“可”字句具有被动义，但不是具有结构特点的被动式，即没有表示被动概念的语法形式手段。就语法层面来说，“可”跟“能”是同类的。它们都是表情态的助动词。“可”字句只是概念上的被动，所以其被动范畴是寄生于情态范畴的语义范畴。

被动的条件限制在先秦末年开始放宽。殷国光（1997：157）注意到《吕氏春秋》中多例“可”字后是主动性动词，如(10)，也有的句子主语为受事，动词后有代词复指受事主语，使“可”后动词仍然带上了宾语，如(11)。后者似乎反映了一种过渡状态。

(10) a. 故孝子忠臣亲父交友不**可**不察于此也。（《吕氏春秋·安死》）

b. 故审知今则**可**知古，知古则**可**知后。（《吕氏春秋·安死》）

(11) 草木鸡狗牛马。不**可**譙诟遇之。（《吕氏春秋·污徒》）。

“可”的核心情态语义至今一直没有改变。这说明情态是“可”的核心语义和目标功能，作为宿主比较稳固；被动义作为使用条件限制则比较容易弱化乃至消失。古汉语语法书（如杨伯峻、何乐士 2001：216）和虚词词典（如王海棻等 1996：193）一般不提“可”的使用条件，视之为一般的情态助动词，尽管他们举的先秦用例都是被动义的。

寄生范畴构成了语法范畴超范畴扩张的一种类型，这在跨语言比较中就可能形成跨范畴对应——古汉语情态范畴与其他语言的态范畴(voice)发生跨范畴对应。例如，以上用“可”的句子，都可以也应当翻译成英语的被动语态句。如：

(4′) 儒者可近而不可迫也。The Confucians can be approached, but cannot be forced.

(8′) 晋$_i$未可与[t_i]争。The Jin State cannot be rivalled.

这种跨范畴对应关系可以用库藏类型学的图例表示如下(12)：

(12) 古汉语 英语

可能情态范畴——————可能情态范畴

被动态

实线代表同范畴对应，虚线代表跨范畴对应。

（三）本文的主要议题：作为寄生范畴的事态范畴

本文主体将讨论寄生于副词、介词及连词等非事态范畴中的事态及时态范畴。这里说的“事态”，是汉语史学界常用的宽泛的概念（例如蒋绍愚、曹广顺，2005，第七章“事态助词”）。实际是一种兼有时(tense)、体(aspect)、语气(mood)属性而又不便确切定位为典型时、体或语气的范畴，类型学中常缩写为 TAM，主要跟事件过程有关，同时跟说话人的语气（特别是现实式和非现实式 realis～irrealis 对立）有关。典型的如句末“事态助词”“了”（所谓“了$_2$”）。本文主要讨论事态类范畴寄生于其他多种范畴的情况，事态范畴内部的细分不影响本文的讨论。

二、事态范畴寄生于增量、频度、速度等方式类副词

修饰动词或谓语、直接表达时体范畴的副词库藏，如表达进行体的“在、正在”；完成体的“已经”；经验体的“曾

经”，属于分析性事态表达手段，这不是本文的研究范围。本文关注的是一些非时体类的副词，使用时却有事态方面的条件限制或倾向，从而使得它们带上了事态语义作为寄生范畴。刘丹青(2009)举过表示动作增量的“再～又”、表示动作频度的“勤～老”、表示动作启动速度(属方式范畴)的“赶快～连忙”和表示动作进行速度(也属方式范畴)的“快～飞快”。这些副词都不是事态副词，但是每一对使用时都有事态条件的差别。该文对这些用例做了一个粗略描述，大致来说，每一对前一个倾向用于未然行为，后一个倾向用于已然行为。实际情况更为复杂。本文将就此做进一步的考察，并探究寄生范畴实际的表达作用。

(一)“再”和“又”

如前所述，《现汉》和《八百词》很早就关注到“再”和“又”用法中的事态差别。“再”和“又”的目标范畴，语义学上就是动作的增量(increment)。《八百词》所说的用法中的“已实现～未实现”，比《现代汉语词典》所说的“已经～将来”准确一些；更准确的概括则应该是现实非现实(realis～irrealis)，接近于式(mood，语气)范畴，同时跟行为的时间进程有关。用“再”表示的动作重复，在时间上并不一定是未实现的，更不一定是“将来”的，但是其句法位置决定它处在非现实式的辖域中，只能取非现实的解读。如(“CLL”指北京大学中国语言学研究中心语料库，后面是文献原名)：

(13) 蒋介石只听不说，面无表情，但临结束时要蒋廷黻多留几天，以便**再**谈。(北大：沈渭滨：《蒋廷黻〈中国近代史〉导读》)

(14) 随后演一个节目就嗷嗷叫着要**再**来一遍，等到表演小提琴独奏和对唱，就要起来没完了。(邓友梅《追赶队伍的女兵》)

(15) 忆严听说部队都往东去了，决定往南**再**走几里，找不到部队就往东追。(邓友梅，同上)

(16) 那种惨痛的记忆深深地被刻在当时中国人的心中，没有人想**再**到苏俄来冒险。(CLL：龙长海《俄罗斯的中国移民：历史与现状》)

(17) 忆严掏出手枪朝那人打了一枪，没有打着，**再**打，卡壳了。(邓友梅，同上)

(18) 颤音是舌尖或小舌连续颤动而发出的音，气流呼出的通道被堵住后迅速打开，**再**堵住，**再**打开，好像是紧紧相连的一小串塞音。(CLL：《语言学纲要》)

(19) 甲午战争以后，日本并无于短期内**再**进攻中国的企图。是时日本政府反转过来想联络中国。(CLL：蒋廷黻《中国近代史》第四章)

(13)例，“再谈”是“以便”引出的目的小句；(14)“再来一遍”用在意愿情态动词“要”的辖域内，(15)—(16)带“再”的小句都是意愿动词“决定”“想”的宾语从句。这些都属于非现实式的句法语义环境。(17)的情况复杂些。“再打”看似已实现的动作，其实没有实现(卡壳)，“再”处于一个意愿性的背景从句，修饰主句“卡壳了”，即“再想打的时候，卡壳了”。这个“再打”由于不是前景信息，是不能煞句的，即使说成“再打一下”，还是不能煞句。假如改说成“又打了一下”，就能煞句了，因为“又”才是用于现实式的副词。(18)虽然表示“堵住”和“打开”的动作重复，但是这是在讲述一般的道理，不是叙述特定事件，属于惯常行为，因而也具有一定的非现实性。(19)“于短期内再进攻中国”是“企图”的同位性定语从句，即“企图就是于短期内再进攻中国”。定语从句就是“企图”的内容，当然是非现实的。以上各例，从大的叙述内容来说，可以是过去的事件，但是在具体的句法语义辖域内，这些带“再”的谓语都受到一定约束，只能获得非现实式解读。

正像“可”的被动义作为寄生范畴比宿主范畴(情态)更容易丢失一样，事态范畴作为寄生范畴也比宿主范畴(频度方式副词)更容易丢失。在粤语及港式中文中，“再”没有非现实的限制，经常用于普通话当用“又”之现实情境。如刘丹青(2009)所引：

(20) 温太买咗一支试完之后，**再**买**咗**一打。(网络)(……又买了一打)

而且，在“南风吹拂”之下，非粤语区媒体也开始出现打破普通话常规的用法，如刘丹青(2009)所引：

(21) 据央视网刊登的一段视频显示，中央电视台早间新闻节目《朝闻天下》近日**再**添新人。(网络)

(22) 英国前首相布莱尔夫妇以400万英镑(约合5600万元人民币)的价格**再**购置了一套本属已故奥斯卡影星约翰·吉尔古德所有的豪华古宅。(网络)

这再次显示寄生范畴不如目标范畴稳固，更加易变。此外，“再”在文言中不区别现实非现实的用法也助长了粤式用法的北上，让人感觉到除了带粤味，还带了些文气。

在很多情况下，“再/又”所在句子的事态是由其他因素决定的，副词所含的事态义只是冗余信息，不起显性作用。如前引《八百词》的例子，用“再”的句子都不带体标记，带“又”的句子都带了表已然的助词“了”。但是，“再”和“又”的区别确实有机会从隐形变为显性，发挥实效，帮助听者读者区分句子事态，比较：

(23) 从这时起中英双方皆一意主战，彼此绝不交涉。英国的态度很简单：中国不答应她的要求，她就不停战。道光也是很倔强的：一军败了，**再**调一军。(CLL：蒋廷黻《中国近代史》第一章)

(24) 兄弟对于大家又没有什么好处实在抱愧的很，今天已经要走啦，**又**让大家这们破费。更教兄弟心里不安，将来怎么报答呢？(《京语会话·祖饯》)

这两例“再”和“又”都可以互换，但事态义也会因此有别。(23)例用“再”，表示前分句条件下会产生的结果，是道光皇帝次数不定的调军规律，属于惯常行为，可归非现实式；假如以“又”代“再”，则是道光的一次具体的调军行为，属现实事件。(24)例用“又”，显示临别时“让大家破费”已经是事实。假如换用“再”，则表示如果让大家破费，会让说话人不安，是对非现实事件的一种劝阻。这些句子不靠其他手段，单凭这些增量副词就实现了现实非现实事态的表达。

(二) 速度类方式副词——“赶快”“赶紧”“连忙”①

为了更加准确地了解这三个词的用法差异，我们用现实和非现实的概念，对北大 CLL 语料库中每个词的前 500 例进行了穷尽性分析，统计结果如下②：

(25)【赶快】现实式 172∶非现实式 306

【赶紧】现实式 369∶非现实式 128

【连忙】现实式 500∶非现实式 0

以上统计中，现实式都是已然事件的陈述句，非现实式包含了适合该式的各种句法语义条件：情态动词后(26)、意愿动词后(27)、目的句谓语(28)、祈使句(29)、条件句(30)、言语行为动词所引出的兼语句的 VP_2(相当于这些言语行为所支配的祈使句，(31))。

(26) 怕是时间来不及了，我还要**赶快**回去。这样，我留下上海的地址。有什么意见随时联系，我在上海恭候……(CLL：《宋氏家族全传》)

(27) 当当已经走过 10 年了，我也这把年纪了，有时候很想**赶快**上市。(《创业者对话创业者》)

(28) 最好的方法是以“请问你有何贵事？”来打断对方的话头，以便**赶快**进入主题。(CLL：《哈佛管理培训系列全集·第 08 单元　哈佛经理时间管理》)

(29) 吴：天呐。这个这个所有媒体记者**赶快**现在回去通报一下。这个不可能有人知道，如果知道这种事情，一定是……(CLL：《李敖对话录》)

(30) 离镇西猪背桥有十五分钟路程，如果他**赶快**的话还可能在那里照几张相。(CLL：《作家文摘》\1995\1995A)

(31) 国藩没有法子，只好催国荃**赶快**回营。(CLL：蒋廷黻《中国近代史》第二章)

从统计数据看，“赶快”以非现实式用法为主，与现实式用例呈 2∶1 弱。下面是“赶快”也用于现实式事件陈述句的例子，都可以换用“连忙”：

(32) 小鬼们一听，**赶快**找到玉钵，把它摇得叮咚乱响。(CLL：《传媒大亨与佛教宗师的对话：包容的智慧》)

(33) 此时，有两个巡更的兵卒，提着灯笼从墙边走来。他们**赶快**伏下身子，等士兵走过以后，便轻轻跳下。(CLL：李文澄《努尔哈赤》)

“赶紧”也是现实非现实两可，但是比例上跟“赶快”相反，以现实式为主，与非现实式用例呈 2∶1 强。例略。

---

① 刘丹青(2009)已分析过“赶快”和“连忙”的对立，未涉“赶紧”。

② 语料的定性分析和统计由卢笑予博士帮助完成，特此致谢。个别不确定用例未计算在内。

“连忙”则刚性要求用于现实式谓语，完全排斥非现实式，与以非现实式为主的“赶快”形成强烈的对照。如：

(34) 对方打量了我一眼说：“你把个人资料留下，回头我们再联系。”我**连忙**留下招待所的电话。回去的路上美滋滋地想：从今以后，我就成了影视……(CLL：《中国北漂艺人生存实录》)

(35) 宋庆龄一听是小弟子安来了，**连忙**从屋里走出来。(CLL：《宋氏家族全传》)

假如把上述用“赶快”的非现实句换上“连忙”，句子很难成立。如：

(27′) *当当已经走过10年了，我也这把年纪了，有时候很想**连忙**上市。

(28′) *最好的方法是以“请问你有何贵事？”来打断对方的话头，以便**连忙**进入主题。

北京大学中文系1955、1957级语言班编写的《现代汉语虚词例释》(1982：321，以下简称《虚词例释》)已经关注到“赶快、赶紧”和“连忙”在这方面的区别。请看该书的[辨异]：

(36) 连忙、赶忙——赶紧、赶快

两者的意思相近，在陈述句中可以互换。但“赶紧、赶快”经常用在祈使句中，“连忙”“赶忙”只用于陈述句。下面的例子里的“赶紧”不能换成“连忙”：

⑪ 哎，可不能哭，**赶紧**去问问姐姐吧。(《给孩子们》209)

⑫ 夜战可真够味！营长，快**赶紧**追呀！(《保卫延安》547)

这段辨析本身符合实际，只是用“陈述句～祈使句”的对立来概括不够周延。如上所举，很多使用“赶快”的非现实句，并不是祈使句，如(26)—(31)中除(29)外的各句，但是一样不能换用“连忙”，现实～非现实的对立更能覆盖相关事实并提供有效解释。

上述用法分工在一些上下文中可以凭词项互换来体现事态义的对立，如：

(37) 我估计李东垣串门来了，大家说那你给看看吧，这李东垣会医术，**赶快**给看一看，李东垣诊脉，一诊，李东垣大呼，说刚才那药你开的什么药？(CLL：《梁冬对话罗大伦》)

(38) 那个时候在莫斯科开公司，都是个人干个人的，而且都是为了一个项目开公司，挣了一笔钱就赶快把公司给关了，**赶紧**跑掉，不然就会被抓，送去蹲监狱！(CLL：《世界100位富豪发迹史》)

例(37)用了“赶快”，倾向于理解为这是“大家说”的内容，是大家对李东垣的祈使句，属非现实式；假如换成“连忙”，就是李东垣已经实施的“看一看”的行为了。例(38)，“赶紧跑掉”，说的是规律性的反复发生的惯常性行为，非现实式；假如换成“连忙”跑掉，就是一次具体的开公司-挣钱-跑掉的事件，属于现实式。这些例子充分说明在其他句法语义条件相等的情况下，可以仅凭“赶快”和“连忙”的对立来传递非现实的祈使行为或惯常行为和现实的已然行为的事态对立。

(三) 频度副词“勤/多～常～老”等

频度副词不表示单次行为，多少带有惯常性，但仍有现实非现实之别。刘丹青(2009)举过下面的例子：

(39) a. 你要**勤**上外地去游览。 ～ b. *他去年**勤**上外地去游览。

“勤”只能表示非现实行为的频度，如(39a)，不能表示已然事件的频度，如(39b)。“多”作为单音状语也有此限制①。同样为单音副词的“常”就没有这个限制，可以表示已然或未然的频度，而“老”或“老是”则倾向于表达现实事件的频度。比较：

(40) a. 我今后要**勤**回家看望老人。 ～ b. *我去年**勤**回家看望老人。

(41) a. 我今后要**多**回家看望老人。 ～ b. *我去年**多**回家看望老人。

(42) a. 我今后要**常**回家看望老人。 ～ b. 我去年**常**回家看望老人。

(43) a. *我今后要**老**回家看望老人。 ～ b. 我去年**老**回家看望老人。

(40)—(43)例清楚展示了单音频度状语对事态的敏感。而事态义并不是这些副词的核心范畴，而是由用法限制形成的寄生范畴。词典注释时不常注意它们的事态语义。例如，《现汉》(第7版)把“勤、常、老”的状语用法归入以下义项：

---

① “多”做状语时，如后接数量成分，可以用于现实性事件，如“多收了三五斗”“多跑了一趟”。

(44)【勤】① 形 尽力多做或不断地做(跟“懒、惰”相对)：手～|～学苦练|人～地不懒。② 形 次数多；经常：～洗澡|夏季雨水～|他来得最～，差不多天天来。

【常】④ 副 时常，经常：～来～往|我们～见面。

【老】⑬ 副 经常：人家～提前完成任务，咱们呢？

注意，这三个词的释义都用到了“经常”，体现出高度一致性，同时完全没有涉及事态义(该词典【多】条未设表次数的义项)。这三个单音词，《八百词》只收了“老”“多”，《虚词例释》只收了“老”“常”，都只解释了它们的频度义(经常、次数多之类)，不涉及事态义。目标范畴(频度)和寄生范畴(事态)的词典地位判然有别。

表示速度的方式状语“快”只能用于非现实环境，现实性事件则没有合适的单音状语可用，而须用双音节单位加“地”构成“飞快地”“很快地”等表示，如：

(45) a. 你**快**写吧。(非现实。～??你飞快地写吧)

b. 他**飞快**地写着。(已然。～*他快写着)

c. 他**很快**地写了一篇报道。

以上例示和分析显示，汉语普通话表示增量、频度、速度等方式类副词或形容词状语，在使用中常有事态条件的限制，从而使得事态范畴有机会寄生于方式范畴。从中我们梳理出区别目标范畴和寄生范畴的几点依据：

1. 语文辞书对以上方式类副词的宿主范畴都以“表示”一类用语释义，而从不将寄生的事态义视为固有语义，至多作为用法说明介绍，以“用于X”等形式表达；很多词项的事态义完全不被提及。这些处理反映了母语人的语言直觉：方式类副词的事态范畴只是一种处于心理边缘的存在，犹如视觉中的虚光所及，不在焦点视野。

2. 在确立同义词反义词关系时，只会依据宿主范畴来确定，不会依据寄生范畴来确定。例如副词“勤～老”，两者作为目标范畴的频度义相同；而作为寄生范畴的事态义则正好相反，“勤”关联非现实式，“老”关联现实式。“勤～老”可以根据其目标范畴归为同义词，绝不能根据其寄生范畴归为反义词。“赶快～连忙”也大致同此。

3. 寄生范畴比宿主范畴更容易淡化或丢失。如“再”的非现实义在粤语中已不存在，在普通话中也有淡化、消失现象，而“再”的动作增量义稳固存在了两千年。

不过，寄生范畴在特定条件下也可以被凸显，成为显性的范畴义。如当句子中没有其他表示事态的手段时，方式状语就可能承担标明事态的功能。

以上情况，也适合于其他寄生范畴现象，如下文将讨论的个案。

三、以时间起点介词、连词及时间名词为宿主的时态范畴

(一) 时间起点介词

在普通话及其他一些语言中，事态范畴有时寄生于由介词表达的时间起点范畴中，而且寄生的是时态(tense)范畴：过去～非过去。这些介词的固有功能是介引一个持续性行为或状态的时间起点，这个起点的具体位置由介词所辖的名词语决定，如“去年”(过去)或者“明天”(将来)，有时起点是由一个VP或小句表达的事件，这时该虚词宜分析为时间从句连词。这两种情况都不需要靠介词连词本身来定位时间。

普通话的时间起点介词(如前置词“从”“自”、后置词“起”及框式介词“自……起”等)，大多数都同时适用于过去现在将来的时间起点，但是有一个词已被工具书注意到只能用于过去的时间起点，请看《八百词》“自从”条：

(46) 自从[介]从。限指过去的时间起点。

～五月份以后，我就没收到他的信|～来了共产党，工农翻身得解放|～水库开始动工，他就搬到工地住去了。

《八百词》也收了“从”“自”“打”，都没有在时间起点义上注明事态限制。《现代汉语虚词词典》(张斌主编2001)“自从”注“表示过去的时间起点”；“从”“自”都注“表示时间起点”，“打”注“表示起点”，都没有“过去”的限制。此外，北京口语中还有双音介词“打从”“自打”，也都只用于过去起点。如：

(47) 再扩大面积，土地管理部门也不允许，**打从**五几年时，中央领导就指示过不许占用耕地作为墓地。

(CLL：当代\报刊\1994 年报刊精选\01)

(48) 山里**打从**土改，年复一年，由此长出许多地。(CLL：2000 年《人民日报》)

(49) **打从**华佗死后，曹操发头风病，就再没有找到合适的医生给他治疗。(CLL：《中华上下五千年》)

(50) 没有拳头产品，就没有效益，企业就受穷。**自打**那时，开始掉头发。(CLL：1994 年报刊精选\02)

(51) "向阳红 09"号**自打**启航后，科学家和船员就开始受罪。(CLL：1994 年报刊精选\07)

这两个口语双音介词都不能用来介引现在或将来的时间起点，如：

(52) 这项规定**从**(* **打从**/* **自打**)现在起执行。

(53) 这家餐馆**从**(* **打从**/* **自打**)明天起开业。

如果综合考虑后置词的情况，则具有时间限制的起点介词还有后置词"以来"和"来"。它们都可以单独用作时间起点标记。《虚词例释》"以来"条云："表示从过去某一时间开始到现在为止的一段时间。""来"也限于指过去时间的起点。如：

(54) 本世纪六十年代**以来**，后现代主义逐渐支配了西方国家的精神文化生活。(CLL：马克思主义经典选读资料)

(55) 联合国成立**以来**置于其托管下的 11 块托管领土先后都已独立或因自治而结束了托管，所有的托管协定都宣告终止。(CLL：《司考国际法知识库-联合国体系》)

(56) 近 30 年**来**，科学知识社会学以其新奇和偏激引致了巨大的兴趣和争议。(CLL：当代\CWAC\AHE0024)

(57) 中国股市的投机没有过度。特别是去年五月**来**，更是加速下滑，使这种特征已无从表现。(CLL：当代\报刊\1994 年报刊精选\04)

"(以)来"除了单用，也常用在起点前置词之后形成框式介词，不管前置词是否有时态限制，一旦带上"(以)来"，都只能用于过去时间。如：

(58) 认知过程的计算机隐喻**自从**诞生**以来**，一直受到质疑。(CLL：叶浩生《具身认知思潮的理论心理学思考》)

(59) **自打**我认识她**以来**，十多年里她那模样简直没有一点儿变化啊！(CLL：《刘心武选集》)

(60) 西方**从**苏格拉底**以来**一向是以这种态度来了解德性，也就是从概念思考的态度来给它一个定义。(CLL：熊浩《接受理论、文化精神与结辩的话语实践》)

(61) 我国**自**秦汉**以来**，两千多年，只有两个人曾主张变法，一个是王莽，一个是王安石。(CLL：蒋廷黻《中国近代史》第一章)

(62) 查实该犯罪团伙**自**去年**来**，涉嫌在厦门盗窃摩托车多达 39 起。(CLL：新华社 2004 年 2 月份新闻报道)

诸如"从明年以来""自下个月来"这类表达，因语义冲突而都不成立。

后置词"起"不管是单用，还是跟没有时间限制的前置词配套，都没有时态限制，只有跟限指过去的前置词"自从、自打、打从"等配套时，才限于指过去起点。如：

(63) 60 年代**起**，该派成为西方哲学社会学重要流派之一，……(过去)(CLL：百度百科《法兰克福学派》)

(64) 券商发债 10 月 8 日**起**将实施，而真正产生作用，恐怕要到年底左右。(将来)(CLL：新华社 2003 年 9 月份新闻报道)

(65) **从**下午 5 点**起**，我们吃了一顿好饭，看了一场好电影，……(过去)(王朔《过把瘾就死》)

(66) 上海**从** 12 月 15 日**起**将实施今冬错峰让电措施，执行时间将持续到明年 3 月 4 日。(将来)(CLL：新华社 2004 年 11 月份新闻报道)

(67) **自从**上大学**起**，她每天睡眠很少超过 7 个小时。(过去)(CLL：《从普通女孩到银行家》)

(68) **自打**路遥步入文坛那天**起**，他就把自己的生命同文学创作拴在了一起。(过去)(CLL：1993 年人民日报\2 月份)

当"起"跟"自从""自打"这些排斥非过去时间起点的双音介词配套时，会与将来时间词语冲突，如"自从下个月起"

“自打明年起”都不合格。跟“从、自”等配合时，可以自由地跟表示各种时间起点的词语配合，如(66)与将来时间搭配。

与上文现实非现实的视角不同，分析起点介词时，我们用的是过去和非过去的时态视角。这是因为，起点介词对以说话时间为参照点的谓语时态敏感，用过去和非过去(含现在和将来)已足以提炼规则，不必逐一考察与现实非现实有关的各种语境。

综上，汉语时间起点介词有专用于过去时间的词项，包括框式介词，却没有专用于现在或将来的词项。这至少说明，汉语介词是可以寄生时态范畴的，而这是汉语库藏中本来缺少专用手段的范畴，因而特别值得重视。我们也发现，确实在某些语句中，其他要素无法显示谓语的时态，而起点介词可以帮助表征时态。如：

(69) a. 从1997年起，中国完全按照IMF要求进行国际收支统计。(CLL：当代\CWAC\CFM0164)

b. 从1997年以来，中国完全按照IMF要求进行国际收支统计。

c. 自从1997年起，中国完全按照IMF要求进行国际收支统计。

例(69a)使用“从……起”，既能指将要如此，也能指已经如此。句子本身没有提供信息。在语境中，本例说的是过去之事，如果像(69b，c)那样换用“(从)……以来”“自从……起”，就只能指过去之事。源点介词以寄生范畴顺带表达了时态。

(二) 时间名词

表示相对时间域的名词也可以寄生时态范畴。请看下例：

(70) a. (他40岁时从机关辞职，)后来，自己办了一家农场。

b. (他明年会从机关辞职，)*后来自己办一家农场。

(71) a. (他明年会从机关辞职，)以后自己办一家农场。

b. (他40岁时从机关辞职，)?以后，自己办了一家农场。

“后来”和“以后”都表示某一参照点之后的时间域，可以视为同义词，属于相对将来时间域。但是，“后来”只搭配过去时谓语，如果用于将来时谓语，则不能接受，如(70b)。“以后”作为后置词对谓语的时态中性，如“他辞职以后，自己办了一家农场/打算自己办一家农场”，但单独作为时间状语用，则用于将来时谓语较自然，如(71a)，用于过去时间则稍不自然，如(71b)。《现代汉语词典》【后来】条后的注意已经反映了两者的差别：“‘以后’可以指过去，也可以指将来，‘后来’只指过去。”可见，相对时间域跟相对于说话时的谓语时态是不同层次的时间语义，它们之间也能存在寄生和超范畴扩张关系。同样表示相对将来时间域，“后来”刚性地寄生了过去时态，“以后”则倾向于寄生将来时态。由于汉语谓语的时态没有显性的语法表征手段，因此时间名词上寄生的谓语时态有时也能帮助显性传递时态信息。

(三) 跨语言比较

以上所述的以方式范畴(增量、频度、速度)、源点范畴和相对时间域范畴寄生事态类范畴的情况，应该不是汉语独有的，而具有一定的常见性。例如，源点介词连词寄生事态范畴的相关现象，就可以在英、德、法等语言中见到。

英语的since，其时间起点义，在《新世界英汉大词典》(胡壮麟主编2016)的介词义项中用“自从”来解释。“自从”在现代汉语中只能用于过去的时间起点。since在英语中也只能用于过去的时间起点，而其所修饰的主句谓语则通常是完成体。以现在或将来时间为起点的命题，则要用from ...(on)一类表达，如：

(72) a. He has been a college student since last month. ‘他上个月起就是一名大学生了’

b. He will be a college student from today on. ‘他今天起就是一名大学生了’

c. He will be a college student from next month. ‘他下个月起就是一名大学生了’

d. *He will have been a college student since today. ‘他今天起就是一名大学生了’

e. *He will have been a college student since next month. ‘他下个月起就是一名大学生了’

德语的时间起点介词也表现出时态的差别，即seit(=seitdem)表示过去起点，如(73)，ab表示将来起点，如(74)(张才尧1994：328、351、459)：

(73) a. Seit　wann　sind　Sie　in　Deutschland.

打从　什么时候　是/在　你　在　德国　‘打什么时候起您就在德国?’

b. Seit zwei Monaten liegt　die　alte Frau im Krankenhaus.

从　两　月　躺　(冠词)　老　妇人　在　医院　‘两个月以来老太太一直躺在医院里’

c. Seitdem　sie　ihr　Auto　gegauft　haben,　machen　sie　viele　reisen.

自从　他们　他们的　汽车　买　(完成体)　做　他们　多　旅行(过去时)

‘从他们买了汽车以后,他们旅行过多次’

(74) a. Ab　morgen　arbeiten　wir　in　einem　neuen　Gebäude.

从　明天　工作　我们　在……里　一　新　大楼

‘从明天起,我们在一幢新的大楼里工作’

b. Die　Bardeanstalt　ist　ab　nächste　Woche　geöffnet.

(冠词)　澡堂　是　从　下一　星期　开放　‘澡堂从下周起开放’

法语介词 dès 表示时间起点时,没有时态限制,可以用于过去(dès lors,从那时起)、现在(dès maintenant,从现在起)和将来(dès demain,从明天起)。但是另一个起点介词 depuis 却只能以过去时间为起点,如 depuis lors(从那时起)、depuis peu(不久以来)。该介词也介引时量单位,仍是从过去某一时间持续到现在的行为,如(网络资源:https://www.thoughtco.com/french-temporal-words-and-phrases-1371403):

(75) a. Nous mangeons depuis une heure.

We've been eating for an hour. ‘我们已经吃了一个小时了’

b. Il parle depuis 5 minutes.

He's been speaking for 5 minutes. ‘他已经说了五分钟了’

c. Il travaillait depuis 10 jours quand je l'ai vu.

He'd been working for 10 days when I saw him. ‘我看到他时他已经工作了 10 天了’

可见,法语跟汉语、英语一样,既有无时态限制的介词,也有时态限制的介词。

不过,时间起点介词寄生时态意义,虽然跨语言可见,却并非普遍形象。有些语言的时间起点介词看来没有时态限制,可以用于任何事态。蒋颖(2015:293—294)所描写的大羊普米语的时间起点成分,都是用后置词(蒋著称“格助词”)nəuŋ^{55}来标示的,如(76)用于过去,(77)用于现在,(78)用于将来,而该书中未见有其他时间起点介词:

(76) a. tə^{55}gɯ^{55}　ɛ^{31}lei^{55}lei^{55}　tʃhiɛ^{55}　nəuŋ^{55}　qa^{55}ʃtʃi^{31}　ʃɿ$^{55/31}$　si^{31}.

他　很小　时　从　打工　去　(缀)　‘他从小就出去打工’

b. tə^{55}gɯ^{55}　qɑ^{55}ʃuɛ$^{24/55}$ko^{24}　tʃhiɛ^{55}　nəuŋ^{55}　ni^{55}niɑŋ^{31}　fpi^{31}dzɿ^{55}gəuŋ$^{24/31}$gui^{24}　thəuŋ^{21}　ʐəu^{55}.

他　十八岁　时　从　自己　吃饭穿衣　能　(缀)

‘他从十八岁起就能自己养活自己’

(77) tiɛ^{24}　nəuŋ^{55}　ji^{55}tʃɿ^{24}　phji^{55}　pʉ^{55}　ʐʅ^{55}ʐe^{31}　dz$^{23/31}$　ʃei^{33}

现在　从　就　好好　(助)　活儿　做　(缀)　‘从现在起要好好干活’

(78) ɑ^{55}　siɑŋ^{24}　nəuŋ^{55}　ji^{55}tʃɿ^{24}　dzɿ^{31}dzɿ$^{24/31}$　tʂho$^{24/31}$　ʃei^{33}

我　明天　从　就　书　念　(缀)　‘我从明天起开始念书’

英、德、法等印欧语言是时态显赫的语言,定式谓语上都有时形态,因此,时态范畴即使能寄生在某些时间起点介词上,也基本没有单独表时态的机会,只是一种锦上添花的冗余信息;而汉语缺少严格的时态,时态作为寄生范畴存在,是一种雪中送炭。

四、结语与余论

(一) 寄生范畴是超范畴扩张的重要类型

很多语义范畴在语法库藏中有专用的形态或虚词等表达手段,成为特定语种的入库语法范畴。这些库藏手段在使用时可能受到一些条件制约，这些条件属音系、韵律、形态句法等不同层面。当语法范畴受语义条件制约时，该语义便进入到入库范畴中成为寄生范畴。寄生范畴并不是作为宿主的入库范畴的内在要素；当宿主范畴比较显赫、用途活跃时，寄生范畴可能在某些条件下被激活，成为入库手段兼表的语义内容，与宿主范畴并存。因此，寄生范畴是超范畴扩张的一种重要类型。

本文或详或略讨论了以下几个寄生范畴个案：

1. 普通话的名词复数/群集后缀“们”寄生了生命度范畴，可表达高生命度；

2. 普通话析取连词“还是”“或者”寄生了句子语气（言语行为类别）范畴，分别表达疑问和陈述语气；

3. 古代汉语“可”作为情态范畴可能功能的表达手段，寄生了态范畴，可表达被动态；

4. 部分增量-频度-速度类方式副词在方式范畴中寄生了现实-非现实的事态范畴；

5. 部分表示时间起点的源点介词、连词和相对时间名词寄生了时态范畴的过去时态。时间起点介词寄生事态或时态范畴，也见于跨语言材料，如英语、德语、法语。但是也有些语言如普米语的时间起点介词没有时态限制。

寄生范畴常常是冗余信息，尤其在形态型语言中常常表现为锦上添花。但是，在某些条件下，例如句子中没有其他手段表示该范畴时，寄生范畴就可能变隐性为显性，实际起到范畴表征的功能，成为雪中送炭的手段。寄生范畴是语言表达“言外之意”的来源之一。

（二）寄生范畴的扭曲对应及其语义倾向

寄生范畴的形式和语义间往往呈现出扭曲对应的情况，常常是一种形式使用受限，取一种值，另一种形式使用不受限，语义中性。如“连忙”只能用于现实式，而“赶快、赶紧”现实和非现实均可。再如前置词“自从”和后置词“以来”只能用于过去时，但前置词“从、自”和后置词“起”没有时态限制。英语 since 只能用于过去时，而 from 没时态限制。这种扭曲对应可以图示如下（以“连忙”等为例）：

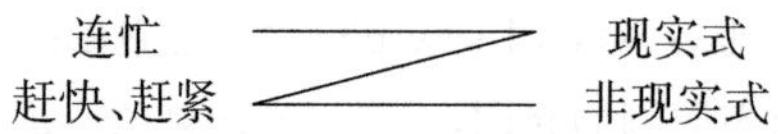

甚至原来整齐对立的现象也会出现一方限制的弱化，形成扭曲对应。如原来“又”用于现实式，“再”用于非现实式，随着“再”突破限制也可以用于现实式，两者之间也形成扭曲对应关系。

目前看来，作为寄生范畴，专表过去时-现实式的一方容易寄生于专用的语法手段；而多用于将来时-非现实式的手段往往也能用于过去时-现实式一方，从而大体形成“现实式/过去时～中性（偏非现实/现在将来）”的格局，“又～再”、“连忙～赶快/赶紧”、“自从/打从/自打～从/自”、“以来～起”、“后来～以后”、英语 since～from、法语 depuis～dès，都处于这样的格局中。其中“再”原来只表非现实，现在也逐步“入侵”现实式范围，向中性项靠拢。根据语言共性库（Plank On-line：The Universals Archive，编号 746）引 Stassen（1997），如果一种语言有一种时态对立的标记，那么这种对立存在于过去和非过去之间。这说明过去与非过去的对立是语言中优先入库的范畴，其中凸显的显然是过去时。寄生范畴中出现过去-现实式的优先表现，可能也是这种语言共性的反映之一。

历时层面，语法库藏的宿主范畴比寄生范畴更加稳固。“可”的情态义从先秦一直存活至今，而寄生于上的（被动）态范畴从先秦末年起开始放松乃至消失，只以化石形式存在，如“士可杀、不可辱”之类。再如“再”和“又”的增量范畴一直存在，而“再”的现实性限制却沿着粤语＞港式中文＞普通中文的路径逐步放松淡化。

（三）寄生范畴的理论蕴含

寄生范畴的分析视角具有可操作性。寄生范畴是由语法范畴使用中的语义限制造成的。这种视角可操作性很强，有句法合格性测试做依据。语法中为什么会存在这类语义限制条件，一般有功能认知方面的外部原因，因而也表现出一定的等级性共性。

例如，“们”只用于高生命度名词语，类似的限制在语言中并不少见，而且总是生命度高的更容易表征复数。Rijkhoff（2002：30—38）的 Table 2.1 和随后的讨论，列举了数十种语言的数范畴模式，材料中多种语言——Naioi 语、Nggiti 语、Sarcee 语、泰米尔语（Tamil）、Nunggubuyu 语都是只有指人名词才有名词数范畴，其中 Sarcee 语数范畴的范围比人类略宽——人类加犬类。赫梯语(Hittiti)的数看似跟性有关,只有阳性和阴性名词才有数范畴,中性名词没有。实际这仍是因为中性名词生命度低于分阴阳性的指人和动物名词[①]。生命度本质上体现人类认知中的关注度,两者成正比,人类认知倾向于优先关注重要对象的数目,生命度越高,越值得关注。推而广之,寄生范畴即使不是入库范畴,也反映了使用者对该范畴的一种特殊关注。

不过,不是每一种语法范畴的语义限制都能很快确定语言外动因,也不排除有的只是一些约定俗成的规则。例如,同为情态动词,为什么"可"有受事主语的要求而"能"就没有?"连忙"为什么有现实性的要求,而"赶快""赶忙"没有?另一方面,寄生范畴的语言内机制是一致的,都源于使用时的语义条件限制。因此,语言学应优先关注和揭示语言内的可操作机制,这也是库藏类型学的优先议题,在此基础上可以再去探究有无语言外动因。

库藏类型学至今讨论显赫范畴,都在入库范畴前提下讨论。没有专用库藏手段的语义功能,就当然被视为不显赫,至多成为别的范畴扩张的对象。但是,寄生范畴的情况,使我们面对更加复杂的情况。

对于形态丰富、入库范畴众多且显赫的语言来说,寄生范畴常有同一语义的入库目标范畴,因此寄生范畴的实际用途不大,至多只是对该范畴表达的一种"锦上添花",如时态显赫语言中介词所带的时态范畴。对于形态偏少、语法手段使用强制性不强的语言,如汉语,寄生范畴可能就是该范畴仅有的存在形式,因此不失为一种"雪中送炭",如古汉语中寄生于情态范畴的被动态。即使语言中另有专用手段表示,但是假如这些手段语法化程度不高,强制性不强,那么寄生范畴仍能有可观的表达作用。例如,汉语表示事态的手段不像印欧语的时态那么显赫,强制性不高,因此,方式类副词中寄生事态范畴,常能实际发挥时态表达作用。可见,寄生范畴在形态稀少语言中更值得关注。

库藏类型学提出之初(刘丹青 2011,2012),都以入库范畴为成为显赫范畴的必要条件。不入库的范畴,谈不到显赫。但是,本文的研究显示,不入库的范畴,不一定完全不凸显。一种范畴作为寄生范畴出现,即使不入库,至少也比零存在更加凸显,体现了该语言的母语人对该语义范畴有较强的心理感知度。例如,只有对现实非现实敏感,对生命度敏感,才会形成以此为限制的用法规则。因此,寄生范畴不是毫不重要的范畴。但是,依靠寄生而隐性存在的未入库范畴,是否需要用"显赫范畴"来描述,这还需要进一步的思考和讨论,要避免"显赫范畴"概念随意扩大造成理论的内在矛盾。

参考文献

北京大学中国语言学研究中心,中国语言学研究中心语料库(北大CCL语料库),http://ccl.pku.edu.cn:8080/ccl_corpus/。例句后用简称"CLL:"加篇目或编号。

北京大学中文系1955、1957级语言班编(1982),《现代汉语虚词例释》,北京:商务印书馆。

胡壮麟主编(2016),《新世纪英汉大词典》,北京:外语教学与研究出版社。

蒋绍愚、曹广顺主编(2005),《近代汉语语法史研究综述》,北京:商务印书馆。

蒋　颖(2015),《大羊普米语参考语法》,北京:中国社会科学出版社。

刘丹青(2009),普通话语法中的东南因子及其类型后果,《汉藏语学报》第4期,北京:商务印书馆。

刘丹青(2011),语言库藏类型学构想,《当代语言学》第4期。

刘丹青(2012),汉语的若干显赫范畴:语法库藏类型学视角,《世界汉语教学》第2期。

吕叔湘主编(1980),《现代汉语八百词》,北京:商务印书馆。

王海棻、赵长才、黄　珊、吴可颖(1996),《古汉语虚词词典》,北京:北京大学出版社。

王　力(1957),《汉语被动式的发展》,《语言学论丛》第一辑,新知识出版社。

王　力(1980),《汉语史稿》(中册),北京:中华书局。

吴宇虹等(2015),《古代西亚塞姆语和印欧语楔形文字和语言》,长春:东北师范大学出版社。

杨伯峻、何乐士(2001),《古汉语语法及其发展》,北京:语文出版社。

① 根据吴宇虹等(2015:259—260),赫梯语阴阳性无别,用于人和动物名词,跟中性名词相对。然则阴阳性与中性之间的对立,只是生命度的对立了,跟性别无关。

殷国光(1997),《〈吕氏春秋〉词类研究》,北京：华夏出版社。
张　斌主编(2001),《现代汉语虚词词典》,北京：商务印书馆。
张才尧编(1994),《实用德语语法》,北京：外语教学与研究出版社。
中国社会科学院语言研究所词典编辑室(1960、2016),《现代汉语词典》(试印本;第7版),北京：商务印书馆。
Chumakina, Marina, Anna Kibort and Greville G. Corbett(2007), Determining a language's feature inventory: person in Archi. In Peter K. Austin and Andrew Simpson (eds), *Endangered Languages*. Hamburg: Helmut Buske. 143－172.
Helmbrecht, Johannes(2013), Politeness distinctions in pronouns. In *The World Atlas of Linguistic Structures online* (世界语言结构地图集(网络版)), http://wals.info/chapter/45.
Nesset, Tore(1999), The Realization of (In)definiteness in Russian. *Poljarnyj vestnik-Norwegian Journal of Slavic Studies*, Vo.2.
Plank, Frans (Archivist General), *The Universal Archive*. https://typo.uni-konstanz.de/archive/intro/.
Rijkhoff, Jan(2002), *The Noun Phrase*. Oxford: Oxford University Press.
Siewierska, Anna(2004), *Person*. Cambridge University Press.国内原文引进版,刘丹青、强星娜导读,北京大学出版社 2008 年。
Ungerer, Friedrich and Hans-Jorg Schmid(2009),《认知语言学导论》(第二版,弗里德里希·温格瑞尔和汉斯-尤格·施密特著,彭利贞、许国萍、赵薇译),复旦大学出版社。

刘丹青,中国社会科学院语言研究所　liudq@cass.org.cn

(《中国语文》2018 年第 6 期)

人类信息处理能力限度对语言结构的基本制约*

陆丙甫 应学凤

提 要 本文讨论心理学中两个重要数目“短时记忆限度七左右”和“工作记忆限度四左右”,强调其本质不仅仅是记忆的限度,而是人类信息处理能力的一般限度,包括次范畴分类的限度。然后讨论了这两个限度的关系,以及这两个限度所决定的人类语言句法结构的两个基本共性:人类语言句法结构的直接成分不会超过七个左右,其中决定结构模式的“模式成分”不会超过四个。

关键词 人类信息处理 短时记忆 工作记忆 次范畴分类 语言结构数量共性

一、短时记忆限度如何运用到语言分析中

语言是人类最重要的信息载体。

根据认知心理学的研究,人类语言信息处理的过程是“组块”(chunking),即将小单位按照一定的结构模式组成越来越大的结构单位(Miller 1956a)。Miller(1956b)指出人类信息处理能力的限度是“七块左右(7±2)”,这意味着任何一个信息块,直接组成它的低一层较小信息块不会超过七个左右。

有趣的是,提出短时记忆和注意力限度理论及组块理论的Miller(1956a)在强调“板块”是人类信息处理基本单位的同时,却无法回答语言结构中的信息块究竟是什么:

我们通常能够把一个二十个词组成的句子听过一遍之后加以复述。这句子包含多少单位?100个字母?30个音节?20个词?6个短语?2个分句?抑或1个句子?我们可以知道它包含了大约120比特的信息,因为比特的定义独立于我们对句子的主观组织。但是板块的本质是它是人为的。例如,一个除了字母外对英语一无所知的人会认为这句子里有100个单位;但一个英语很好的人会认为这句子里只有6个单位。我们不能离开了听者去定义组织的单位。(着重号为笔者所加,下同)

Chomsky(1965: 3)为解答Miller的困惑提供了一个思路:

语言学主要研究在某个单纯的话语社区的理想的说话—听话者,他充分掌握了这种语言,并且不受那些跟语法无关的因素的影响,如记忆限制、分心、兴趣转移以及其他种种在具体运用中发生的失误(包括偶然性的或特色性的)。

Chomsky所说理想的“说话者-听话者”(以下我们用“编码者—解码者”,因为这个说法还概括了“写作者—阅读者”。两者又可统称为“交际者”),就是Miller所说“英语很好的人”。若以英语社区的理想交际者为标准,则Miller假想中那个足够复杂的英语句子就是由“六个单位”即“六个短语”构成的。

问题是这六个短语是如何得出的?我们知道短语的一个特点是可以层层套叠,较大短语中包含较小短语。那么,以哪一层级的短语为标准呢?

定义短语离不开“核心词”。从内部看,根据生成语法的X—阶标理论(X-bar Theory)这一假设,每个短语XP都由一个核心词X投射而来。从外部看,短语也需要一个核心词去控制它;或者说,短语作为一个整体也是相对

* 本文曾在北京语言大学语言学系成立仪式暨语言学前沿国际论坛上报告,与会者提出了宝贵意见。本文写作中,得益于跟鲁方昕、张振亚、罗彬彬等朋友的讨论。本项研究受国家社科基金项目(18AYY023)资助。对以上帮助,在此一并致以衷心感谢。

一个外部核心而言的。这一点对并列短语尤为明显。某些由若干词语排列而成的组合，离开了语境，本身并不一定构成一个结构体；只是在一定的语境下，如在一个动词的控制下，占据了主语或宾语的位置，才可看作一个并列结构①。

因此，构成 Miller 假想的这个英语句子的信息块，应该是六个短语加上一个动词，即是七个信息块，例如：

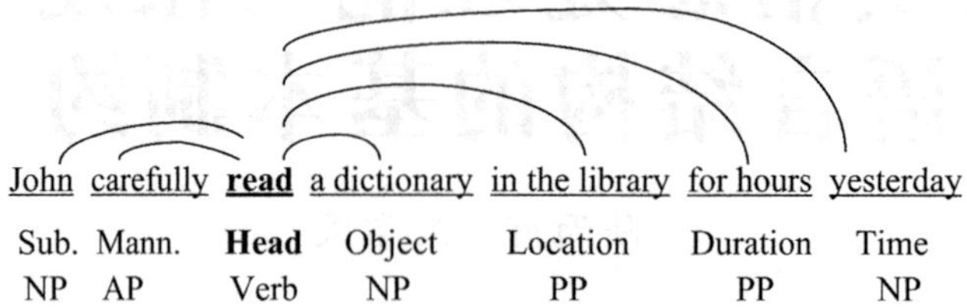

图 1　核心词及其从属语

这个句子由六个短语组成，这一点满足了 Miller 假想中那个英语句子的基本结构。但是里面必须还加上一个核心动词，这六个短语才能构成一个句子。

当然，我们假想的这个句子中只有 57 个字母，11 个词，较 Miller 假想的 100 个字母，20 个词，还不够复杂。不过，把这个句子凑满 100 个字母、20 个词是很容易的，因为其中任何一个短语都有无限的扩展可能。但是，这个句子要再增加一个直接跟核心动词有关的短语，是极为困难的。

一个句子由不超过七个左右的结构成分构成，这个数字正好跟 Miller(1956a) 所提出的七左右一致。这绝不是偶然的，反映了人类语言作为信息载体最基本的共性，即人类语言的句法结构既充分利用，并且也受制于，人类一般的信息处理能力。

一个核心词加上所有跟它有直接语义关系的，即从属于它的从属语，可以称为一个语言结构体的"直接成分"(direct chunk 或 direct constituent，简称 DC)②。事实上也就是语序研究中的语序单位。所谓由 S、O 和 V 排列而成的基本语序，其中 V 是词，而 S 和 O 都是短语(包括小句)。

"语序"在英语文献中有 word order、phrasal order、constituent order 等表达。有鉴于这些表达都有明显的问题，在 Greenberg(1966) 这篇作为语序类型学的奠基性文献中，标题 Some universals of grammar with particular reference to the order of meaningful elements 中的"语序"这一表达，用了很累赘的 the order of meaningful elements，可见他的为难和无奈③。但其实这个说法仍然没有解决问题，因为从语素开始，任何一个语言结构单位都是"有意义的"。

虽然自 Greenberg(1966) 后，语序研究取得了巨大进展，并且语序研究者在具体研究中对于语序单位的把握并无问题，形成一种不言而喻、不约而同的规范；但有趣的是，作为其研究前提的"语序单位"这一概念，却一直没有一个明确的定义。其原因之一可能是受传统两分法的树形图束缚太大，如前面 Miller 那段话所反映的。其实，把传统树形图④稍加简化，就可以得到限度为七左右的多分结构(陆丙甫 2015：30—39)。简化的原则就是每深入一层的切分只在核心部分进行，也就是"向心切分"。向心切分可看作"语序单位"的操作性定义。

---

① 在 X′理论框架中如何处理并列结构，一直是个争议很大的问题。有一种倾向是尽量在并列结构中找到一个核心(如 Zhang 2010)，可能是并列连词，也可能根据并列结构内部的某种不对称性选择其中一个并列项。这似乎是为了维护 X′理论的简单性、绝对性。如果承认外部核心的作用，若干并列项可以构成一个整体受到外部核心的管辖，在其内部寻找一个核心的必要性，至少就大大减少了。

② 这里的"直接成分"不等于通常所说的 immediate constituent(IC)。后者更合适的翻译是"直联成分"。若要回答 Miller 关于语言结构中 chunk 究竟是什么这一问题，除了这里所显示的静态的结构模式块之外，还有另一种组块过程中动态的离散的"瞬时块"，即从开始到任何一点的一个语流段落中脑子需要记住的离散的"瞬时块"(Lu 2001)。两种信息块的总数都不会超过七左右(陆丙甫、蔡振光 2010)。当然两种意义上的信息块是密切联系的，根据瞬时块的数量限制可以直接推导出模式块，因为一个结构体必然属于从开始到任何一点的一个语流段落。

③ 这篇文章中，order 共出现了 200 次。其中 word order 3 次，morpheme and word order 1 次，the order of elements 2 次，the order of the constituent elements 1 次，其他的如 basic order, SOV order, dominant order, alternative order, nominal order, adjective order, SVO order, the order of……。

④ 这并不完全等同于生成语法中的树形图(phrase marker)，后者还包括许多功能核心的节点，更为复杂。

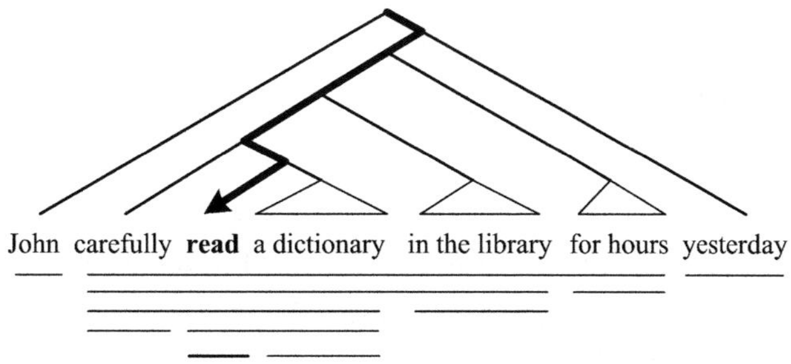

图 2　主干树形图

上图中通向核心动词 read 的最粗线条可看作简化树形图的躯干，箭头也可代表整个结构的生长点。跟躯干直接连接的中粗的线条是“主干”，三角形表示必须排除的枝枝杈杈、杈杈叶叶。这种简化的树形图描写可以称为“主干成分分析法”。之所以说“必须排除”，是因为这样才能保证一次分析得到一个结构模式，避免将不同结构模式和不同结构模式中的成分混在一起(如现行教学语法中把名词短语中的成分“定语”也看作动词谓语句的“句子成分”)。换言之，可以把主干树形图看作是核心词的“直接投射”，即只有跟通向核心词的躯干直接联系的成分才是核心词直接投射出的成分。传统树形图中那些枝枝杈杈已经是其他核心词的投射了，跟全局核心词的投射无关。

对传统树形图的简化，其实也可以从生成语法的基本理论引申而出。生成语法认为可以移动的单位就是 X 的最小投射 X^0 和最大投射 X^{max}。能够作为整体在核心规定的框架中移动，本身就是整体性的重要特点①。如地球和月亮以及其所有卫星(包括人造卫星)作为一个整体围绕太阳转，所以应该看作一个整体“地球系”。介于最小投射 X^0 和最大投射 X^{max} 之间的中间单位，如图 2 中 carefully read，或 read a dictionary 都不是最大投射，不宜看作句子的直接成分。这就好比太阳跟水星、金星并不构成一个整体，因此不能说地球围着“由太阳、水星、金星构成的”整体绕行；太阳和八大行星才构成一个整体“太阳系”。

为了进一步凸显核心的作用，可以把上述“主干成分”结构图进一步转化为以核心为中心的轨层结构(陆丙甫 2015：34—39)。这样才能更明确区分一个个不同的结构模式。一个核心决定一个结构模式，这一点在轨层图中，比起在树形图中，表现得更加直截了当和醒目。在轨层结构中，要混淆不同结构模式及其成分是很困难的。树形图本身因加分叉太容易而容易误导我们混淆不同结构模式及其内部不同级别的成分。

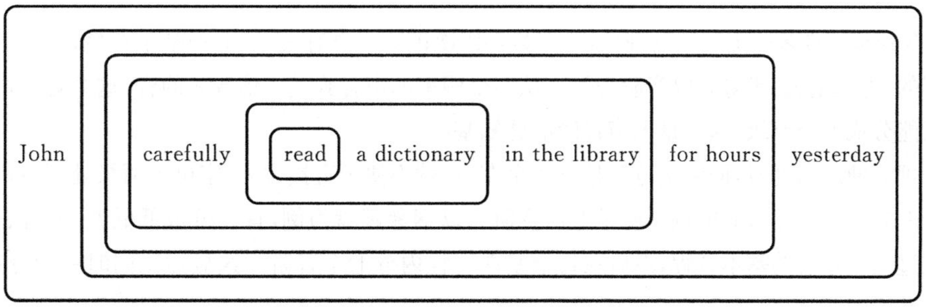

图 3　轨层图

语序分析的实践中，我们所用的“语序单位”，就是“核心词和作为整体跟它直接发生语义关系的从属成分”。其中包含一个核心词，其余从属语基本都是短语(是词的情况也有，如名词短语中核心名词之外，指别词、数词定语也是词)。

上述分析的实质是，一个核心词决定一个分析流程、一个结构模式，不能把不同结构模式的成分混同在一起。

① 这里所谓的“移动”，应该包括跨语言的可能性。如图 1、图 2 中这个句子，在英语中语序变换的可能性很小，但是把这个句子翻译成其他语言，则每个成分的移动性大为增加，如其中宾语，在英语几乎不能移动，但是在其他语言中，可以出现在紧靠动词前，甚至可以跟动词分隔开，如某些话题化的宾语以及 S、O、V 组成的六种基本语序中的 VSO。

在动词谓语句中分析出定语，也就是分析出了名词短语中的核心名词，实际上就是引进了另一个结构模式。而这正是传统树形图的明显失误。分析句法结构必须一个模式一个模式地去进行，这符合科学分析的基本程序要求。传统树形图最大的问题就是把不同的结构模式都交混在一起了。而轨层图则凸显了一个分析流程决定一个结构模式的原则。

这样得到的成分最多不超过七个左右的结构模式，直接而明确地反映了人类语言充分利用了，并且也严格受限于，人类信息处理能力的限度。这是人类语言中结构模式之最基本的数量共性。

不仅如此，向心轨层结构还形象而直接地反映了"语义距离象似性"(semantic distance iconicity)，即语义上关系越密切的成分，在结构上也距离越近。

回头来看，前面 Chomsky(1965：3)那段话虽然正确指出了语言学研究的是理想的编码/解码者而纠正了 Miller 对定义语言结构中的"信息块"之可能性的消极看法，但是另一方面，他没有看到：像"短时记忆限制"这类在人类语言处理过程中时刻存在的来自人类基本认知能力的限制因素，应该是语言机制或者语法的一部分，因为它决定了人类语言最基本的共性，即信息块在数量上的普遍限制，从而跟偶发性的注意力转移等因素不同。正如 Du Bois(1987)所说，"语法所编码的是说话者最常用的"。既然短时记忆限制在解码、编码过程中时刻存在，它必然语法化为我们语言机制的一部分。

二、记忆限度、一般的信息处理能力限度和次范畴分类限度

一般认为"短时记忆"的限度七左右(7±2)仅仅是记忆的限度。其实，其本质是个人类信息加工的能力限度，也即思维运作的限度。Miller(1956b)提出神奇的数字"七"时，全文标题是"神奇的数字 7(±2)：人类信息加工能力的某些局限"。

Miller(1956b)一文介绍的四类实验是"对单维刺激的绝对判断、对多维刺激的绝对判断、直接判断、短时记忆广度"。两种"绝对判断"都跟"次范畴"划分数量有关。如"对单维刺激的绝对判断"，包括根据不同重量给物体分类。一般人最多只能分成七堆。事实上，次范畴分类跟短时记忆有密切关系。如给重物分堆归类的过程中，前提是需要给不同重量的每堆一个名称去记忆。这种限制很大程度上已经被"词汇化"了。若以"不重也不轻"为正常重量，朝两头各有三个等级"较重的、更重的、最重的"和"较轻的、更轻的、最轻的"，加起来就是七个次范畴。换言之，赋予每个范畴一个名称才便于归类时的比较和运用。这反映了人类思维或信息处理受到人类语言的直接制约。

Miller 文章列举了许多跟七有关的现象，也多数都跟次范畴分类有关，如七种基本颜色、七声音阶、心理测试中的普遍运用的"七级量表"等等。以音阶为例。从某个频率的声音到其一倍音频的音，这个音程内，没有受过专门训练的人只能分成七个等级，这就是七声音阶的感知基础。

从信息处理方便的角度看，同级次范畴超过七个左右，就不便于直接辨识；宁可分两级处理，每一级的次范畴都不超过七个左右。这方面最好的例子就是七声音阶。以钢琴键盘为例，首先分成低低音、低音、中音、高音、高高音这样不超过七个左右的基本音程，然后在每个基本音程内分七个音阶。这显然比同时并列分成几十个音阶方便得多。

当然，人类知识的次范畴有各种情况，有些次范畴分类跟七的限制无关，可以同一层次分出许多次范畴，如动、植物的谱系分类。这种次范畴分类比较客观，没有动态处理的时间限制，跟人的感知关系不大。但是像语言这种现象，因为牵涉到动态的信息处理，具有很强的时间性和主观性，其中的次范畴分类就跟人类信息处理的限度有关。

七左右这个数字一旦跟次范畴分类有关，在语言学中就大有用武之地了。Miller(1956b)中就已经在讨论到一些关于语音的实验时评论："要使收听者不发生混淆，或者说，不管要求被试判别多少个不同纯音，我们能得到的最好结果，也只能是让被试把这些纯音正确地归入 6 个不同的等级而不出现差错。换言之，若一直有 N 个选择刺激，则被试的判断能使我们把特定的刺激归结成 N/6 个等级中的一个。"

再举一些可能跟七左右有关的语言现象：

1. 解码的同步组块过程中，任何一个时刻脑子中需要记住的信息块数（瞬时块数）的限度（陆丙甫 2015：207—209）。

2. 语义角色的数目，如“施事、受事、当事、与事、目标、结果”等等，虽然各派分类不同，但在数量上大致都围绕七个左右。

3. 基本词类：名词、动词、形容词、副词、指别词、连词等等。

4. 基本句法成分：主语、谓语、宾语、定语、状语、补语。

5. Dixon（1977）认为七类语义最容易在人类语言中编码为形容词。

6. 中国传统科举考试的“八股文”。

7. 卢达威等（2014）基于广义话题结构理论，设计了一个模拟人在阅读过程中对话题的记忆的认知模型，并利用该模型分析了包括百科、小说和政府工作报告语料等 38 万字的语料。他们发现：从广义话题结构看，自然语篇中话题深度不超过 5，体现了工作记忆中 4±1 的原则；少数标点句由于存在话题后置或者说明后置情况，理解时需要一个搁置区来临时存储未完全理解的标点句，在其大规模的语料统计中，需要搁置的标点句数最多不超过 8 句，实际上 88%的标点句理解时不需要搁置，这反映了短时记忆中的 7±2 原则。

这最后一个例子中，也已经牵涉到了工作记忆“四”左右。下面进一步讨论“四”的问题。

三、从“七左右”这一极限到“四左右”这一敏感点

Miller（1956b）提到一种称为“直接判断”（subitize）的现象，即不通过点数直接、快速地判断物体的个数。直接判断的对象个体数目不超过五、六时，数目判断不会错；超过七个时，就无法准确判断，而只能看作大约的“估计”（estimate）。能够“直接判断”的个体限度比七左右要少。这就通向了后来提出“工作记忆”（working memory）概念。工作记忆的限度是“四左右（4±1）”。

Cowan（2001）总结了有关工作记忆的实验。例如 MacGregor（1987）证实，人们对四个一组的序列，“扫视”（scan）效率最高。这可以解释我们记忆电话号码这类长串数字时，为何四个一段效率最高[①]。

所谓“工作记忆”，在 Cowan（2001）中，也经常代之以“注意焦点”（focus of attention）。事实上，Cowan 那篇一万词的长文中，“工作记忆”只用 45 次，而“注意焦点”却用了 83 次。这启示我们，所谓“工作记忆”，主要是“注意焦点”的问题。在 Miller（1956a）中，只提到“注意范围”（span of attention），没有提到“注意焦点”。比较“焦点”和“范围”，不妨这样理解两者的区分：七左右是短时内信息处理能力的上限，而四左右是短时内能作为焦点去集中注意而高效处理的范围。Cowan 文章中也的确多次用到“有效”（effective）去描写有关工作记忆的现象。

我们可以根据日常生活的经验去理解这里的“有效”这个概念。例如记忆长串数字，当然你也可以五个一段，但这样的结果，一来是非常累，二来是段数记不多。但是四个一段去记忆，就轻松得多，并且可以记住较多的段数，结果是所记住的数字总数比较多。若是两个一段去组块，虽然处理每段很轻松，但是段数会迅速增加而很快超出处理能力的范围，导致总的记忆量下降。

所以，“四”似乎是个敏感点；与此对应，则“七”左右就是极限。好比一个人的正常饭量是吃四个包子。四个包子以下，可以都吃得很轻松，因为肚子都处于未饱状态。四个正好吃饱。再吃下去，就比较累了，艰难程度增长越来越快。吃到九个就再也撑不下去了。

记忆长串数字时的四位一段，跟一般的语句组块处理还不同，四位构成的一段并无内在意义联系，是机械性记忆。这种机械性记忆，当然比有意义的组块记忆更困难，因此也就需要付出更多注意力，其处理范围当然就受

---

① 根据这点，汉语大数目“四位一段”的“四进位”（如 1234 亿 5678 万 9876，读作“多少多少亿、多少多少万、多少多少”），若写作四位一段，如“1234，5678，9876”将会很理想：其中的间隔标点分别代表高位位数词“亿、万”，中间四位数字的读法则是相同的。现行写法 123，456，789，876，由于“四进位”的结构和读法跟“三进位”写法的冲突，导致了听觉通道处理跟视觉通道处理的严重冲突，难以“一目了然”和“一气读出”，甚至难以记忆。这严重影响了中国人解读和使用大数目的信息处理效率。

到更大限制。这也是工作记忆不同于一般短时记忆的基本原因。

前面说我们根据重量给重物分类时，最多是七堆。其实分成七堆，虽然可能，但很艰难，需要注意力高度集中。能够轻松区分的，不过就是四、五堆，分别为“最重的、较重的、(正常的、)较轻的、最轻的”。

四、语言中的“四左右”现象

我们可以注意到，“四”在语言的运用中的确有多方面的表现。最明显的当然是汉语中四字格的大量运用。

范继淹(1985)指出多项 NP 句的项目限度是 4，“大于 4 在句法上很难安排”。该文中他所收集的多项 NP 句中，没有动词前有超过 4 项的。

根据王洪君(2002)的分析，汉语口语中，最大的停延段是四个音步。初敏等(2004)也通过对 1000 个句子的多遍发音的语料的分析，证实了这一点。

朱晓农(2006)认为，分析声调时应先区分三个“声域”(由“发声态”定义)，然后每个声域内区分四度高低是必要的而且已经足够了。

Liu(2008)对 20 种语言的数据库语料作了统计，结果也显示没有一种语言的语料库“句子平均依存距离”(可称为“语料库平均依存距离”)超过 4 的①。

以上都是具体运用的问题。更重要的是，四的限制，如同七的限制，已经被语法化为人类语言机制的重要一部分。这首先表现在：人类语言决定基本结构模式的“模式成分”，不会超过四个。例如句型模式就是，最复杂的句型就是一个动词加上三个论元，如双及物结构和致使结构。在模式成分，或者用通俗的说法“主要成分”，不超过 4 的情况下，我们才能比较游刃有余地处理其他附加成分如状语等。

史有为(1986)注意到：包饺子的事件牵涉到的名词成分，除施事外，还有原料“外包物”饺子皮、“内容物”肉馅和“结果”饺子等。四类成分可以组成各种句型，如“精白皮子包羊肉馅”“精白皮子包饺子”等，但是，当这四类成分共现时，只能落实为三类，把外包物和内容物合并为“工具、原料”，以状语而不是论元的句法身份出现，如“我用精白皮子和羊肉馅包饺子”。

Pesetsky(1995：185)指出，所有语言中，一个动词可以带的论元不会超过四个。他举的带四个论元的例子是：

(1) Sue bet [John] [$500] [that the world end on Tuesday].

(2) Bill wagered [me] [a day's pay] [that the world would end on Wednesday].

(3) Mary sold [her car] [to John] [for $500].

上述有关成分是否都是论元还可以讨论。若以能否省略为标准，上述句子中的数量表达都可以省略。即使承认上述有关成分都是论元，这种情况在人类语言中也是极为罕见的。英语中也限于“打赌”“买卖”类动词中的少数。在汉语中就不容许上述句子在结构上直译。例(1)意译成汉语就是“苏跟约翰打赌 500 元，说世界将在星期二结束”，或者“苏认为世界将在星期二结束而跟约翰打赌 500 元”等等，都要变成两个句子才行。例(3)意译成汉语可以是“玛丽以 500 元把自己的车卖给约翰”，或者“玛丽以 500 元向约翰卖了自己的车”，其中的“以 500 元”一般认为是状语。

袁毓林(1998：120—122)举了大量例子显示：跟动词共现的配项一般不能超过四个。以“跑(赛跑)”为例，能支配施事、范围、方式、结果、处所五个配项，由于方式(“第一棒”等)和结果(“冠军”等)不能共现，因而事实上只有四个配项能在同一个句子中共现。我们可以注意到，在袁著所举例子“我跑过八百米/马拉松”“四百米他跑了个冠军”“这回接力赛我跑第一棒”“这回一百米我在里圈跑”“这回一百米我跑里圈”中，配项都没有超过三个。只有

① 周韧先生曾向笔者指出：现代汉语的概数表达方式可以是一到十之间的任何两个连续的数字连用，如“一两个人”，“七八个人”，但唯一可以跨越的连续数目是三和五，如“三五个人”，其中被跨越的中间值是四。笔者由此注意到，这现象在古汉语中就存在了，如李白在《鲁郡尧祠送窦明府薄华还西京》诗中有“遂将三五少年辈，登高远望形神开”。这个现象虽然反映了“四”的特殊性，但其机制甚为奇怪，还需要进一步具体解释。

在“这回接力赛我在里圈跑第二棒”“这回一百米小王在外圈还跑了个第二名”中配项有四个。但很明显，其中的“在里圈”和“在外圈”在汉语语法中都被处理为状语。袁毓林认为这种现象是记忆容量限制的结果，称之为“句子压模”。这个术语很好地表达了“压缩为结构模式”的意思。

对人类语言论元结构的广泛研究已经显示，几乎没有一个结构体的论元成分有超过三个的。如 Malchukov & Comrie(ed)(2015)广泛、深入地描写了世界语言论元结构，其中不存在有四个论元的结构。

可见，只有把动词及其配项的同现数量控制在四个以下，才能有效地控制一个句子中的主要信息块的数量。这样，句子的压模功能可以看作是人脑短时记忆容量限制的结果。

现在让我们看看，“模式成分”不超过四个这一规则对于解释语言现象的应用。首先，就直接解释了人类语言的动词短语中为何论元不会超过三个。

还可以解释如下这样的具体例子。

(4) a. He drove *slow(ly)*.

b. He drove the car *slow*(ly).

c. He *slowly* drove the car.

d. He drove into the garage *slowly*.

e. He drove *slowly* into the garage.

f. He drove the car *slowly* into the garage.

g. He drove the car into the garage *slowly*.

例(4a—b)中副词词尾-ly 可有可无。所有英语语法书都认为这是因为 slow 也有副词功能，既可看作形容词也可看作副词；这里落实的是其副词功能，充当状语。英语词典中也都把 slow 标注为形容词兼副词。可是，为何例(4c—g)这 5 个句子中的状语 slowly 不能用 slow 代替呢？传统分析无法解释。一个可行的解释是，slow(ly)在例(4a—b)两句中也可以分析为补语，而补语的一个形式就是用形容词。例(4a)跟 He died young、He retired young、He grew tall 等句子属于同类结构模式(SVC)，其中 C 是主语补足语。而例(4b)跟 He makes her happy 一类致使结构(SVOC)相似，其中 C 是宾语补足语。例(4c—g)中的 slowly 都无法分析为补语，因此只能采用副词形式而看作状语。(4f—g)这两例的 slowly 只能看作状语，显然跟句子中已经有了更适合充当补语的 into the garage 有关。也就是说，论元数量不能超过三个。

有关的另一个有趣的现象是：根据英语母语者的语感，He drove slowly 和 He drove the car slowly 在意义上更接近语序上一致的 He drove slow 和 He drove the car slow，而不是形态上更一致的 He slowly drove 和 He slowly drove the car。这符合 Speer & Clifton(1998)、Schutze & Gibson(1999)的结论：当一个成分可以解读为论元(包括补语)也可解读为状语的时候，解读为论元时理解整句的速度更快，更容易。这个现象不难解释：论元是句型成分，可预期性更高，就容易解读，自然也成了解读歧义时的首选。这个现象为句型分析提供了一个思路，即可以两可地解读为句型成分和非句型成分的成分，优先处理为句型成分。

五、人类语言句法结构是“七”和“四”的巧妙结合

上述两节的讨论表明：人类语言的句法结构，最大容量是七个左右的成分，而其中决定结构模式的“句型成分”，或更广义的“模式成分”，不会超过四个。这反映了人类句法结构是短时记忆限度“七”和工作记忆限度“四”的巧妙结合。七个左右的成分，比起四个模式成分，多出来的主要就是各类状语，它们跟结构模式的次范畴分类无关。

除了七和四之外，另外一个数字“二”也很有趣。Newmeyer(2005：4)指出：

语法计数不可能超过“二”，也就是说，不可能有一种形态—句法操作会用“第三个位置”“第四个位置”等表达去定义。

结构中的核心词是模式成分的初始定位标准。而模式成分可以作为次级定位标准决定其余直属成分的定位

标准。在“二”作为句法操作限度的限制下，每个作为定位标准的模式成分可以决定的句法位置不会超过四个(前后各两个)。实际上基本就是两个(前后各一个)，如“主语前或主语后的状语”这样的说法所显示的。当然，例如，主语后可以有不止一个的不同状语，但实际上此时安排各种状语位置，是根据两两之间彼此的关系决定的，如“X范畴状语在Y范畴状语之前/之后”，语感上不会直接用“主语前第二个/第三个状语”的认知方式去处理。这样，最后结果就是每个结构模式可以提供的能轻松识别的结构位置的数量是非常有限的。

像德语这类所谓“动词第二”(verb-second)的语言中，表面看来用到了“第二个位置”这样的操作指示，但实际的意思就是“句首第一个成分后面一个位置”。同样英语 and 和汉语“和”这样的并列连词，强烈倾向出现在并列项的倒数第二个位置。实际上操作心理是“最后一个并列项前一个位置”。所以，句法计数基本上不可能超过“一”。

最后，再看一个有关“四”和“七”的有趣现象。刘云(2003)统计了《人民日报》1993—1996年及1998年刊登的23042篇文章的篇名，发现3音节的很少(120篇)，但4音节的突然非常多(1131)，5音节的又少下去(688)，6音节的也少(730)，但7音节的又非常多(1984)，8音节又少下去(1553)。这很可能跟“四”和“七”的特殊性相关。但究竟怎么个相关法，还是一个有趣的谜。

参考文献

初　敏、王韫佳、包明真(2004)，普通话节律组织中的局部语法约束和长度约束，《语言学论丛》第30辑，北京：商务印书馆。

范继淹(1984)，多项NP句，《中国语文》第1期。

刘　云(2003)，汉语的七音节篇名，《语言文字应用》第2期。

卢达威、宋　柔、尚　英(2014)，从广义话题结构考察汉语篇章话题认知复杂度，《中文信息学报》第5期。

陆丙甫(1986)，语句理解的同步组块过程及其数量描述，《中国语文》第2期。

陆丙甫(2015)，《核心推导语法》(第二版)，上海：上海教育出版社。

陆丙甫、蔡振光(2010)，“组块”与语言结构难度，《世界汉语教学》第1期。

史有为(1986)，包装义动词及其有关句型，《语言教学与研究》第4期。

王洪君(2002)，普通话中节律边界与节律模式、语法、语用的关联，《语言学论丛》第26辑，北京：商务印书馆。

袁毓林(1998)，《汉语动词的配价研究》，南昌：江西教育出版社。

朱晓农(2006)，论分域四度标调制，载朱晓农《音韵研究》，北京：商务印书馆。

Chomsky, Norm(1965), *Aspects of the Theory of Syntax*. MA: The MIT press.

Cowan, Nelson(2001), The magical number 4 in short-term memory: A reconsideration of mental storage capacity. *Behavioral and Brain Sciences* 24(1): 87 - 185.

Dixon, Robert M. W.(1977), Where have all the adjectives gone? *Studies in Language* 1(1): 19 - 80.

Du Bois, John W.(1987), The discourse basis of ergativity. *Language* 63(4): 805 - 855.

Greenberg, Joseph H.(1966), Some universals of grammar with particular reference to the order of meaningful elements. In Joseph H. Greenberg (ed) *Universal of Language* (second edition), 73 - 113. Cambridge, MA: The MIT Press. 陆丙甫、陆致极译，某些主要跟语序有关的语法普遍现象，《国外语言学》1984年第2期。

Liu, Haitao(2008), Dependency distance as a metric of language comprehension difficulty. *Journal of Cognitive Science* 9(2): 159 - 191.

Lu, Bingfu(2001), What is the chunk in linguistic structure? *Proceedings of the Third International Conference on Cognitive Science*, 452 - 457. Hefei: University of Science and Technology of China Press.

MacGregor, James N.(1987), Short-term memory capacity: Limitation or optimization? *Psychological Review* 94: 107 - 108.

Malchukov, Andrej & Bernard Comrie (ed.)(2015), *Valency Classes in the World's Languages*. Berlin/Boston: Mouton de Gruyter.

Miller, George A.(1956a), Human memory and the storage of information. *I. R. E. Transaction on Information Theory* 2(3): 129 - 137. 陆丙甫译，人类记忆和信息储存，《思维科学》1986年第1期。

Miller, George A.(1956b), The magical number seven, plus or minus two: Some limits on our capacity for processing information. *Psychological Review* 63: 343 - 355. 陆冰章、陆丙甫译，神奇的数字7±2：人类信息加工能力的某些局限，《心理学动态》1983第

4期。

Newmeyer, Frederick(2005), *Possible and Probable Languages: A Generative Perspective on Linguistic Typology*. Oxford: Oxford University Press.

Pesetsky, David M.(1995), *Zero Syntax: Experiencers and Cascades*. Cambridge, MA: The MIT Press.

Schutze, Carson & Edward Gibson(1999), Argumenthood and English prepositional phrase attachment. *Journal of Memory and Language* 40: 409-431.

Speer, Shari R. & Charles JR. Clifton(1998), Plausibility and argument structure in sentence comprehension. *Memory and Cognition* 26(5): 965-978.

Zhang, Niina N.(2010), *Coordination in Syntax*. New York, NY: Cambridge University Press.

陆丙甫,北京语言大学语言学系　lubingfu@yahoo.com

应学凤,浙江外国语学院　yingxf@163. com

(原载《语言教学与研究》2019年第3期)

关于图式性构式历时扩展的理论思考*

彭　睿

提　要　图式性构式历时扩展是历时构式语法研究的重要课题。目前的一些理论方法(如构式化理论)以统一的模式来概括不同类型构式历时演变的规律,对诸如图式性构式历时扩展自身存在的理论问题关注不够。图式性构式的历时扩展应当具有跨语言的机制和原则,当务之急是在调查跨语言事实的基础上,逐步地总结这些普遍性规律。近年来以汉语为观察对象的相关研究,为图式性构式扩展普遍规律的归纳作出了理论贡献。

关键词　图式性构式　历时构式语法　构式化　扩展

引　言

近年来,复合型图式性构式(complex and schematic construction,以下简为“图式性构式”)的历时演变逐渐成为学界的一个研究热点。原因很清楚,首先是语法化研究的局限性。过去几十年语法化研究在理论方法上不统一,但这些理论方法的共同特点是以具体语素、词和短语(即“实体性构式”)为主要研究对象,而据此归纳出来的语法化原则和参数等对图式性构式的历时演变并不完全适用。其次是构式语法的兴起。构式语法中的“构式”概念包括实体性和图式性在内的所有类型语言单位,使得图式性构式和实体性构式的历时演变以统一理论框架进行探索成为可能(彭睿 2016)。一个似乎没有引起足够重视的问题是,要在不同类型构式基础上建立统一的理论框架,其前提条件是这些构式的历时演变之间具有足够的共性。对共性的真正了解,自然应当以对不同类型构式个性特征的挖掘为基础。长期以来,学界对图式性构式及其历时演变特征和规律的认识是粗浅而模糊的。这个问题在早期历时构式语法研究中体现得十分明显。究其原因,主要是人们对图式性构式历时演变规律认识不够深入。

图式性构式的历时演变分为两个阶段,即“形成”和“继续发展”,分别对应于构式化理论里的“构式化”(constructionalization)和“构式性演化”(constructional change)(见如 Traugott & Trousdale 2013)。在构式语法(包括认知语法)文献中,第二阶段亦称“扩展”(extension)(如 Langacker 1987,2008)或者“概括”(generalization)(如 Goldberg 2006、2009)。本文将重点讨论和第二个阶段(称为“图式性构式历时扩展”)有关的理论研究。余下内容共分五个部分。第一节介绍图式性构式的几个主要特征,第二节则对过去 20 年涉及图式性构式及其扩展的理论研究进行述评。第三节讨论近年来基于汉语的图式性构式历时扩展研究。第四节介绍有关图式性构式历时扩展值得深入挖掘的几个问题。第五节总结全文。

一、关于图式性构式

过去 20 年,学者们对图式性构式的多方面特征进行了探讨,主要包括语义类型多元性(semantic diversity)、

* 本文系由作者在中国人民大学(2018 年 10 月 24 日)和中国社会科学院语言研究所(2018 年 10 月 25 日)所作的两场学术报告综合整理而成。部分内容曾在“中国语言学会历史语言学分会首届年会”(首都师范大学,2018 年 10 月 20—21 日)上宣读过。同行们的反馈意见十分有启发性,在此谨表谢忱。文中存留问题概由作者负责。

构式性层级(constructional hierarchy)、内部成员之间的原型效应(prototype effect)和范围的有限性等。

(一) 语义类型多元性

每个图式性构式都有一种独特的语义诠释方式(抽象意义),这一语义诠释方式为所有构例所共享。例如,汉语溯因兼语句(如"张三讨厌李四懒""他蒙我不懂英语",可形式化为"V_1+NP+V_2")的抽象意义是"V_2所述行为事件/状态是V_1(主动词)所述行为事件/状态产生的原因或借口"(彭睿 2012: 509;也参李临定 1986;史有为 1992;吕冀平 2003;Peng 2013;等)。汉语隐现句(如"对面来了个戴帽子的人""我们班走了好几个同学",可形式化为"$L_{地点}+V+NP$")的抽象意义是"在地点 L,NP 所指以行为 V 的方式或者作为行为 V 的结果而出现或者消隐"(Peng 2016b;也参李临定 1986;崔建新 1987;宋玉柱 1987;等)。一个图式性构式的构例可以归入不同语义类型。表 1 是 Peng(2016b)为汉语隐现句划分的语义类型。

表 1 汉语隐现句语义类型

名称	语义解释	简略形式
现隐	NP 所在地点 L 以行为 V 的方式出现或者消隐。	$LV_{现隐}NP$
放射	NP 所指(主要是声、光、味、火等)在地点 L 或从地点 L 放射出来。	$LV_{放射}NP$
降落	NP 所指(主要是雨、雪、雹等或者其他物件)在重力吸引下自由落下。	$LV_{降落}NP$
增减	NP 所指移至或增添至地点 L 或者从地点 L 移除或减去。	$LV_{增减}NP$
移动(水平)	NP 所指通过行为 V 位移至地点 L 或者位移离开地点 L。	$LV_{移动}NP$
衰变	NP 所指(置放或者属于地点 L)经受 V 这样的质变(包括变好和变坏)。	$LV_{衰变}NP$
破损	NP 所指通过行为 V 出现在 L(通常为非液状物体)的表面;V 引起 L 的破损。	$LV_{破损}NP$
坍塌	NP 所指以行为 V 的方式在地点 L 倒塌或者脱落。	$LV_{坍塌}NP$

每个语义类型还可以细分为若干次类,次类成员也可以继续分类。不同语义类型及其次类一道构成图式性构式的语义网络。

(二) 构式性层级

按照 Hilpert(2013: 5)的说法,构式在语言使用者心理上呈现为一个图式性征(schematicity)的连续统。Traugott(2007,2008a)提出了一个具体的四分构式性层级,包括:

宏观构式(macro-construction):具有高度抽象性和图式性。

中观构式(meso-construction):相关联的构式类型的网络;抽象而且在句法语义上相似。

微观构式(micro-construction):单个的构式类别。

构例(construct):微观构式的实例。

正如 Traugott(2008a: 236)所指出的,中观层级不限于一个,而微观、中观和宏观层级的复杂程度也不确定。Traugott & Trousdale(2013: 16)提出了一套"最小"的图式性层级,包括图式(schema)、次图式(subschema)和微观构式(micro-construction),其实质上和四分的构式层级并无二致。作者特别指出,图式层大致相当于宏观构式,次图式层大致相当于中观构式(第一章脚注 13)。构式性层级适用于一切图式性构式。例如,依据 Traugott(2007,2008a)的分法,汉语隐现句的构式层级可以例示如下:

表 2 汉语隐现句的层级举例

图式层	举例	特征
宏观	汉语隐现句	完全图式性
中观Ⅰ	$L+V_{现隐}+NP$	完全图式性;主要类别
中观Ⅱ	"显现"次类(下辖"出、出现"等为主动词的句子)	完全图式性;次要类别
微观	L+出现+NV_2	局部实体性
构例	"前面出现了两个人影。"	完全实体性

表 2 把中观层级分为两个层次,但只举出了隐现句的语义类别之一的"现隐"类($L+V_{现隐}+NP$)的例子;中观

Ⅱ层次则只列出了这一类中的“显现”次类。微观层在表中只显示了“出现”为主动词的小类“L＋出现＋NV_2”；“前面出现了两个人影”则是这一小类的一个构例。在第四节我们会看到，构式层级可以用来对一个图式性构式在不同历史时期的语义多元性进行追踪和比较。

（三）原型效应

根据 Taylor(1995，1998）等的研究，图式性构式的构例之间在形式和意义特征上都呈现出原型效应（prototype effect）。其他学者也有类似观点（如 Goldberg 1995，2006，2009；Geeraert 1997；Langacker 2008；Bybee 2010；Trousdale 2008a，2008b）。比如，Taylor（1995）讨论了英语的两个高能产性构式，即领属性所有格构式（possessive genitive construction）和及物构式（transitive construction）。以下是作者举出的领属性所有格构式的四个构例：

（1）a. John's car

b. the dog's bone

c. the secretary's typewriter（意指打字机已分配给秘书用）

d. the car's road-holding ability

其中（1a）是这类句子的原型，以下是其特征的一部分（完整特征集见 Taylor 1995：202）：

（2）a. the possessor is a specific human being. Non-human animates, and even less, inanimates, cannot possess things;

b. the possessed is a specific concrete thing (usually inanimate) or colletion of specific concrete things, not an absract;

c. the possessor has the right to make use of the possessed; other people can make use of the possessed only with the permission of the possessor.

以这些特征为标准，例（1b）—（1d）不同程度地偏离了例（1a）这一原型。图式性构式构例的这种原型结构在汉语中也体现得很明显。例如 Peng(2016a)讨论了汉语述评兼语句，指出其中的“存在类”句子（如例（3a））是原型，其他类型如“获得类”（如例（3b））、“产出类”（如例（3c））、“经历类”（如例（3d））和“操控类”（如例（3e））等的特征，都不同程度地偏离了这一原型（均转引自 Peng 2016a）：

（3）a.（宣传单）上面印着一款杯子特价只要 20 元。

b. 邻居淘了个厨房置物架不好用。

c. 我发了篇文章被很多新浪博客转摘。

d. 帕金森病年轻化，淮安曾收治一患者仅 42 岁。

e. 家里请了个保姆真能干。

（四）范围有限性

任何一个图式性构式的构例的语义类型都是有限的，这在具有语义特异性(idiosyncrasy)的图式性构式（区别于“动宾结构”或“主谓结构”等一般性句法格式）身上体现得更为明显。以具有语义特异性的动词论元构式为例，这类构式往往只容许一定范围的动词成为主动词。这一点从母语者的语感上能够清楚看到。例如，彭睿（2012）调查了汉语母语者对溯因兼语句的接受度，结果显示，例（4）中两句的母语者接受度高，而例（5）中两句的母语者接受度极低，是不合法的（均转引自彭睿 2012）：

（4）a. 老板骂我懒。

b. 哥哥笑我不会开车。

（5）a. ?我们吃苹果味道好。

b. ?那个贼偷故宫珍宝值钱。

就是说，汉语母语者对图式性构式的“边缘”（本身是模糊的）有一个大致的认知，在交际中通常不会明显逾越这一界限。在以下的讨论里我们会提到，图式性构式的范围有限性和其历时扩展有着直接关系：图式性构式之所以范围有限，是因为其历时扩展受到阻遏。

二、既有理论方法回顾

(一) 图式性构式扩展的驱动因素

Pinker(1989)、Goldberg(2006,2009)以及 Bybee(2010)等都认定意义是图式性构式扩展的驱动因素。这牵涉到语言表征的本质问题。形式学派(见如 Chomsky 1993; Newmeyer 2003 等)主张的是纯粹句法表征,而其他理论方法则认为语言能力的根本表征是意义(如 Pinker 1989; Goldberg 1995 等;见 Ambridge *et al*. 2016 的总结)。比如,Pinker(1989)发现,成人语法中的被动范畴是受语义制约的。根据对成年人的接受度判断和理解方式的研究,Ambridge *et al*.(2016)不但证实了被动句法受语义制约的说法,并且指出这种制约是有心理基础的。这一结论也得到了其他心理语言学研究成果的支持(如 Baggio *et al*. 2009)。

(二) 图式性构式扩展的方式:局部扩展还是整体扩展

"局部扩展",顾名思义,意指图式性构式的扩展是以各空位中词项范围扩大的方式进行的。持这一看法的代表性研究是 Bybee(2010)。概括起来,作者的观点包括如下几点:

1) 图式性构式各空位的词项是受到语义限制的;能够进入特定空位的词项围绕高频率的范例(exemplar)而簇聚。

2) 每个空位的词项都能发生扩展;扩展的方式是说话人以高频率范例的局部特征(而非整体性抽象特征)为线索进行类推并准入(sanction)新的词项。

3) 这种局部语义特征比较的类推方式的后果是,能够出现在图式性构式相同空位的词项之间形成家族性相似范畴,而不局限于特定语义类型。

这几点都有一定的解释力。特别地,能够出现在相同空位的词项不限于特定语义类型的情形十分常见。比如,无论是英语双宾构式还是汉语双宾构式的主动词,都可以归入不同的语义类型;汉语溯因兼语句以及隐现句的主动词,各自都无法归纳出一个统一的语义特征。

我们的看法是,这种局部扩展的说法是有问题的。第一节第三部分提到,一个图式性构式的构例之间呈现出原型结构关系,即不同语义类型的构例有核心和非核心之别,而不同非核心成员和核心成员之间的特征差异形成一个连续统。因此,图式性构式的构例之间最有可能是以整体(而非其中单个的空位)为单位的形式相关联的。不同构例之间如何能因局部(即构成成分)意义类型的扩大而产生这种系统性、有规律的差异,似乎欠缺一个合理的解释。Bybee(2010)的视角是共时的(详见第二节第三部分的介绍)。从历时角度看,对照 Peng(2013,2016b)这两份研究(详见第三节),至少有如下两个方面可能让局部扩展的说法受到质疑:

首先,图式性构式不同语义类型构例的产生顺序是有规律可循的,大致上和具体构例在语义特征上与核心成员(原型)的距离相一致:一个语义类型的特征越偏离核心构例(原型或范例),其最早构例产生的时间就越晚;相反,特征越接近核心构例,该语义类型最早构例产生的时间就越早。例如,Peng(2016b)指出,隐现句的核心类别是"现隐"类(LV$_{现隐}$NP,如"前面出现了两个人影"),"放射"类(LV$_{放射}$NP,如"车子里散发出一阵阵臭味")的语义特征和这个核心类别较为接近,而"破损"类(LV$_{破损}$NP,如"脊梁上破了个三角口子")和核心类别差距十分明显。这份研究的考察结果是,"放射"类和"破损"类最早用例分别出现于 6 世纪以前和 14 世纪以后。

其次,Peng(2016b)还特别提到,以特定动词为主动词的汉语隐现句构例的出现,往往要晚于这些动词的出现。换言之,某种义类动词的使用,不代表这类动词作主动词的汉语隐现句类别的产生。例如,隐现句的"坍塌"类(LV$_{坍塌}$NP,如"院墙塌了一个角")、"破损"类和"衰变"类(LV$_{衰变}$NP,如"我们厂病了一百多号")都出现于公元 14 世纪之后,而这几个类别的主动词如"倒"(LV$_{坍塌}$NP)、"碎"和"破"(LV$_{破损}$NP)以及"病"和"醉"(LV$_{衰变}$NP)早在公元 6 世纪以前的文献中就已经频繁使用了。很明显,主动词范围的扩大受制于构例的语义类别,而不是相反。

以上两点应该都不是巧合,而是证实了在扩展中起作用的是构例的整体意义。也就是说,图式性构式的历时扩展应该是以整体为单位进行的。"局部扩展"和"整体扩展"既然在图式性构式扩展过程中同时发生,二者必然有着一定的关联性。一种可能性是,图式性构式具体成分范围的扩展是构式整体扩展的附带现象。这一说法有待更多研究来证实。

（三）图式性构式扩展的研究视角

归纳起来，目前学者们主要从三个视角来探讨图式性构式的扩展问题：儿童语言学习、认知心理及语言共时创新和语言历时演变。以下我们将逐一对这三种视角的研究进行简要述评。

1. 儿童语言学习

儿童语言学习和图式性构式扩展的关系在文献中有着“贝克悖论”（Baker's Paradox）的说法。Baker（1979）指出，儿童在学习语言的过程中，一方面要培养概括（generalization）能力，即能够把他们所熟知的动词的用法从特定构式移植到尚未掌握的构式中去，另一方面又要避免进行这种概括，以免造出成年人语感上不合法的句子来。儿童语言学习中如何避免过度概括（overgeneralization）的问题，一直为学界所关注（见如 Braine & Brooks 1995；Brooks & Tomasello 1999；Goldberg 2006，2009；Boyd & Goldberg 2011；Amgridge *et al*. 2012；Amgridge *et al*. 2016）。以下我们会介绍两方面研究，一是儿童在语言学习中如何避免过度概括，二是儿童语言学习和语言历时演变之间有何关系。

儿童在语言学习过程中到底如何避免过度概括，是近几十年来儿童语言学习及认知心理学界的一个研究热点。最有影响的观点是如下三种假说：

1）动词义类假说（semantic verb class hypothesis）

这一假说是 Pinker（1989）提出的，依据的是这样一个观察：出现在同一构式里的动词不是随意性的，而是能够簇聚成若干动词义类。作者主张儿童语言学习有两阶段。他们首先建起“宽范围规则”（broad-range rule），这一规则准允那些在某特定构式里出现的动词也出现于相关联的构式里（第一阶段）。之后，儿童在符合宽范围规则的动词基础上组建窄范围动词义类：一个动词，只有其自身或者同义类动词曾出现在某一构式，才能被用于这一构式中（第二阶段）。儿童正是以此方式来决定新学习的动词能够出现的构式。

2）稳固性假说（entrenchment hypothesis）

这一假说的核心思想是，一个动词如果被反复使用（不管出现在何种句型里），会增强语言学习者的这样一个概率性推断（probabilistic inference），即这个动词出现在未曾经历的句子里的情形是不被准允的（见如 Braine & Brooks 1995 的总结）。

3）统计优先假说（statistic pre-emption hypothesis）

这一假说的代表性研究包括 Goldberg（1995，2006，2009）、Marcotte（2005）、Boyd & Goldberg（2011）等。根据这一理论，说话人期待在某种语境中听到语言格式（formulation）A，但却频频听到语言格式 B，因此认为 B 是这一语境中的合适格式，而 A 不是（Boyd & Goldberg 2011）。就是说，优先是语言习得中的一种间接的反面证据（negative evidence）。统计优先和语言格式的开放程度（degree of openness）（即可出现于这一语言格式的语言项的多元程度）是把过度创新降至最低程度的关键因素（Goldberg 2006，2009）。

关于三种假说的合理性及优劣，我们在此拟不作进一步评论。我们关注的是，“儿童在语言学习中避免动词使用过度概括”和“图式性构式历时扩展受到限制”之间有无直接联系。如果有，那么前者的一些规律应该能够在一定程度上体现在后者身上。至少目前的研究并不能证实这一点。这实际上牵涉到另一个更深层次的问题，就是儿童语言学习和语言历时演变之间到底有没有平行关系。长久以来，以儿童语言学习来佐证语言变化，笃信儿童语言学习在语言历时发展中扮演着重要角色，是一部分形式学派和功能认知学派学者的共同认知。然而，学界也一直存在着质疑的声音。例如，Bybee（2010）指出，儿童语言学习和语言历时演变既有相似点，也有不同点，体现在语音、构词法和句子三个层面上。Bybee 引用了 Baron（1977）的说法，指出影响语言历时发展的因素和影响儿童语言学习的因素并不完全等同。Diessel（2012）进一步认为，语言历时发展和儿童语言学习之间的关联只是一种巧合：因为二者背后的机制是类同的（如类推、固化和范畴化等），所以变化类型有相似之处。关键是，儿童语言学习并非语言历时发展过程的简单映射，这是因为两者之间平行关系的不均衡性：在屈折范畴身上最明显，在语法标记和复合构式身上稍弱，在语音发展方面最弱。作者的结论是，没有迹象表明儿童语言和语言历时演变之间有因果关联。

学界对于儿童语言学习和语言历时演变之间的关系迄今尚无共识。有一点可以肯定，那就是拿儿童语言学习中避免过度概括来解释图式性构式历时扩展受限规律时，必须十分谨慎。

2. 认知心理及语言共时创新

这一视角的特点是以认知心理学为理论基础，同时以语言共时创新为观察视角。社会语言学和语言学习研究都已表明，说话人终其一生发展语言技能并且进行语言创新，而不限于儿童时期（如 Bybee & Slobin 1982；Milroy 1992；Labov 1994；Ravid 1995 等）。因此，语言共时创新也是研究语言演变的一个重要方面。此外，按照 Bybee（2010：105）的说法，“共时和历时应该被视为一个整体”；“演变既是认知表征的窗口，也是语言模式的创制者”。就是说，共时变异和历时演变应该具有某种对应关系。不少学者从共时观察的基础上探讨了图式性构式扩展的问题。以下我们简短地回顾一下 Langacker（2008）和 Bybee（2010）的相关研究。

Langacker（2008：248）的方法称为“环境引发的语义扩展”（context-induced semantic extension）。作者认为图式性构式能够准入新的动词，而这些新准入的动词可以从其所在构式获得意义。例如，最核心的双及物构式是由具有“转移”（transfer）意义的动词引领的，如 give、bring、send 和 tell 等，比如在如下两句中：

（6） a. She gave him an apple.

b. Tell me a story.

能够充当双及物构式的动词范围逐渐向那些原本不具有“转移”义的动词扩展，如 make、peel、find 等（例句引自 Langacker 2008：246）：

（7） a. She made him a kite. They build us a porch. I knitted her a sweater.

b. He wrote me a check. She baked them a pie. Peel me another orange.

c. I bought him a clock. Find us some old rages. She got you a fancy car.

这些动词缺乏“转移”义，但因为在双及物构式里高频使用，最终获得了转移义。而如例（7）这样的例子如果不断出现，可能导致双及物构式新图式的产生；这种新的图式已经在一定程度上偏离了双及物构式的原型，可以准入意义上离“转移”义更远的动词，比如 sculpt、skin、steal 等（例句均引自 Langacker 2008：248）：

（8） a. She sculpted him an elephant.

b. Skin me another cat.

c. I stole her a diamond ring.

图式性双及物构式正是以这样的方式逐步建立起来的。

Bybee（2010）的角度不同。作者主张，图式性构式的扩展特别适合用范例模型（exemplar model）来解释。出现在图式性构式同一空位上的单位是受语义制约的（2010：78）；语义上相似的词项以高频率的范例为核心簇聚，而这个范例可以被视为一个预制品（prefab），因为它代表了特定意念表达的惯常性方式（2010：81）。前文提到过，作者进一步主张，一个复合图式性构式的所有空位上的成分的范围都可能扩展；图式性构式的扩展是就具体词项而言、以词项语义特征为基础。然而，对构式的特定空位来讲，并不存在一个足以概括可以出现在这一空位所有词项的抽象特征。相反，出现在同一空位的词项可能依据具体语义特征而簇聚为不止一个类别，每一个类别都呈现出原型结构（2010：88）。

对于 Langacker（2008）和 Bybee（2010）的方法，Peng（2016b）的评论是，两种方法的最重要局限性是相同的，即都以具体词项（特别是主动词）而非整个构式为观察视角。这种看法是以“图式性构式的扩展即具体空位的词项类型增加”这一假定为前提的。事实上，我们在第二节第二部分指出，这种“局部扩展”观的合理性并没有令人信服的证据支持。Bybee（2010）有关共时变异和历时演变属同一整体的说法或许有一定道理，但二者在多大程度上具有平行性，是一个值得讨论的问题。

3. 语言历时发展

从历史语料中发现语言发展规律，无疑是历史语言学研究最可靠的做法。在和图式性构式的历时发展相关的研究方法中，构式化理论（Traugott & Trousdale 2013）是最令人关注的。构式化理论的一大特色是贯彻构式理念的彻底性。它一方面充分融汇了语法化和词汇化研究的成果，另一方面又澄清和摒除了语法化和词汇化学说中欠合理的部分。构式化理论区分了“构式化”(即创造“新形式—新意义”组配的过程)和“构式性演化”(即单纯的形式变化或意义变化)。构式性演化又进一步分为先于构式化而发生的“构式化前构式性演化”(PreCxzn CCs,简为“构式化前演化”)和后于构式化而发生的“构式化后构式性演化”(PostCxzn CCs,简为“构式化后演化”):

PreCxzn CCs	⟶	Cxzn	⟶	PostCxzn CCs
构式化前演化		构式化		构式化后演化

按照 Traugott & Trousdale(2013: 27—28)的说法,构式化前演化能够导致构式化变化,而且通常会引起“语用扩展、语用的语义化、形式—意义的不匹配及一些细小的分布性变化”;而构式化后演化则会引起搭配的扩展,也可能伴随形态及语音上的紧缩,并可能导致进一步的构式化(也见 Traugott 2015)。构式化理论的一个假定是,这些规律对所有类型构式的历时演变都是适用的。

构式化理论追求的是对不同构式历时演变规律的统一解释,从图式性构式的角度来看则欠缺针对性,没有反映出其特征性的东西来。拿具体和图式性构式历时演变相关的课题来说,比如第二节提到的四个特征(语义多元性、图式层级性、原型效应和范围有限性)是如何形成的,都无法从目前的构式化理论中找到合适的解释模式。因为过去数十年理论方法以及学界认知水平的局限性,在各种构式类型中,有关图式性构式的研究是最为薄弱的。实体性构式演变的一部分规律,如“单向性”、“环境”因素、“语用推理”因素等,在语法化研究中已经得到了很好的解释。这些规律是不是就能类推到图式性构式身上呢?举个例子,汉语的处置标记“把”以及体标记“了”“着”和“过”等的形成和发展规律,和双宾句、兼语句、隐现句等图式性构式的形成和发展规律是不是具有高度的一致性呢?如果不是,具体来说同的部分和异的部分分别有多少呢?很清楚,要回答这些问题,唯一的方法就是对图式性构式演变的规律和原则展开跨语言的调查。这项工作恰恰是当前包括构式化理论在内的历时构式语法研究所欠缺的。对此,彭睿(2016)作了如下评论:

> 构式化理论致力于从构式角度对形态句法变化的规律进行宏观阐释。这一理论追求本无可厚非,但似乎蕴含了一个其本身尚有待证实的前提,即不同类型的构式(如图式性构式和实体性构式)的演变规律具有高度共通性。我们的研究实践表明,图式性构式的演变,特别是复合型图式性构式的演变,在诸多方面不同于实体性构式演变;前者绝不可简单看作后者的一种图式化的体现。

接下来我们将把目光转向近年来以汉语个案为基础对图式性构式历时扩展规律的探讨。

三、基于汉语的图式性构式历时扩展研究

过去十几年里,以汉语为观察对象的图式性构式历时演变研究可圈可点,既有事实描写,也有理论探讨。这些讨论无论是沿袭语法化方法(如洪波、董正存 2004;杨永龙 2011,2016;龙国富 2013),借鉴句式糅合(如叶建军 2013,2014)和语言接触(如杨永龙 2014)等理念,把认知心理学和范畴化理论运用于历时构式语法研究(如 Peng 2013,2016b,2017;王昕 2015),还是践行构式化理论方法(如 Zhan & Traugott 2015),都为图式性构式历时演变研究作出了重要贡献。限于篇幅,本文拟不全面评述这些研究,而是把重点放在图式性构式历时扩展的理论问题上。Peng(2013)和 Peng(2016b)分别以汉语溯因兼语句(形式化为“V_1+NP+V_2”)和隐现句(形式化为“$L_{地点}$+V+NP”)的个案研究为基础,初步总结了图式性构式历时扩展的部分规律,其目的都是双重性的,即一方面从历时构式语法的视角来剖析汉语个案,另一方面在汉语个案基础上总结普遍性规律。本节将集中对这两份研究在方法上的得失进行检讨。

(一)一般性规律初探

历时构式语法兴起之初,学者们试图在构式语法和语法化之间找到接口,因此即使是以图式性构式为个案的讨论,也都能看到语法化方法的影子,如 Traugott(2008a,2008b)和 Trousdale(2008a,2008b)等代表性研究都是如此。Peng(2013)虽也涉及了一些语法化观念,但力求摆脱语法化路子。归纳起来,这份研究在方法上主要有两

个特点：

首先，借鉴了 Taylor(1995，1998)的"特征集"的做法，即用一组特征来描述一个图式性构式的不同图式性层级在特定历史阶段的句法和语义限制条件。由不同时期的比较，察检原始限制条件的变化。例如，公元 3 世纪以前的宏观层级的溯因兼语句在语义特征上包括六个方面，到了 8 世纪以后，这些特征就只剩下两个方面了。

公元 3 世纪	公元 8 世纪
(i) V_2是 V_1发生的导火线	(i) V_2是 V_1发生的导火线
(ii) V_1是情感行为	——
(iii) V_1不包括言说行为	——
(iv) V_1不包括动作行为	——
(v) V_1不包括社会行为	(v) V_1不包括社会行为
(vi) NP 限于人类	——

这种以特征集定位图式性构式并观察其演变规律的做法，在 Peng(2016b)和 Peng(2017)等几份研究中也有尝试。

其次，首次运用了构式层级比较的方法。图式性构式任何特定历史阶段的分类及构式层级都可以以图表形式描写。如图 1 和图 2 分别是公元前 2 世纪—公元 1 世纪以及 14—17 世纪这两个时期溯因兼语句的构式层级(因为受空间限制，图中只显示宏观层级和两个中观层级)。通过不同时期构式层级的比较，就能清楚地看到图式性构式多层次的语义类别和图式性程度两个维度的变化轨迹。

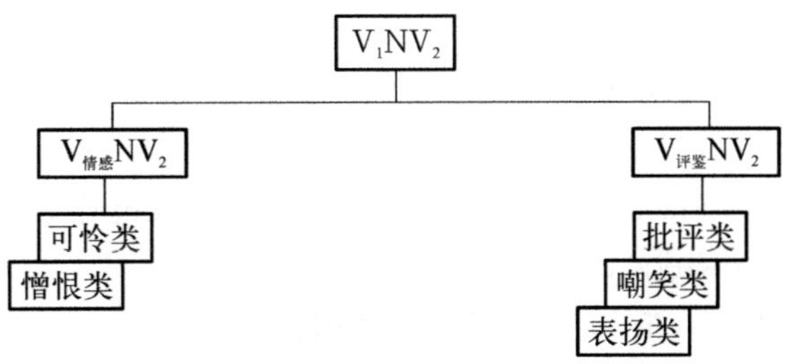

图 1 公元前 2 世纪—公元 1 世纪溯因兼语句的层级构式(局部)

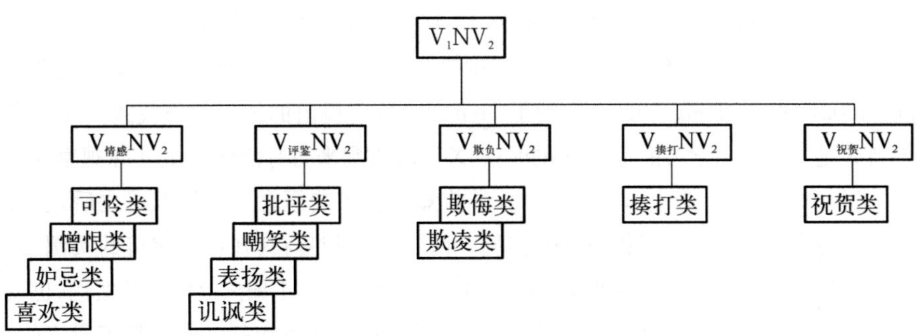

图 2 14—17 世纪溯因兼语句的层级构式(局部)

关于图式性构式历时扩展，这份研究总结了三条规律：

1) 图式性构式的扩展以原始的形态句法和语义语用限制条件的放宽为特征。

2) 图式性构式的扩展包括"层级化"(即图式性程度的提升)和"包容性增长"(即语义类别的增加，或说语义多元化)两个变化维度。

3) 层级化和包容性增长互为前提，循环性相互促进(即"二维循环")。

这三条规律预测性很强，但都只是对总体特征最基本的观察。这份研究未能厘清的东西很多，以下仅仅列出其中和这三条规律相关的两点：

1）“原始限制条件放宽”的说法忽略了一个重要事实，即历时地看，各层级构式在丢失旧限制条件的同时，也会获取新限制条件[①]。新限制条件的获取（准确地说，新旧限制条件之间影响力的此消彼长）是如何影响图式性构式扩展过程的，在 Peng(2013)里未予讨论。

2）层级化和包容性增长及其二维循环关系，揭示了语义多元性和图式性程度之间的互动关系，但没有解释语义多元性特征以及不同语义类型之间原型结构关系的来龙去脉。

Peng(2013)是进一步建构理论模型的基础。以此为起点，针对图式性构式历时扩展规律的不同方面开展专题性研究，十分必要。

（二）专题性研究

与图式性构式历时扩展相关的研究课题很多。Peng(2016b)试图初步地探讨这类变化的推动和阻遏因素，具体涉及了对以下两个现象的理论解释：

1）新实例准入的先后顺序受到制约，即图式性构式构例和该构式最早构例之间的语义差距与这些构例被准入的时间先后顺序相一致。这在溯因兼语句的演变过程中看得很清楚，较晚准入的构例和最早构例在语义上的距离，要大于那些较早准入的实例。

2）新实例的类型受到一定的限制，即一个图式性构式的包容性增长（或语义多元化）往往是有限度的：一些创新可以为母语者所接受，而另一些创新则不被母语者认可。再以汉语溯因兼语句为例，动词论元构式的创新受限，简单地讲，就是并非所有动词都可以成为这类构式的主动词。

第二个现象和图式性构式的范围有限性直接相关。Peng(2016b)详细考察了汉语隐现句的个案，同时以认知心理学和范畴化框架为理论假定（assumption），具体包括如下两个方面：

1）主张图式性构式的扩展是一种范畴化过程。

这份研究的主要理论框架都和范畴学习理论以及相关学说有关。为弥补范畴化理论“原型模式”（prototype model）和“范例模式”（exemplar model）的缺陷，这份研究采用了 Vanpaemel & Storms(2008)所提出的“范畴化弹性抽象性模式”（varying abstraction model of categorization，VAM），主张范畴表征（category representation）是由范畴成员的次原型（subprototype）构成的。

2）强调“知识效应”（knowledge effect）在范畴化中的作用。

范畴学习理论文献关注“早前知识”（prior knowledge）在范畴化中的作用（Murphy 1993，2002；Heit 1998，2001；Lin & Murphy 1997；Rehder & Murphy 2003；Harris & Rehder 2011；等）。学者们认识到，范畴化理论应当把早前知识对范畴化学习的影响纳入考量（Heit 2001：156）。按照 Lin & Murphy(1997)的说法，早前知识是“为概念和特征提供因果关联的关系集”。知识效应指的是人们带入范畴学习的“有关实物或者事件的早前知识的影响”（Murphy 2002：146）。Peng(2016b)采纳了 Heit(2001)所提出的知识效应模式。这一模式的核心观点是：当一个人研判 X 是否属于新学习的范畴 A 的时候，X 同时被拿来与对范畴 A 的实际观察结果以及该范畴的早前知识相对照。Murphy(2002：172—173)也指出，早前知识在影响概念的最初编码之后，也会影响范畴化过程；人们会“正面地范畴化那些与其知识相吻合的实例”，而“排除那些与其知识不相符的实例”。从这个意义上说，范例为新实例提供模板，因而是创新的推动者；早前知识可能排除过于偏离范例的新实例，也就是在一定程度上扮演着阻遏创新的角色。Peng(2016b)认为，图式性构式的早前知识既包括人们对特定语言的综合性了解，也可以部分地定义为关于该语言中特定图式性构式的认知（简为“构式性早前知识”）。为简便起见，Peng(2016b)的讨论只涉及构式性早前知识，即一个图式性构式所有实例的共同特征。

在以上两个理论前提的基础上，Peng(2016b)提出了图式性构式扩展的“整合模式”，其主要观点是，图式性构式扩展以范例和构式性早前知识的交互作用为驱动力。一方面，范例的吸引作用可以导致创新；另一方面，构式性早前知识制约着创新。换言之，因为构式性早前知识的“锚定角色”（anchoring role），图式性构式扩展中的创新是相对保守的。构式性早前知识在提供图式性构式的总体信息（包括各构成部分的特征及其相互之间的关系）的

---

① 区分新、旧限制条件的想法受到了胡亚（新加坡国立大学中文系博士候选人）相关研究的启发。

同时，也为可能的创新扩展划定了界限：当新构例依循范例的模式被创造出来的时候，其偏离程度总是会受到构式性早前知识的限制。就是说，构式性早前知识可以起到锚固的作用，避免新用法或新构例偏离太远。因此，构式性早前知识在创新中是一种限制力量。那么为什么新构例在语义上越偏离范例，其出现时期就越晚呢？这份研究的解释是，历史时期越晚，制约图式性构式的条件也越宽松，使得制约创新的构式性早前知识不断概括化；因为制约创新的构式性早前知识不断概括化，较早时期受到阻遏的创新有可能在较晚时期得以实现。

Peng(2016b)是对图式性构式历时扩展受限问题的初步探索。文中提出的整合模式的解释力有待跨语言事实的验证，也必然存在进一步修正的空间和必要性。

四、值得探讨的课题

图式性构式历时扩展的理论问题十分复杂，相关专题研究仍处于起步阶段，Peng(2013)和Peng(2016b)都只能算是初步思考。本节将简单介绍我们目前正在讨论的其他理论课题，包括图式性构式历时扩展和构式化的关系，以及图式性构式的多元性的产生方式。和Peng(2016b)的做法一样，这两个专题研究同样是以认知心理学及范畴化学说为理论基础。

(一) 扩展和构式化的关系[①]

前文提到，Traugott & Trousdale(2013：28)主张，构式化后演变(即扩展)可能导致进一步的构式化。那么这样的变化是如何实现的呢？目前的构式化理论对此着墨不多。我们不妨来观察一下语言中那些表层形式相同而意义解释相异的句子。例(9)中两例属典型的现代汉语隐现句，而例(10)和(11)两组句子明显已经无法直接以隐现义来解释了。

(9) a. 打前面来了个喇嘛。

b. 半路上杀出个程咬金。

(10) a. 在场的人哭了一大片。(转引自刘探宙 2009)

b. 我大学同学已经离婚好几个了。(转引自刘探宙 2009)

(11) a. 张岩所在的班级这次中考特别好，考取了三十多个。(大肥羊《重生1990之官运亨通》，搜索自BCC语料库)

b. 飞龙帮包括我在内的二十五个大小头目已经反水了九个。(明月百年心《重生之凤凰传奇》，搜索自BCC语料库)

例(10)和(11)两组句子到底属于边缘的隐现句，还是已经形成一个新的图式性构式？学者们的看法不一致(见李杰 2009；刘探宙 2009；沈家煊 2009；宣恒大 2011；Peng 2016b；等)。文献中对以上三组句子之间关系的争议，我们在此不予复述。我们感兴趣的是，能否从历时构式语法的角度厘清这些句子之间的关系，并且进一步建立起一个有普遍意义的解释模型来。扩展是语义驱动的，新准入的构例在表层形式上不会立即发生变化。因此，如果构式化变化由扩展引起，新产生的图式性构式有可能和其源构式保持一致。不同于Peng(2013)和Peng(2016b)，我们把图式性构式限制条件分为两个部分，即"区别性特征"(原始限制条件)和"创新性特征"(在扩展中获得的新限制条件)，并且假定图式性构式成员的创新性特征和区别性特征的影响比通常会维持在一定范围("门槛")内。以汉语隐现句为个案，我们提出了"扩展中的语义变异"假设，概括如下：

"扩展中的语义变异"假设

在图式性构式的历时扩展过程中，区别性特征和创新性特征此消彼长，即后者对构式整体语义解释的影响力越来越强，而前者的影响力越来越弱。新成员准入越晚，创新性特征和区别性特征的影响比就越高。当创新性特征和区别性特征的影响比高于图式性构式的"门槛"时，区别性特征就会失去其在语义诠释中的主导地位；而创新

---

① 有关扩展和构式化之间关系的讨论的不同版本，我们曾先后在"第九届汉语语法化问题国际学术讨论会"(安徽大学，2017年10月)和"语法化高端论坛及语法化词库建设工作会议"(江西师范大学，2018年1月)两个会议上报告过。

性特征增强到一定程度，就可能成为新语义的基础。具有新语义的构例簇聚在一起，就构成了新的图式性构式。

我们把图式性构式这种区别性特征和创新性特征影响力的此消彼长现象称为"语义稀释"(semantic dilution)。由语义稀释引起的变异现象，通常发生于 Peng(2013)所说的层级化和包容性增长到了相当程度之际——边缘构例可能以其创新性特征为语义基础而产生新的语义诠释方式，因循既有表层形式和句法结构而产生新的复合型图式性构式。

以上假设的关键是这种决定构例归属的"门槛"是不是真的存在。对于这个问题，范畴化理论原型观中的"门槛理论"(threshold theory)(如 Hampton 1995、1998)说得很清楚：范畴化是通过对事物表征和范畴表征之间的对比来进行的；如果二者相似性超过一定门槛，该事物就可确定为这种范畴的一个成员，否则就必须从这种范畴成员中排除出去。因此，拿汉语隐现句来说，可以断定的是，隐现句作为一个范畴，其合格成员必然符合一定的限制条件，即必须与核心成员保持一定的相似度(例如创新性特征和区别性特征的影响比)——相似度低于这一标准的构例，就无法用隐现义来诠释了。这一思路有助于解决构式化理论所没有回答的问题，即构式化后演化(扩展)到底是如何导致构式化的。我们的目标是在汉语隐现句个案的基础上初步地概括出一个普遍适用的解释模型来。

(二) 图式性构式的语义多元化机制

前文提到，图式性构式都具有语义多元性。我们不妨再举汉语隐现句的例子来予以说明。Peng(2016b)依据 NP 出现或者消隐的方式，把汉语隐现句构例分为不同类别，如"现隐""放射""增减"等。Peng(2013)的研究显示，历时地看，一个图式性构式的图式性程度和语义多元性(包容性)程度成正比。一个尚无理论解释的问题是，图式性构式语义多元性的产生机制是什么。就是说，我们还不清楚一个图式性构式的不同类型的构例"语义方向"(即与构式核心意义适配的语义域，如隐现句的"现隐""放射""增减"等意义)的差异性是如何形成的，其中的决定因素是什么。从理论上讲，决定图式性构式扩展的语义方向的可能因素包括"范例""既有构例"和"目标义"三种。

在 Goldberg(2006，2009)和 Bybee(2010)等文献里，范例被定位为图式性构式文本频率(token frequency)最高的那一类成员。比如 Peng(2016b)比较了隐现句不同时期各语义类型的构例，结果显示其中"现隐"类构例的文本频率一直居首，这类构例也因此成为汉语隐现句的范例。范例的作用就是范畴化的模板或模仿对象，包括形式和意义两个方面。范例不仅是图式性构式各成分之间句法和语义关联方式的模板，同时也是抽象语义解释方式的模板。如果创新的语义方向是由范例决定的，那么图式性构式的语义多元性就不可能存在。

创新必须有一定的语义基础。既有构例的意义特征在创新的语义基础中扮演什么样的角色，值得深入探讨。如果既有构例能够影响创新，那么需要回答的问题就变成既有构例的哪些语义特征以何种方式影响创新。关于语法化中的语义变化，Lichtenberk(1991)指出，意义中的特定方面可能成为功能引申的基础，而这个特定方面不限于主要意义特征，边缘意义特征也可能被凸显，并进而成为语义引申的依据。这一观点对我们具有很大的启发性，那就是既有构例语义特征的方方面面都可能成为创新的义源。

再来看目标义。目标义指的是说话人在交际中意欲传递的信息。Peng(2016b)指出，图式性构式在每个历史时期都可由一组独特的语义语用特征来制约，因此构式性早前知识具有阶段性。Lauwers & Willems(2011)认为，语言变化中的创新是"语言系统所强加的限制条件和该系统所允许的灵活性(以及创造性)之间的妥协"。构式性早前知识正是这些限制条件中的一部分。就是说，以表达目标义为目的的图式性构式的创新，通常不会完全摆脱构式性早前知识的约束。这种约束并不能完全钳制目标义在创新过程中引领语义方向的作用。

归纳起来，关于语义多元化成因，我们的初步思路是：图式性构式的语义多元性是目标义和既有构例交互作用的结果。目标义为图式性构式的扩展提供语义创新的方向，但受制于构式性早前知识；既有构例为扩展提供语义创新的依据。这一思路亟待跨语言事实的证实或修正，当然也可能被跨语言事实证伪。无论被证实、修正还是证伪，这种理论模型的探索都是必要的。

五、结　　语

实体性构式和图式性构式的历时演变有共同点，也必然有各自的特色。得益于长期以来的语法化研究，目前我们对实体性构式历时演变的规律、原则和机制等已经熟知，而对图式性构式历时演变的个性化东西的了解仍然十分粗浅。如果对图式性构式历时演变无深透了解，是难以真正建立起跨构式类型的统一理论框架的。跨语言的研究已经证明，语法化有普遍适用的动因、规律和原则，个别语言和个别语法化项受个性化因素制约的情形只是一种表象(彭睿 2017)。同样毋庸置疑的是，图式性构式的历时演变一定有普遍适用的动因、规律和机制。这一观念和图式性构式历时演变的个别语言特色以及个别图式性构式特色的存在并不矛盾。当前的历时构式语法研究，包括本文讨论的图式性构式扩展问题，不妨沿两个路子走。第一个路子，继续从跨语言的角度探讨不同构式类型(如实体性和图式性，独体型和复合型)各自的演变规律，扎实挖掘各个类型的个性特征。第二个路子，对这些个性特征进行细致梳理和比较，并结合不同领域(如构式语法、心理语言学、认知心理学等)的研究成果，逐步总结出跨语言、跨类型的构式历时演变规律来。这两个路子的研究应同步进行、相互支撑。特别地，目前图式性构式历时演变的研究，包括事实调查和理论建构，都只是处于起步阶段。汉语悠久的历史以及保存完好的历史语料，是探讨图式性构式历时演变普遍规律的宝贵资源。汉语研究应当，也完全能够在这一领域的理论建设中发挥重要作用。

参考文献

崔建新(1987)，隐现句的谓语动词，《语言教学与研究》第 2 期。

洪　波、董正存(2004)，“非 X 不可”格式的历史演化和语法化，《中国语文》第 3 期。

李　杰(2009)，试论发生句，《世界汉语教学》第 1 期。

李临定(1986)，《现代汉语句型》，北京：商务印书馆。

刘探宙(2009)，一元作格动词带宾语现象，《中国语文》第 2 期。

龙国富(2013)，“越来越……”构式的语法化——从语法化的视角看语法构式的显现，《中国语文》第 1 期。

吕冀平(2003)，《汉语语法基础》，北京：商务印书馆。

彭　睿(2012)，溯因兼语句的可接受度和意义调查，《中国语文》第 6 期。

彭　睿(2016)，语法化・历时构式语法・构式化——历时形态句法理论方法的演进，《语言教学与研究》第 2 期。

彭　睿(2017)，如何定位汉语语法化的“特色”，《语言教学与研究》第 5 期。

沈家煊(2009)，“计量得失”和“计较得失”：再论“王冕死了父亲”的句式意义和生成方式，《语言教学与研究》第 5 期。

史有为(1992)，混沌性：“我喜欢他老实”，载《呼唤柔性——汉语语法探异》，海口：海南出版社。

宋玉柱(1987)，隐现句，载《语言研究论丛》第四辑，天津：南开大学出版社。

王　昕(2015)，双宾构式的历时演化——从历时构式语法角度研究，新加坡国立大学博士学位论文。

宣恒大(2011)，现代汉语隐现句研究，安徽大学博士学位论文。

杨永龙(2011)，试说“连 X＋都 VP 构式”的语法化，载吴福祥、张谊生主编《语法化与语法研究》(五)，北京：商务印书馆。

杨永龙(2014)，从语序类型的角度重新审视“X＋相似/似/也似”的来源，《中国语文》第 4 期。

杨永龙(2016)，结构式的语法化与构式演变，《古汉语研究》第 4 期。

叶建军(2013)，“X 胜似 Y”的来源、“胜似”的词汇化及相关问题，《语言科学》第 3 期。

叶建军(2014)，“被 $NP_{施}$ VP $NP_{受}$”的生成机制与动因，《中国语文》第 3 期。

Ambridge, Ben, Amy Bidgood, Julian M. Pine, Caroline F. Rowland & Daniel Freudenthal (2016), Is passive syntax semantically constrained? Evidence from adult grammaticality judgment and comprehension studies. *Cognitive Science* 40(6): 1435 - 1459.

Ambridge, Ben, Julian M. Pine & Caroline F. Rowland (2012), Semantics versus statistics in the retreat from locative overgeneralization errors. *Cognition* 123(2): 260 - 279.

Baggio, Giosuè, Travis Choma, Michiel van Lambalgen & Peter Hagoort (2009), Coercion and compositionality. *Journal of Cognitive Neuroscience* 22(9): 2131 - 2140.

Baker, C. L. (1979), Syntactic theory and the projection problem. *Linguistic Inquiry* 10(4): 533 - 581.

Baron, Naomi S. (1977), *Language Acquisition and Historical Change*. Amsterdam: North Holland Publishing Company.

Boyd, Jeremy K. & Adele E. Goldberg (2011), Young children's failure to generalize when exposed to the same input as older learners. *Journal of Child Language* 39(3): 457 - 481.

Boye, Kasper & Peter Harder(2012), A usage-based theory of grammatical status and grammaticalization. *Language* 88(1): 1-44.

Braine, Martin D. S. & Patricia J. Brooks(1995), Verb argument structure and the problem of avoiding an overgeneral grammar. In Michael Tomasello & William E. Merriman (eds.) *Beyond Names for Things: Young Children's Acquisition of Verbs*, 353-376. Hillsdale, NJ: Lawrence Erlbaum.

Brooks, Patricia J. & Michael Tomasello(1999), How children constrain their argument structure constructions. *Language* 75(4): 720-738.

Bybee, Joan L.(2010), *Language, Usage and Cognition*. Cambridge: Cambridge University Press.

Chomsky, Noam(1993), A minimalist program for linguistic theory. In Ken Hale & Samuel J. Keyser (eds.) *The View from Building 20: Essays in Linguistics in Honour of Sylvain Bromberger*, 1-52. Cambridge, MA: The MIT Press.

Diessel, Holger(2012), New perspectives, theories and methods: Diachronic change and language acquisition. In Alexander Bergs & Laurel Brinton (eds.) *Historical Linguistics of English: An International Handbook*, 1599-1613. Berlin/New York: Mouton de Gruyter.

Geeraert, Dirk(1997), *Diachronic Prototype Semantics: A Contribution to Historical Lexicology*. Oxford: Clarendon Press.

Goldberg, Adele E.(1995), *Constructions: A Construction Grammar Approach to Argument Structure*. Chicago: The University of Chicago Press.

Goldberg, Adele E.(2006), *Constructions at Work: The Nature of Generalization in Language*. Oxford: Oxford University Press.

Goldberg, Adele E.(2009), The nature of generalization in language. *Cognitive linguistics* 20(1): 93-127.

Goldberg, Adele E. (2016), Partial productivity of linguistic constructions: Dynamic categorization and statistical pre-emption. *Language and Cognition* 8(3): 369-390.

Hampton, James A.(1995), Similarity-based categorization: The development of prototype theory. *Psychological Belgica* 35(2): 103-125.

Hampton, James A.(1998), Similarity-based categorization and fuzziness of natural categories. *Cognition* 65(2): 137-165.

Harris, Harlan D. & Bod Rehder(2011), The knowledge and resonance (KRES) model of category learning. In Emmanuel M. Pothos & Andy J. Wills (eds.) *Formal Approaches in Categorization*, 274-298. New York: Cambridge University Press.

Heit, Evan(1998), Influences of prior knowledge on selective weighting of category members. *Journal of Experimental Psychology: Learning, Memory, and Cognition* 24(3): 712-731.

Heit, Evan(2001), Background knowledge and models of categorization. In Ulrike Hahn & Michael Ramscar (eds.) *Similarity and Categorization*, 155-178. Oxford: Oxford University Press.

Hilpert, Martin(2013), *Constructional Change in English: Developments in Allomorphy, Word-formation and Syntax*. Cambridge: Cambridge University Press.

Hopper, Paul J. & Elizabeth C. Traugott(2003), *Grammaticalization*. Cambridge: Cambridge University Press.

Labov, William(1994), *Principles of Linguistic Change: Internal Factors*. Oxford: Blackwell.

Langacker, Ronald W.(1987), *Foundations of Cognitive Grammar, Vol. I: Theoretical Prerequisites*. Stanford: Stanford University Press.

Langacker, Ronald W.(2005), Construction grammars: Cognitive, radical, and less so. In Ruiz de Mendoza Ibáñez, Francisco J. & M. Sandra Peña Cervel (eds.) *Cognitive Linguistics: Internal Dynamics and Interdisciplinary Interaction*, 101-159. Berlin/New York: Mouton de Gruyter.

Langacker, Ronald W.(2008), *Cognitive Grammar: A Basic Introduction*. Oxford: Oxford University Press.

Lauwers, Peter & Dominique Willems(2011), Coercion: Definition and challenges, current approaches, and new trends. *Linguistics* 49(6): 1219-1235.

Lichtenberk, Frantisek(1991), Semantic change and heterosemy in grammaticalization. *Language* 67(3): 475-509.

Lin, Emilie L. & Gregory L. Murphy(1997), Effects of background knowledge on object categorization and part detection. *Journal of Experimental Psychology: Human Perception and Performance* 23(4): 1153-1169.

Marcotte, Jean-Philippe(2005), Causative alternation errors in child language acquisition. Ph. D. thesis, Stanford.

Milroy, James(1992), *Linguistic Variation and Change: On the Historical Sociolinguistics of English*. Oxford: Blackwell.

Murphy, Gregory L.(1993), Theories and concept formation. In Iven Van Mechelen, James Hampton, Ryszard S. Michalski & Peter

Theuns (eds.) *Categories and Concepts: Theoretical Views and Inductive Data Analysis*, 173 – 200. New York: Academic Press.

Murphy, Gregory L.(2002), *The Big Book of Concepts*. Cambridge, MA: The MIT Press.

Newmeyer, Frederick J.(2003), Grammar is grammar and usage is usage. *Language* 79(4): 682 – 707.

Noël, Dirk(2007), Diachronic construction grammar and grammaticalization theory. *Functions of Language* 14(2): 177 – 202.

Peng, Rui(2013), A diachronic construction grammar account of the Chinese cause-complement pivotal construction. *Language Sciences* 40(1): 53 – 79.

Peng, Rui(2016a), Chinese descriptive pivotal construction: Taxonomy and prototypicality. *Language and Linguistics* 17(4): 529 – 573.

Peng, Rui(2016b), The integration of exemplars and prior knowledge in the extension of schematic constructions: Evidence from Chinese emerge-hide construction. *Language Sciences*(56): 1 – 29.

Peng, Rui(2017), *Pivotal Constructions in Chinese: Diachronic, Synchronic, and Constructional Perspectives*. Amsterdam/Philadelphia: John Benjamins Publishing Company.

Pinker, Steven(1989), *Learnability and Cognition: The Acquisition of Argument Structure*. Cambridge, MA: The MIT Press.

Ravid, Dorit Diskin(1995), *Language Change in Child and Adult Hebrews: A Psycholinguistic Perspective*. Oxford: Oxford University Press.

Rehder, Bob & Gregory L. Murphy(2003), A knowledge-resonance (KRES) model of category learning. *Psychonomic Bulletin & Review* 10(4): 759 – 784.

Taylor, John(1995), *Linguistic Categorization: Prototypes in Linguistic Theory* (second edition). Oxford: Oxford University Press.

Taylor, John(1998), Syntactic construction as prototype categories. In Michael Tomasello (ed.) *The New Psychology of Language: Cognitive and Functional Approaches to Language Structure*, 177 – 202. Hillsdale NJ: Lawrence Erlbaum Associates.

Traugott, Elizabeth C.(2007), The concepts of constructional mismatch and type-shifting from the perspective of grammaticalization. *Cognitive Linguistics* 18(4): 523 – 557.

Traugott, Elizabeth C.(2008a), Grammaticalization, constructions and the incremental development of language: Suggestions from the development of degree modifiers in English. In Regine Eckardt, Gerhard Jager & Tonjes Veenstra (eds.) *Variation, Selection, Development: Probing the Evolutionary Model of Language Change*, 219 – 250. Berlin/New York: Mouton de Gruyter.

Traugott, Elizabeth C.(2008b), The grammaticalization of NP of NP constructions. In Alexander Bergs & Gabriele Diewald (eds.) *Constructions and Language Change*, 21 – 43. Berlin/New York: Mouton de Gruyter.

Traugott, Elizabeth C.(2015), Toward a coherent account of grammatical constructionalization. In Jóhanna Barðdal, Elena Smirnova, Lotte Sommerer & Spike Gildea (eds.) *Diachronic Construction Grammar*, 51 – 79. Amsterdam/Philadelphia: John Benjamins Publishing Company.

Traugott, Elizabeth C. & Graeme Trousdale(2013), *Constructionalization and Constructional Changes*. Oxford: Oxford University Press.

Trousdale, Graeme(2008a), Constructions in grammaticalization and lexicalization: Evidence from the history of a composite predicate construction in English. In Graeme Trousdale & Nikolas Gisborne (eds.) *Constructional Approaches to English Grammar*, 34 – 64. Berlin/New York: Mouton de Gruyter.

Trousdale, Graeme(2008b), Words and constructions in grammaticalization: The end of the English impersonal construction. In Susan M. Fitzmaurice & Donka Minkova (eds.) *Empirical and Analytical Advances in the Study of English Language Change*, 301 – 326. Berlin/New York: Mouton de Gruyter.

Vanpaemel, Wolf & Gert Storms(2008), In search of abstraction: The varying abstraction model of categorization. *Psychonomic Bulletin & Review* 15(4): 732 – 749.

彭睿，新加坡国立大学中文系　chspr@nus.edu.sg

（原载《语言教学与研究》2019 年第 2 期）

说四言格[*]

沈家煊

提　要　缩放型的四言格是汉语骈偶性的体现，骈文对言来自生活、来自对话，是语言的本源，其特点是“把类似性添加在邻接性之上”。讲汉语语法，不仅要讲骈文对言，而且要先讲骈文对言，弄清它的性质和成因，不然是本末倒置。从“大语法”着眼，四言格是汉语的语法形式，四言格式化是汉语的语法化。印欧语语法以主谓结构为主干，是以“续”为本；汉语大语法是以对言格式为主干，是以“对”为本。对西方人来说，主语接续谓语才表达一个完整的意思，形式上才是完好的(well-formed)；对中国人来说，“对着说”的对言才表达一个完整的意思，才制造意义(make sense)，形式才是完好的，不对言无以明义完形。四言格之所以是“四”，是二二式，有两个相依相存的原因，一个是汉语每个字在形音义用上等价，一个是数字中唯有4这个数既是2+2又是2×2，两个原因结合满足对言明义完形的要求。文章对汉语的互文、回文、顶真三种修辞现象重新加以审视和阐释，说明汉语的组织具有互文性、可回文性、顶真递系性，并且讨论了汉语的对称构造和动态构造原理。

关键词　四言格　骈偶性　互文性　二二式　数字4　字等价　对称动态构造

一、缩放型的四言格

四言格的“言”指语块(chunk)，可以是一个字、一个字组、一个句子甚至一个段落。四言格是缩放型的，最小的四言格是四字格，放大可直至整个语篇。例如：

(1)

老—骥—伏—枥
1　2　3　4

老骥—伏枥—志在—千里
1　2　3　4

老骥伏枥—志在千里—烈士暮年—壮心不已
1　2　3　4

床前明月光—疑似地上霜—举头望明月—低头思故乡
1　2　3　4

好雨知时节—随风潜入夜—野径云俱黑—晓看红湿处
当春乃发生　润物细无声　江船火独明　花重锦官城
1　2　3　4

八股文起　八股文承　八股文转　八股文合
1　2　3　4

注意这个格式不是老古董，而是活语言，如胡适的白话诗《蝴蝶》，他有名的格言大胆的假设，小心的求证，认真的做事，严肃的做人，当今中年人说上有父母，下有儿女，养家糊口，不问诗和远方，启动(1997：105)分析一段导游介绍景点的话为八股四比式。

“格”是格式(format)，这个概念的层次比“结构”(structure)高，泛指“一定的规格样式”。四言格作为一种格式，不仅表示横向的组合关系，还表示纵向的类聚关系(见下)，而且涵盖声韵、语法、语义、语用多个方面，要放在

* 本文初稿是中国语言学会第19届年会(2018.11.9—12，广州，中山大学)上的报告，发表前有修改。

汉语"大语法"的视野里来考察。大语法的概念参见沈家煊(2016：411—412,2017a)。

四言格从接续的角度看大多是"起承转合"的链接式,如老—骥—伏—枥;从对称的角度看大多是对半的"二二式",如柳暗—花明;起承转合也是"起承—转合"二二式,如老骥—伏枥。这种二二式不仅不受语块大小(字、字组、句、段落)的限制,而且超越主谓、偏正、动宾(补)、联合等各种结构关系的界限,以四字语为例(参看陆志韦1956):

主谓	门当户对	身微言轻	男盗女娼	朝三暮四	热胀冷缩	知难行易
动宾	开宗明义	设身处地	颠三倒四	说长论短	驾轻就熟	连踢带打
动补	看透想穿	洗净刷白	吃好玩好	吃饱喝足	输入输出	跑偏走歪
定中	狼心狗肺	半斤八两	铜墙铁壁	来龙去脉	嬉皮笑脸	花言巧语
状中	胡思乱想	轻描淡写	分割围歼	老奸巨猾	屡战屡败	死缠烂打
联合	牛鬼蛇神	风花雪月	吹拉弹唱	花花草草	吹吹拍拍	红红绿绿

用印欧语的句法结构规则来分析,四字语就会被肢解得支离破碎,很难掌握它的规律。二二对称,语法和韵律是一体的,讲究的四字语注重平仄和双声叠韵的对称,天翻地覆是平平仄仄,万水千山是仄仄平平,重言式四字语如花花草草、吹吹拍拍是最整齐的双声叠韵,无需赘说。

二、骈偶性的体现

四言格是汉语骈偶性的体现。骈偶体语言带有诗性,这一点无须否认。看叶斯帕森和雅各布森如何谈论诗性语言:从语言的起源上说,原始人用诗性的语言表达思想,正如文学中诗先于散文一样,诗的语言也先于散文的语言,语言根植于生活的诗性(Jespersen 1922：429—432)。诗性语言的基本特点是,把本来在纵向选择轴上的对等词语拉到横向组合轴上,使前后邻接的词语呈现音与义的整齐和类似,简单说就是"把类似性添加在邻接性之上"(Jakobson 1960)。

(2) 桃花细逐杨花落,黄鸟时兼白鸟飞。(杜甫《曲江对酒》)

桃花和杨花、黄鸟和白鸟、逐和落都是有类聚关系、可以互换的对等词语,桃花杨花和黄鸟白鸟、兼和飞、细逐和时兼、落和飞也是有类聚关系、可供选择的对等词语。钱锺书《谈艺录》里说:"律诗之有对仗,乃撮合语言,配成眷属。愈能使不类为类,愈见诗人心手之妙",所谓"使不类为类",正是尽量"把类似性添加在邻接性之上"。诗的语言是整齐的对偶形式,大量的四字语就具有这个性质。

郭绍虞(1979)多处指出,古代的诗歌与当时口语距离不远,四字语一直在口头语言中活着,从群众中来,从劳动人民活泼生动的谚语中来,到现在还大量滋生,此后也不会断绝。看《红楼梦》第三十九回刘姥姥说的"乡言村语":

(3) 我们村庄上,种地种菜,每年每月,春夏秋冬,风里雨里,那里有个坐着的空儿?

启功(1997：4)也强调,骈文的基本形式有生活语言的基础,并不是某些文人、作家凭空捏造出来的。骈体文通行了近两千年,屡次被打竟自未倒,十年动乱大破四旧,但是口中演讲笔下批判,都要在开头说东风万里,红旗飘扬。

骈偶体语言宜称作"对言",因为源自语言的根本特性——对话性。《说文》"对,譍无方也",应对不拘方式。"对言"既指对话(dialogue)又指对称言辞(parallel speech),这不是偶然的巧合,对称说法是最原始的对话,如劳动号子的一呼一应嗨哟对嗨哟,互致问候的你好对你好,男女青年的山歌对唱。对称说法不仅来自对话,而且**象征**对话双方的合作互动与情绪共振:

(4) 甲：我来吧。　　　甲：啥人请客?　　　甲：生意不好做。
　　乙：我去吧。　　　乙：啥人有钱?　　　乙：生意真难做。
　　→不是你来就是我去。　→啥人有钱,啥人请客。　→生意不好做,生意真难做呀!

匀称中求变化,整齐中带参差,这是语言的一般规律,各种散体表达都是在对言格式的基础上变化而形成的。由于汉语在表达的时候字词的单音和双音具有弹性,可以互相变换使用(郭绍虞,1938),连接成分和虚字的使用不具有强制性(赵元任 1968/1979：350；吕叔湘 1979：92)，特多的流水句具有"可断可连"的特性(吕叔湘 1979：27；沈家煊 2012)，这三个因素合起来，造成一个重要的事实：骈散兼有或散语为主的行文言说总是可以改写为通篇四字语。《红楼梦》第十二回叙述贾瑞受凤姐捉弄羞愤成病的一段话，方括号里是笔者的改写：

(5) 不觉就得了一病[不知不觉，得了一病]：心内发膨胀[心内发胀]，口中无滋味[口无滋味]；脚下如绵，眼中似醋；黑夜作烧，白昼常倦；下溺连精，嗽痰带血。诸如此症，不上一年都添全了[不上一年，都添全了]。

启功(1997：4)用下面的例子来说明平常演讲也分上下句(逗号分隔)：

(6) 今天我来谈一个问题，就是汉语语法方面的事。汉语语法的范围太广了，从何说起呢？我要说的，只是古代汉语中的一部分语法问题。

这里试将其改写为整齐的四字文：

(7) 今天我来，谈个问题。什么问题？汉语语法。汉语语法，范围太广，从何说起？我要说的，只是关于，古代汉语，而且只是，部分问题。

当然这样一改写就过于匀称，显得呆板了。Chao(1975)指出，近期还有人用一成不变的四字一句来写叙实性主题的散文，如章炳麟的，听上去像葬礼上的悼词，但"这样的事情可能发生，并且一直在发生"。为什么可能发生并且一直在发生，值得探讨。将一些较长的常用语压缩成二二式四字语，是中国人的语言习惯，如房子是用来住的，不是用来炒的压缩成房住不炒。过去大家认为从骈体变为散体是很自然的变化，没有反过来想一想，为什么散体总可以改写还原为骈体？这个问题才是触及汉语本性的问题。

西儒表现出对汉语四字语的极大关注，17 世纪中至 18 世纪初由无名氏耶稣会士编写、后于 1854 年在伦敦出版的《四字文笺注》，收录了 1463 条各式各样的四字语，配以英语和法语解释，既是辞书又是基础汉语教材，反映清前期北京官话的文白样貌，是西人最早关注汉语文的手稿和出版物。(王铭宇 2014)收录的四字语不仅是成语，还有大量的自由词组和"四字句"，大多属于日常口语：

(8) 多大年纪　谁敢不来　甚么官职　怎生开口　就要起身　将我捉住
被人骗了　被他看轻　这个罪名　真个没有　一株老杏　打了十棍
贴在墙上　用手扯住　与你商量　住得安稳　打着火把　越想越恼
买件棉衣　止痛的药　进京去了　借个使使　先和我说　事已八九

虽然是自由词组，但基本上仍是二二式。可见在最初接触汉文的西人眼里，汉文就是四字文，汉文法是四字文法。

郭绍虞(1979：119)指出并发问：以前语法学者不把四字语作为语法上的问题来处理，为什么大家都不讲骈文的语法，为什么都不肯触及骈文的体制？四字语在古代汉语和现代汉语中究竟起些什么作用？只有说明这个问题才能理解汉语的全貌。启功(1997：105)在讲八股四比的时候也问，为什么以"八"为标准？只知八数在民族习惯中十分常见，但是要问为什么八数习见又不好回答。叩问是科学发展的动力，叩问本身比回答还重要。

我们的思路是，诗性的骈文对言是语言的本源，在汉语里至今仍然有强大的生命力，讲汉语语法，不仅要讲骈文对言，而且要先讲骈文对言，弄清它的性质和成因，不然是本末倒置。过去我们注意单一成分的语法化，忽略了另一个至少是同等重要的问题，偶举成分的格式化。(马清华 2005：360)从大语法着眼，对言格式是汉语的语法形式，对言的格式化是汉语的语法化。四言格是最整齐匀称的对言格式，四字格是最小的四言格，那就首先要弄清四字格的性质和成因。

三、二 二 式

四字格为二二式，看似平常，意义重大。这个特点最早由张洵如(1948)指出，后人一再提及。两段总是结构平行、意思对称，即使结构和意思不平行不对称的，声韵上还是平行对称，郭绍虞(1979：250、654)举《诗经》抑罄控忌、抑纵送忌的例子，罄控、纵送是双音词，但仍读成 2+2。现代汉语保持这个特点，如一衣一带水、无肺一病生(赵元任例)等，已是老生常谈。上举《四字文笺注》里大量的四字自由词组，也大多为二二式，如多大一年纪、被人—骗了、谁敢—不来等。有的在语法结构上看似不像二二式，那是受印欧语语法观念的支配所致，例如买件棉衣，语法结构好像是一三式买—件棉衣，其实不然，对汉语来说语法结构也可以是二二式买件—棉衣，因为汉语的主语就是话题，而又允许动词做主语、名词做谓语，经典的例子是赵元任举的逃，儍头，还有一推，白板(打麻将)、打开抽屉，一张借据等等。同理，志在千里的语法结构也可以分析为二二式志在—千里。(详参沈家煊 2018a)

唐诗对偶有所谓的"结构假平行"，引起研究者的注意，例如：

(9) 翠屏遮竹影，红袖下帘声。(白居易《人定》)

波飘菰米沉云黑，露冷莲房坠粉红。(杜甫《秋兴八首》)

上下句画线部分的语法结构看似不一致，遮—竹影(动宾)跟下帘—声(偏正)不对。其实遮竹影按偏正的遮竹—影分析未尝不可，屏扇上的竹影是屏扇遮挡竹子形成的影。坠粉红看似坠—粉红(动宾)，跟沉云—黑(主谓)对不上，其实按坠粉—红(主谓)理解也讲得通，粉作零落的花瓣解。所以唐诗的对仗主要是字字相对，同时满足声音上平仄相对、意义上同类相对，而语法结构的分析具有"不确定性"，所谓的结构"假平行"大多是"假不平行"。(沈家煊 2016b)在摆脱印欧语的语法结构观念后，可以认为汉语的韵律结构和语法结构在总体上高度一致。

赵元任(1968/1979：223—224)通过对多种复合词的考察，说明二二式的节奏压力十分强大。在3+1的四音复合词之中，其中3为2+1比1+2多些，例如：

(10) 自来水笔　九龙山人　萝卜丝儿饼　(3为2+1)

红十字会　染指甲草　(3为1+2)

赵说这是因为(2+1)+1的节奏比(1+2)+1近乎2+2，以致3+1的复合词被理解为2+2，只要多少有点讲得通，例如无肺病—牛被理解为无肺—病牛，这种向2+2靠的压力还表现在把1+3改说成2+2：

(11) 支—编辑部→编辑—支部　　北—中山路→中山—北路

二—毛纺厂→毛纺—二厂　　新—秋之歌→新秋—之歌

五音节的复合词当中，2+3的例子(公共汽车站，螺丝推进器)多于3+2的例子(无政府主义，降落伞部队)。我们分析，这也是出于2+2的压力：2+3分解为2+2+1自然，而3+2分解为2+1+2不自然，五言诗的节奏为2+3也是这个道理。甚至七言诗为4+3(而不是3+4)也是这个道理：4+3分解为2+2+2+1比3+4分解为2+1+2+2更自然。这个事实也证明，汉语确实以对称格式为本，是在对称格式上发生变化。

需要叩问的是，为什么四字格是二二式而不是一三式、三一式或一二一式？这是一个重要(non-trivial)问题。何丹(2001：24)探讨《诗经》四言体的起源，这样提出问题：《诗经》时代的汉语是单音字为主的时代，而四字结构又要以双音字组为基础，如何解答这个看似矛盾的现象？问题提得好。

神经语言学通过ERP实验发现，四字格成语和非成语，当按照2+2韵律模式朗读时，无论句法结构如何，被试都感到很正常；反之，不按照2+2模式朗读，被试会在加工时感到困难，加工非成语词组比加工成语花费更多时间。(张辉 2016：第8章)为什么是这样，应该有一个解释，特别是语言学上的解释。

四、四 言 互 文

互文或互文见义是四字格的重要特性。大量的四字语是以二二式为基础的互文，"虽句字或殊，而偶意一也"(《文心雕龙·丽辞》)，例子举不胜举：

(12) 男欢女爱　阴差阳错　天长地久　唉声叹气　抱残守缺　捕风捉影

藏垢纳污　称兄道弟　处心积虑　颠来倒去　一干二净　翻天覆地

改头换面　高谈阔论　横冲直撞　节衣缩食　家喻户晓　三心二意

七上八下　开口闭口　是非曲直　欢天喜地　千真万确　思前想后

隔三差五　指手画脚　手舞足蹈　劈头盖脸　有头有脸　街头巷尾

挤眉弄眼　油嘴滑舌　撕心裂肺　袒胸露背　你来我往　山南海北

山穷水尽　酸儿辣女　惹是生非　不折不扣　不痛不痒　大吹大擂

忽明忽灭　患得患失　昏头昏脑　一唱一和　碍手碍脚　何去何从

互文四字语的能产性很强，曹雪芹在《红楼梦》里创造的有风情月债、女怨男痴、歪心邪意、抖肠搜肺、灸胃扇肝、喷酒供饭、国贼禄蠹等等，解放后新创的有深耕细作、兴无灭资、学懂弄通、大干快上、赶英超美等等（郭绍虞 1979：673、681），最近饭店正开展明灶亮厨活动，警方在实施扫黄除黑行动，医院诊室门外张贴一医一患告示。四字互文可以成倍放大：

（13）不以物喜，不以己悲。（范仲淹《岳阳楼记》）

十旬休暇，胜友如云；千里逢迎，高朋满座。（王勃《滕王阁序》）

日月之行，若出其中；星汉灿烂，若出其里。（曹操《观沧海》）

还可以变化出三言、五言、六言、七言等：

（14）梅始发，桃始荣。（鲍照《代春日行》）

东西植松柏，左右种梧桐。（《孔雀东南飞》）

杀人如恐不举，刑人如恐不胜。（《史记·项羽本纪》）

受任于败军之际，奉命于危难之间。（诸葛亮《出师表》）

传统说的互文是上文含有下文的部分词语，下文含有上文的部分词语，互含的词语有类聚关系，上下文互参说明一个意思。实际还有上文含有下文的全部、下文含有上文的全部的情形，也是上下文互参说明一个意思，例如：

（15）明枪易躲，暗箭难防。　只见树木，不见森林。　上有天堂，下有苏杭。

只有好处，没有坏处。　来者不善，善者不来。　看菜吃饭，量体裁衣。

江山易改，本性难移。　空话连篇，言之无物。　无的放矢，不看对象。

那就需要一个“广义互文”的概念，广义互文可称为“对言互文”或“对言明义”，狭义互文是对言互文的一种。静心想来，老骥伏枥，志在千里，烈士暮年，壮心不已也是互文见义，是明显的“喻对”，为 A∶B∷C∶D形式：

老骥伏枥　—　志在千里
|　　　　　　　|
烈士暮年　—　壮心不已

不仅烈士暮年与壮心不已的关系必须通过跟老骥伏枥与志在千里的关系的比对才得以表达和理解，反过来也一样，不然骥怎么谈得上志在呢？

汉语互文见义、对言明义对外国人来说是难以掌握的。古川裕（2017）说，汉语对言形式日本学生难以理解，翻译成正确的日语相当难，输出更难。左一件右一件是一共两件的意思？里三层外三层是一共六层的意思？都不是。兵临城下，将至壕边，岂可束手待毙（《三国演义》）一句翻译成英语，如果将头八个字译成 when the enemy's soldiers are already at the city gate and their generals already by the trench，那就曲解了互文的原义。

缩小了看，汉语的复合词或复合字组（以双音为主）其实也都是对言互文。并列关系的不用说，如大小、尺寸、轻重、买卖，非并列关系的也一样，例如：

（16）老人、老笱

伏枥、伏虎

白吃、白做

走路、走样

小心过河、小心坠河

水淹、水解、水运、水葬

老的意义是与幼相对还是与嫩相对，是它跟搭配的字互文才显现的。同样，伏、白、走、小心的意义也都是通过搭配的对字明了的。最后一例，名词水哪一方面的“物性”得以凸显，都是通过搭配的动词实现的。总之，不对言无以明义。从这个角度看，汉语的双音化不分虚实都是“对言化”，如友→朋友，敲→敲打，美→美丽，已→已经，究→究竟。双音化大大扩展了对言的范围，使对言形式更加多样化，由此生发的变异形式也更加多样化。用现代语言学的眼光来重新审视，不应把“互文”限制在修辞格的范围，互文是汉语贯通性的语法现象，凡是对言都是互文见义，汉语的组织构造具有互文性，这从构词法就已经开始。汉语构词法以复合为主，参与复合的成分是对等项，印欧语构词法以派生为主，词干和词缀是不对等项。

对言明义跟对言完形连在一起，后者是指单言在形式上站不住，对言才站得住，例如高一脚站不住，高一脚低一脚就站住了，这已经是语法常识，又如：

(17) ?今天冷。　　今天冷，昨天热。

?喝了酒。　　喝了酒，吃了饭。

?房间住人。　　房间住人，仓库堆货。

单说站不住的，在对话回答问题的时候也能站住：

(18) 问：今天冷吗？　　喝了什么？　　房间住不住人？

答：今天冷。　　喝了酒。　　房间住人。

加句尾语气词也能站住，如今天冷呀，喝了酒了，房间住人吧。单木不成林，单言不成话，这当中蕴含深刻的道理，这种现象语法学界早就注意到了，而且在进行论证的时候经常用来作为例证，但是一直没有得到认真对待和深究。对举、问答、语气词三者都有完形作用，它们之间的内在联系和深层机理是什么？答案是对言明义完形根植于语言的对话性和互动性。

西方人学汉语，经常把这条街长错解为 this is a long street，其实是 this street is longer 的意思，他们不明了汉语以这条长那条短这样的对言为常态，单说这条长一定含有比对的意思。汉语的性质形容词单个做定语、补语、谓语都不大能站住，变成重言形式、四言形式才能站住：

(19) ?脏手　　脏脏的手　　脏手脏脚

?爬得高　　爬得高高的　　爬得又快又高

?室内干净　　室内干干净净　　室内窗明几净

近来成为讨论热点的单双音节组配问题，也属于对言完形。单对单、双对双这样“成对”的都站得住，单对双、双对单“不成对”就经常站不住，尽管在表义上不成问题：

	2+2	1+1	1+2	2+1
主谓	鲜花开放	花开	*花开放	*鲜花开
定中	煤炭商店	煤店	*煤商店	煤炭店
	陈旧桌布	旧布	旧桌布	*陈旧布
状中	轻轻放置	轻放	*轻放置	轻轻放
动宾	种植大蒜	种蒜	种大蒜	*种植蒜
	喜欢金钱	喜钱	*喜金钱	喜欢钱
动补	调查清楚	查清	查清楚	*调查清
联合	道路桥梁	路桥	?路桥梁	*道路桥

注意对称和非对称的区分是贯通所有结构类型的（王远杰 2018），这表明汉语以对称为本，音节对称是汉语自身的一种语法形态。“韵律语法”的研究重点应该首先放在为什么“凑双四”和对称优先上，这个问题至今没有得到令人满意的解答，然而只有先解答这个根本性问题，不对称形式受限制的现象才能得到解释。

我们这样来概括汉语和印欧语的差别：印欧语语法以主谓结构为主干，是以“续”为本；汉语大语法是以对言格式为主干，是以“对”为本，对而有续。对西方人来说，主语接续谓语才表达一个完整的意思，形式上才是完好的(well-formed)；对中国人来说，“对着说”的对言才表达一个完整的意思，才制造意义(make sense)，形式才是完好的，不对言无以明义完形。原始的语言是对言形式的诗性语言，从这个源头出发，语言的演化出现了分叉，一部分语言转而朝主谓结构发展，是为印欧语；一部分语言进而朝对言格式发展，是为汉语。四言格是汉语对言格式的基础，也是最典型的对言格式。

五、四言格的成因

四言格的成因是本文论述的一个重点。要弄清四言格的成因，必须先弄清最小的四字格的成因。成因之一跟人的记忆或注意的跨度有关。已有研究表明，短时记忆的容量限度一般为七加减二，注意的跨度一般为四加减一（参看 Miller 1956；Cowan 2001；陆丙甫、蔡振光 2009），而七加减二可以大致看作四加减一的翻倍（与陆丙甫通讯）。例如 19 位银行卡号的报念法：0200|2145|0103|4069|806。这个规律是一般的认知心理规律，不单单适用于语言，不能解释为什么印欧语没有四言格。专就语言而言，四字格之所以是"四"，而且是二二式，还有一个根本原因，字在汉语大语法里是等价的，是"对等项目"（equated terms）。详细说明如下。

（一）四字等价

为什么四字格是二二式而不是一三式或三一式？唯一合理的解释是，二字组是均匀等重的 1+1，一半对一半。拿双音词管理来说，管和理二字大致等重等价，在中国人的心目中成双成对，不像英语 **ma**nage 两个音节不成对。英语的词都是偏重的'**1**+1'（**con**duct，**pre**sent）或'1+**1**'（con**duct**，pre**sent**）。均匀等重的 1+1，正如 Chao（1975）指出的，容易形成一个方便好用的模块，如阴阳、天地，不像英语的 male-female 和 earth-heaven。因此说，均匀的二字组是单字的放大版、充实版，均匀的 2+2 又是均匀的 1+1 的放大版、充实版。

字是形音义用的统一体，字等价就是同时在字形、字音、字义、字用上等价。汉字是"第二语言"（沈家煊 2017b），字形等价无须多说，每个字占据一个方块。字音等价是指，每字都带声调，长度和响度大致相等（Chao 1975）。何丹（2001：32）解答四字格为二二式，指出根本在于汉语单音节本身是一个节奏单位，就是一拍，每一拍都占有相对稳定的时间（等音段），容易形成以两拍为一个组合单位的节奏，也就是先由单字组合成双字结构，然后又两两组合，四拍式等音段组合结构的基础是二拍式组合结构。现代汉语双音字组成为强势单位，拓宽了对言格式的范围和变化空间，但单音字等重等价的基础不变。这样来看汉语的节律栅（metrical grid），它根本上是对称缩放型的：

0 层	老
1 层	老　骥
2 层	老骥　伏枥
3 层	老骥伏枥　志在千里
4 层	老骥伏枥　志在千里　烈士暮年　壮心不已

当然，这是最匀称、节奏感最强的单音调节律，实际会有很多变化，三音组五音组从二音组和四音组变化而来，七音组九音组从八音组变化而成，字组内部的松紧疏密可以调节。虽然有这种种变化，这个缩放型的对称节律栅是主干，变化都是在这个主干上生发的。它跟英语的节律栅相比很不一样，后者是不对称偏重型的，例如（X 代表音节）：

3 层	X	短语重读
2 层	(X　　　　X　)	词汇重读
1 层	(X　　)(X　　X　)	音步重读
0 层	0(X　X)(X　X)(X　X)	重读承载单位
	a　leng thy　in tro　duc tion	'a lengthy introduction'

这两种类型的节律栅，主要有两点差别：1. 英语是偏向的中心投射，必有一个位于一端的重音节作为支配项，汉语是匀称的放大投射，音节地位对等，没有支配项。2. 英语是分两截投射，0 层到 1 层只有音韵规则的作用，往上才涉及语法语义因素，汉语是一投到底，从 0 层起就涉及音韵语法语义的因素，因为 X 是音义一体的"字"。（参看沈家煊 2018b）

字在字义上也等价，每个字都承载意义。四字语有许多虚实交替的格式，形式多样（马清华 2005：360），如一问一答，此起彼伏，上行下效，又穷又懒，有来有往等等。虽然字有虚实之别，但是又要明白，汉语虚字和实字的性质以及关系跟印欧语 function word 和 content word 的性质和关系有根本的不同。第一,汉语虚实是相对而言,不是二分对立。动字相对名字是虚字,解衣衣我、推食食我里的第二个衣、食是"实字虚用"(清·袁仁林《虚字说》),有大量半虚半实、半实半虚之字。实字的虚化大多是不彻底的,例如在果然、虽然里,然字的"如是"义固然消失,但是在不然中仍然存在。第二,汉语虚实的区别重在"用",由用法而定,实字可用作虚字,虚字也可用作实字,例如唐人文兰亭已矣,梓泽丘墟(王勃《滕王阁序》),丘墟(实)对已矣(虚),因为丘墟有"荒废"义,与已矣的"完了"义还是对得上,加上双声叠韵,虚实成对更不成问题(启功 1997: 29)。《楚辞》中语气字兮和于字异文,如朝驰余马兮江皋(《湘夫人》)和朝发轫于天津兮(《离骚》),兮字的用法就有了较实的"于"义,这叫"虚作实用实亦虚"。另外,虚字的使用不带强制性。郭绍虞(1979: 95)在《虚词篇》里列举上述理由后得出结论,汉语"虚实是一个统一体",既有"实字虚化"也有"虚字实化"。近来汉语"虚字实化"的情形越来越受到重视,量词变名词,介词变动词,连词或介词变动词,副词变形容词,连词变介词等等,尤以江蓝生(2012,2014)二文的论证最为确凿。总之,汉语的虚实之别用当代的话说是"语用"性质的(属于大语法),虚字类不仅不独立于实字类,而且类的范围不定,处于缩放的状态中。

最后,字在字用上等价。汉语的语法不是独立于用法,而是包含在用法之中,离开了用法就没有办法讲语法。四字不管是名字、动字还是形容字在语法上都是等价的指称字(语用性质),名字指称的是事物,动字指称的是动作,形容词指称的是性状,每个字都是"用字",这方面沈家煊(2016a)已有全面的论证,不再详说。以老骥伏枥为例,老字指称一种性状,它不是相当于英语的 old,而是相当于英语的 oldness(不服老)或 the old one(s)(尊老爱幼)。伏字指称一种动作,它相当于英语的动名词 lying,兼具名动二性。同样,老骥指称一类事物,伏枥指称一种事态。老骥伏枥在形式上就是四个指称字的并置,也是老骥和伏枥两个指称字组的并置。对语言演化的最新研究发现,指(pointing)很可能是语言起源的初始阶段或准备阶段(Kita 2003; Bejarano 2011; Diessel 2013)。晚清时来到中国的西方传教士丁韪良,在《花甲忆记》中回忆他学习汉语的经历:初到宁波,厨子拿来一根柴火棍,指着说 zaban 柴爿,又用手指形成一个圈比作铜钿,嘴说 fanbing 番饼,这就是他最初学到的两句宁波话。将柴爿和铜钿展示在对方的直接视线上,是指物的一种方式。这两个"指语"前后相连,柴爿者,番饼也,不是逻辑上的判断,而教士马上明白是厨子跟他要铜钿买柴火。

因为四字并重等价,所以四字是"并置"关系,二二式也是二二并置。老骥变为骥老不受形态的约束,因为二字并置。赵元任举例啼莺舞燕,小桥流水飞红可以倒过来说成燕舞莺啼,红飞水流桥小(赵元任 1968/1979: 64),也是想说明在汉语里结构关系没有被形态锁定。同样伏枥变为枥伏也不受形态的约束,说明伏和枥也是二字并置:

(20) 师行而粮食,饥者弗食。(《孟子·梁惠王》)

骥老而枥伏,烈士弗伏。

上一例是汉语"施受同辞"的典型例子,食粮变粮食,不仅动词食没有形态变化,施事师、饥者和受事粮也没有形态差异。自编的下一例跟上一例平行,性质相同。

汉语的这种"回文"能自由地实现"意义的解构与重组"(作家王蒙语),不仅有字组回文,还有句内回文、双句回文、通篇回文,不受词性的限制,主谓短语、偏正短语、动补短语都可以颠倒位置实现意义的重组,如轮渡—渡轮,虫害—害虫,白雪—雪白,羊头—头羊,进行—行进,发出—出发,犟脾气—脾气犟,死心眼儿—心眼儿死,一条死路—死路一条,发展经济—经济发展,住皇城根—皇城根住,跳在马背上—在马背上跳等等,举不胜举。写诗和快板词,写菲菲飘零泪数行还是菲菲飘零数行泪,写飞针走线绣荷包还是飞针走线荷包绣,就看想押哪个的韵。(郭绍虞,1979: 178)一韵到底是汉语诗歌的特点,除了因为同音字多容易找到替换字,自由回文也是一个原因。因此,回文不仅仅是一种特殊的修辞现象,汉语的组织构造根本上具有"可回文性"。

可回文性是汉语不受形态束缚、词序灵活而重要的体现,也证明汉语以字词的并置为本,其他各种语法关系都是在使用中显现和推衍出来的,而且具有"不确定性"。例如,拍手拥护就是拍手和拥护二词并置,是连动关系还是偏正关系说不清楚,中间稍有停顿也可以按主谓关系理解,拍手,拥护也。说养殖对虾,味道不佳,养殖对虾是动宾关系还是偏正关系无关紧要,不影响理解,中间有个停顿也可理解为主谓关系。并置关系是一切语法关系的源头，可参看 Matthews(1981：223)的论述。

每个字在字形、字音、字义、字用上都等价，这是“汉语是单音节语”的确切含义，单音节语照样可以传情达意，这不是语言的神话，是语言的真实(赵元任 1968/2002)。

（二）比较英语语法和汉语大语法

英语语法集字成句(到句为止)的机制建立在不对称的层次结构上，每个层次区分“主”和“从”，总有一个中心(head)，长句的生成依靠成分的镶嵌和递归。一个简单句的不对称层次结构图示如下：

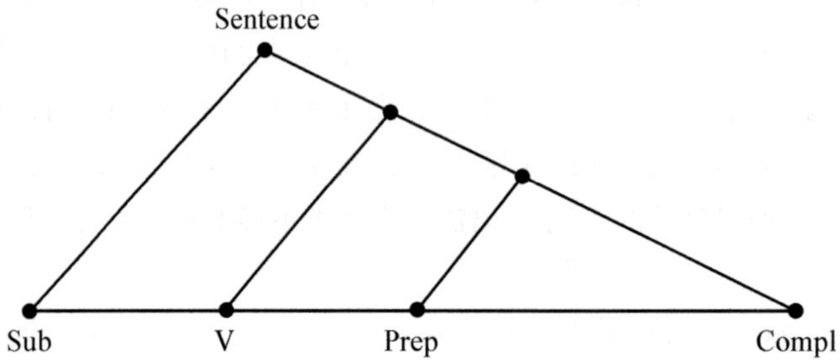

[The old steed$_{NP}$[lies$_{V}$[in$_{Prep}$[the stable$_{NP}$]$_{PP}$]$_{VP}$]]

汉语大语法集字成句、积句成章、积章成篇的机制建立在对言格式的基础上，对言格式是对称性的，没有中心，不分主次，成分的性质归一。由小到大不是镶嵌递归而是对称格式的投射放大，单字放大为偶字对，偶字对再放大，突破句子的范围，贯通到语篇。对称投射的结构图示如下：

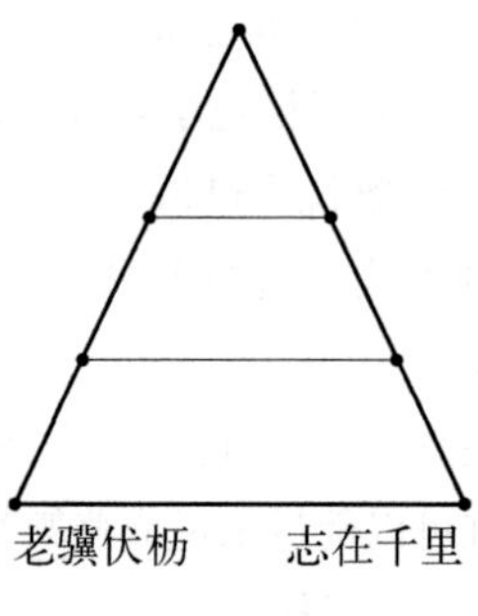

这是最整齐匀称的情形，实际情形当然有各种各样的参差变化，虽然有参差变化，仍然以“对”为本。注意这个缩放型对称格式既是汉语的语法结构也是汉语的韵律结构(节律栅)，韵律结构和语法结构总体上高度一致。

从“续”的角度看，老骥伏枥是平接型的链对结构，可图示如下：

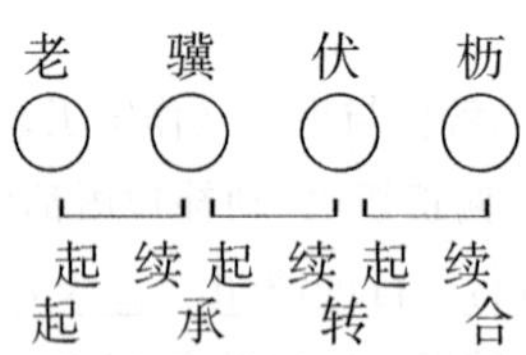

这是一个最小的起承转合的四言结构，老—骥为一个起续对，骥承接老，又链接下一个起续对骥—伏，骥再承接伏，伏是转，又链接下一个起续对伏—枥，最后枥承接伏，闭合，规律就是“上罩下下承上”(启功 1997：31、65)的递系链接。链对格式也贯通语篇，起承转合的四句式是汉语特有的复句样式，如老骥伏枥(起)志在千里(承)烈士暮年(转)壮心不已(合)。“续作起时起亦续”，起和续是对待关系，不是对立关系。实际情形虽然变化多端，但都是在这个四言链接的主干上生发的。

过去受印欧语语法观念的支配，在界定递系式(也叫兼语式)的时候把递系成分(兼语)限定在名词性成分，然而汉语的实际是，递系成分不限于名词性的，也可以是动词性的，试比较顶真式和递系式：

(21)　　　顶真式　　　　　　递系式

星垂平野，平野阔。→星垂平野阔。　（兼语为名词“平野”）

飘零为客，为客久。→飘零为客久。　（兼语为动词“为客”）

我选他，他当主席。→我选他当主席。（兼语为名词“他”）

枪声响，响不绝。　→枪声响不绝。　（兼语为动词“响”）

箭头左边是所谓的顶真式，同形成分（不管名还是动）合并后就成为右边的递系式。因此，顶真式或递系式不应只看作一种修辞格，汉语的组织构造根本上具有顶真递系性。语言不是只有依靠递归性才能传情达意，靠递系性也能传情达意（Evans & Levinson 2009）。递归性是不对称主从结构的属性，递系性是对称性并置结构的属性。语言的互文性、可回文性、顶真递系性，这三性在汉语这样的语言里得到充分的体现。这样看来，无须借助定中、主谓、动宾这些概念，也无须采用层次分析，就依靠成分的并置和递系，照样可以实现表达和理解。老骥伏枥一句是下面这样的顶真格同形合并后的递系结构，可参看启功（1997：31）对轻舟已过万重山一句的类似分析：

(22) 老者，骥也；骥者，伏也；伏者，枥也。（顶真式）　→　老骥伏枥。（递系式）

四字如果在屏幕上一字一字依次打出（打英文字也行）：

老	骥	伏	枥
old	steed	lie	stable

打完最后一字一般就理解了整句的意思，不必等四字都出现后按层次作主—动—宾的分析才达到理解。递系结构能实现表达和理解，关键在于互文见义。由于有第一对老—骥的互文见义，第二对骥—伏里的骥已经不是指一般的骥，而是指老和骥的交集，第三对伏—枥里的伏已经不是指一般的伏，而是指老骥和伏的交集。这样的理解过程符合实时的心理处理过程，与通过层次分析获得理解的过程并不矛盾，效果相同，但更加简捷。当然这样表达和理解的前提是句子的字数不能太多，因为人的短时记忆能承受的限度是七个组块，而注意的跨度一般为四个组块。这正是汉语流水句都为短句的原因，沈家煊（2017c）统计话本式长篇小说《繁花》的句长，平均为五个字。虽然一个递系句的长度受限制，但是汉语可以通过对称型的投射放大来生成段落和语篇，如老骥伏枥，志在千里，烈士暮年，壮心不已。注意汉语上述的递系链接式可以容纳英语主谓式的分析，二者并不矛盾，但是英语的主谓结构容纳不了汉语的递系链接式，启功（1997：3）打比方，小孩套圈游戏，一个小圈圈套不住大熊猫。

递系和链接归根结底也是来自对话，对话具有递系性和链接性。例如（转引自 Levinson 1983：325）：

(23) A_1　Okay.　好吧。

B_1　Okay.　好吧。

A_2　Bye.　再见。

B_2　Bye.　再见。

这是对话的结束部分最常见的四话轮组合（起承转合），为重复型的二二式，其中 A_1 的 Okay 是起问对方还有没有其他的话要说，B_1 承接回应 Okay 是表示可以结束对话了，于是引发 A_2 转而说 Bye，B_2 必须对这个引发做出回应，闭合对话。这里不仅有两个 AB 对（是重言好吧好吧、拜拜的来源），还有当中 B_1A_2 这个链接对（上下句好吧，再见的来源）起承上启下的作用。

（三）IP 和 IA

上面说明四字格四字等价，然而要最终解答为什么是“四”的问题，有必要先说明两种分析方法。结构主义语言学指出，语法分析可以有两种办法，或者认为各个项目通过某些变化而结合在一起，或者认为只是怎么把这些项目排列起来的问题。前者叫 IP（Item and Process）分析法，译作“项目与变化”，后者叫 IA（Item and Arrangement）分析法，译作“项目与配列”。赵元任（1968/1979：104）指出，“在大多数情况下，IP 分析跟 IA 分析可以互相翻译，但是以某一种语言或者某种语言的某一方面而论，往往有采取这种分析比采取那种分析更方便或更有效的情况”。例如按 IP 分析，英语 sing 的过去式 sang 是通过 i→a 这种元音变化造成的，这种说法简单明了，而按IA分析就得说是sing这个项目加i→a这个项目等于sang，绕弯子很别扭。IP分析是着眼于项目的类聚关系，如sing/sang/sung；IA分析是着眼于项目的组合关系，如look＋ed→looked。

现在来看互文四字语。其中有许多跟四字重言式十分接近，例如干干玩玩是重言式，边干边玩就是互文四字语了。

(24) 蹦蹦跳跳　活蹦乱跳　一蹦一跳　又蹦又跳　连蹦带跳

长长短短　你长我短　问长问短　有长有短　取长补短

说说笑笑　有说有笑　又说又笑　未说先笑　连说带笑

干干净净　一干二净　不干不净　半干半净　盘干碗净

花花草草　红花绿草　拈花惹草　弄花弄草　花败草枯

每行头一例是重言式，后边是互文四字语，都是互文见义，重言式是最简单最基本的对言互文。重言式从大里看分两种模式，一种是XYXY及其变体，一种是XXYY及其变体：

(25) XYXY　叮当叮当　琢磨琢磨　　XXYY　零零碎碎　家家户户

XYXZ　有条有理　大天大亮　　X不YY　酸不溜溜　滑不唧唧

X里XY　傻里傻气　疙里疙瘩　　XX_RYY_R①　叽里咕噜　丁零当啷

XZYZ　七岔八岔　买空卖空　　XXY/XYY　蹦蹦脆　冷冰冰

下面就以指点指点(我请你指点指点)和指指点点(别在背后指指点点)为代表，来分析这两类重言式四字互文：

XYXY　　　XXYY

指点指点　　指指点点

对于XYXY式指点指点，按IA分析是2＋2，XY项续加XY项，按IP分析是2×2，XY项通过一次重复的变化，两种分析均可，效果一样。对于XXYY式指指点点，按IP分析2×2简单方便，即：

$$(X+Y)\times 2=2X+2Y$$

如果按IA分析就十分繁复，要说它是XY项加上"X→XX和Y→YY"这个变化项目的结果。先小结如下：

指点指点　2＋2＝4或2×2＝4

指指点点　2×2＝4

因此就四字重言式而论，总体上是按IP分析更方便有效。现在来看大量非重言(其实叫"准重言"更恰当)的互文四字语，它们可看作重言式XYXY的变体$X_1Y_1X_2Y_2$，例如你来我往、男欢女爱、一干二净、拈花惹草等，其中X_1与X_2、Y_1与Y_2有类聚关系，可以互相替换或供选择，要正确理解它们的意思，也应该用IP分析。你来我往的意思显然不是2＋2的你来＋我往，而是2×2，即"(X＋Y)×2"，其中X＝你/我，Y＝来/往。同样，主人下马客在船(白居易《琵琶行》)一句，意为主人和客人一起下马在船，如果按IA分析，(A＋B)＋(C＋D)，译成英语The host got off the horse while the guest was in the boat，那就曲解了原文的意思，简单有效的分析法也是IP，(X＋Y)×2＝2X＋2Y，其中X＝主人/客人，Y＝下马/在船。凡是互文对言，都应该用IP分析，包括放大了的互文对言，如老骥伏枥，志在千里；烈士暮年，壮心不已。

英语形态学(词法)以IA分析为主(sing→sings)，IP分析为副(sing→sang)，超出形态学的范围，如mountains and rivers就基本只适合IA分析，不像汉语山山水水这种重言式明显适合IP分析。就汉语而论，互文四言格(包括重言式)打破词法和句法的界限，延伸扩展到语篇，既表组合关系也表类聚关系，有的适合IA和IP两种分析，有的只适合IP分析，适合IA分析的也适合IP分析，那么适合的统一分析法是IP分析。IA注重组合和接续关系，IP注重类聚和对称关系，所以说英语是以"续"为本，汉语是以"对"为本。

(四) 神奇数字四：$4=2+2=2^2$

最终可以来解答四言格为什么是"四"的问题。两个原因相依相成：一个是汉语的特性，每个字在形音义用上等价，上文已有详细说明；一个是数字四的特性，数字中(除了零)唯有四这个数既是一个数自加的结果又是这

① 指只是韵母重复。

个数自乘(平方)的结果,即 4=2+2=2×2。凡乘法都可以还原为加法,而加法变为乘法的条件是被加数相等,这是数学常识。汉语“字等价”因此符合加法变乘法的条件,两个特性相结合正好满足汉语广泛的互文对言的要求。这就回答了四字格的成因,回答了为什么偏偏是“四”这个问题。

四字格是二二式也因此得到解释。当且仅当 $X=2$ 时,$X+X=X^2$。双音字组可以由两个单音字相加得出,也可以由一个单音字乘以 2 得出,但是条件是单音字必须是等重等价的,偏重不等价的 **1**+1 或 1+**1** 最好说是 1 相加的结果,不宜说是 1 乘以 2 的结果。所以四字格二二式是 2×2 式,根子还是单音字在形音义用上等价。“乘以 2”是翻倍的放大投射,对于不均匀的音节组合 **1**+1,翻倍放大投射的结果是 **11**+11,这在英语里不存在,而相加的结果是 1**1**+1**1**,这正是英语轻重交替的节奏常态。

六、汉语对称构造和动态构造

(一) 汉语对称构造

从四字格开始探究四言格的性质和成因,目的是弄清汉语组织运行、传情达意的基本规律。对言格式“把本来在纵向选择轴上的对等词语拉到横向组合轴上”,需要把以接续关系为主的二维结构扩展为以对称关系为主的三维结构。生成语法“最简方案”的新进展是,在句法操作上用“合并”(merge)取代“移位”(move),而“合并”必然在逻辑上导致一种“平行合并”(parallel merge)。“平行合并说”的提出(参看 Citko 2005;叶狂 2018)是为了解决包括递系句在内的好些句式过去难以解决的生成问题,例如下面的递系句:

我买一份报看。

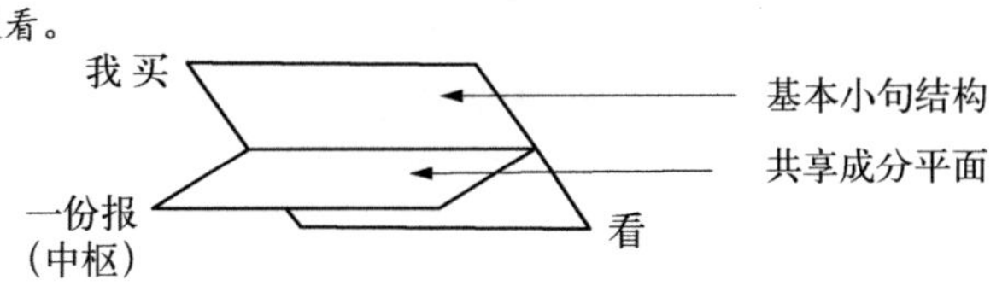

买与一份报的合并跟一份报与看的合并是并行进行的,一份报是中枢(pivot)。这就不再是一个简单的二维构造,而是一个三维的立体构造,增加了一个共享成分平面,如上图所示。

对汉语四言互文来说,我们需要一个对称的三维模型(上面那个是不对称的),以你来我往为例,你来的合并和我往的合并是平行进行的,你我和来往二者互为中枢:

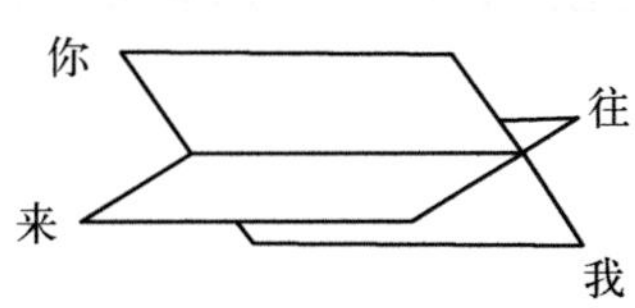

这个对称的三维模型能涵盖不对称的三维模型,因此也能解决递系句的生成问题。“并行合并说”的提出还为了解决“驴子句”的生成问题。

(26) If a farmer owns a donkey, he always beats it.

　　农夫,谁有驴,谁打驴。

英语的那个句子,后句的代词 he 和 it 回指的对象不是前头的 a farmer 和 a donkey,而是指任何一个有驴子的农夫和任何一头为农夫所有的驴子,这类驴子句引起西方语法学家特别的研究兴趣。汉语表达这个意思采用很简单的对言式谁有驴,谁打驴,对言明义生义,“全体”或“任一”的意思是对言对出来的,其中两个同形疑问代词呈对称性“互相约束”(reciprocal binding)。这种对言形式在印欧语中也有,但不是主流说法,例如意大利语(黄正德 2018):

(27) quando si è alti, si è belli.

　　‘if one is tall, one is handsome.’

　　谁个高,谁漂亮。

汉语式驴子句不仅以互文对言式为习惯表达式，而且同形疑问代词出现的位置有多种可能，例如：

(28) abcb　有什么吃什么。(b是中枢)

abac　谁有钱谁请客。(a是中枢)

abbc　轮到谁谁请客。(b是中枢)

abca　哪里苦去哪里。(a是中枢)

这对基于不对称关系的“平行合并”操作是一个挑战。当然“平行处理”的设想十分重要，对汉语尤为重要。

(二) 汉语动态构造

“认知语法”新近的进展之一是“提取和激活”(access and activation)理论(Langacker，2012)，这个理论把句子的结构还原为语序引导下一种动态的认知处理，具体说是连续地构建一个个注意视窗，语法单位在注意视窗中互相提取和激活，决定语义解读。例如下面一个英语句子：

(29) He sadly missed his mother.

他很伤心，想念母亲。

副词 sadly 虽然在结构上修饰后面的动词，sadly 和 missed 构成一个注意视窗，但是在这个视窗之前，sadly 的词根形容词 sad 还跟前面的主语 he 构成一个注意视窗，在这个视窗中 he 和 sad 也互相提取和激活，形成概念上的主谓关系，也就是 sadly 既在前一个视窗内又在后一个接续的视窗内。这个理论模型特别适用于汉语，上面那个英语句子在汉语里的习惯表达不是他伤心地想念母亲而是对言式的上下句他很伤心，想念母亲。这跟汉语的递系式链对结构的连续性和动态性是一致的，仍以老骥伏枥为例：

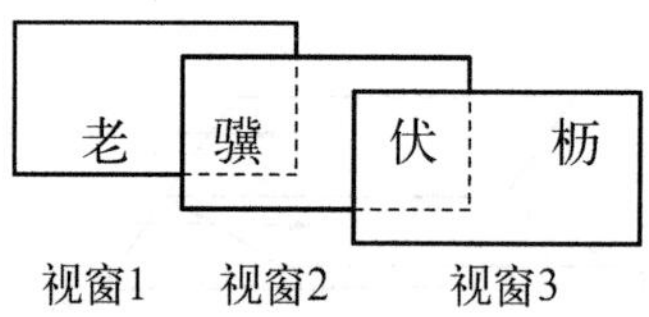

因此“提取和激活”动态模型的适用范围会大大超出原来的想象。汉语的递系动态处理和上述的对称平行处理是互相结合的。

我们对汉语三维对称构造和动态链接构造的认识，是在深究并认识四字格的性质和成因的基础上获得的，语言根植于对话和对言，四字格在具有分析性特点的汉藏系语言里普遍存在，是汉藏语不同于印欧语、阿尔泰语的一个重要特征。因此对汉语四言格的研究也就具有一般语法理论、语言类型和语言演化研究的价值。

参考文献

古川裕(2017)，汉语“对举形式”的语法特点及其教学对策，《現代中國語研究》第19期。

郭绍虞(1938)，中国语之弹性作用，《燕京学报》第24期。

郭绍虞(1979)，《汉语语法修辞新探》，北京：商务印书馆。

何　丹(2001)，《〈诗经〉四言体起源探论》，北京：中国社会科学出版社。

黄正德(2018)，Analyticity and wh-conditionals as unselective binding par excellence.“北京语言大学语言学系成立仪式暨语言学前沿国际论坛”(10.29—30)主题报告。

江蓝生(2012)，汉语连-介词的来源及其语法化的路线和类型，《中国语文》第4期。

江蓝生(2014)，连-介词表处所功能的来源及其非同质性，《中国语文》第6期。

陆丙甫、蔡振光(2009)，“组块”与语言结构难度，《世界汉语教学》第1期。

陆志韦(1956)，汉语的并立四字格，《语言研究》第2期。

吕叔湘(1979)，《汉语语法分析问题》，北京：商务印书馆。

马清华(2005)，《并列结构的自组织研究》，上海：复旦大学出版社。

启　功(1997)，《汉语现象论丛》，北京：中华书局。

沈家煊(2012)，“零句”和“流水句”——为赵元任先生诞辰120周年而作，《中国语文》第5期。

沈家煊(2016a),《名词和动词》,北京：商务印书馆。

沈家煊(2016b),从唐诗的对偶看汉语的词类和语法,《当代修辞学》第3期。

沈家煊(2017a),汉语"大语法"包含韵律,《世界汉语教学》第1期。

沈家煊(2017b),从语言看中西方的范畴观,《中国社会科学》第7期。

沈家煊(2017c),《〈繁花〉语言札记》,南昌：二十一世纪出版集团。

沈家煊(2018a),比附主谓结构引起的问题,《外国语》第6期。

沈家煊(2018b),四字格和韵律层级,"第五届韵律语法研究国际研讨会"(复旦大学,7.14—15)上的报告。

王铭宇(2014),《四字文笺注》考辨,《辞书研究》第2期。

王远杰(2018),单双音节搭配限制的作用范围,未刊稿。

叶　狂(2018),平行合并理论及其对超局部性句法的解释,未刊稿。

张　辉(2016),《熟语表征与加工的神经认知研究》,上海：上海外语教育出版社。

张洵如(1948),国语中之复音词,《国文月刊》第63期。

赵元任(1968),中文里音节跟体裁的关系,原载《中研院史语所集刊》第40本。又载《赵元任语言学论文集》,北京：商务印书馆,2002年。

Bejarano, Teresa(2011), *Becoming human: From pointing gestures to syntax*. Amsterdam: Benjamins.

Chao, Yuen Ren(1968), A grammar of spoken Chinese. Berkeley: University of California Press.(《汉语口语语法》,吕叔湘节译本,北京：商务印书馆,1979年)

Chao, Yuen Ren(1975), Rhythm and structure in Chinese word conceptions.(中译文《汉语词的概念及其结构和节奏》,载《赵元任语言学论文集》,北京：商务印书馆,2002年)

Citko, Barbara(2005), On the nature of merge: External merge, internal merge, and parallel merge. *Linguistic Inquiry* 36(4): 475-496.

Cowan, Nelson(2001), The magical number 4 in short term memory: A reconsideration of mental storage capacity. *Behavioral and Brain Sciences* 24(1): 87-114.

Diessel, Holger(2013), Where does language come from: Some reflections on the role of deictic gestures and demonstratives in the evolution of language. *Language and Cognition* 5(2-3): 230-249.

Evans, Nicholas & Stephen C. Levinson(2009), The myth of language universals: Language diversity and its importance for cognitive science. *Behavioral and Brain Sciences* 32: 429-492.

Jakobson, Roman(1960), Linguistics and poetics. In T. A. Sebeok (ed.), *Style in language*, 350-374. Cambridge: The MIT Press.

Jespersen, Otto(1922), *Language: Its nature, development and origin*. London: George Allen & Unwin LTD.

Kita, Sotaro(ed.)(2003), *Pointing: Where language, culture, and cognition meet*. Lawrence Erlbaum Association Publication.

Langacker, Ronold W.(2012), Access, activation, and overlap: Focusing on the differential. *Journal of Foreign Languages* 35(1): 2-25.

Levinson, Stephen C.(1983), *Pragmatics*. Cambridge: Cambridge University Press.

Matthews, Peter H.(1981), *Syntax*. Cambridge: Cambridge University Press.

Miller, George A.(1956), The magical number seven plus or minus two: Some limits on our capacity for processing information. *Psychological Review* 63(2): 81-97.

沈家煊,中国社会科学院语言研究所　jiaxuanshen@sina.com

(原载《世界汉语教学》2019年第3期)

带调音节：解释汉语的一个出发点*

史有为

提 要 语音与语法应该存在相关性。带调音节是汉语的特点。汉语在句法-构词法的同构、句法词类、词语韵律、诗词格律以及汉字类型等方面存在很明显的相关性。通过多语言调查，又发现带调音节与单音节语、语法手段、句首指称词地位等类型也存在明显的相关性。而汉语是其中最突出而典型的一种。由此证明，带调音节是解释汉语的一个出发点，具有控制性，值得格外重视。汉语此例应该具有一定程度的普遍意义。

关键词 带调音节 声调 汉语 汉字 相关性

小 引

语言系统的各个主要部分之间应有不同程度的相关性。有的直接，有的间接，有的程度高而明显，有的则相关度较低，或不很清楚。据此，本文从带调音节出发考察语音在汉语中的作用，以便更深入地认识语言的系统性。但本考察仍属初步，希望有更进一步的研究。

一、带调音节与单音节语的相关性

(一) 声调再认识

1. 声调的本质。汉语是有声调的语言。声调是一种以区别性音高为主、区别性音长为辅的韵律辨义手段。[①] 声调的本质是类似音段样的辨义功能。声调与音段结合即成为具有辨义作用的"带调音节"。带调音节是该声调语言音系内具有普遍性的重要成员。虽然声调主要表现在韵腹上，但就感觉而言，声调对于音节而言基本上是音节全程的。声调犹如一个框箍，将每个音节的音段稳稳地框箍起来，让人觉得这样的音节更"有型"，更稳定。声调与辅音、元音具有同等的作用，也是用来辨义的。尽管声调不如辅音、元音那样容易被人把握，也容易走样、变化，但从调类的角度仍必须承认有相当的稳定性。古今方言之间声韵母变化很大，声调的调形也同样如此，但调类的对应却异常稳定，这充分说明声调的稳定性。

2. 声调也可分广狭。狭义的声调是指单音节尺度上的辨义性音高，造成由辅音、元音、声调组成的带调辨义音节。广义的声调则是语素尺度上的音高辨义手段，并不限于单音节，可以是复音节语素上的区别性特征。汉语的辨义音高绝大部分都分布在单音节语素上，但也有少数复音节语素带有与单音节相同的音高。后者每个音节

---

* 笔者曾在《汉语文化语音学虚实谈》(《世界汉语教学》1992年第4期)中提出："语言中最有关键意义的是音节构造，在汉语中尤其是音节的声调。音节构造是整个语言文化在形式上的生长点。"此后又进一步认为音节是汉语的一个出发点。潘文国兄希望笔者能对此有较全面的阐述。2018年4月，笔者在华东师大以《带调音节在语言中的作用——以汉语为中心》汇报初步研究。原拟完全从类型学角度比较多个语系的语言，因资料与篇幅的限制，2019年初最后成文时改为此题。写作中承新加坡国立大学彭睿副教授给予英文协助，谨致谢忱。

① 2017年8月24日，美国加州大学旧金山分校 Weill 研究所两位华裔学者，神经外科教授 Edward Chang 与其研究生 Claire Tang 在当期《科学》杂志上发表研究成果：在 UCSF 综合性癫痫中心对志愿者的测定时发现了人类大脑中颞叶听觉皮质的颞上回(STG)神经元可处理语言韵律，辨别相对声调变化，帮助人类在语言中分辨语义、表达感情、交流思想。

虽然都有声调，却不是每个音节都有单独的意义，只有整个词才有意义，也即复音节形成的整体声调格式才有区别意义的功能。例如古代留传至今的大多为双声叠韵的连绵词：

蜿蜒、蜻蜓、孑孓、葳蕤、从容、蹉跎、朦胧、霹雳、囫囵、蚯蚓

又如北京话的口语词：

咔嚓、嘚啵、哈拉、捯饬、胡噜

再如北京话中有些似乎一个音节有意义，另一音节不知有无意义：

抽搭、腻歪、撺掇、倒腾、蹦跶

这些词是固有还是外来或是受北方民族语影响而由汉语推衍出来的，有待查考。

此外，多音节音译外来词也使得复音词增加了不少广义声调的成员。例如：

昆仑、翁仲、菩萨、罗汉、沙发、咖啡、萨其马、阿司匹林、布尔什维克

最后，还有些是由单音词裂变而成的，例如：

什么(<“甚[-m]”)、怎么(<“怎[-m]”)

踅摸(<“寻[-m]”)、眨巴(<“眨[-p]”)

这些带调复音单纯词的总量虽然不小，但在汉语词汇中仍只占一小部分，它们不能决定汉语语音全局的本质。我们至今也未见到以广义声调作为控制全局的语言，也许这就说明广义声调注定只是个次要现象，是被狭义声调同化的结果。如果以上这些词的比例占据优势，那么语言学理论将重新改写。

（二）关于“声调语言”与“单音节语”

1. 声调语言不同于单音节语。承载语素的带调音节在总音节中占据决定本质的绝大多数，该语言即为声调语言。单音节语则是从语素类型角度对语言的分类，是一种单音节表义或单音节语素为主或控制全局的语言，与语言发展水平无关。

单音节语内不但有声调语言，还包括无声调的单音节表义语言，例如7世纪前后的中古藏语以及现代的安多藏语、羌语和嘉绒语。汉语则被认为是典型的声调语言或单音节语。根据反映中古藏语的藏文，现代拉萨藏语因辅音前后缀脱落或辅音清化等而发展出四个声调。南亚语系越南语的声调是否受汉藏语系影响而产生可能还有争议，但其声调语言与单音节语的性质却是确定无疑的。距离遥远的非洲和美洲的某些语言也有声调，例如尼罗-撒哈拉语系的南苏丹丁卡语(Dinka Language)，南美洲的玛雅语(Maya Language)[1]。它们中有些音节的不同声调还可以表示不同的语法功能义。这些非洲、美洲的语言肯定不会受到汉语的影响。自源性声调可能由音节的自然音高(如浊辅音音节通常音高较低，或出于美感的高低调谐)与语素对应定型化而来，也可能由音素脱落而来(如中古藏语演化为拉萨藏语)，甚至是前二因重叠、交互作用而来。因此，声调语言确实具有语言普遍性质的价值。

2. 声调语言调类的最低界限。非洲尼日利亚的 yoruba 语有高低中三个不曲折的音高，可以区别不同意义。但西非马里的 Bamanan 语只有高低两个调。像南非的 Shona 语似乎有两个调，但听觉上却很难辨别。显示声调可能还处于形成过程中，并不稳定。更重要的是，这些两个声调的语言是否为单音节语，尚待进一步调查。虽然只有两个声调，但如果音节丰富，又确实普遍体现在单音节上，却也可成为声调语言。例如藏缅语族羌语支的普米语只有高低二调，但声韵母众多，音节类型有九个，不同音节的数量不低于汉语。据论文报道，青海同仁县土族混合语五屯话和甘肃兰州红古区红古村汉语都是两个调类。二者显然受非声调语言影响所致，其声调语言性质及其稳定性均亟待观察。[2] 由此可知，两个声调的语言可能正处于临界状态，其声调或者在发育中，或者在衰落中。

3. 音高重音型语言。有些语言的音节也有高低两类的音高特征，但不一定就是声调，这样的语言也不一定就是声调语言。比如日语，有高低两类对比音高，但它们都处于复音节词中，不同对比音高处于不同音节中，音高的

① 此据2017年12月29日北京语言大学教授陈卫恒在北大的报告《从非洲 Dinka、美洲 Maya 语看单音节语共性及其在对外汉语教学上的意义》。他认为 Maya 语声调为后起。今玛雅方言有的有声调，有的没有声调。

② 非洲语言的情况，承浙江师范大学孙竹老师告知。五屯话语红古村话两个声调的情况，承北语陈卫恒老师告知。谨致谢忱。

高低只是重音的一种表现类型，而且对立的普遍性不强，也即在复音词里以此辨义的情况很少。因此，一般将这样的音高作为音高型重音来处理。例如：

东京方言：はし(hashi)：　　ha 低-shi 高(桥)　　ha 高-shi 低(筷子)①

大阪方言：くも(kumo)：　　ku 低-mo 高(蜘蛛)　　ku 高-mo 低(云)②

日语为双音节语，日语这种音高类型被认为是音高型的重音。东非的索马里语(索马里语 Af Soom-aali；英语 Somali Language)有高低两个音高形式，该语言音高的辨义也是在复音词的层级上。③ 例如(以重音符号"ˊ"表示高音)：

Ⅰ型	Ⅱ型
ínan(boy)	inán(girl)
béer(liver)	beér(garden)
éy(dog)	eý(dogs)

索马里语被称为 stress-tone 类型，它的两个音高并非真正的声调，其本质也还是重音。由此，又进一步确立了这样的界定：所谓声调语言是指带调音节语素在统计学意义上占据决定性多数的命名。由此也可确认，两个音高类，其"声调"身份的可疑程度较高；三个声调才是声调语言的确定性边界。

（三）音节表义率

"音节表义率"就是每个音节平均搭载多少语素族之比值。数值越大，就越容易发生歧义。汉语的几乎所有音节都表义，都搭载语义。词典里一个词目下的各个义项实际上联系成一个语素族。这些语素族基本上可以用当下使用的汉字来计算。虽然有的汉字承担两个语素族(如同音的"会¹"和"会²"；或异音的"率¹"shuài、"率²"lǜ)，有的语素族却用不同音节表示(如"血"用 xiě 和 xuè 两种音节)，但由于音节总数很大，暂时忽略这些表现，也可以得出汉语大致的音节表义率。

有人根据《新华字典》1319 个声调音节配比 8684 个汉字(多音字重复统计)，平均每个声调音节拥有 6.58 个汉字④。如果简化一下，以一个汉字即一个语素族来计算的话，那么普通话音节的"音节表义率"就是 6.58。但是《新华字典》中含有多个罕见字或罕用字，以及限用于古语的字，如果除去这些，现代汉语"音节表义率"大概就是 6(±0.2)。

音节表义率与歧义可能性密切相关。一个音节承担的语素族的多少，与该音节的歧义可能呈正相关。如果每个音节仅表示一个语素族，一般不可能出现歧义理解，但音节的表义率就成为 1。这看起来一对一，很专一，其实对音节而言却是浪费。这就是一种语音与语素之间的"性价比"。音节是有限的，是少数，在发达的语言中，语素族的数量一定会超过音节数。依照我们在日常口语中的感受来看，一个音节平均表达 6 个语素族时，歧义的机会已经不少，但在语境与复合组词的帮助下，基本还可以消除歧义。至于书面语，由于增加了汉字分离语素的功能，更没有问题。音节表义率"6"有些过高，意味着汉语很难离开表义性的汉字。因此，两个声调的汉语方言在语境与汉字的支持下，还能基本作为声调语言。

《广韵》所收实际音节数为 3808，收字为 26194 个，其中有许多是生僻字，即在《广韵》时代已经不用的死字。即使以此字数作为语素单位来计算，那《广韵》的音节表义率为 6.88，与《新华字典》基本持平。删去更多的生僻字，估计中古汉语音节表义率也在 6 左右。

根据对《新华字典》与《广韵》的统计，更加强了这样的推测："6"也许是一道可接受歧义的音节表义率边界。超过"6"，语言的歧义可能将大大增加，单音节语就将可能出现危机，将出现语言类型的转化。理想的语言一个音节究竟配比多少个语素族才最佳、最具效能？这显然是个很具现实意义的课题。

---

① 据日本语言学家古川裕教授告知，这两个词在关西大阪方音中的音高模式正好与标准语(东京音)相反。

② 日语标准语(东京音)里，くも的两个意思的发音音高完全一样，都是高-低型。

③ 非洲语言的情况承浙江师大孙竹老师根据该语言教材告知。特致谢忱。

④ 据 Fred 的博客《汉语音节数目》(http://blog.sina.com.cn/s/blog_4fa6282d01008yb5.html)：按《新华字典》(第 10 版)统计，音段音节 415 个，声调音节 1319 个，收有 8684 个汉字。则平均每个音段音节拥有汉字 20.9 个，平均每个声调音节拥有 6.58 个汉字。据储泰松、蒋雯(《普通话音节的四声分布及其例外分析》，《语言文字应用》2006 年第 4 期)统计，普通话则有声母 21，韵母 39，音段音节 416—417，带调音节 1279—1298。

二、带调音节与孤立语的相关性

孤立语[①]就是基本使用助词作为语法手段的语言。一个实体词需要表示一些附加语法意义时一般就用一个助词。因此助词常常呈现多功能而非单纯的特点。例如：汉语的“呢”(ne)既可以表示疑问，又可以表示“突显作用”的停顿，还可以表示“事情正在进行”；汉语谓词后的“过”，既表示动作、性质曾经出现，并不意味着完成，又可在某种句法环境下表示动作的完成。这些都是孤立手段的表现。

汉语的孤立语性质显然与带调音节有关。我们查阅了国内大部分语言资料[②]以及英、日、越南语的情况，发现汉藏语系声调语言都采用以助词为主的语法手段，当然也都是单音节语。而且孤立手段、黏着手段与屈折手段并非水火不容，可以有限度地相容，但孤立手段一定是声调语言的主要特征。由此显示带调音节与孤立语之间的相关性。现选取部分语言制成以下【表 1】，以便对照：

语　言[③]	音 节 结 构[④]	音节数[⑤]	语序	语 言 类 型
a[中古]汉	[C][M]V[v][C]・T4/8	3808$^{\pm}$	SVO	孤立・单音节语
a 汉[北京]	[C][M]V[v][CN]・T4	1319$^{\pm}$	SVO	孤立・单音节语
b[中古]藏	[C][C][C][M]V[C][C]	8263$^{\pm}$	SOV	屈折・单音节语
b 藏[拉萨]	[C][M]V[CN]・T4	3300$^{\pm}$	SOV	孤立・单音节语
b 藏[康]	[C][M]V[C]・T4	*2816	SOV	孤立+屈折・单音节语
b 藏[安多]	C;[C][C][M]V[C]	*2814	SOV	屈折-孤立・单音节语
b 门巴	[C][C]V[v][C]	*2500	SOV	屈折+孤立・复音节语[⑥]
c 彝	[C]V・T4	1165[⑦]	SOV	孤立+黏着・单音节语
c 傈僳	[C][M]V・T6/4	*3306	SOV	孤立+黏着・单音节语
c 哈尼	[C]V・T3	*1800	SOV	孤立+黏着・单音节语
c 拉祜	[C][M]V[v]・T7	*3192	SOV	孤立+黏着・单音节语
c 纳西	C・T;[C][M]V[C]・T4	*700—1500	SOV	孤立+黏着・单音节语
c 基诺	C・T;[c][C][M]V[C]・T6—8	*1100—3400	SOV	孤立[+黏着]・单音节语
c 怒苏	C・T;[c][C][M]V・T4	*5000—10000	SOV	孤立[+黏着]・单音节语
c 白	C[M]V・T8	*1500—3300	SOV	孤立+黏着・单音节语
c 土家[南]	[C][M]V・T5	*4000$^{\pm}$	SOV	孤立・单音节语
c 土家[北]	C・T;[C][M]V[v][v]・T3	*1500$^{\pm}$	SOV	孤立-粘着・单音节语
d 景颇	[C][M]V[C][C]・T4	*3200—7200	SOV	孤立+屈折・单音节语

---

① 现在通行按孤立、黏着、屈折等将语言分类。其实，这些类型并非截然对立，至少这三种是相容的，但有主次，以主要形式标记某语言。陈其光(《苗瑶语言》，北京：中央民族大学出版社，2013 年，第 174—175 页)则分语言类型为卯榫式与砖砌式。英俄等西语为卯榫式，实词内有卯榫，可以直接榫接。汉语、苗瑶语为砖砌式，实词如砖，虚词如黏合用的灰浆。

② 笔者曾依据“少数民族语言志丛书”考察境内外语言共 54 种语言。参见史有为《音节结构与语法手段的相关性考察——汉语音节在语法中的地位》，《中国语言学》第 1 辑，济南：山东教育出版社，2008 年。本次再根据孙宏开、胡增益、黄行主编《中国的语言》(北京：商务印书馆，2007 年)和陈其光《苗瑶语言》(第 174—175 页)作了修改。

③ 语言名称前的 abcd 表示不同语系或语族。为求简单，具体语系、语族名称不再交代。

④ C 为辅音，M 为半元音，V 为元音；大写为主位音，小写为辅位音，CN 为鼻辅音，Cw 为半元音 w 作为尾音。T 为声调，T 后的数字是调类数。

⑤ 数字前加 * 号表示“算术音节数”。许多语言未统计音节数，因此本文将元音或韵母与辅音或声母、声调的简单相乘所得称为“算术音节数”。算术音节数比实际音节数可能多 40%—70%。音节数与某些语法类型也存在一定的相关性，本文不拟再论述。

⑥ 复音节语包括双音节语与多音节语。一般认为阿尔泰语系、日语、南岛语系属于双音节语。本文只统称复音节语。

⑦ 四川彝语基本音节 348 个，加上次高调为 1165 音节。四川《彝文规范方案》的新彝文为 819 字，全部为音节文字。云南《彝文规范方案》的新彝文为 3751 字，是语素音节文字，类似汉字。

续 表

语　言	音节结构	音节数	语序	语　言　类　型
d 独龙	[C][C]V[v][C][C]·T3	*2100—4700	SOV	孤立+屈折·单音节语
e 载瓦	[C]V[v][C]·T3	2091±	SOV	孤立+屈折·单音节语
e 阿昌	C·T4;[C][M][v]V[v][C]·T4	*3500—7900	SOV	孤立+屈折·单音节语
f 嘉绒	[C][C][M]V[v][C][C]	*5300—11800	SOV	屈折+孤立·复音节语
f 羌	[c][C]V[v][C][c]	*7200—16000	SOV	屈折+孤立·复音节语
f 普米	[C][C][V]V[V]	*2000—5000	SOV	孤立+屈折·单音节语
g 壮[武鸣]	C[c/M]Vv[C]·T8	*4000—9600	SVO	孤立·单音节语
g 傣[西双]	[C]V[v][C]·T9	*5000—11000	SVO	孤立·单音节语
g 傣[德宏]	[C]V[v][C]·T9	*3600—8000	SVO	孤立·单音节语
g 仡佬	[C]V[v][C]·T5	*2000—4000	SVO	孤立·单音节语
g 侗[三江]	CV[v][C]·T8	*3200—7200	SVO	孤立·单音节语
g 水[三洞]	[C]V[v][C]·T8	*9000—20000	SVO	孤立·单音节语
h 苗[腊乙坪]	[C][M]V[C]·T6	*2000—4300	SVO	孤立·单音节语
h 苗[养蒿]	[C][M]V[CN]·T8	1563	SVO	孤立·单音节语
h 勉[大坪江]	[C][M]V[v][C]·T9	*4800—10000	SVO	孤立·单音节语
i 维吾尔	[C]V[C][C]	*1200—2600	SOV	黏着·复音节语
i 哈萨克	[C]V[C][C]	*1200—5100	SOV	黏着·复音节语
i 塔塔尔	[C]V[C][c]	*1400—3300	SOV	黏着·复音节语
j 蒙古	[C][M]V[v/:][C][C]	*6000—13000	SOV	黏着·复音节语
k 满	[C]V[v][C]	*2400—5400	SOV	黏着·复音节语
k 鄂伦春	[C]V[C][C]	*2000—4500	SOV	黏着·复音节语
k 朝鲜	[C][M]V[C]	2520±	SOV	黏着·复音节语
l 佤[岩帅]	C;CC[M]V[v][C]	*3200—7200	SVO	孤立+屈折·单音节语
l 布朗	[C][C][M]V[v][C]·T4	*7700—15000	SVO	孤立+屈折·单音节语
l 德昂	[c]C;C[c][M]V[v][C]	*2400—5400	SVO	孤立·单音节语
l 京[/越南]	C[c][M]V[v][C]·T8[/6]	17 974±	SVO	孤立·单音节语
m 阿眉斯	[C]V[C];[C]V-CV[Cw]	*900±	VSO	黏着·复音节语
m 布嫩	[C]V[V][C];[C]V-CV[C]	*650±	VSO	黏着·复音节语
n 日	[C][M]V[C];[C]V[:][C]	110/300±	SOV	黏着·复音节语
n 英	[C][C][c/M]V[v/:][C][C]	*3000—40000①	SVO	屈折·复音节语

此外，带调音节主要出现于实体词上，而助词可以是带调音节，也可以没有固定的音高。北京话的助词都是轻声，是一个与实体词语音类型相对立的助词表达模式。当然，助词也可以有声调。许多南方方言至今助词仍有声调，例如广府话表示动作完成的“?”，为阳上的[tʃo]。常州话句末表示事件实现的“咧”，为阴平的[liɪ]。

汉藏语系中的其他语言也都有这样的情况。例如：

德宏傣语：təp¹¹ jɛu³⁵ 辫子　　tso³¹ 被　　kip³⁵ 剪　　pɛt⁵³ 丢掉　　[hau⁵³ 了].

① 据 *Language*（2011 年第 3 期）报道法国里昂大学的研究统计（参见本文第六节注 1）：英、法、德、意、日、西班牙和汉语七种语言具体音节的数量，英语最多，为 7931 个，日语最低，为 416 个（应包括外来词音译音节），汉语官话（普通话）名列第六，为 1191 个。本表内英语的音节数则是多家估计的综合。

壮语：piɛn⁴ 辫子 tat⁷ 剪 pai¹表结果 kwa⁵了.

景颇语：ŋa⁵⁵鱼 ŋai³¹我 n̩³³ ʃa⁵⁵不吃 sai³¹句尾词.

纳西语：ŋə³¹我 ba³³父亲 mi⁵⁵女儿 su⁵⁵三 ku³³个 ɟu³¹生 ʐei³¹了.

西双版纳傣语：pɔ³³父亲 xɔi¹³我 kət³⁵生 luk⁴¹ jiŋ⁴¹女儿 lɛu¹¹了 sa：m⁵⁵三 kun⁴¹个.

拉萨藏语：tʂu⁵⁵ ɕi⁵⁵ te⁵⁵主席台 py⁵⁵kaŋ¹³上面 la⁰ 处所标 tʂu⁵⁵ɕi⁵⁵ tsho ⁵⁴主席团

pa⁵⁵名词标 tɛ¹³²坐 ntu¹³²着.

彝语：thɛ²¹khə～²¹台 ba³³上 tsu²¹ɕi²¹thuan²¹主席团 u⁵⁵坐 lə～³³着.

壮语：Cujsizdonz 主席团 naengh 坐 youq 着 gwnz 上 daiz(dwk)台.

由上可知，带调音节与孤立语之间存在平行关系，因此它们之间的相关性可以成立。

三、带调音节与话题突显型的相关性

"句首指称语"（相当于当前流行的"主语"或"话题"）的句中地位类型，即目前流行的"主语突显"（Subject Prominence）与"话题突显"（Topic Prominence）的类型区分。所谓"突显"并非只是指语序上的前置，而是地位的重要（具有常驻与控制全局的地位）与数量的突出（占大多数），因此Prominence也译为"凸显""优先"或"显赫"。其实，这一对概念依然是从印欧系语言出发的观察和分类。"主语"属于句法，而"话题"归入语用。句法是常驻的必要句型单位，语用是临时的调用单位。二者分属不同范畴。按理说，只有"主语"才会有"突显"的待遇，而作为语用的"话题"只是临时的、少量的，不可能在语言全局中有"突显"的地位。显然，这样的比较在逻辑上是有问题的。除非该"话题"已经不属于临时的调用单位，而成为句法单位，即句法话题，那才有可能成为常驻项、优先项、控制项。因此，本文认为应该修改为句首的"主语"与"句法话题"两种同为句法成分，比较才具有合理性。

英语等印欧系语言的主语，建立在"施事-动作"为主的"窄向事理"基础上，一般具有主格标记，而且与谓语动词有一致性关系。这种语言中的"话题"只是临时提到句首的语用成分。这样的语言则是"主语突显"语言。这种语言里的话题注定还是语用的，而且不可能在全局中成为控制类型。英语虽然已经在形态上有了明显的退化，而且有向孤立手段演化的苗头，但作为一种熟悉度最高的语言，依然可以作为一个标杆。

而汉语的"话题"是已经句法化的单位，即把语用功能融入句法功能之中的单位。汉语不存在印欧系语言中那种与谓语动词有一致性关系的主语。汉语的句首指称词具备句法格式上的功能，并非临时单位；"话题-说明"可以递归，其整体可以作为修饰语；"话题"很少有回指这类移动痕迹。这些都证明汉语的"话题"是句法单位，而相对的"说明"则是"句法说明"。"话题-说明"则也是句法格式。句法话题与句法说明的关系则是建立在"宽向事理"基础上的。因此，存在两种所谓的"话题"：一种是语用的话题，只存在于"主语突显"的语言中，它永远只是临时调用的非常驻单位；另一种是句法化的话题，可以担负语言全局"控制"的责任。按照这样的理解，不但汉语的话题是句法化成分，日语、朝鲜语/韩语中的话题也应该是句法化成分。日本、韩国以及我国的朝鲜族学者都宣称它们母语是"话题突显/优先"语言，如果确实如此，那么这些话题也是常驻性质的，明显不同于纯语用性质的。这些"话题"与"主语"的区别，只是在句法功能中语用色彩的不同，而非语法与语用类别的区隔。我们应该重新审视以往的习惯看法。希望学界未来能予以支持。

以汉语和英语作为两个端点，我们再来具体观察不同语言的表现。由于一般的施事作为句首词语的句子很难反映出话题抑或主语。因此，我们选择了10个特别具有话题特色的汉语句子（① 东西扔河里了。② 辫子剪掉了。③ 那次火灾死了好多人。④ 生意做得很好。⑤ 鱼我不吃了。⑥ 鱼我不吃生的。⑦ 这次谈话我很受启发。

⑧ 我父亲生了三个女儿。⑨ 台上坐着主席团。⑩ 邻居家来了许多客人。),请本族发音人给出相对应的句子①。一共涉及 20 种语言(有汉;藏[拉萨、康区、安多]、彝、纳西、景颇;泰、傣[西双版纳、德宏]、壮;苗;越南;蒙古;维吾尔、哈萨克;鄂温克;朝/韩、日;英等语言)。所选语言虽有局限性,但仍可启发我们对话题与主语产生新的认识。从这些句子中,我们获得如下八种比较有意义的情况(语言名称前的①②③是例句序号):

(1) 受事指称语为句首,而没有主格标记,没有被动形态支持,也不见动词与此有一致性关系的形态或助词支持。例如:

① 彝语:a^{55}tsho^{55}tsho^{55}东西　lo^{33}ma^{33}河　ba^{33}里　lo_^{33}tɕi^{33}扔进　xa^{55}了.

① 康区藏语:tɕa^{54}　la^{53}东西　tɕhy^{55}水(河)　n　ŋ^{13}里　la 方向标　ju^{55}扔　pa jin^{13}过去时.

① 泰语:khɔ:ŋ^{215}东西　jo:n^{33}扔　nai^{33}里　mɛ:^{51}na:m^{45}河　lɛu:^{45}了.

① 蒙古语:jum-i 东西　gɔlən 河-d 里　xaji 扔-ʤe 了.

① 日语:Mono 东西　wa 话题标　kawa 河　no 之　naka 中　ni 在　sutera 扔掉-reta 被动·完成.

② 拉萨藏语:tɕaŋ^{55}lo^{54}辫子　tɕɛ^{53}剪　pa jən^{13}过去时标记.

② 纳西语:gu^{33}fu^{33}辫子　gai^{31}剪　pi^{55}掉　ʐei^{31}了.

② 壮语:piɛn^{4}辫子　tat^{7}剪　pai^{1}表结果　kwa^{5}了.

⑤ 越南语:Cá 鱼　tôi 我　không 不　ăn 吃　(nũ'a 表继续).

⑥ 朝/韩语:Seangseon 鱼-eun 宾格标(na 我-neun 话题标)　seang geos　生的-eun 话题标 an 不 meogeo 吃.

(2) 当事指称语为句首,没有主格标记,也不见动词与此有一致性关系的标记。例如:

④ 安多藏语:tshong 生意　brgyab pa 做　shin tu 很　brin 好.

④ 景颇语:phă^{31}ka^{33}生意　krai^{31}很　kă^{31}lo^{33}做　khʒak^{55}好　ai^{31}句尾词.

④ 壮语:Tɛŋ^{5}/ei^{5}生意　ku^{6}做　dai^{3}得　dei^{1}好　dei^{1}好　pai^{1}　表结果.

④ 苗语:Ait 做　zangt 生意　ait 做　vut 好　wat 很.

④ 蒙古语:mæːmæ 生意　xiʤe 做-xən 得　sür 很　sæːn 好.

④ 维吾尔语:soda 生意　jaxʃi 好　bol 成为-di 过去时.

④ 越南语:a. Buôn bán 生意　làm 做　râ't 很　tô't 好.

④ 越南语:b. Công việc　kinh doanh 生意　làm 做　râ't 很　tô't 好.

④ 日语:Shōbai 生意　wa 话题标　umaku 很好　yat 做-teiru 被动.

(3) 其他非施事指称语为句首,没有主格标记,也不见动词与此有一致性关系的标记。例如:

③ 彝语:a^{55}to^{55}火　do^{21}燃烧　dza^{55}那　the^{21}to^{21}一次　tsho^{55}人　ma^{55}ti^{33}很多　ɕi^{44}死　xa^{44}了.

③ 越南语:Trậnhoả hoạn 火灾　lần 次　đó 那　chê't 死　râ't nhiêu 很多　ngu'ò'i 人.

⑦ 拉萨藏语:Leŋ^{55}m　^{55}谈话　te^{132}这次　ŋɛ^{13}我　lo^{55}ko^{55}启发　tɕhe^{53}受　soŋ^{55}过去时助词.

⑦ 朝/韩语:I 这　ben 次　damhua 谈话-eseo 起点格　na 我-neun 话题标　man 多-eun 定语标　gesi 启发-reul 宾格标　bada 受-ssta 了.

⑨ 蒙古语:tæ:s-n 台　də:r 上　tərgu:ləgtʃ-in-bulxəm 主席团　su:-ʤ 坐　bæ:n 着.

⑩ 泰语:ba:n^{51}家　phɯ:n^{51}ba:n^{51}邻居　mi:^{33}有　khɛ:k^{21}客人　ma:^{33}来　ma:k^{51}mai:^{33}许多.

(4) 句首施事指称语有明确话题标记,而且在该语言中具有惯常性、普遍性。例如:

⑥ 日语:a. Watashi 我-wa 话题标　nama 生　de 以　sakana 鱼-wo 宾格标　tabe 吃-nai 否定标记.

⑥ 日语:b. Watashi 我-wa 话题标　sakana 鱼-wo 宾格标　nama 生　de 以　tabe 吃-nai 否定标记.

⑩ 朝/韩语:yeobzib 邻居家-eneun 所格-话题标　sonnim 客人-i 主格标　mani 许多　wa 来-ssta 了.

---

① 各语言句例提供者:[拉萨藏语]岗措、葛小冲、才旺拉姆;[康区藏语]才旺拉姆;[安多藏语]楞本才让;[纳西语·云南玉龙县九河乡方言]杨荣命;[彝语·云南山苏话]沐华、唐慧(未用);[景颇语]尹定勇、板菊(未用);[泰语]陈新海;[西双版纳傣语]玉儿怀;[德宏傣语]板菊;[壮语]蒙元耀、肖昉;[苗语]石德福;[蒙古语]白阿茹娜;[维吾尔语]力提甫;[哈萨克语]丁石庆;[鄂温克语]乌日乌特;[朝鲜语]朴贞姬;[越南语]韦氏水;[日语]郑民、天伊史华;[英语]Martin Thorley([英]马丁·硕雷)、王维群。

(5) 对测试句⑧“我父亲生了三个女儿”，20 种语言中居然有一半语言可以容许男人“生”孩子，显示这些语言对“生(孩子)”的宽向事理理解。例如：

⑧ 苗语：Wil 我　bad 父亲　yis 生　bib 三　dail 个　daib pik 女儿.

⑧ 纳西语：ŋə^{31}我　ba^{33}父亲　mi^{55}女儿　sɯ^{55}三　ku^{33}个　ɟu^{31}生　ʐei^{31}了.

⑧ 景颇语：ŋje$^{?31}$我的　wa^{55}父亲　ma^{31}孩子　num^{33}ʃa^{31}女孩　mă^{31}sum^{33}三　ʃă^{31}ŋai^{31}生　u^{31}ai^{31}句尾词.

⑧ 泰语：phɔ：^{51}父亲　phom^{215}我　mi：^{33}生　lu：k^{51}sau^{215}女儿　sa：m^{215}三　khon^{33}个.

⑧ 西双版纳傣语：pɔ^{33}父亲　xɔi^{13}我　kət^{35}生　luk^{41}jiŋ^{41}女儿　lɛu^{11}了　sa：m^{55}三　kun^{41}个.

⑧ 壮语：po^{6}父亲　kou^{1}我　mi^{2}生　θam^{1}三　ta^{6}lɯk^{7}女儿.

⑧ 越南语：Bô' 父亲　tôi 我　sinh 生　ba 三　ngu'ò'i 个　con gái 女儿.

⑧ 蒙古语：mini 我　ɑːb 父亲　gʊrbən 三　œxin 女儿　tur 生-ʤe 了.

⑧ 哈萨克语：ækemnŋ 我父亲　yʃ 三　qəzə 女儿　bɑr 生.

⑧ 朝/韩语：(na 我-eui 属格)　buqin 父亲-eun 话题标　se 三　ddal 女儿-eul 宾格　naa 生-ssta 了.

另一半语言改用无施受关系的“有”，显示对“生(孩子)”的窄向事理理解。例如：

⑧ 安多藏语：ngavi 我　a phar 父亲　bu mo 女儿　gsum 三　yod 有.

⑧ 日语：Watashi 我　no 的　chichi 父亲　wa 话题标　san 三　nin 人　no 的　musume 女儿　ga 主语标　iru 有.

⑧ 英语：My 我的　father 父亲　has 有　three 三　daughters 女儿.

(6) 句首指称语在书面上有主格标记，但实际口语里并不出现，而且动词未见有一致性关系的标记，显示口语已经有了实质性的变化。例如：

⑤ 拉萨藏语：ŋa^{13}我　ȵa^{13}鱼　[sa^{13}书面主格标]　ki^{55}吃　mɛn^{13}不.

⑥ 拉萨藏语：ŋa^{13}我　ȵa^{13}鱼　tɕen^{13}生-pa 词缀　[sa^{13}书面主格标]　ki^{55}吃　mɛn^{13}不.

(7) SOV 语言为了避免 S 与 O 相混，按理更容易出现功能标记，但藏缅(除藏语)、侗傣诸 SOV 语言却都未见主格或话题标记。同为 SOV 的朝/韩语、日语和阿尔泰语系等部分语言功能标记很丰富，但以这些语言(除藏语)为母语者大都认为，他们的母语是“话题突显/优先”语言。因此，有无主格或话题标记并不能确定语言的突显类型。下面这些例句和汉语的句首词语基本一致，但标记各异，似乎证明了它们的句法身份与汉语的一致性。请看：

⑨ 纳西语：ʈai^{31}zi^{33}台　gə^{31}duo^{55}上　zu^{33}xi^{35}tuan^{31}主席团　ʐi^{31}坐　yan^{33}着.

⑨ 哈萨克语：saxənada 台上　tørɑʁɑlɑr 主席　ɑlqɑsə 团　otər 坐-着.

⑨ 朝/韩语：Mudea 台上-eneun 所格-话题标　zuseokdan 主席团-i 主格标　anza i 坐-ssta 着.

⑩ 景颇语：n̥^{33}ta^{55}家　thiŋ^{31}pu^{31}邻居　ko^{55}主格助　mă^{31}nam^{31}客人-ni^{33}复数　kʒai^{31}很　lo$^{?55}$多 wa^{31}来　ai^{31}句尾词.

⑩ 纳西语：ʐei^{33}mei^{55}je^{33}邻居　ɣo^{33}wu^{31}家　bɯ^{33}客人　ɟiə^{35}很　dɯ^{33}hu^{33}多　ɕi^{31}来　yan^{33}了.

⑩ 壮语：ɣam^{2}家　paŋ^{6}han^{2}邻居　mi^{2}有　hau^{3}laːi^{1}许多　hɛk^{7}客人　ma^{1}来.

⑩ 苗语：laib 量词　zaid 房子　hfud 隔壁　zaid 来　dax dol 复数量　khat 客人　not 多 not 多.

⑩ 越南语：Nhà 家　hang xóm 邻居　đê'n 来　râ't nhîêu 很多　khách(kh ú'a)客人.

(8) 英语在大部分情况下动词有与句首指称语的一致性标记(含被动情况)。例如：

① 英语：The 冠词　stuff 东西　was thrown 扔-被动·过去时　into 进　the 冠词　river 河.

② 英语：The 冠词　pigtail 辫子　has been 被动　cutoff 剪掉.

③ 英语：That 那个　fire 大火　killed 杀死-了　many 许多　people 人.

④ 英语：The 冠词　business 生意　is 做　doing 正在进行时　well 好.

⑨ 英语：The 冠词　Presidium 主席团　is/are 是　sat 坐过去时　on 在　the 冠词　stage 台子.

⑩ 英语：There 这里　were 有/came 来了　many 许多　guests 宾客　at 在　my 我的　neighbour's 邻居的　home 家.

(1)(2)(3)三种情况合起来,可以判断具有该性质的语言有可能是话题突显型语言。

第(4)种句首施事却使用话题标记,显示了较高的话题突显程度。

第(5)种以"生(孩子)"做动词的语言显示了较高的话题突显程度。

第(6)种显示该语言(7世纪前后创立藏文时的中古藏语)以前可能曾经是主语突显型语言,但发展到今日的拉萨藏语,可能已经进入话题突显型的行列①。

第(7)种显示汉藏语系诸语与越南语,甚至阿尔泰语系诸语都比较接近汉语的话题突显型。

第(8)种通常是主语突显语言的表现,当然英语还不是最典型的类型。

由上可得出如下初步认识:英语属于"主语突显"型语言。此外,普遍具有前6种情况的语言,其话题突显性质非常明显,但这些语言在某些句子上不同于汉语的表现,又不得不让人怀疑是否还应给"主语"留有一席。尤其是日语与朝鲜/韩语的主格标记与话题标记同时存在的情况下,它们又不具有英语S-V间的一致性,使我们确信,应该有"句法话题"与"句法主语"并存的语言,而且有不同于印欧语系语言的另一种主语存在。日语、朝鲜语可能就是这种类型。在这一前提下,它们才可能属于"话题突显"类型。如果这种分析合于逻辑,便形成与英语等印欧系语言相对立的"话题突显"类型。这种类型中的话题都是句法话题,汉语可能只是"句法主语"萎缩接近于"零"的极端情况。

如果考虑到带调音节的特点,那么在这20种语言里,汉藏语系语言除了安多藏语外其他都是带声调单音节语素语言,可能都是话题突显型,其中相当部分可能是句法主语为零的极端类型。

中古藏语虽然是单音节语,有丰富的复辅音和复杂的音节结构,但却没有声调。发展到今天的拉萨藏语与康区藏语已经完全改观。虽然有时书面保留主格标记,但口语已然不说。形态主要表示的只是时体。尽管藏语母语者认为拉萨藏语还属于主语突显型,但从这10句中却很难得出这个结论。

越南语虽然列入南亚语系,但由于特殊诱因的演化,也已明显属于话题突显类型。

日语、朝鲜/韩语是复音节黏着语,具备主格、宾格标记,但却都是话题突显型语言。这使人十分感兴趣。阿尔泰语系语言也有比较丰富的黏着成分,其中有些语言具备主格宾格标记,但该语言母语者对母语是哪种类型各有不同说法。而从这些例句来看,似乎话题突显型更明显些。这些都给我们打开了一扇对主语与话题另类理解的窗户。它们应该另有机制。

有些研究显示,美洲的玛雅语和非洲的丁卡语②,也是声调语言和单音节语,具有话题突显倾向。这给本课题带来很有价值的启发。

根据这一初步考察结果,我们至少可以得出带调音节的声调语言与话题突显型呈现高度相关性的结论。

四、带调音节与词组/句复合词同构的相关性

汉语有一个明显的特点,即复合词构词法与句法关系基本一致。例如以下【表2】:

句法关系	例　语	复合词构词法	例　词
主谓	脑袋疼　房间大　阳光充足	陈述	地震　头疼　心慌
动宾	吃饺子　讲故事　看电影	支配	扶手　拼命　毕业
修饰1[定中]	新概念　旧房子　大马路	偏正1	长凳　高手　靠垫
修饰2[状中]	认真写　慢慢找　笑着说	偏正2	难受　暗恋　回忆
述补	剥离掉　关不上　放得开	补充	形成　离开　船只
联合	科学技术　谦虚好学　美丽大方	并列	人民　贸易　美丽

① 中古藏语有丰富的形态和复辅音。随着声调取代复辅音,拉萨藏语的形态也大幅萎缩,动词只保留简化的屈折变化,而且失去独立表达语法意义的功能。一些藏语学者认为藏语属主语优先型,该判断可能还是依据中古藏文留存于书面的认识,须再分析。

② 参见本文一之(二)之1的注①。又参见T. Andersen, Subject and Topic in Dinka, *Studies in Language*, 1991, 15.265—2。

可以这样去理解：远古汉语(假设)基本以单音词为实用单位，两个以上的单音词组合在一起就成为最小句法组合。在发展到上古汉语的过程中，原来的词组在发展中慢慢演化出新的概念，于是开始了词汇化的过程。这个过程使得句法关系被固定在复合词中，并逐渐固定为词内关系。它们与词汇本身的附加式、重叠式共同构建了构词法的基本形式。从上古到中古，又到近代，再到现代的发展，音系简化了，语音辨义基本单位(音素、声调)缩减了，新概念或衍生概念却随着社会和语言的发展大大增多了，于是最小句法组合的词汇化以及依托词汇化形成的构词方式产生新词就成为音系简化最方便、最直接的补偿方式。由它们造成的复合词在长时期发展中成了词汇的稳定集合，其内部方式也成了最能产的构词法。历史大约就是这样：首先是句法组合的词汇化；随之使得句法关系被"词汇化"为构词法；这样的构词法又再直接构成复合词。这样就不能不形成复合词与句法组合的同构现象。

在现代阶段，汉语还输入了成千个由日本创造或发展的汉字新词。由于自古以来汉语词汇与词组全面、大量地输入日语，汉语在中国的习惯也在日语深深扎下根了，成为日语的准固有成分，使得日语也必然同样遵循着汉语的复合词构词法。于是，来自日语的这部分词便与汉语固有复合词高度同质，造成中日复合词难分难辨，你中有我，我中有你。中国自源复合词与外来的日源汉字词，便构成了汉语构词法的客观体现者。

形成以上语言事实的关键在于单音节语素的基础性、全面性与能产性。单音节语素成为汉语最强大与广泛的基础。而这些单音节语素都是由带调音节作为能指形式。没有带调音节，便不可能有作为汉语基础的单音节语素，就不可能有现在的句法构造，也就没有在汉语与日语中的词汇化与复合构词，更不可能产生浩瀚的复合词。于是，带调音节与词组/句词同构的逻辑程序与相关性就这样建立了起来。

由此又派生出与带调音节相关的第二个特点，即复合词与词组界限不清[①]。例如：

鸡蛋　牛肉　开会　吃饭　心疼

当然词与词组会有韵律与凝固度上的一些区别，但最关键的区别应该是在语义上的不同。词是不同程度专指义的负载者，词组是两个词的语义的简单组合。例如以下【表 3】：

例	作为词的词义(专指义)	作为词组的词组义(组合义)
鸡蛋	鸡产下的蛋	无(＊鸡的蛋)
牛肉	牛宰割以后作食材的肉	无(＊牛的肉)
心疼	十分爱惜、珍惜； 因喜爱的东西或人受到损害而感到痛苦、难受	无(＊心脏感觉疼痛)
心痛	十分爱惜、珍惜； 因喜爱的东西或人受到损害而感到痛苦、难受	心脏感觉疼痛
吃饭	进餐	进餐吃米饭或定时食物
开会	召集若干人议事	召集若干人议事

以上这些组合到底是词还是词组？有的可以说清楚(如"鸡蛋、牛肉、心疼、心痛")，有的却很难(如"吃饭、开会")。因此，汉语确实不需要那么较真儿，非得分清词还是词组，只要在语义上没有弄错就行。这种情况反映到人的应用心理上，就形成了汉语单位第三个特点：

在不妨碍语义理解的情况下，汉语不太纠缠于坷与坷组的区别，甚至句法组合有时还可以介入复合坷内部(如离合坷)。

这些都证明带调音节与词组/句复合词同构的高度相关性，但又与具体结构类型无关。

五、带调音节与句法词类的相关性

带调音节造成了单音节语以及语法手段的孤立性。即使某些句法位置上有表示时-体等的孤立手段，也很难

① 有些复音词由附加法产生，例如"阿斗、嘴巴、椅子、石头、我们……"，这些词明显不会与句法组合发生混淆。

用来作为划分词类的形态标记。这些句法的孤立手段不是“词”本身所有的。这就是众多声调语言都没有词类形态标记或实词无形态的原因。因此也就不可能按照西方词法(morphology,即形态学)划分词类。过往的词法理论是按印欧系语言的形态构建起来的框架,不具备普遍性。非印欧系语言必须根据自身的事实来建立符合自己的词类理论。汉语必然只能以句法功能或句法分布作为形式依据,并配合语义认知范畴,分出不同使用顺序的“词类”。这样的类别大大不同于西方词法词类,而是另一种“句法词类”。这样的句法词类必然有很大的变通空间或活用可能,会受使用频率的影响,会有更大的包容性,可以包容更宽泛的指称语、陈述语。

句法词类有一个好处,即所有词类划分原则几乎是一致的,如果将代词作为特殊类别排除在外,其他的所有词类都能以句法位置的综合(即分布)或句法功能作为分类原则。英语的词类其实有三大划分标准:名动形是以形态划分的;代词虽然有形态,但却是以替代功能分出的;介、连、冠等虚词是以句法位置(即分布)或句法功能分出的。因此,英语的词类只不过是教学用词类,并不是那么完美和纯粹。[①]

很明显,带调音节与句法词类的总原则、总类型具有相关性,但与具体词类项目及词类数量都无关。

六、带调音节与信息密度及语速的相关性

1. 带调音节的信息密度。用声调分化并区别音节,在最短时长内储存最多的区别性形式,是一种最有效能的选择。带调音节使得数量巨大的汉语基本语素得以用最简短语音形式来表达,从而增加了规定时间内输出的信息。据法国里昂大学对八种语言的调查统计[②],它们的信息密度(Information Density,每个音节平均占有的信息)依次为:

越南语(Reference,以 1 作为参照标杆):1

汉语(Mandarin):0.94(±0.04)

英语:0.91(±0.04)

德语:0.79(±0.03)

法语:0.74(±0.04)

意大利语:0.72(±0.04)

西班牙语:0.63(±0.02)

日语:0.49(±0.02)

汉语和越南语在单位时间内的信息密度最高,每个音节平均含有的信息更多。日语和西班牙语在单位时间内的信息密度不高,每个音节平均含有的信息不多。[③] 从中至少可以看出,带调音节使得信息密度提高,在单位时间内可以充分传达所需交流的信息,并使声调语言在众多复音节语的包围下不但没有丧失使用者,反而扩大了影响范围,越南语从无声调语变成为带调单音节语就是一个证明。

2. 语流中的音节速率。音节速率即缩小尺度表示的语速,也可代换为音节实际发音平均时长,或表示为每秒发出的音节数,即音节率(Syllabic Rate)。语速快慢会影响发音的音色特点、影响音节分隔的清晰度,以及连音变

---

① 以词义与构词形式作为分类依据的确并不可靠。但如果从人本角度去认识,意义与某种构词形式(如:-子、-儿、-头、阿-)作为辅助项或可能线索,却是很容易理解并能接受的。人们会在试用过程中调整认识。过去我们被所谓“科学性”的一维原则所束缚,否定了意义与构词形式,但从当代科学的高度看,多维原则才更为科学,也更符合人性。

② 美国语言学会刊物 *Language*(2011 年第 3 期,87 卷,pp.539 - 558)发表由 François Pellegrino, Christophe Coupé and Egidio Marsico 合写的 *A Cross-Language Perspective on Speech Information Rate* 一文。该文汇报了法国里昂大学和法国国家科学研究中心的语言学家小组的研究,他们分析了由英、法、德、意、日、西、中、越八国学生用母语朗读 20 篇短文的录音,对其中的音节及意义进行统计。本节所引就是该研究发表的成果。其中一篇短文的汉语译文是:“昨晚我打开前门放猫出去的时候,看到夜色很美,就走下台阶,想到花园里呼吸呼吸新鲜空气。当时只听到身后咔哒一声,发现自己被锁在门外了。更糟的是,当我试图撬开门的时候被警察逮捕了。”

③ 法国里昂大学的研究以自然语言中每个实际语音间隔单位(95%可确信间隔)来计算,这八种语言所显示的信息率(Information Rate)依次为:英语:1.08(±0.08);越南语:1(Reference,参照项);法语:0.99(±0.09);西班牙语:0.98(±0.07);意大利语:0.96(±0.10);汉语(Mandarin):0.94(±0.08);德语:0.90(±0.07);日语:0.74(±0.06)。这显示,越南语与汉语基本以音节为间隔单位,而英语的实际语音间隔远超一个音节,因此才会在信息率上超过前两种语言。也就是说,在相同的时长内越南语和汉语的信息量远大于所有的语言。

化，如日语的单位音节时长极短，因此许多元音都有央化的现象。汉语是声调语言，每个音节的声韵调都很清晰，因此在语流中会要求语速更慢一些。很显然，语速慢在一定程度上与单音节语有关联。按照法国里昂大学的研究，可以列出如下每秒音节率排行榜：

汉语官话：5.18(±0.15)

越南语：5.22(±0.08)

德语：5.97(±0.19)

英语：6.19(±0.16)

意大利语：6.99(±0.23)

法语：7.18(±0.12)

西班牙语：7.82(±0.16)

日语：7.84(±0.09)

汉语的音节率最低，即每秒发出的音节最少，也即语速最慢。而日语语速最快，每秒发出的音节最多。这与我们平时的感觉是一致的。我们总说"一字一顿、字字分明、字正腔圆"，就是对汉语语速在各个方面的一种描述，说明汉语音节速率总体上倾向于慢。由于声调不占时长，因此，说得慢才更容易准确传达所有的语音区别性信息，尤其是需要充分的时长来反映的声调信息。这样才能与对方脑中储存的词库相对应，从而让人得到准确的语义信息。

3. 信息密度和音节速率(语速)具有相关性。单位时长内信息密度越高，语速势必越慢。反之亦然，语速越慢，意味着单位时长内的信息密度越高。中古藏语虽然不是声调语言，但却是单音节语，每个音节有许多复辅音和前/后辅音丛，每个音节的占有时长应该更长。发展到今天，拉萨藏语虽然复辅音和前/后辅音丛都脱落了，而且转化成声调语言，听起来的语速与粤语差不多。可以想见，当初的中古藏语也应当是说得比较慢的。

这些虽然还只是初步研究，但已证明带调音节与信息密度及语速之间具有高度的相关性。

七、带调音节与词语韵律格局的相关性

(一) 汉语带调音节的发音特点

1. 汉语声调蕴含长短对立。汉语传统的平上去入四声，除音高外，实际还包含音长因素。平仄的对立从另一角度看也是音长的对立。其中又分隐显两类。显性音长就是舒声与促声的对立。隐性音长则是平声与上去二声的对立，古代上去二声在语流中是较难延长的，在传统旧体诗词的吟诵中往往可以显示出来。至于北京话的轻音/轻声，更是一种显性音长。其最具本质意义的是极短音，音强则是一种重要的并列特征①。轻声音节的音高随前一音节的声调而定，而且一语素往往随着组合的不同而有原调与轻声两种形式，因此在本质上不属于音高类的声调范畴，即并非北京话的第五调，准确地只能称为"短-轻音"。

2. 语流中的音节发音特点②。以上都是静态的观察。在语流中观察动态的实际发音状况，可能更为有意义。我们目前还做不到观察所有动态方面，只能先就下面四项来做些比较：

A 项：发音时音节分隔的清晰度。以汉语为代表，声调把音节箍得很紧，使所有带调音节分隔得都很清楚。所谓"字"的感觉，所谓"一个字一个字"地说话，就是指音节的这种清晰分隔状态。

英语则不容易将音节切分得很清楚，因此，人们才从音素与"词"的角度去认识这个语言。

朝/韩语的音节比较紧张，音节分隔比较清晰，但两个音节之间发生连音变化的情况较多，音节变动多，因此也只能属于中间状态。

日语音节的紧张度很弱，因此日本喜欢以 mora(韵素)来计算。除了元音相连时音节界限不分明外，日语基

---

① 在北京话轻声的问题上，必须同时关注音长与音强，而决不可忽视音强。否则就会滑向另一个不真实的极端。

② 史有为曾将传统的音节结构称为"狭义音节结构"，另外设立"广义音节结构"，见《音节结构与语法手段的相关性考察——汉语音节在语法中的地位》，《中国语言学》第一辑，济南：山东教育出版社，2008 年，第 38—60 页。本文放弃这样的区分，而将后者的几个重要部分取出，改称"音节发音特点"。

本仍属音节易分的语言。

B项：塞尾音的闭合度。这里的塞尾音多指-p、-t、-k、-ʔ或其浊音形式。该尾音是唯闭还是非唯闭，可能会影响连音变化的可能程度。例如：汉语“叶”，粤语[jip]、南昌话[iɛt]、上海话[jeʔ]，尾音都是唯闭音。英语cat、cap、brick，尾音都是非唯闭音。

C项：音节的固守度。即音节与相邻音节之间是否容易发生连音变化，前音节的尾部是否会成为后一音节之首。前音节的尾部包括辅音(含鼻音)、元音。例如：汉语“黑暗”，粤语[hak-aːm]、上海话[həʔ-ø]，又如：北京话的“西安”[ɕi-æn]，前音节的塞尾音与后音节头的元音都不连读为一个音节，各自固守着本音节的语音形式。

D项：音节的速度。即语流中平均每个音节的所占时长。可以用“快、慢”简单表示。(参见第六节之“2. 语流中的音节速率”)

这四项中，B项与C项常联系在一起，塞尾音是否唯闭与连音变化存在正相关。C项涉及鼻尾音或元音与后续音节的连音变化。例如：汉语“天安门”[tiɛn-æn-mən]，在大部分汉语方言中前项的[-n]不会同化后一元音开头的音节。

汉语普通话与北方方言(晋语除外)没有塞尾音，但古汉语以及现代大部分非北方方言中都存在塞尾音，而且都是唯闭的。汉藏语系语言也大致如此。音节连读时很少发生前音节尾音与后音节的连音变化。普通话中只是由于轻声的作用，解除了音高声调的框箍，降低了该音节的固守度，因此会在语气词情况下发生连读音变。这恰恰证明声调的重要性。例如：

天啊→天哪，来啊→来呀，好啊→好哇，来了＋啊→来啦

英语的塞尾音都是非唯闭，在一个“意群”或“词组”内，连读时很容易出现连音变化，出现音素的变化与替换，从而使音节界限发生变化。例如①：

come＋in[cʌm＋in]→[kʌ-min]

look out[lu＋kaut]→[lu-kaut]

take up[teik＋ʌp]→[tei-kʌp]

(in)front of [frʌnt＋əv]→[frʌn-təv]

have a cup of tea[hæv＋ə＋kʌp＋əv＋tiː]→[hæ-və-kʌ-pəv-tiː]

朝/韩语塞音尾都是唯闭音节(-p、-t、-k)，该音节后连接以元音开头的音节或以h-开头的音节时，就会出现连音并重组音节。而且k、t、p变成送气音k‘、t‘、p‘。例如②：

“觉悟”kak＋o→＝ka-k‘o

“甲午”kap＋o→＝ka-p‘o

此外，鼻音尾音节后连接以上音节时，也必然发生鼻音同化的连读变化。例如：

“山岳”san＋ak→sa-nak

“新婚”sin＋hon→si-non

“婚姻”hon＋in→ho-nin

“恋爱”lyeon＋ae→lyeo-nae

日语没有塞音尾音节，只有在三个音节连读的时候，才发生省略元音，从而造成一种特殊的唯闭音，例如：

“日本”nichi＋pon→Nippon

“落下”raku＋ka→rakka

前音节为-n尾，与后元音开头的音节连读时则也会发生连读变化。这些都说明日语音节仍有一定的开放性。例如：

kan(观)＋on(音)→kannon(观音)

ten(天)＋ou(皇)→tennou(天皇)

---

① 英语例承英国诺丁汉大学教授王维群确认。

② 朝/韩语例承北京语言大学教授朴贞姬提供并说明。

按照音节发音特点 ABCD 四项，以汉、朝/韩、日、英四语相比较，可列出以下【表 4】：

语　种	A. 音节清晰度	B. 塞尾音闭合度	C. 音节固守度	D. 音节速率
汉	+	+	+	慢
朝/韩	+	±	−	快
日	±	−	±	快
英	−	−	−	慢

上表只是初步印象。据我们的听觉印象，其他汉藏语系声调语言莫不与汉语相似。可见带调音节与这四者的关系。

（二）带调音节与语言韵律的相关性[①]

声调对于音节犹如框箍，使得音节具有较强的聚合性，较高的清晰度，音长比较统一，大致都要求 2 mora（韵素）。这些都造成带调音节在韵律上的突出特点，由此构成的汉语呈现出一种强烈的等长性的节奏要求。这使得汉语以单音节为基本音步，以双音节为常用音步。在构词组语上出现单音节与双音节双强势的现象。动词，尤其是口语动词以单音节为优势，名词以及书面语以双音节为优势[②]。在语句的某些区域内出现韵律的限制与和谐的要求，出现语句建构、压缩的四字格现象。这些四字格出现在许多短语以及绝大多数成语中。四字格不但是汉语的特点，也是许多汉藏语系声调语言的特点，而汉语尤为突出。这证明四字格的确与带调音节具有高度的相关性。例如：

藏语：ca^{55}ke^{55}co^{55}ke^{53}（弯弯曲曲）

　　　pa^{11}ri^{55}pu^{11}ri^{53}（凹凸不平）

彝语：la^{21}hi^{33}la^{44}hi^{33}（东倒西歪）

　　　pho^{33}ʂʅ^{33}pho^{33}ko^{21}（出谋划策）

景颇语：a^{55}kjing^{31}a^{55}kang^{31}（紧紧张张）

　　　　kjiʔ^{31}kjiʔ^{31}koʔ^{31}koʔ^{31}（弯弯曲曲）

苗瑶语：faŋ^{55}maŋ^{11}ta^{13}mɛ^{13}（面黄肌瘦）

　　　　pi^{11}tji^{11}po^{11}tjo^{11}（乱七八糟）

在汉语的许多语词和成语中，汉语声调呈现高低和长短两种不同对立。中古汉语时期，高低就是阴阳。清声母为阴为高，浊声母为阳为低。平仄则是长短的一种表现。平声（阴平、阳平）可延长或容易延长。仄声又分两种：显性的短音是入声，不能延长；隐性的短音是上声、去声，会表现出延长受限的性质。四字格，尤其是成语，大都要求平仄协调。笔者曾对一本小型成语词典内的成语做过调查和统计[③]，差不多百分之八十的成语，都符合平仄相间而和谐。汉语传统节律是后重型的，因此在双音音步中更要求第二音节符合此韵律，呈现“__平__仄”或者“__仄__平”，又可以“平仄平仄”或者“仄平仄平”。成语大部分都是从古代普通对话、叙述文、散文以及韵文诗歌中截取或提取并经反复使用后形成的熟语，证明四字格的平仄协调是语言本身的自然发生，不是故意而为之。这也证明平仄相配的确是语词和谐要求的表现，是带调音节深层作用所致。

（三）带调音节与传统韵文的相关性

1. 韵律基础。带调音节在韵律上的表现可以归结为两点：其一，以 2 mora（韵素）的音节作为节奏的基础；其二，多样的和谐律。

所有传统带调音节都由两个 mora 构成，既可成为一音步（/节奏群），可以成词，也可以在语篇支撑下成为单独

---

① 吕叔湘先生在《现代汉语单双音节问题初探》（《中国语文》1963 年第 1 期）中最早发现并探讨了韵律对语法组合的影响。此后史有为在《句型的要素、变体和价值》（收入《句型和动词》，北京：语文出版社，1987 年，第 16—38 页）提出语法的第四个平面——句法语音平面。

② 史有为在《汉语文化语音学虚实谈》（《世界汉语教学》1992 年第 4 期）中曾认为音节构造形成的节奏“在口语中，这种节奏便逐渐表现为词汇中双音节化趋向（包括简称）”。

③ 史有为：《关于四字格及其语音节奏——从“一衣带水”和“一肚子气”谈起》，《汉语学习》1995 年第 5 期。

诗句。最佳音步则是双音节，因此，双音节既可以成句，也很容易发展成复合词。三音节更常见的是构成一个音步组合(1+2 或 2+1)，在特殊条件下(例如外来词或现代汉语条件下)也可以构成一个音步。由于三音节大都是短语组合，因此比较容易担任句子或诗句。至于四音节就成为最稳定的一个音步组合，也成为诗句最初的常见长度。

2. 两种节奏和谐。和谐，有多种。节奏相同是一种“齐整性和谐”，因此连续的三音节就适合成为启蒙的《三字经》节奏。连续的四字则有更大的空间，故而才成为《诗经》的基本形态，更是《千字文》《百家姓》的不二之选。五言、七言的诗句，则是齐整性和谐进一步发展。

节奏的穿插交替，是同中有变的更高一步的“变奏性和谐”。这种和谐大致有两种。一种是字数的变奏：汉赋的四六句，以及宋词的长短句，打破了千篇一律的僵硬板结，让语言在文学诗歌平台上更灵活了起来。另一种是音步的变奏，五言、七言诗中会允许有不同音步的穿插。以五言古体为例，可以有 2|2||1 和 2|1||2 不同音步的穿插。例如：

煮豆|燃||豆萁，豆在|釜中||泣。本是|同根||生，相煎|何||太急？　　——三国·魏·曹植《七步诗》

床前|明月||光，疑是|地上||霜；举头|望||明月，低头|思||故乡。　　——唐·李白《静夜思》

3. 格律诗的平仄和谐。声调的存在，开始了诗歌另一种韵律风格。平仄基本上可以用长短来比喻，平声显然可以延长，仄声则不利于延长。因此平仄要求既是节奏，又是一种和谐。古代民歌是汉语音韵特点的自然流露。格律诗则是对民间诗歌天然和谐形态的总结与归纳。旧体格律诗中的“一三五不论，二四六分明”，是汉语音步前轻后重的反映。诗句的韵脚，也是复沓和谐之需。“韵”者匀也，和谐也，音声应和也。因此，韵脚多用平声。这些都非文人拍脑袋臆想出来的，而是有深厚的自然语言基础的。诗句节律与韵脚互相配合，形成跌宕起伏、有序有变、尾韵应和，正是汉语诗歌节奏与和谐的最高境界。例如下例平仄的黏对调谐与韵脚的韵母应和：

红豆(仄)|生||南(平)国(仄)，春来(平)|发||几(仄)枝(平)；

愿君(平)|多||采(仄)撷(仄)，此物(仄)|最||相(平)思(平)。　　——唐·王维《相思》

这方面的研究已经很多，无须再多费笔墨。带调音节还可影响戏曲，因涉及具体音素与调形，进入艺术范围，不便置喙。总之，在在都显示带调音节与韵文的相关性。①

八、带调音节与汉字的相关性

史前的汉语怎么样？由于没有任何记录，我们不知道。唯一能做的就是“反向逆推”(李零)或“以后证前”(饶宗颐)。根据甲骨文，可以推知，当时的汉语已确定无疑是单音节语。单音节语也可能是无声调语言，但甲骨文至少告诉我们，那时谐声初露，声调初起(如：巳、祀；鹿、麓)，但可能还残存复辅音(如：各、洛)，而且还缺乏形态。如果有丰富的形态，一定无法用一个个音节-语素的汉字表示。到金文，形声造字日臻成熟，声调之体已定。小篆则谐声大备，声调定型。这些都为“音节-语素”型汉字提供了产生与发展的基础。一些语言学家从语言学定义出发提出“突发说”(或称“定义说”)，说是由专人在短时间内突然发明而成“成熟文字”(full writing)。这明显是站在拼音文字立场上的一面之说。另一种是“过程说”，认为文字是复杂系统，不可能从无到有，一蹴而就，总得有个从简单到复杂的准备过程，应该从“原始文字”(proto-writing)逐渐发展到“成熟文字”。后者对所有文字都有较好的解释空间。1978年裘锡圭曾说：“夏代有完整的世系流传下来这件事，就是原始文字有了巨大改进的反映。这种改进为汉字在夏商之际形成完整的文字体系打下了基础。”这一推论是很有道理的②。

我们如果“反向逆推”，推定远古汉语为单音节语且缺乏形态，以此判断出发，那么汉字可能就是一个个地个别产生的。功能也是逐步完备的。现在看到的陶器上简单刻画符号，有多种可能性，可能是器物领属的标记，以示区别所属主人，也可能具有记录某种词语或事件的功能。它们应该是人类在朴素审美感下模仿自然界多种图像与痕迹的结果。放开传统的理解，这种指别符号也可以称为“指事”。之后则会出现记录王的名号。也可以是

---

① 北京话出现轻声以后，汉语韵律有很大变化，此课题将另行撰文探讨。

② 以上可参看李零：《谁是仓颉——关于汉字起源问题的讨论(上)》，刊《东方早报·上海书评》2016年1月17日。后经公众号“墨香学术”转载，由编者改名为《语言||李零：汉字是何时起源的》。

同时，可能出现象形的文字符号。这时候的文字完全可以是零星的，零散的产生，不必系统。再之后，因文字担负的任务复杂了，需要记录更多语言单位，才会出现“假借”与“会意”。由于“假借”与“会意”的不足，由于语言的孳乳，引起了歧义冲突，才会逼着产生“形声”之法。“形声”法之成功实行，一方面证明汉语确实是单音节声调语言，另一方面又使得谐声系统得以建立，并跨越“成熟文字”的门槛。因此，“形声”法的诞生是文字的一次伟大历史事件。从此，汉字不必压缩表达尺度，不必从表达音节-语素/词的文字类型压缩或改变成表达音素的尺度①，从此也就开拓出一片对人类文字学更有意义的新天地。

于此，我们可以确定汉字与汉语的高匹配度或高相关性。细析则可有三：

首先，汉语目前的带调音节，具有明显的封闭性与相对均衡的音长，因此也具有很明显的天然离散性，一音一顿，彼此区分明显，适合于块状字符的离散表达。至于远古可能的复辅音音节，只是在封闭性与音长均衡的程度上略逊些许，并未改变单音节语的性质与离散性。

其次，汉语的带调音节以及远古可能的复辅音单音节语性质，使汉语一个音节表达一个词/语素成为可能。兼顾“音节-语素”两种语言性质便是汉语对文字最自然的呼唤。当这种呼唤与零星字符试验达到一定程度，具有系统能产性、可操作性的汉字便应运而生，成为汉语最适宜、最匹配的文字。这样的文字可以逐个创造，不必一次性都创造完成。

其三，音节与音素相比较，前者是自然分离存在的整体类型，而后者是分析后才获知的类型。如果以带调音节-语素为合一单位，语素义在造字之初便已成为造字设计的一个要素，是汉字内在的部分，其整体性更强。而以音素为基础的拼音文字，其语义则是与现实中语词的语音相联系时才有的，非成熟字母带有，因此分析性更强。从认知角度看，初学者(包括幼儿)更适合整体型的文字认知，汉字正是最能体现音节-语素合一的整体型字符形式。对幼儿而言，分析型认知是后发展的。以音素为对应单位的拼音文字由于其分析性，初学者(包括幼儿)学习并不容易。又由于语义并非拼音符号本有的，更容易导致“阅读障碍”。应该说选择汉字是我们祖先最合理的决策。至于流传的“拼音文字是文字发展的终极高级阶段”一说，乃不了解语言与文字相关性之表露，且又局限于文字仅记录口语的陈说，显然并非科学，经不起推敲。只要汉语还是声调语言，只要音节表义率依然在6左右，没有实质性的下降，那就不可能“拼音化”。

由上可知，带调音节与汉字之间有着和谐匹配。简直可以说，是汉语的带调音节促使成熟汉字的诞生，并始终选定汉字而不中断。二者间的相关性明显而充分。

九、结语：两个基本出发点

从上可知，汉语的带调音节，至少是解释汉语多个主要项目的基本出发点之一。

另一个解释汉语的基本出发点也许是人类通信用的信息结构“话题-说明”。由信息结构出发的演化，再加上不同人群的任意性选择，才导致各种语序形式与组合关系。而这一部分是无法从音节类型得到解释的。

音节出发点并非“音节本位”。笔者不主张采用“本位”来描述。“本位”是一个含义分歧的词，不宜作为术语。作为解释语法的基本单位，必须具备两个要件：一是可以以此构成该学说所需组合。如句本位，以单句为基本单位，去构成所需的复句和语篇；词组本位，以词组为基本单位，去构成实现后的句子；词类本位，以词类所依据的词为基本单位，去构成词组和句子。当然也可以以此为基准，向下分解更小的单位。各个学说立足点不同，解释的目标尺度也不同。二是可以含有组合内的结构关系。现在所知的“句本位”“词组本位”“小句本位”都具有这两种要件。即使如后世评价《马氏文通》的“词类本位”，也暗含着这两个要件(词类所依据的词；词类所含的功能，即所隐藏的句法关系)。带调音节只具有“以此构成所需组合”这一项。因此，万万不敢以“本位”称之。

---

① 纳西语虽然也是带调音节的孤立语，但在古代创制文字时却选择了以概念-音节与事类-语句两种尺度为表达单位，从而形成了图画象形为特点的东巴文。如果要进一步发展，只有放弃事类-词语尺度，选择概念-音节尺度，才有可能走上汉字式的道路。但在现实环境下，这条路已无可能。

补　　记

《带调音节：解释汉语的一个出发点》涉及面广，有些直接挑战了当代流行的观念，但限于篇幅，不能充分展开。现乘再次刊出的机会补充几句，以求教于同行。

1. 对于单音节语，可以有不同理解。单音节语的观察单位可以是语素，也可以是词，还可以是二者的结合。屈折语由于带上各种构形形态，很难提取形式一致的语素，因此比较容易以词为观察单位。但汉语不同，上古汉语就没有明确的构形形态。汉语的孤立性从古至今并未改变。上古汉语无疑是单音节词为主，到了现代汉语，单音节词依然活跃，尤其口语中的动词部分，并成为基础。现代口语中难以单说单用的语素，依然以单用身份存在于固定词组与不同文体中，而且大多可以在一定条件下激活，因此也可以称之为"禁锢词"或"休眠词"。我们对"词"有着过分的崇拜与迷信，但当科学范式转移时，过去用来划分词的标准与理想已经捉襟见肘，我们再执着于过去理解的"词"，就有点不能应付。陆志韦先生的《北京话单音词词汇》和《汉语的构词法》二书就对词有完全不同的理解。前者根据"替代法"，结论是单音词占多数，后者根据"扩展法"，结论则为复音词占多数。但后者尽管反复论证仍剩下一大堆分不清是词还是词组的东西。跳出以往西方传入的概念，我们才能海阔天空，这也正是今天所需。本文把单音节语的观察单位定位在共时与历时结合、口语与书面语结合下的语素尺度上，也许正可以打开更宽广的一片天地。（以上可作为第一节的补注）

2. 句子是事件的一种主观投射。对于事件设置，不同民族有不同之理的主观认识。因此，把句子的构成基础定位于"事理"是合理的。有事理宽向与窄向的句子。施动受句，系词判断句，形容词描写句，都是窄向的句子。超过以上限制的句子就进入宽向。前者犹如单车道、直行道，后者犹如多车道、直行道外还有弯行道。宽向可以包含窄向，反之则不可。由此主语也就有宽向与窄向的区别。汉语所谓的话题句就是宽向主语句，而且也包含窄向事理的句子。不同语言有不同的宽度，其主语的宽窄不尽相同。窄向事理的好处是单一，集中，容易生出严密逻辑。宽向事理则较为分散，驰骋空间大，组合更为复杂，理解更为宽广，但又不排斥严密逻辑。（以上可作为第三节的补注）

3. 句法词类从广义角度看，应该有两个层次。名动形是表层的词类，最基础的则是指称与陈述两类。指称与陈述是最初始的句法词类(或前词类)。在形态语言里，由于所有句中的用词都已由构形形态限定，因此"指称、陈述"这两个类别不再存在，已经由名动形表达。而没有构形形态的汉语，则仍需要指称与陈述，这两个类别仍有它们存在和使用的空间与合理性。（以上可作为第五节的补注）

4. 汉语声调有长短区别。2018 年，我曾与留美学者张洪明在一次会议期间交谈，不约而同都看到了声调的长短，而不仅仅是入声，上声与去声也是一种隐性的短调，并都看到了格律诗里的长短韵律。至于普通话里或北京话里的长短配合规律，则是今后需要重点探讨的新课题。北京话短弱轻声的出现大大改变了韵律规则。（以上可作为第七节的补注）

5. 汉字的孤离性和透明性。带调音节，意味着所有系内音节都有意义，也意味着由此产生的汉字具有表意性。这个特点导致汉字具有很强的使用上的孤离性和意义上的透明性。这两个性质已经深入到文字使用的许多方面，也是其他现行文字所没有的。这大概就是汉字至今生机勃勃的原因。当然事物总有两面性，由此带来的困惑与困难也不可忽视。如何保留汉字，消除困惑，克服困难，这正是我们现代人的任务。（以上可作为第八节的补注）

史有为补记于 2020 年清明后

史有为，日本明海大学　shiyw2008@126.com

（原载《华东师范大学学报》2019 年第 3 期）

名词转动词的语义基础*

——从动词视角到名词视角

宋作艳

提 要 名词转动词研究经历了从动词视角到名词视角的拓展,前者关注名词在动词的论元结构中担当什么论元角色,而后者关注动词在名词的物性结构中担当什么物性角色。本文探讨了引入名词视角的意义和两种视角之间的关系。名词视角可以揭示什么样的名词易于转用为动词,也可以揭示名词与动词之间的语义映射关系,尤其是事物功用与事件目的之间的互通性;这一视角具有跨语言的普适性,不仅适用于名转动,在含动词化词缀的名源动词中也有表现;还有利于解释名源动词的意义泛化、多义性、不同语言间的共性与差异以及动转名等问题。两种视角互为补充,名转动是物性结构与论元结构互动的结果:动词化是物性结构驱动的,但哪个物性角色被激活以及如何实现为动词义受制于论元结构。

关键词 名转动 名源动词 物性结构 论元结构 互动

引 言

名词转动词现象(noun-to-verb conversion,下称"名转动")在各种语言中普遍存在,已在生成语法、认知语言学等理论框架下得到广泛研究,涉及名转动的手段、名源动词(denominal verb)的语义、分类、在不同语言中的差异及其原因等。其中一个核心问题是原生名词(parent noun)与名源动词之间的语义关系,它涉及为什么有些名词容易转为动词,而有些名词一般不能。以往研究主要从动词语义出发,看原生名词在名源动词的论元结构中担当什么论元角色,名源动词的分类基本上就是格的分类,如处所动词、施事动词、工具动词等(Clark & Clark 1979)。Hale & Keyser(1992,1997)进一步提出名源动词是原生名词从论元位置通过移位和句法合并推导出来的。尽管不少学者(如 Clark & Clark 1979; Kiparsky 1997;徐盛桓 2001)都曾提到,动词化受原生名词语义的制约,但因为对名词语义的内部结构缺乏细致描写,到底哪些语义成分在动词化中起作用,一直未有定论。生成词库理论(Generative Lexicon Theory)中的物性结构(qualia structure)提供了名词语义结构的描写框架(Pustejovsky 1991,1995),为这一问题的解决提供了新思路。基于这一理论,前人分别对西班牙语(Schroten 1997)、英语(Joh 2001; Nakatani 2003; Baeskow 2006; Jun 2009)、汉语(宋作艳 2013;任荷 2014)和意大利语(Fabrizio 2013)中的名转动现象做了分析,发现名词的物性结构信息是其动词化的语义基础。

物性结构概念的引入使名转动研究正式走向名词视角,此视角与动词视角完全相反,从名词语义出发,看名源动词在原生名词的物性结构中担当什么物性角色。目前相关研究还停留在语言事实描写上,未上升到两种视角的理论层面,更未厘清两种视角的关系。因此,对名词视角研究的优势和理论意义尚未有系统证明,对名词义如何实现为动词义也缺乏解释,这正是本研究的出发点。下文首先介绍研究视角的转变过程,然后证明物性结构在名转动中的语义基础作用及其与论元结构之间的互动关系,之后通过更多语言的实例证明名词视角的普适性,

* 本文得到教育部人文社会科学研究青年基金项目"汉语名词语义—语法双向互动关系研究"(项目批准号: 15YJC740069)、中央高校基本科研业务费专项资金资助。初稿曾在"第六届海外中国语言学者论坛·青年长江开放论坛"上宣读,承蒙袁毓林老师、徐杰老师赐教,《中国语文》匿名审稿专家的宝贵修改意见也极大提升了文章的质量,一并谨致谢忱。文责自负。

再之后证明名词视角可以对相关问题作出更好的解释，最后进行总结。

一、从动词视角到名词视角

关于名源动词的语义来源，经典的研究是 Hale & Keyser(1992、1997)对处所动词(location verb)和放置动词(locatum verb)的分析。处所动词由指示放置地点的名词转化而来，如(1b)中的 corral(圈)；放置动词由指示被放置物的名词转化而来，如(2b)中的 paint(漆)。汉语中的“圈(juān)”和“漆”也分属这两类动词。

(1) a. Bill put the horse in the corral.　　b. Bill corralled the horse.

(2) a. Bill covered the wall with paint.　　b. Bill painted the wall.

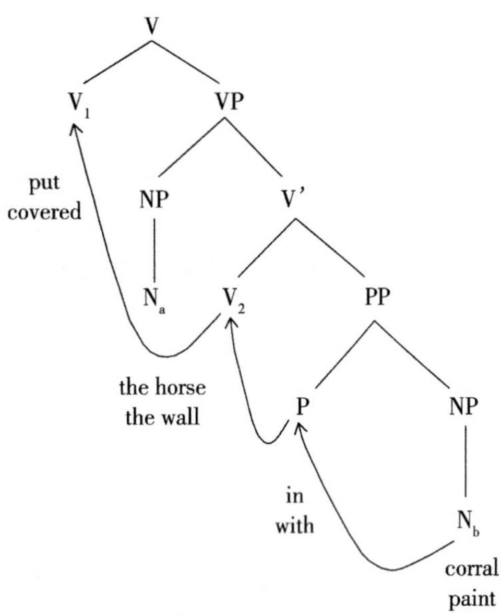

图 1　处所动词与放置动词的句法推导

Hale 和 Keyser 认为名源动词是原生名词通过中心语移位(head movement)和句法合并(incorporation/conflation)等句法操作推导出来的，其基本假设是意义源于句法推导。如图 1 所示，指处所和放置物的名词都在 N_b的位置，通过移位依次与介词 P、动词 V_2和 V_1结合，分别生成处所动词和放置动词。两种动词涉及两种不同的位置关系，主要是介词 P 不同造成的，处所动词涉及“中心重合(central coincidence)”(即密切接触)，而放置动词涉及“终点重合(terminal coincidence)”。

根据 Hale 和 Keyser 的理论，有的名词不能转为动词是因为相关推导违反了句法原则。下面(3)的推导不成立是因为 N_a(horse)与 V_1(put)合并违反了中心语移位的限制条件，即只允许中心语-补足语(head-complement)关系中的合并；(4)的推导不成立是因为违反了“不能将间接宾语合并在动词中”这一句法原则。

(3) Bill put the horse in the corral.→ * Bill horsed the corral.

(4) I gave the house a coat of paint.→ * I housed a coat of paint.

可是，如果认为底层句法形式(underlying syntax)是(5a)，按理 house 应该可以像 corral 一样通过推导转化成动词，但(5b)并不合法(Kiparsky 1997)：

(5) a. I put a coat of paint on the house. → * b. I housed a coat of paint.

这说明，底层句法形式的确定缺乏客观标准，推导过程还有其他限制条件阻止 house 动词化。

此外，一般认为，处所动词和放置动词源于同一概念结构，都是致使位移结构。Jackendoff(1990)指出二者的区别只是合并的论元不同，分别是表处所的目标论元(goal)和表放置物的客体论元(theme)。但这无法解释为什么 house 不能基于(5a)转为处所动词，horse 不能基于(1a)转为放置动词，而 shelve 既可以转为处所动词(如 shelve the book)，也可以转为放置动词(如 shelve the wall)。Kiparsky(1997)认为两类动词的主要区别是概念谓词(conceptual predicate)不同，一个是 BE-IN，表存在状态；一个是 HAVE-ON，表领有关系。他将 corral 和 paint 的词汇语义结构分别表征为：

(6) corral：λzλyλx [CAUSE (x, (BE-IN (y, z))) and CORRAL (z)]

(7) paint：λzλyλx [CAUSE (x, (HAVE-ON (y, z))) and PAINT (z)]

此外，他还分别从动词语义和名词语义出发提出了名转动的两个限制条件，一是“只有最底层的论元名词(即 z)才能转换成动词”；二是“当某个动作以某个事物命名时，涉及该事物的典型用途(canonical use)”。处所动词反映的是处所的用途，放置动词反映的是被放置物的用途。如 corral the horse 反映的是 corral 的用途而不是 horse 的用途；paint the house 反映的是 paint 的用途而不是 house 的用途；shelve 的两个动词义分别反映了 shelf 的两种用途。这可以解释为什么不是所有的位移句都可以推导出名源动词，(8)的推导成立而(9)不成立，就是因为胡椒粉的用途是撒在食物上调味，而不是撒在桌子上。

(8) a. Mary put the pepper on the beef. → b. Mary peppered the beef.

(9) a. Mary put the pepper on the table. → b. * Mary peppered the table.

Jackendoff(1997：231—232)也提到，shelve 并不只是"放到架子上"，把单个锅或盘子放到架子上不叫 shelve，把书随意扔到架子上也不叫 shelve，其中涉及 shelf 的整理和收纳功能。

其实，Clark & Clark(1979)早已指出名转动的首要条件是人们对某一事物有共同[①]的认识，了解有关这类事物的一般知识(generic knowledge)。具体包括事物的物理性质(physical characteristics)、形成与发展过程(ontogeny)、潜在用途(potential roles)。比如砖的物理性质包括形状、大小、重量、易碎性等；砖通常经过打泥坯、烧烤而成，然后由建材公司出售；砖通常用来砌墙，还可以用来挡门，在暴乱中可用作投掷武器。Clark & Clark 还将工具动词分为清理动词、固定动词、打击动词、刺杀动词等，分类依据就是名词所指事物的用途。

无论是"典型用途说"还是"一般知识说"，都意识到了名词对动词化的制约，但都把这些制约因素看成世界知识，而不是名词语义的一部分。名词视角研究未深入，根本原因是名词缺乏细致且系统的语义描写，词汇语义描写一直都以动词为中心。生成词库理论提出的物性结构使这一问题得以解决，名转动研究才真正走向名词视角。

二、名转动的语义基础与语义映射

以往基于物性结构的名转动研究存在两个问题，一是只考虑物性角色的作用，未考虑名词语义类与名源动词之间的关系；二是未解释物性信息与名源动词语义的映射关系。本节将考察物性角色、名词语义类与名源动词之间的对应关系，证明物性结构在名转动中的语义基础作用，并以功用角色为例探讨物性角色如何实现为动词义。

(一) 物性结构与名词的语义类

物性结构源于亚里士多德的"四因说"，包括四种物性角色(Pustejovsky 1995)：

1) 形式角色(formal role)：描写事物在更大的认知域内区别于其他事物的属性，包括方位、大小、形状和维度等；

2) 构成角色(constitutive role)：描写事物与其组成部分之间的关系，包括材料、重量、部分和组成成分等；

3) 功用角色(telic role)：描写事物的用途(purpose)和功能(function)；

4) 施成角色(agentive role)：描写事物是怎样形成或产生的。

以"刀"为例，它的形式角色描述刀的大小、形状等，构成角色包括刀柄、刀刃等，功用角色是"切、砍、削"等，施成角色是"制造"类动词。功用角色分两种，一种是直接功用角色(direct telic role)，与名词构成动宾结构，名词所指事物是功用角色所表达的活动的直接对象，比如，"读"是"书"的直接功用角色。另一种是间接功用角色(indirect telic role)，名词所指事物协助完成功用角色所表达的活动。工具名词的功用角色就是间接的，譬如"切"是"刀"的间接功用角色。人工物是为了特定的目的而制造的，都有特定功用。自然物也可能为人所用，会有强加的功用(imposed telic; Pustejovsky 2003)，如"水"可以用来"喝"或者"灌溉"，"冰"可以用来"使东西变凉"。这两类功用角色都与人的主观意图有关，带有目的性。此外还有与人的主观意图无关的自然功用(natural telic)，表示事物的天然功能或能力，比如"腿"用来"走路"，"眼"用来"看东西"，"水"能"淹没东西"，"火"能"焚烧东西"。广义的物性结构还包括规约化属性(conventionalized attribute)，指与事物相关的常规活动(参看 Pustejovsky & Jezek 2008; Jezek 2012)。比如"模仿人说话"是"鹦鹉"的规约化属性，"急切地吞食"是"狼"的规约化属性。

---

① 不同事物有不同的显著特征(predominant features)比如，砖的显著特征是形状和大小，相比之下，孤儿的显著特征是其来源，指失去父母的儿童。

物性结构是百科知识与词汇语义之间的接口，说明了与一个事物相关的典型事物、事件和关系，表达了一个名词中典型的谓词和关系。在词义分析中引入百科知识早已有之，生成词库理论的贡献在于只引入属于语言知识的部分百科知识，并将其结构化（structurize）。这些知识是系统的、受约束的，在语言的生成和理解中起重要作用，不同于语用学中不受约束的百科知识（Jackendoff 1997：61—64）。换言之，这是词汇中固化的知识，比如“读”是“书”词义中不可或缺的内容。

物性结构刻画了名词的语义，就像论元结构刻画了动词的语义（Pustejovsky 1991）。例如，工具名词凸显间接功用角色，饮食名词凸显直接功用角色，部件名词凸显构成角色。根据物性结构信息，名词按语义内容可分为自然类（natural type）、人造类（artifactual type）与合成类（complex type；参看 Pustejovsky 2001，2006）。其中，自然类和人造类的区分最为重要。自然类是只与形式角色和构成角色相关的概念，例如“兔子、老虎、女人、天”。人造类是与功用角色和/或施成角色相关的概念，例如“刀、啤酒、护士、屠夫”。人造类与自然类最大的区别是有目的性，与人类社会文化密切相关。需要注意的是，二者的区分并不等同于以往人工物名词与自然物名词的区分。人造类不仅指人工物，还包括被赋予某种特定功能或用途的自然物（参看 Miller 1996：169；Pustejovsky 2006；宋作艳 2016），比如“水”和“冰”。“石头”常用作工具和材料，也属于人造类。另外，指人的职业名词也属于人造类，都有特定的功用，如“护士”是“护理病人”的，“屠夫”是“宰杀牲畜”的（参看 Pustejovsky 1995：229—230）。在几种物性信息中，功用是核心，事物的构成、形式和制作都是为了实现其功能和用途。

（二）物性角色与名源动词类、名词类的对应关系

表 1 以英语和汉语中的名源动词为例，展示了物性角色与名源动词类、名词语义类之间的对应关系。对应比较整齐，而且有统一的释义模式，清晰地展示了哪些名词易于转用为动词，而且简化了名源动词的分类：基于论元角色要分 7 类（放置动词、处所动词、工具动词、施事动词、受事动词、结果动词、持续动词[1]），而基于物性角色只需分 5 类（分别基于功用、施成、构成、形式和规约化属性）。

基于功用角色的名转动最有概括力，涵盖了五类名源动词：放置动词、处所动词、工具动词、部分施事动词和受事动词。相关名词都是功用角色凸显的，多是指人工物、职业身份和含特定功用的自然物名词，如“水”指“用水淹没”；还有含自然功用的人体部件名词，如“目”指“看、注视”。

（10）秦有郑地，得垣雍，决荧泽，而水大梁，大梁必亡矣。（《战国策》）

（11）项羽目之，问为谁？（《史记》）

其中，基于间接功用角色的动词化最多，基于直接功用角色的很少。主要是因为名词已经占据宾语的位置，基于直接功用的动词化通常只能形成不及物动词。古代汉语中相对多一些，如“食（吃）、衣（穿）、酒（饮酒）、裘（穿皮衣）”，“食”和“衣”已可以用作及物动词。大概因为“食”“衣”是上位范畴，动词化后的宾语可以指具体饭食和衣物，如“衣锦食肉”。工具名词和人体部件名词间接功用角色最凸显，最容易转化为及物动词。

表 1　名源动词的物性角色基础及对应的名词类

物　性	名源动词类	释　　义	英　　语	汉　　语[2]	名 词 类
功　用	放置动词	用 NVO	paint butter pepper bandage	漆、油、糊、粉(脸)、絮/水、泥	人造类、自然类中的人体部件名词
	处所动词	用 NVO	corral bottle	圈、窖、袋/筐、囊	
	工具动词	用 NVO	hammer telephone stone hawk	网、锯、锄、锁、锤、架、百度、腿儿、奶、冰(使变凉)/刃、肘、目、蹄、火	
	施事动词(部分)	像 N 一样 VO	nurse butcher parent	主任、统帅/光(照耀)	
	受事动词(部分)	VN	lunch tea	便饭、宵夜/食、衣	

---

① 参考 Clark 和 Clark（1979）的分类，原文分了 9 类，“受事动词”放在“其他类”中，这里没有包括例子很少的“经历动词”和“来源动词”。基于论元角色的名源动词分类一般在 10 类左右，如王冬梅（2010）、高航（2009）。

② 斜线前的例词是现代汉语中可以用为动词的，有些在古代汉语中已经动词化；斜线后的例词在古代汉语中动词化了，但现在已不再用为动词。例词都取自前人文献，笔者在《辞源》和《汉语大词典》中一一查证过，以确认动词义源于名词。

续　表

物　性	名源动词类	释　义	英　语	汉　语	名词类
施　成	受事动词(部分)	N出现或制作N	rain ice flower dream picture	锈、废话/雨、冰(结冰)、花、巢、渠、沟	自然类(自然现象)与人造类
构　成	放置动词(反向)	使N脱离O	peel stone bone		自然类：部件名词
形　式	结果动词	使O成N的形状	brick powder pile	弓、片、粉(石灰)、堆	形状凸显的名词
规约化属性	持续动词	过N	summer weekend		人造类：节假日名词
	施事动词(部分)	像N一样V	wolf parrot	猫、狗	自然类：动物名词

基于施成角色的名转动生成的都是受事动词，包括不可控的自然现象，对应自然类名词，如“锈(生锈)、雨(yù，下雨)、冰(结冰)、花(开花)”；也包括人的创造行为，对应人造类名词，如“废话(说废话)、巢(筑巢)、渠(开渠)、沟(挖沟)”。

(12) 孟冬之月，水始冰。(《礼记·月令》)

(13) 愁眼看双露，寒城菊自花。(杜甫《遣怀》)

(14) 后有二白鸠来巢其树庭。(《搜神记》)

基于构成角色的名转动主要涉及动植物部件名词，形成的名源动词属于放置动词中的反向动词(privative verb)，指部件从整体上脱离。如 peel the apple 意思是“削苹果皮”，stone the cherries 是“去樱桃核”，bone the fish 是“剔鱼骨”。这类名词都是构成角色凸显的名词，与宾语构成部分-整体关系。

基于形式角色的名转动适用于形状凸显的名词，生成结果动词(goal verb)。如“弓着腿”是“使腿成弓形”，“片苹果”是“把苹果切成片状”，“粉石灰”是“使石灰成粉状”。

基于规约化属性的名转动主要涉及两类名词，一是节假日名词，意思是“过 N”，如 summer 指“过夏天”，weekend 指“过周末”；二是动物名词，意思是“像 N 一样 V”，涉及动物的典型行为特征，如 wolf 的意思是“像狼一样吞咽”，parrot 的意思是“盲目重复、模仿”。类似的名源动词还有 fox(欺骗)、bug(激怒)、swan(闲逛)、worm(像虫子一样慢慢爬行)等。汉语方言中“猫”有“蹲伏、闲待、躲藏”的意思，“狗”有“讨好、谄媚”的意思，近代汉语中“猴”有“像猴子一样攀援纠缠”的意思，如：

(15) 宝玉听话，便猴向凤姐身上立刻要牌。(《红楼梦》)

在五种物性角色中，功用、施成与谓词的关系最密切，在名词的动词化中起关键作用也就不足为奇了，尤其是功用角色。从表1可以看出，功用角色的覆盖面最广。据 Fabrizio(2013)统计，意大利语中的名源动词一半以上都涉及功用。功用角色在新的名词动用中依然起主导作用，如：

(16) 百度一下，你就知道。　(17) 请把论文电邮给我。　(18) 有了消息请短信我。

(19) 你再键个字试试。　(20) 咱们周末农家乐吧。　(21) 今天，你摩拜了吗？

功用与目的、意图相关，动词化的名词都指称与人类生活密切相关的事物。动词化的自然类名词往往有强加的功用义，最能体现功用角色在动词化中的作用。比如石头可以用作武器来打人，也可以用作建筑材料，英语中的 stone 在这两个意思上都动词化了。意大利语中的 falcon(猎鹰)指专门训练后用来捕猎的鹰，动词化为 falconare 后意思是“捕猎”，利用的正是名词的功用角色。与之相对的 uccello(鸟)则被范畴化为被捕捉的“猎物”，对应的动词 uccellare 意思是“捕鸟”，同样词汇化了功用信息。英语中的 hawk 和 bird 也有类似的动词化。英语中的 fish 意思是“捕鱼”，whale 意思是“捕鲸”，rabbit 意思是“猎兔”，都是因为名词所指动物被看成“猎物”。其实，基于构成角色的动词化也是功用驱动的，例如 stone the cherries 是因为樱桃要去核才能吃。与施成角色相关的动词同样如此，制造的目的就是为了使用。

(三) 功用角色到动词语义的映射：物性结构与论元结构的互动

Joh(2001)和 Volpe(2002)都继承了 Kiparsky(1997)的观点，认为放置动词和处所动词的基本意思是放置动作事件(put ... in/on)，也是原生名词的功用义。如，动词 bottle 的意思是“把(液体)放到瓶子里”，也是名词 bottle 的功用角色；动词 butter 的意思是“把黄油放到(面包)上”，也是名词 butter 的功用角色。Schroten(1997)和 Baeskow(2006)则认为名词的功用角色对应动词的结果状态事件，bottle 的功用角色是“瓶子里装着(液体)”，butter 的功用角色是“黄油覆盖在(面包)上”。Rimell(2012)指出动作事件和结果事件都不是 butter 的功用角色，eat 才是。这说明名词的功用角色不一定直接实现为动词义。实际上，物性结构是名转动的语义基础，但如何实现为动词义受动词论元结构制约。

Rimell(2012)发现只有名词典型事件的论元结构与名源动词的论元结构一致时，这一典型事件才能成为名源动词的默认解释。比如，工具名词的典型事件是间接功用事件，与工具动词的事件结构和论元结构是一致的。工具名词 x 通过介词结构“用 x”实现为状语，还有两个论元位置 y 和 z 分别留给主语和宾语。以“网”为例，(22)的基本事件结构是“我(y)用网(x)捕捉鱼(z)”，与名词“网”的功用角色表达式(23)一样。

(22) 我网着了一条鱼。

(23) “网”的功用角色＝捕捉(e, y, z) and 用(e, x)

间接功用角色凸显的名词容易转为及物动词，正是因为这种一致性或者说语义上的直接映射关系。

名词功用义到放置动词和处所动词的语义映射就没这么直接了。这两类动词包含的动作事件和结果状态事件确实都不是原生名词的功用角色，其蕴含的目的事件才是。以放置动词“漆”为例，它包含两个子事件，一是表动作的放置事件“涂在物体表面”，二是结果事件“覆盖着物体表面”。但若说“漆”是用来“涂在物体表面”的，或者说“覆盖着物体表面”，都不太自然。好坏通常是就事物的用途而言的，“好漆”是就其保护性和装饰性而言的，而不是涂抹动作和结果。所以，准确地说，“漆”的功用角色是“涂在物体表面、起保护和装饰作用”(《现代汉语词典》第 7 版)，这在名词“漆”的释义中有明确说明。动词“漆”的释义是“把涂料涂在器物上”，“起保护和装饰作用”虽未出现，却蕴含在其中。比如“漆墙”一定包含保护墙面并使之美观的意思，儿童把漆抹到墙上玩不能叫“漆墙”，把漆涂到墙上搞破坏更不能叫“漆墙”。同样，“糊”也不在于把黏性物抹在物体上，而是“用黏性物把纸、布等粘起来或粘在别的器物上”。处所动词的核心语义也不是位移，而是目的。把马“圈”起来，不是为了让马换个地方，而是为了方便喂养、防止走丢等；“窖”并非只是“放到窖里”，而是“放到窖里储藏”，这从“窖藏”一词也可以看出。《现代汉语词典》直接把“窖”释义成“把东西收藏在窖里”，动作和目的都包括了，释义最准确。

这两类名源动词常常凸显放置这一动作事件(如“把涂料涂在器物上”)，具体功用义(如“保护和装饰”)在动词中却不凸显，常常实现为动作事件蕴含的目的事件，这是为什么呢？名词可以有不同层次的功用角色，有的离名词远，有的离名词近(Pustejovsky 2001)。放置事件也可以看成名词功用角色的一部分，或者说名词的一种功用角色，因为“涂在物体表面”说明了漆怎样用。这就是为什么可以说“漆是用来涂墙的”。butter(黄油)可以给人提供某些营养(具体功用)，作为食物是用来吃的(直接功用)，通常用来抹在面包上(吃)(方式功用)，三种功用后者依次蕴含前者。如果认可不同层次的功用角色，那么名源动词的意思与原生名词的功用角色就依然存在对应关系，只是选择哪个层次的功用角色词汇化到动词词义中的问题。功用反映的是人与事物之间的关系，名词又往往动词化为及物动词。典型的及物动词含有致使义(CAUSE)和动作义(DO)，会对受事宾语施加影响。动词的致使义与名词的功用义是一致的，所以基于功用义的名转动最常见。名词所指事物作用越大越容易转为及物动词，就是因为对应的及物动词对受事的影响程度也会越高，动词的典型性越强。工具名词的功用义通常表现为动作事件，跟典型及物动词的动作义一致，而放置名词和处所名词的具体功用义动作性不强，说明怎么用的方式功用表达人类行为，动作义更强，最易被选中，在动词义中凸显。“漆”动词化为及物动词，其施事是人，自然就会选择表动作的功用角色“涂到物体表面”词汇化。动词“漆”的事件结构与名词“漆”的功用角色之间的对应关系如图 2 所示，动词蕴含的目的事件才直接对应名词的具体功用角色。

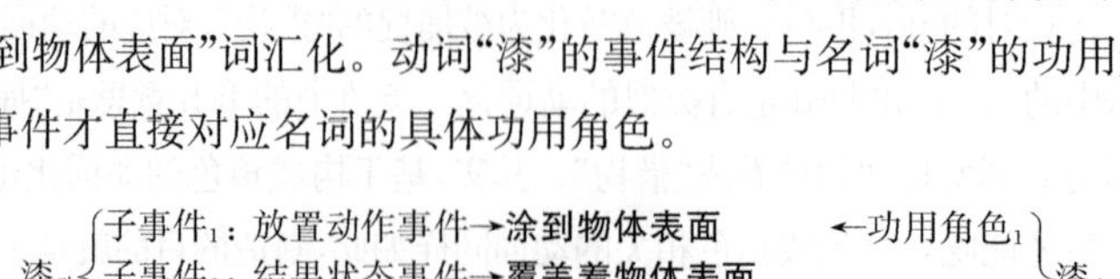

图 2　动词“漆”的事件结构与名词“漆”的功用角色之间的对应关系

事件的目的对应事物的功用，二者的互通性从汉语“用 NVO”这个结构的歧义性可以看出，比如“用漆保护和装饰物体表面”既可以看成表目的的连动结构，对应英语的 use sth to do sth，此时“用”为动词；也可以看成表功用的状中结构，对应英语的 to do sth with sth，此时“用”为介词。这种互通性从 telic、purpose 的词义也可以看出，二者都兼有目的和功用的意思。从这个意义上说，只有蕴含预期目的的位移结构才可能推导出名源动词，(8)的推导成立而(9)不成立，就是因为前者蕴含调味的目的，而后者没有。butter 动词化凸显放置动作 put ... on/in，而不是其他功用角色，也是因为及物动词要求有宾语论元位置，凸显动作义，butter 的直接功用 eat 和具体功用都隐含其中。当然，凸显动作义并非否定功用在名转动中的语义基础作用，动词化仍然是功用驱动的，围绕事物的具体功用，只是具体选择哪个层次的功用角色受动词义和动词论元结构的制约。表动作的间接功用通常会在动词义中凸显，直接功用和事物的具体功用则常常隐含在动词义中，体现了原生名词语义与名源动词语义之间的互动关系，是名词视角与动词视角的结合。

动作事件之所以能够代替目的事件出现，是因为行为动作都是带有目的性的，必然蕴含目的。蕴含的目的通常就是宾语所指事物的功能或用途，尤其是当宾语是光杆名词时(参看 Harley 2008；Pustejovsky 1995：231—232)。比如，go to school 特指去学校上学(接受教育)，go to the school 则只是去学校，可能是去上学，也可能是去打球、找朋友等。go to hospital 与 go to the hospital 也有类似的区别。汉语中也是如此，“动词＋光杆名词”的动作事件可以代目的事件，比如上厕所(大小便)、上学校(上学)、下厨房(做饭)、下馆子(吃饭)，这些说法甚至已经固化了。

既然放置动词和处所动词都是基于功用的，用功用结构来释义是最准确的，之前英语名源动词研究却集中在位移结构而不是功用结构，强调动词视角，也许是因为印欧语中的位移结构更凸显，Clark & Clark(1979)对这两类动词的分类都是根据 on、in 等方位介词。在不少印欧语中，处所动词和放置动词都有凸显位移义的前缀，如英语中的 incage(关在笼中，囚禁)，in 是冗余的，只是凸显了位移义，因为动词 cage 中已经包含 in 的意思。unmask(除去某人的面具)中的 un-表示 mask 的反向动作，同样凸显了位移。意大利语中大部分处所动词都必须带前缀 im-或 in，如 im-bottigliare(to bottle)，带前缀的 in-carcerare(to jail)比 carcerare(来自名词 carcere)常用。放置动词中的反向动词则含前缀 s-，如 s-bucciare(削皮)、s-mascherare(除去某人的面具)(参看 Heusinger *et al*. 2006)。Stiebels(1998)分析了德语中含此类前缀的名源动词，认为这类动词前缀并不参与动词化，而是附加在名源动词上明确空间关系，证据之一是这些词缀并不是名源动词特有的，也用于一般动词。不过，这种成系统的方向义前缀确实有助于凸显位移结构，方便对名词做动词义解读，印欧语名词更容易转为放置动词和处所动词也许与之有关。

三、名词视角的普适性：更多语言的证据

对印欧语系中西班牙语、英语、意大利语和汉藏语系中汉语的名转动现象的研究都证明了物性角色(尤其是功用角色和施成角色)是名转动的语义基础，这一结论同样适用于南岛语系中的北排湾语，而且在含动词化词缀的名源动词(denominal verbs with affixes)中也有表现。名转动指名词未加动词化词缀，直接转类(convert)成动词，paint、“锯”都是典型实例。只是在名词词干上添加屈折词缀生成名源动词也属于名转动，因为屈折词缀的功能不是动词化，如意大利语可以在名词词干上通过添加 are、ere 或 ire 生成动词不定式形式，下文北排湾语名源动词中的词缀也是屈折词缀。名转动可能会导致语音略有变化，如“圈”破读为平声，shelve 发生了辅音交替。添加了动词化词缀的名源动词，其词缀的功能就是促成动词化，甚至贡献语义。

(一) 北排湾语中的名转动

排湾语是台湾省排湾人使用的语言，属南岛语系，其中的名源动词很丰富。根据 Wu(2010)的研究，北排湾语中的名源动词是名词先零形式转换为动词词干，然后加焦点词缀变成动词。这一动词化过程属于转类而不是派生，因为这些词缀是屈折词缀，并不参与动词化，北排湾语中的谓语动词在句子中都要加焦点词缀(包括中缀-em-、-im-，前缀 si-、ma-和后缀-an 等)来表一致关系(指示主语位置是施事、受事、地点还是工具)和时体信息。北排湾语中的名源动词主要来自带[－有生]和[＋人造物]特征的名词，这些名词指称被赋予了某种功能的无生物。人造物名词在动词化上比较自由，适用所有的动词化规则，即可以加各种词缀；自然物名词受限，只有非生性的自

然物名词(包括植物)才能动词化,动物类名词不行;专名中地点名词可以,人名不可以;亲属名词都不能动词化。文章提供了大量例子(见表 2),我们观察发现,自然类名词主要涉及规约化属性和自然功用。例如植物类名词的动词化都涉及"生长",cemengelaw 显示了阳光的照耀作用,maipu 显示了灰尘会弄脏其他事物的负面作用。人造类名词主要涉及功用角色或施成角色,连借自汉语的 pinsiang(冰箱)和 tinnaw(电脑)也通过功用角色动词化了,意思分别是"用冰箱冷冻"和"用电脑"。

表 2 北排湾语中的名源动词

类别	名词	名源动词	物性角色
自然类名词	patay 玉米	p-en-atay 玉米生长/种玉米	规约化属性
	vuraci 甜土豆	v-en-uraci 甜土豆生长	
	cemel 草	c-em-emel 草生长	
	'uval 头发	'em-uval 头发生长	
	gadean 山脊	g-em-agdean 沿着山脊走	
	'erepus 云	'em-erepus 变得多云	
	cengelaw 阳光	c-em-engelaw 照耀、照亮	自然功用
	vali 风	ma-vali 着风(因风感冒)	
	zaljum 水	z-em-aljum 淹没	
	ipu 灰尘	ma-ipu (因为)灰尘变脏	
	'utjal 雨	'utjaal-an 下雨	施成
人造类名词	siaw 汤	s-em-iaw 喝汤	直接功用
	kava 衣服	si-kava 穿衣服	
	kucu 鞋	k-em-ucu 穿鞋	
	takit 刀	t-em-akit 戴上刀/佩戴刀	
	lakaraw 花环	l-em-akaraw 戴花环	
	tjara 戒指	tj-em-ara 戴戒指	
	cukui 桌子	c-em-ukui (用桌子)欢宴	间接功用
	calis 绳子	c-em-alis 捆绑	
	kupu 杯子	k-em-upu 用杯子装满	
	pinsiang 冰箱	p-en-insiang 用冰箱冷冻	
	tinnaw 电脑	t-em-innaw 用电脑	
	zuka 漆	z-in-uka 刷漆/绘画	间接功用/施成
	'acilay 石头	'em-acilay 用石头建造	强加的功用
	'avay 玉米饼	'em-avay 做玉米饼	施成
	lavilu 芋头饼	l-em-avilu 做芋头饼	
	'aliv 屋顶	'em-aliv 盖屋顶	

(二)含动词化词缀的名源动词

有些动词化词缀没有特定意义或者意义不可考,可将各类名词词根动词化。带这类词缀的名源动词与名转动生成的名源动词语义表现很像,涉及名词的功用、施成角色或规约化属性。有些动词化词缀含有特定的意思,为名源动词贡献语义,会标示这些物性角色。

1. 没有特定意义的动词化词缀

嘉绒语属于汉藏语系,根据林向荣(1993)的考察,嘉绒语名词变动词有两种方式,一是加前缀 ka-、kɐ-、nə-、və-等,二是加动词不定式前缀 ka-和中缀-na-、-nə-、-sa-、-sɐ-、-ra-、-rɐ-、-rə-、-ma-等。从提供的例子看,动词化的语义基础也是名词的功用角色、施成角色和规约化属性(见表 3)。

表 3　嘉绒语中含动词化词缀的名源动词

<table>
<tr><td>k'ɐlmə 驮子</td><td>kɐ-rə-k'ɐlmɐ 驮</td><td rowspan="7">间接功用</td><td>kɐ-jtən 已积聚之物</td><td>kɐ-sɐ-jtən 积聚</td><td rowspan="7">施成</td></tr>
<tr><td>tə-pkor 背子</td><td>kɐ-pkor 背</td><td>ta-stɕos 字</td><td>ka-ra-stɕos 写、画</td></tr>
<tr><td>ta-pkap 盖子</td><td>ka-pkap 盖</td><td>ta-rga 锅庄舞</td><td>ka-ra-rga 跳锅庄舞</td></tr>
<tr><td>ntsən tu 剪刀</td><td>nə-ntsən tu 裁剪</td><td>tɐ-kpjɐt 辫子</td><td>kɐ-rɐ-kpjɐt 编辫子</td></tr>
<tr><td>mbliɤ 步</td><td>və-mbliɤ 跨过</td><td>ta-mot 气</td><td>ka-wa-mot 吹</td></tr>
<tr><td>tə-wlo 计谋</td><td>ka-nə-wlo 欺骗</td><td>tɐ-lək 绳子</td><td>kɐ-wɐ-lət 搓(绳子)</td></tr>
<tr><td>kɐ-mə-mʃə 认识者</td><td>kɐ-sɐ-mə-mʃə 介绍</td><td>tə-ŋgle 谎言</td><td>ka-mə-ŋgle 撒谎</td></tr>
<tr><td>tə-zɐ 食物</td><td>ka-za 吃</td><td>直接功用</td><td>ta-p'e 客人</td><td>ka-ma-p'e 招待</td><td rowspan="3">规约化属性</td></tr>
<tr><td>ka-koki 颠倒之物</td><td>ka-sa-koki 颠倒</td><td rowspan="2">施成</td><td>voɤ 酒</td><td>nə-voɤ 醉</td></tr>
<tr><td>tə-no 伤口</td><td>ka-nə-no 受伤</td><td>tə-skru 身体</td><td>kɐ-mə-skrəs 怀孕</td></tr>
</table>

南岛语系的爪哇语也有丰富的动词化词缀(Sukardi 2013),动词化也常常涉及名词所指事物的功用或产生方式。例如:

(24) buntil 一种附加菜　　m-buntil 做附加菜
　　thuthuk 锤子　　n-uthuk 打
　　rokok 烟　　ng-rokok 吸烟
　　sate 加香烤肉　　ny-ate 吃/做加香烤肉
　　cet 颜料　　nge-cet 绘画
　　pit 自行车　　nge-pit 骑自行车
　　panggung 舞台　　m-anggung 表演

2. 有特定意义的动词化词缀

这类词缀相当于轻动词,有特定的抽象义,使动词具有一定模式义。有些词缀标示了功用角色和施成角色,说明二者是与动词化密切相关的语义成分。O'odham 语属于犹他-阿兹特克语(Uto-Aztecan)语系,常见的动词化标记是-mad,意思是"用"或"放",涉及事物的用途(Zepeda 1983;转引自 Haugen 2004: 237):

(25) cu'i 面粉　　cu'i-mad 往……中加面粉
　　ko'okol 番椒　　ko'okol-mad 往……中加番椒
　　'on 盐　　'on-mad 往……中加盐
　　sitol 蜂蜜　　sitol-mad 往……中加蜂蜜
　　jeweɖ 污垢　　jeweɖ-mad 弄脏
　　siswui 痰　　siswui-mad 向某物吐痰

爪哇语中的后缀-an 有"使用"的意思,如 kathokan 的意思是"穿裤子",pupuran 意思是"擦粉",gelungan 意思是"戴假发髻"。

嘉绒语中的 rə-和 rɐ-加在名词词根前可构成实现性派生动词,意思是"产生或实现该名词所指之物件或状态"(孙天心 2006)。例如:

(26) khe 房子　　kɐ-rɐ́-khe 盖房子
　　lɐju 山歌　　kɐ-rə-lɐju 唱山歌
　　khɐ́χjuj 会议　　kɐ-rə-khɐ́χjuj 开会

意大利语中的后缀-ific 意思是"制造或创造某物",例如(Fabrizio 2013):

(27) frutto 果实　　frutt-ific-are 使结果
　　esempio 例子　　esempl-ific-are 举例
　　nido 鸟巢　　nid-ific-are 筑巢

北排湾语(Wu 2010)中的前缀 san-加在人工物名词前,意思是“造”,明示了与名词的施成角色有关。例如:

(28) san-uma' 盖房子　　　　san-takit 做刀　　　　san-vava 酿酒

正因为有特定意义的动词化词缀可以为动词添加语义,这类词缀的语义范围更广,不限于标示功用和施成。犹他-阿兹特克语是由美洲原住民土著语言组成的语系,这一语系中的动词化词缀很丰富,比如 O'odham 语中除了表使用(use)和制作(make)的词缀,还有表移动、运动、放置、去除等义的后缀(Haugen 2004:238)。Yaqui 语中的动词化后缀有四个:-ø(有),-e(有),-te(用)、-te(造)(Haugen 2004:242)。北排湾语中的 sa-加在处所名词前,意思是到某地去。例如:

(29) sa-gaku 去学校(上学)　　　　sa-gade 去山上

matu-加在有生名词前,意思是“像……一样”。例如:

(30) matu-kakeDian 像孩子一样　matu-'acang 像猪一样

再比如,汉语的“-化”也能使名词动词化,含致使义,意思是使某物具有其他事物的特征,如“大众化、表面化”。

四、相关问题解释

名词视角研究还能对一些问题作出更合理的解释,比如名源动词的意义泛化、多义性、跨语言共性和差异,以及动转名。

(一)名源动词的意义泛化

按照 Hale & Keyser(1992,1997)的理论,名词通过合并进入动词词义,成为影子论元(shadow argument)。在英语中,影子论元不能出现在句法层面,比如下面句子中的 shelf、paint 和 brush 都不能通过介词引入,不然就会造成重复。有意思的是,介词后却可以出现与转类名词有相同功用角色的其他名词。

(31) a. to shelve a book on a (*shelf) windowsill.

b. to paint an inflamed throat with (*paint) iodine.

c. to brush his hair with (*a brush) his hand.

Hale & Keyser(1992)认为随着标记的删除,shelf 的部分内容变成了副词性成分,合并的论元 shelf 不可及了,因此 shelve 的意思就成了“用 shelve 的方式把东西放到架子或类似架子的东西上”,比如窗台。Kiparsky(1997)则区分了真名源动词和伪名源动词,前者是从名词转换而来的,合并了论元,不能再带其他论元;后者却与名词共享一个词根,只是描绘某种活动或运动方式,不含处所、工具等论元,因此可以再引入论元。上述解释存在三个问题,一是既然是表方式,没有合并论元,为什么同形的名词不能作为论元出现?二是不能解释为什么真名源动词会发生变化,引入新论元。小写的 google 已成为动词,在《韦氏大学词典》中的释义为“使用 Google 搜索引擎在国际互联网上获得信息”,目前已经开始泛指为“在网上搜索”,在下面的句子中引入了新论元 Yahoo(Traugott & Trousdale 2013:167):

(32) This cartoon was one of the first hits when I googled “hegemony” on Yahoo.

三是不能解释语言的差异,“漆”不能引入新的论元,paint 却可以,难道“漆”是真名源动词,而 paint 是伪名源动词?本文认为,能够引入新论元是因为名源动词的意义泛化了,或者说其中名词的意义淡化了,根本原因是不同的事物可以有相似的作用:窗台和架子一样可以摆放书籍,碘酒和漆一样可以涂抹在物体表面起保护作用,手和梳子一样可以梳理头发。汉语名源动词也是如此,“铲”不一定用铲子,可以用铁锹、刀、推土机等,“梳”头发可以用手,“刷”碗可以用手、抹布等,“冰”西瓜不一定用冰,可以用凉水,“糊”东西可以用各种黏性物。就像打电话不一定用电话机,可以用 skype、微信,下棋可以用石子。换言之,这是基于名词功用义相似的动词义泛化,动词化的名词都属于基本范畴,在功能上具有典型性和代表性,或者说代表了某种典型的动作。汉语中的影子论元可以出现,可以说“用梳子梳头”,也可以说“用手梳头”,梳子与手的功用相似性一目了然。名源动词的意义泛化恰恰说明名转动不在于合并各种论元,而在于词汇化物性角色,尤其是功用。当然,不是所有名源动词都会发生意义泛化,意义泛化具有规约性,是动态的。paint 已经泛化了,而“漆”尚未泛化;google 已有泛化迹象,“百度”还没有。甚至“用百度百度一下”也不太能说,说明其中的工具论元“百度”意义尚未淡化。

（二）名源动词的多义性

不少名源动词有多个意思，有的是动词义引申的结果，与名转动无关，比如动词“筛”隐喻引申为“经挑选后淘汰”。有的是因为名转动词汇化了名词的不同物性角色、不同功用角色或不同层次的功用。比如，“粉脸”是“用粉抹脸”，“石灰粉了”是“石灰变成了粉状”，分别与功用和形状有关；同样的，brick 有“用砖建造”的意思，与砖的功用有关，在 brick the cheese 中则是“把奶酪做成块状”，与砖的形状有关。古代汉语中“雨”有“下雨”的意思，也有“润泽”和“灌溉”的意思①，前者与施成有关，后两者与功用有关；flower 有“开花”和“用花装饰”两个意思，也分别与施成和功用有关；爪哇语中的 nyate 既指“吃加香烤肉”，也指“做加香烤肉”，分别词汇化了功用角色和施成角色。paint 既有“用漆刷”的意思，也有“绘画”的意思，对应 paint 的两种用途；stone 既有“用石头砸某人”的意思，也有“用石头铺”的意思，分别显示了石头作为攻击工具和作为石料的两种用途；water 有“在（某物）上浇水或洒水”“在（饮料）中加水冲淡”等意思，与水的不同用途有关。shelve the book 指“把书放到架子上”，shelve the wall 指“把架子装到墙上”，分别指向架子的具体用途和常见的使用方式。

（三）不同语言的共性和差异

上文对不同语言的考察显示，各种语言的名转动共性很强，通常都涉及工具名词、衣食名词、部件名词等。这种共性源于物性信息的普遍性，物性信息来源于概念知识，植根于人类的认知。因为基于相同的物性角色，不同语言中意思相当的名词动词化后意思往往也相同，尽管动词化手段可能不同。比如，汉语的“梳”和英语的 comb 意思都是“梳理”；古汉语中的“花”、英语中的 flower、意大利语中的 fiorire（名词形式为 fiore）和罗马尼亚语中的 înflori 意思都是“开花”；“冰”在现代汉语中有“使变凉”的意思，如“用凉水冰一下西瓜”，在古代汉语中有“结冰”的意思，英语中的 ice 两个意思都有；排湾语中的’emacilay 和英语中的 stone 都有“用石头建造”的意思。

当然，也有一些对应名词动词化后意思不同，表 4 是部分例子。主要原因是动词化选用了不同的功用角色，前四组例子都是如此。功用是一种社会属性，与事物在特定社会文化中的作用有关。不同社会中人们的关注焦点可能不同，使用的方式可能不同，因而词汇化到动词中的功用角色会有差异。从根本上说，这种差异反映了不同语言名词范畴化的差异。比如，古代汉语中的“筐”和英语中的 basket 都关注筐作为盛具的功能，意大利语中的 cestinare 则把筐作为搬运垃圾的工具；古汉语和排湾语关注水能淹没其他事物的作用，英语和 O’odham 语则关注水的灌溉功能；英语关注刀作为工具和武器的功能，排湾语则关注刀的佩戴功能；英语关注桌子的放置功能，排湾语则关注桌子在宴会中的作用。其次，是因为不同语言的动词化选用了不同的物性角色：汉语和排湾语关注灰尘对人类造成的不好影响，英语关注消除灰尘的影响，荷兰语则关注灰尘飞扬的规约化属性；英语的 butter 和德语的 buttern 分别关注黄油的用途和来源；英语关注屋顶与建筑物的部分与整体关系，排湾语则关注屋顶作为人造物的产生方式。

表 4　不同语言中对应词的动词化差异

古代汉语“筐”：用筐盛	意大利语 cestinare（<cestino）：（装到筐里）扔掉
古代汉语“水”和排湾语 zemaljum：用水淹没	英语 water 和 O’odham 语 sudagi：在……上浇水或洒水
英语 knife：用刀割或刺	排湾语 temakit（<takit）：佩戴刀
英语 table：将……放置于桌上	排湾语 cemukui（<cukui）：（用桌子）欢宴
汉语“灰”和排湾语 maipu（<ipu 灰）：弄脏	英语 dust：擦去……的灰尘 荷兰语 stuiv（<stof）：尘土飞扬
英语 butter：在……上涂抹黄油	德语 buttern：造黄油
英语 roof：给……盖屋顶	排湾语 ’emaliv（<’aliv）：盖屋顶

古代汉语中有些食物名词的动词化反映了其制作过程，如“醢（制成肉酱）”“腊（制成干肉）”和“脯（制成干肉）”，但多数情况下都指“把人制成肉酱或干肉”的刑罚，这与当时的社会文化背景有关（任荷 2014）。排湾语与

① 如：吾不能以春风风人，吾不能以夏雨雨人（刘向《说苑·贵德》）；山村不假阴，流水自雨田（孟郊《终南山下作》）。

山有关的名词容易动词化，如 gemagdean(沿着山脊走)、sa-gade(去山上)，说明山在排湾人的日常生活中很重要。

（四）动转名现象

基于物性角色的分析同样适用于动转名。王冬梅(2010)从动词的论元结构角度区分了现代汉语中七类动源名词(deverbal noun)。与名词动用一样，绝大部分动转名与功用角色、施成角色有关。动转名最常见的是动作转喻施事、工具和结果等(王冬梅 2010；高航 2009)，前两类都与功用有关，分别引申为职业名词和工具名词，如"导演、编辑、翻译、出纳、刹车、标点、证明、装饰"。这些词都含有固有功用义，动词就是名词的功用角色，如"导演"的功用角色是"导演"，"刹车"的功用角色就是"刹车"。功用直接表现在字面，便于明确职责分工和工具的作用。"穿戴、吃喝儿、开销"也与功用角色有关。"发明、雕刻、建筑、汇编、预言"则是动作的结果，动词形式是名词形式的施成角色。可见，物性角色，尤其是与谓词相关的功用角色和施成角色是名动互转的语义基础。

五、结　　语

动词视角和名词视角展现了不同的研究图景：前者是事件视角，关注原生名词在名源动词的论元结构中充当什么论元角色；后者是事物视角，关注名源动词在原生名词的物性结构中充当什么物性角色。名转动是一种转喻现象，名词转指与之相关的动词，转喻基于概念域中的邻近性。动词视角的研究以论元结构为概念域，但无法解释为什么转指这个动词而不是其他动词；名词视角的研究把物性结构看作概念域，就可以很好地解决这个问题，因为转指的动词在物性结构中是可以预测的，凸显功用义的人造类名词最容易动词化就是因为其物性结构中有可及的动词。名词视角的引入不仅能揭示哪类名词更易于动词化，而且能揭示名词义与动词义之间的映射关系，尤其是事物功用和事件目的的互通性；基于物性角色，名源动词分类更简化，而且释义更准确；跨语言的考察显示了名词视角的普适性，不仅适用于名转动，而且在含动词化词缀的名源动词中也有表现。此外，名源动词的意义泛化、多义性、不同语言的共性和差异以及动转名等问题在名词视角下也能得到更好的解释。

当然，引入名词视角并非否定动词视角，二者互为补充，名转动是物性结构与论元结构互动的结果。名词语义中的物性信息是名转动的语义基础，但这只是一种潜能，能否动词化以及如何动词化受制于各语言的结构特点(比如语言综合性的强弱、位移结构的凸显性)和社会文化，哪种物性角色被选用以及如何词汇化到动词语义中还受制于论元结构。表动作的间接功用角色最易被动词化选用，在动词义中凸显，因为与及物动词的论元结构、致使义和动作义一致；表事物具体功用的功用角色则常常隐含在动词义中，对应动作蕴含的目的。

参考文献

高　航(2009)，《认知语法与汉语转类问题》，上海：上海交通大学出版社。

何九盈、王　宁、董　琨主编(2015)，《辞源》(第 3 版)，上海：商务印书馆。

林向荣(1993)，《嘉绒语研究》，成都：四川民族出版社。

罗竹风主编(2011)，《汉语大词典》，上海：上海辞书出版社。

任　荷(2014)，《先秦汉语"名词动用"现象研究》，《语言学论丛》第五十辑，北京：商务印书馆。

宋作艳(2013)，逻辑转喻、事件强迫与名词动用，《语言科学》第 2 期。

宋作艳(2016)，功用义对名词词义与构词的影响，《中国语文》第 1 期。

孙天心(2006)，嘉绒语动词的派生形态，《民族语文》第 4 期。

王冬梅(2010)，《现代汉语动名互转的认知研究》，北京：中国社会科学出版社。

徐盛桓(2001)，名动转用的语义基础，《外国语》第 1 期。

中国社会科学院语言研究所词典编纂室(2017)，《现代汉语词典》(第 7 版)，北京：商务印书馆。

Baeskow, Heike(2006), Reflections on noun-to-verb conversion in English. *Zeitschrift für Sprachwissenschaft* 25: 205－237.

Clark, Eve V. and Herbert H. Clark(1979), When nouns surface as verbs. *Language* 55: 761－811.

Fabrizio, Claudia(2013), The meaning of a noun converted into a verb: a semantic exploration on Italian. *Italian Journal of*

Linguistics 25.2：175－219.

Hale，Ken and Jay Keyser(1992)，The syntactic character of thematic structure. In I.M. Roca (ed.)，*Thematic Structure: Its Role in Grammar*，107－143. Berlin：Foris.

Hale，Ken and Jay Keyser(1997)，On the complex nature of simple predicators. In Alex Alsina，Joan Bresnan and Peter Sells (eds.)，*Complex Predicates*，29－65. Stanford：CSLI Publications.

Harley，Heidi(2008)，Bare roots，conflation and the canonical use constraint. Talk presented at the NORMS Workshop on Argument Structure，February 6. Sweden：University of Lund.

Haugen，Jason D.(2004)，*Issues in Comparative Uto-Aztecan Morphosyntax*. Ph.D. dissertation. University of Arizona.

Heusinger，Klaus Von and Christoph Schwarze(2006)，Underspecification in the semantics of word formation：the case of denominal verbs of removal in Italian. *Linguistics* 44.6 ：1165－1194.

Jackendoff，Ray(1990)，*Semantic Structures*. Cambridge：MIT Press.

Jackendoff，Ray(1997)，*The Architecture of the Language Faculty*. Cambridge：MIT Press.

Jezek，Elisabetta(2012)，Acquiring typed predicate-argument structures from corpora. In *Proceedings of the Eighth Joint ISO－ACL SIGSEM Workshop on Interoperable Semantic Annotation*，28－33.

Joh，Yoon-kyoung(2001)，A semantic analysis of denominal verbs in English. *English Language and Linguistics* 12：215－235.

Jun，Jong sup(2009)，Enriched composition in denominal location/locatum verbs in English. *Language and Linguistic*s 44：161－186.

Kiparsky，Paul(1997)，Remarks on denominal verbs. In Alsina Alex，Joan Bresnan and Peter Sells (eds.)，*Complex Predicates*，473－499.Stanford：CSLI Publications.

Miller，George A.(1996)，*The Science of Word*. New York：Scientific American Library.

Nakatani，Kentaro(2003)，Denominalization in the generative lexicon. In Shuji Chiba *et al.* (eds.)，*Empirical and Theoretical Investigations Into Language*，493－509. Tokyo：Kaitakusha.

Pustejovsky，James(1991)，The generative lexicon. *Computational Linguistics* 17.4：409－441.

Pustejovsky，James(1995)，*The Generative Lexicon*. Cambridge：MIT Press.

Pustejovsky，James(2001)，Type construction and the logic of concepts. In Federica Busa and Pierrette Bouillon (eds.)，*The Language of Word Meanings*，91－123. Cambridge：Cambridge University Press.

Pustejovsky，James(2003)，Categories，types，and qualia selection. In Di Sciullo Anna Maria (ed.)，*Asymmetry in Grammar. I. Syntax and Semantics*，373－393. Benjamins：Amsterdam.

Pustejovsky，James(2006)，Type theory and lexical decomposition. *Journal of Cognitive Science* 6：39－76.

Pustejovsky，James and Elisabetta Jezek(2008)，Semantic coercion in language：Beyond distributional analysis. *Special issue of Italian Journal of Linguistics* 20.1：181－214.

Rimell，Laura D.(2012)，*Nominal Roots as Event Predicates in English Denominal Conversion Verbs*. Ph.D. dissertation. New York University.

Schroten，Jan(1997)，On denominal parasynthetic verbs in Spanish. *Linguistics in the Netherlands* 14.12：195－206.

Stiebels，Barbara(1998)，Complex denominal verbs in German and the morphology-semantics interface. *Yearbook of Morphology 1997*. Springer Netherlands.

Sukardi，Mas(2013)，Denominal verb formation in Javanese language，Banyumas dialect. *International Journal of Linguistics* 5.6：217－224.

Traugott，Elizabeth C. and Graeme Trousdale(2013)，*Constructionalization and Constructional Changes*. Oxford：Oxford University Press.

Volpe，Mark(2002)，Locatum and location verbs in Lexeme-Morpheme Base Morphology. *Lingua* 112：103－119.

Wu，Chun Ming(2010)，Denominalization in Northern Paiwan.《台湾学志》(1)：231－265.

Zepeda，Ofelia(1983)，*A Papago Grammar*. Tucson：University of Arizona Press.

宋作艳，北京师范大学文学院　meszy@163.com

（原载《中国语文》2018 年第 3 期）

人称代词移指的互动与语用机制*

完 权

提 要 人称代词是广义移指词,指称对象随情境而变;甚至可偏离于典型的指代对象,即狭义移指用法。本文尝试基于认知语用学的互动理念,解释人称代词广义移指与狭义移指的共同机制。人称代词的基本语法意义恒定不变。认识到语言世界并不等同于现实世界,则可以发现,移指意义是发话人和释话人在各自自然坐标系与话语坐标系的转移和联系中,运用各种直指机制而联合建构的语用解读。决定代词指称对象的是会话双方在不同指示坐标系中各自的参与者角色。

关键词 人称代词 移指词 互动 语言世界 参与者角色

一、解 题

(一) 认知语用学的互动观

本文的理论框架主要基于认知语用学(Bara,2010、2017)的互动言语分析理念:1. 刻意交际。交际内容有意向性,指向特定人、事、物。交际行为有关联性,发话人(utterer; Verschueren 1998)的话语有足够价值值得释话人(interpreter; Verschueren 1998)付出认知努力来理解。2. 主动合作。发话人会预测释话人对其话语意义的重新构建,并据此组织话语;而释话人则对话语作出主动阐释。3. 联合建构。语言交际,是互动双方通过共同想象的语言世界联合在一起共同构建心智表征的过程。一言以蔽之:共同想象,达成相互理解。基于此,本文尝试探讨会话双方在交际中如何主动达成对人称代词的一致理解。

(二) 人称代词移指

(1) 韩红:必须说话低调,不然会让别人错误地理解你,会扭曲你的原委,也会越来越看不清你。其实我人很好的。但车出一点小麻烦,老百姓就恨不得把你弄死,实际上犯不上这样。你们也不想想老韩做了多少公益,救了多少人,捐了多少钱,她为了做公益是不是都快死了。你们要想起她的一点好都不至于这么踩她,她不过是违反了交通法规,受处罚,受罚款,受批评就可以了。老百姓这么踩她干什么,没有必要。比如,她开路虎,钱是她偷来的吗?她也是《天路》一遍一遍地唱,甚至唱了上千遍,换来一个路虎。你认为这跟她这个人的身份不等吗?可能开一个劳斯莱斯你会觉得不等,但我只不过是开个路虎,一个吉普车;比如接电话,你能保证你开车没有接过一个电话吗?老百姓拿手机在路上拍,拍完之后@北京交警,你说这是什么心理。我承认自己是一个放大镜,好事也被人无限放大,坏事也同样,所以我接受,并且认错。(ent.qq.com/a/20130909/000524.htm)

选段中的划线部分,有"我""你""她""老韩",指的都是韩红本人。[①] 王义娜(2008)和张磊(2014)把类似于"你""她"这种指称对象发生转移同时又保留实在指代意义的用法称为移指。[②] 其理论来源于叶斯柏森

* 感谢《世界汉语教学》匿名审稿专家的中肯意见,使文章进一步完善。文中错谬概由作者负责。

① 该例较长,具体分析散见例(17)(18)(22)(24)。

② 对此类现象的称呼还有:"异常用法"(陈新潮 2011),"非常规用法""活用""泛化""临时指代"(王红梅 2008),"换指"(宗轶丽 2010),"转义用法""指示语替换"等。

(Jespersen 1922：123)，他把人称代词等意思随情境而转移的语词称为移指词(shifter)。

需要注意的是，王张二文的移指是狭义的，而叶斯帕森的移指则是广义的。他论证道，儿童听到的"I"，有时指父亲，有时指母亲，有时指叔叔，"I"的指称随说话人的转变而移动。这是人称代词的基础用法，同样是移指。据此，例(1)中人称代词用法都可称为广义移指；其中"我"用于典型指代对象，是基础用法；而"你""她"的指称偏离于典型指代对象，是狭义移指。无论广义狭义，都是移指，背后有共同的机制。

欧美移指研究一直关注包含狭义在内的广义移指。雅柯布森(Jakobson 1957：131)提出移指词的基本特征是："如果不指涉已知信息，则移指词的一般意义无法确定。"其后，移指词研究在语法研究、语言哲学、叙事学、认知诗学(详后四(四))中广泛展开。

不过汉语相关研究却是从探讨狭义移指现象开始的。吕叔湘(1945)发现：

(2) 我于伊(指"你")志诚没倦怠，你于我坚心莫更改。(《董西厢》)

"伊"指"你"，吕先生归因于利用平声来协律，因为"你"没有平声同义字，不像"我"可以利用"咱"。不过，这个解释只适用于对格律有要求的文体。

随后，王力(1945)发现"人家"可表达"化装的我"，有"俏皮"的修辞效果。① 吕叔湘(1949)进一步指出"用人家代我，动机自然也是为了避免说'我'；以现代口语而论，人家比我要婉转些，也俏皮些"，并补充了例句：

(3) 凤姐儿起身拍手笑道："人家(指'我')这里费力，你们紧着混，我就不说了。"(曹雪芹《红楼梦》)

不过，着眼于修辞不利于构建体系性解释，因为后来研究(Chao 1968；吕叔湘主编 1980；张炼强 1982；吕叔湘 1985；张爱民 2001；董秀芳 2005；宗轶丽 2010；张磊 2014 等)发现其他人称代词也有多种狭义移指用法，大多并非出于修辞。例如：

(4) 周朴园：如果你觉得心里有委屈，这么大年纪，我们(指"你")先可以不必哭哭啼啼的。(曹禺《雷雨》，张炼强(1982)例 15)

(5) 刚要告辞，只见奶子抱了大姐儿出来，笑说：王老爷也瞧瞧我们(指"他")。(曹雪芹《红楼梦》，张炼强(1982)例 16)

(6) 那些小孩子闹得叫你(指"我")不能专心做事。(Chao 1968：648)

(7) 主持人：那他们(指前文提到的企业家)该怎么办呢？

李开复：你("他们")还是要入境随俗，做一些不喜欢做的事情……(张磊(2014)例 4)

(8) 韩红：……她(指"我")为了做公益是不是都快死了。

(9) 三姐儿似笑非笑，似恼非恼的骂道："坏透了的小猴儿崽子！没了你娘的说了！多早晚我才撕了他(指"你")那嘴呢！"贾蓉早笑着跑了出去……(曹雪芹《红楼梦》，张炼强(1982)例 8)

(10) 咱们(指"你")吃药。(沈家煊(2001)例 5)

不仅人称代词，关系名词也可以移指，比如母亲为幼子向丈夫央求时这么问：

(11) 宝宝能吃冰激凌吗，老爸(指"老公")？

二、共识与辨析

(一) 共识

前人在主观性和互动性这两方面对移指现象做了很多有益的探索。

1. 主观性。人称代词的移指涉及主观性因素(沈家煊 2001)的视角、情感、认识等多个方面。比如移情，说话人可能移情于听话人，把自己当作听话人的一员来说话，造就与听话人的亲密感，如例(10)。再如：

(12) 我们(指"你们")大学生要学好科学知识。(电视新闻片中一个干部对一群大学生说。董秀芳(2008)例 6)

① 经核对原文，王力先生所引《儿女英雄传》用例断句有误，不能作为例证，但其说理仍可取。

比如离情，拉大说话人和所指对象之间的心理和情感距离：

(13) (杜梅说：)“我对你哪样了！就算我有时爱跟你吵，那也是人家(指“我”)……那人家还不是最后每回都跟你承认错误了！我也没有说我对呀。”(王朔《过把瘾就死》，冉永平(2007)例12)

比如立场，移指代词“你”常常出现于评价性话语中，被言者用于强化其立场表达：

(14) 周宁：我觉着好多策略啊大话啊其实都没有用，就像刚才赵先生说的，我们每一个中国人在国外生活，你就是中国大使。我自己在国外待过很多年，你(指“我”)自己的行为决定别人怎么看你所代表的身后的那个国家。(张磊(2014)例10)

再比如视角，说话人可以脱离自我视角来谈论自己：

(15) 如果和谐是你(指“我”)向往的家之气氛，协调是你喜欢的家庭生活艺术，也许你愿意结识她……(王义娜(2008)例4)

以上解释可以进一步把人称代词的基础用法考虑在内。因为按叶斯帕森的观点，人称代词的基础用法和狭义移指本质上一致，背后有统一的机制。(详见第三部分)

2. 互动性。学者们普遍重视移指和口语交际的相关性，大多使用对话语料，在研究中区分交际各方的角色或身份，以此作为代词选用的动因之一。比如，张磊(2014)区分出言者、听者、交际双方、言谈对象、言谈对象外的人、任何人等角色，杨姗姗等(2016)区分出说话人、听话人、交际双方、第三方、虚化身份等。

不过，这些角色划分基本上是在现实交际的层面上，没有深入到话语本身，忽视了作为会话双方沟通桥梁的语言世界。会话人所处的客观物理世界、主观心理世界和象征符号构成的语言世界有区别也有联系(沈家煊2008)。语言世界反映的是会话双方的共同想象，如果没有达成共同想象，实际上双方也就没有达成理解。指称解读应综合考虑所有三个世界。Levinson(1983)的参与者角色系统提供了一个成熟的分析框架。

另外，在以上共识基础上还需追问：为什么移指如此富有主观性和互动性？

(二) 辨析语法义和语境义

有一类观点认为移指的人称代词“基本意义随着语境的不同而改变”，在口语中具有了“多功能性”，这种现象是“指称的互换”。这类观点似是而非。其共同点，是把人称代词在实际语境中的各种用法并列放在了同一个层次上，混同了基本义和语境义，也混同了语法和用法。简而言之，并非换一个语境，“我”就等于了“你”，“你”就等于了“他”。倘真如此，人称指示就乱了套了，词典也无法给出确定的释义。事实上，在出现人称代词移指的语境中，人称代词是不能随机互换的。比如例(1)中，不能因为“你/他”有时可以指“我”，就把所有“我”都改成“你”：

(16) 必须说话低调，不然会让别人错误地理解你，会扭曲你的原委，也会越来越看不清你。其实*你人很好的。但车出一点小麻烦，老百姓就恨不得把你弄死，实际上犯不上这样。你们也不想想*你做了多少公益，救了多少人，捐了多少钱，*你为了做公益是不是都快死了。

狭义移指中人称代词的基本语法意义并没有变化，“我”还是第一人称，“你”还是第二人称，“他”还是第三人称。语法意义不变，是最根本的约束限制。只有确定的语法意义才能使释话人在此基础上建构起随语境变易的语用解读。前人多强调人称代词狭义移指时语境义变了，而本文在认同这一点的同时也强调语法意义不变。下面基于前文简述的主动合作、刻意交际和联合建构三原则，分析例(1)中的“你”“他”移指“我”时，人称代词语法意义并没有变化，才能产生移指的语境义。例句摘引如下：

(17) 必须说话低调，不然会让别人错误地理解你……

(18) 你们也不想想老韩做了多少公益，救了多少人，捐了多少钱，她为了做公益是不是都快死了。

例(17)中的“你”的直指功能保持第二人称的基本语法意义，指记者。此句首先适用于释话人记者，他最直接的理解是“我必须说话低调”。然后，作为一个具有主动合作能力的释话人，记者会拟测发话人这句话的意向：为什么韩红让我要低调呢？联系到此前记者本人的提问，可以释读出第二层意义：韩红的交际目的是，你(记者)要设身处地体会我(韩红)的内心感受。这时，韩红口中的“你(记者)”，记者心中的“我(记者)”，就在韩红意向中所要指称(意指)的“我(韩红)”上达成了联合，“你”的第二人称语法义就成为移指第一人称的语境义。例(7)类似，李开复用指主持人的“你”引发主持人对“他们”的感同身受。(详见例(27)后分析)

例(18)中的“她”，首先仍然是作为第三人称代词回指前文“老韩”。而发话人韩红通过隐含着的言者主语(speaking subject; Benveniste 1971；沈家煊 2001；完权 2016)评论似乎某个另外的“老韩”，展示自己看似客观公正的第三方立场。

再看几例。例(4)中的“我们”，首先也是包括听说双方在内的第一人称复数“我们”，“哭哭啼啼”的行为人固然是侍萍，但同时也是周朴园共同面对的情景。

例(5)中的“我们”，既指孩子(他)，也指说话人奶妈(我)。具有行动能力抱着孩子的说话人奶妈和不会说话但却是“看”的主要对象的孩子是整体的“我们”。

例(6)(7)中的“你”首先也是指对方，让他设身处地感受“我”和“他们”。

例(9)中虽然被骂的是贾蓉，但是用“他”意味着三姐儿并非当面骂贾蓉，而是骂给面对的尤二姐等人听，却又明摆着让贾蓉听见以达到“你”的移指效果。

例(10)中“咱们”确实包括母子二人，他们都是喂小孩吃药这件事的参与者。尽管吃的施事只是作为释话人的小孩，但做让小孩吃药这件事的却是作为发话人的母亲。

通过以上简要分析可以看到，在特定语境中的移指释读，依靠的是人称代词原本的语法意义和释话人在语境中的主动阐释和构建，两者缺一不可。所以，移指人称代词的基本语法意义其实并没有转移。转移的是听说双方各自面对的认知场景，对双方主观来说，相关而又并不完全相同，靠共同想象的语言世界联系起来。

三、人称代词移指的交际互动因素

(一) 直指入场

如果为雅柯布森所说的“如果不指涉已知信息，则移指词的一般意义无法确定”做出认知阐释，那就是认知入场(grounding)。自然语言是符号系统，符号要承载意义需要和现实认知场景相联系，即认知入场。(张华 2010)这是认知科学对符号认知的共识。

达成认知入场的手段之一是直指入场。(Langacker 2008: 277；完权 2009，2012)作为一个内部关联的符号系统，指示词具有相对性。“我”“你”和“他”是相对而言的，仅仅依靠指示词之间的相对关系无法获得确切的指称解读，即无法认知入场。譬如一本书里夹着如下这张字条，但却缺乏“他”的具体指向信息，就无从得知该把书还给谁：

(19) 把书还给他。

直指是一切指称的源泉(Lyons 1973)，直指信息(deictic information; Levinson 1983: 54)是达成认知入场的先决条件。分析移指必须分析人称代词系统的入场过程。移指无论广狭，指示词必须落实确定的直指信息，才能进入现实的认知场景，达成交际。

(二) 直指场和象征场

被称为语言学中“布勒遗产”的直指场理论(Bühler 1934)把认知场景分为直指场(deictic field)和象征场(symbolic field)。直指场是携带直指信息的现实世界，象征场是由语言这种象征符号所描述的语言世界，它们各有各的指示系统。提出象征场是这个理论最大的贡献，交际毕竟不是心灵感应，不经过象征场就不是言语交际。

布勒提出，直指的本质是特定时空中带有特定意向性的交际行为。直指场中说话主体既是言语行为的施行者，又是言语行为和他本人的观察者。直指场中人—时—空结构的基本直指原点(origo)是“我—现在—这里”。本文论证仅取其中的人称坐标系。

原版直指场理论主要考虑说话者，即坐标系Ⅰ。本文应用到对会话双方的互动分析中。会话双方各有自己的直指场，在主观性和交互主观性基础上双向互动。那么，发话人和释话人就各自有其以自己为直指原点的自然指示坐标系，即坐标系Ⅰ和Ⅲ。

(20) 发话人坐标系Ⅰ(发话人直指场)　　　释话人坐标系Ⅲ(释话人直指场)

我(发话人)	你(释话人)
你(释话人)	我(发话人)

这种最简单的情况已然就是人称指示的转移,双方人称代词是交叉对应关系:发话人的“我”是释话人的“你”,发话人的“你”是释话人的“我”。(Benveniste 1971:224)会话双方各自直指原点的转移带动直指场的转移和人称代词指称的转移。

在反映会话场景的两个直指场的基础上,加入反映语言世界、承担交际内容、作为交际中介的象征场就能精确解释移指现象。本文将象征场中的人称指示部分称为坐标系Ⅱ,即话语指示坐标系,其中的人称指示系统由话语内容构建。话语由发话人发出,由释话人理解,这两个阶段是单向的。图示如下:

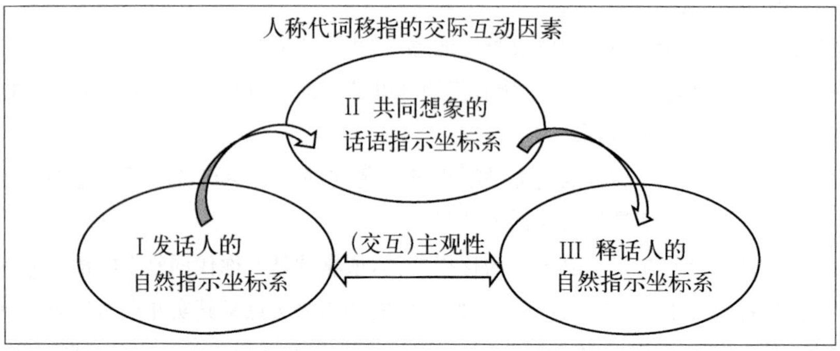

如果坐标系Ⅱ等同于坐标系Ⅰ,则构成基础用法:

(21) 坐标系Ⅰ(直指场)　　坐标系Ⅱ(象征场)　　坐标系Ⅲ(直指场)

坐标系Ⅰ(直指场)	坐标系Ⅱ(象征场)	坐标系Ⅲ(直指场)
我	(话语中的)我	你
你	(话语中的)你	我

如果坐标系Ⅱ不同于坐标系Ⅰ,则涉及更多的直指信息,构成狭义移指用法。移指无论广狭,构建和阐释的机制都可以纳入这三个坐标系。坐标系Ⅰ和Ⅲ视实际参与言语行为的人而定,坐标系Ⅱ视话语中的人称代词和指人名词而定。要确定三者的对应关系,首先需要考察人称直指中枢。

四、人称代词移指的语用阐释因素

(一) 直指中枢(deictic center)

确定人称直指中枢,就是确定每个坐标系中第一人称“我”的指称对象。Levinson(1983:Ch.2)论述道,自然语言的指示系统是围绕人们面对面交流的基本语境组织起来的。基础指示系统以自我为中心,直指中枢就是发话人。即当话语坐标系Ⅱ的直指中枢以直指坐标系Ⅰ的“我”为中枢时,就构成基础用法。例如:

(22) 老百姓拿手机在路上拍,拍完之后@北京交警,你说这是什么心理。我承认自己是一个放大镜,好事也被人无限放大,坏事也同样,所以我接受,并且认错。

坐标系Ⅰ	坐标系Ⅱ	坐标系Ⅲ
我(发话人韩红)	我(指向发话人韩红)	我(释话人记者)
你(释话人记者)	你(指向释话人记者)	你(发话人韩红)

基础用法之所以也是移指,是因为坐标系Ⅰ、Ⅱ的直指中枢对应到坐标系Ⅲ时发生了移动。而释话人能够识别直指中枢的移动,进行坐标系的调整。这种勾连坐标系Ⅰ和Ⅲ的能力,源自语言的主观性和交互主观性。我们通过“我”来认识他人。“我”这个词是语言主观性的源泉,是我们把他人语言接受为自己语言的源泉。(Benveniste 1971)广义移指所依赖的这一主观性动因,是移指分析必须诉诸主观性的根本原因。

移指无论广狭,直指中枢对应到坐标系Ⅲ时都会发生转移,因此都是移指。而狭义移指的关键是,坐标系Ⅰ、Ⅱ的直指中枢乃至整个人称坐标系首先发生第一步转移。

(二) 直指映射(deictic projection)

Lyons(1977:579)把指示系统的转移叫直指映射。直指映射驱动人称代词的移指,而移指的主观性与互动性，都可由直指映射得到解释。Levinson(1983：Ch.2)指出，在言语事件中，人称指示就是用词语表明会话参与者角色(participant-roles)，并提出一个语用框架，用于分析人称直指映射时的参与者角色。

1. 发话者和发话源的区分引发直指映射

Levinson从发话人中区分出发话者(spokesman)和发话源(source)这两个角色。基础用法中，发话人既是发话者也是发话源。在狭义移指发生时，发话人可以替别人说话，他只是实际出面发出话语的代理人，被代理话语的人就是发话源。这一区分的实质，是指明交际的意向性。发话源是发话人主观上设定的有意向发出话语的角色。设定为自己，就合二为一，是基础用法；设定为别人，就一分为二，导致直指映射，是狭义移指。譬如"狐假虎威"这个成语，狐是发话者，而虎是发话源。试看实例：

(23) 我们(指"你们")大学生要学好科学知识。

坐标系Ⅰ	坐标系Ⅱ	坐标系Ⅲ
我们(发话者)	我们(发话源)	我们(释话人)
干部＋大学生	**大学生**＋干部	**大学生**＋干部

董秀芳(2005)的移情解释很恰当。更进一步说，是通过角色模仿的方式来达成移情。施行说话动作的发话者是干部，但是他说的话却不是源于自己的干部身份，而是模仿释话人的学生身份说话。语言世界中话语的来源，即发话源，是现实世界正在听讲话的大学生。这样，发话人就替释话人说出了(发话人模仿释话人并拟就的)心里话。

直指中枢发生两步转移。第一步，发话者干部让渡出发话源角色给语言世界中的大学生，"我们"从发话人坐标系Ⅰ中以干部为直指中枢的"我们"映射到话语坐标系Ⅱ中以发话源大学生为直指中枢的"我们"。第二步，"我们"进一步转移到坐标系Ⅲ中以释话人大学生为直指中枢的"我们"。因为场景中实际需要学好科学知识的只是大学生，作为释话人的大学生出于交际的关联性，优势解读就是对号入座。通过指示坐标系的切换，发话人把释话人拉入自己的立场，把自己的想法委婉地传递给对方。

"'我们'是说话人和听话人之间的良好中介。"(Wales 1996：68)"我们"消弭了"你""我"的对立，利用这个中介可以巧妙地转移直指中枢，让对方接受己方观点。在日常言谈中，一方站在另一方角度，替对方设想，为对方说话，这是很常见的互动方式。发话人不仅可以模仿释话人，还可以模仿其他角色。比如没有说话意愿的无意听者(overhearer)，前文例(5)(11)，都是发话人模仿没有语言能力的小孩，为他们说话。

2. 发话人和主人公的区分引发直指映射

Levinson(1983：64)论述过直指映射至叙述中的主人公(protagonists in narratives)的情况。在对话分析中，可将主人公从叙述的主要对象扩展至评论的主要对象。例如：

(24) 你们也不想想老韩做了多少公益，救了多少人，捐了多少钱，她为了做公益是不是都快死了。

坐标系Ⅰ	坐标系Ⅱ	坐标系Ⅲ
我(发话人韩红)	她(主人公老韩)	我(释话人记者)
你们(记者等)	你们(记者等)	你(发话人韩红) 她(主人公老韩)

移指的第一步，是坐标系Ⅰ从发话人中区分出一个被评论的主要对象到话语坐标系Ⅱ中。发话人韩红似乎是在评论某个第三方身上发生的事件，韩红在这句话中就被区分为两个角色：评论事件的发话人韩红和被叙述、评论的主人公老韩。不同的称谓拉开了两个角色的距离。发话者似乎已经不是那个置身事中的开车打电话的韩红，而是一个在客观公正地为老韩伸冤的韩红，而第三人称老韩才是那个开车打电话的人。

老韩这个角色存在于语言世界里，但释话人在主动阐释时，也依然会根据语境中的关联性把二者统一在韩红本人身上，"你"韩红就是"她"老韩，完成移指的第二步。

类似的还有例(3)中"人家"，从说话人"我"中分身出另一个"化装的我"，作为话语坐标系中的第三人称。这样看来，就不只是前贤所说的"俏皮"效果，角色区分还有突显"我"为第三方"人家"说公道话以指责"你们"的作用。

3. 受话者和发话目标的区分引发直指映射

Levinson 还从释话人中区分出受话者(recipient)和发话目标(target)。在人称代词的基础用法中，释话人既是受话者也是发话目标。在狭义移指发生时，表面上的释话人只是一个受话者，虽然在场但被发话人仅仅视为傀儡；发话人的话实际上是讲给另外一个意向所指的发话目标听的，这才是真实的释话人。譬如“指桑骂槐”这个成语，桑是受话者，而槐是发话目标。实例如例(9)，直指中枢“我”虽然不变，但话语中前两句的释话人贾蓉到第三句时区分为发话目标贾蓉和受话者尤二姐。复录如下：

(25) 三姐儿似笑非笑，似恼非恼的骂道：“坏透了的小猴儿崽子！没了你娘的说了！多早晚我才撕了他(指“你”)那嘴呢！”贾蓉早笑着跑了出去……

坐标系Ⅰ	坐标系Ⅱ	坐标系Ⅲ
我(发话人尤三姐)	我(发话人尤三姐)	我(发话目标贾蓉)
你(受话者尤二姐等)	他(发话目标贾蓉)	你(发话人尤三姐)

划线句是尤三姐对尤二姐等人(受话者)讲，却是有意讲给贾蓉(发话目标)听的。句中“他”移指前句中的“你”(贾蓉)。张炼强(1982)没有引述到“贾蓉早笑着跑了出去”，但这句话却提示了一个关键语境。尤三姐的前两句都是冲着贾蓉说，也是说给他听的。“没了你娘的说了”中“你”就指这时的释话人贾蓉，他兼具受话者和发话目标角色。但随着贾蓉逐渐远离，他已不在尤三姐眼前，这一情境促使受话者和发话目标相区分。眼前的受话者已经从贾蓉变成尤二姐等人，尤三姐对着当面的受话者尤二姐这个“你”[①]，骂出第三句，意向所指的发话目标是贾蓉，只能把第二句中指贾蓉的“你”改作第三句的“他”。而且，用“你”是真骂，用“他”是笑骂。贾蓉虽已走远，但肯定还能听到这句话，听得出仍是在骂自己，明白自己的发话目标身份，尽管并不愿继续参与对话。

会话双方谈论第三方时，如果第三方不在场，也就不可能成为发话目标。但如果第三方在场，却只是听到而不愿或不能参与对话时，受话者和发话目标就可能分离，引发“他”移指“你”。下面这个有趣的例子蒙友人告知，友人母埋怨友人父袖手旁观不帮忙时会说：

(26) 他(指“你”)倒好，就在旁边看着，又不来过来帮忙。

这时未必真有一个对话者和友人母交谈。友人父虽在现场但未被赋予应答资格，却又作为话语的实际发话目标，即埋怨的承受者，这时的心理必然是尴尬的。

4. 受话者和发话目标的合一引发直指映射

有时，在物理世界中不同的受话者和发话目标，在话语空间里可合二为一。例如：

(27) 主持人：那他们(指前文提到的企业家)该怎么办呢？

李开复：你(指“你”和“他们”)还是要入境随俗，做一些不喜欢做的事情……

坐标系Ⅰ	坐标系Ⅱ	坐标系Ⅲ
你(受话者主持人)	你(受话者主持人)	我(受话者主持人)
他们(发话目标企业家)	你(发话目标企业家)	我们(发话目标企业家)

张磊(2014)提出“你”移指交际双方的言谈对象“他们”。本文进一步认为“你”包括“你”和“他们”。这个“你”，因为不带“们”，所以首先并非直接用于回复提问中的“他们”，而是指称与李开复对话的主持人。李开复要让“你”与“他们”感同身受。主持人为企业家提问，而企业家并不在场，实际上却是李开复回答内容指向的发话目标。李开复用“你”就是把在场的主持人当作了不在场的企业家的一分子和传声筒。李开复的话可以前加“如果你是他们的话”，这促发了受话者向发话目标移情，让主持人“你”体验发话目标“他们”的处境，设身处地为“他们”着想。在话语坐标系中，在场的受话者和不在场的发话目标，都属于同一群释话人“你”。受话者主持人出于互动的关联性，在“你”的促动下主动整合发话目标身份，融入“他们”，成为一个完整的释话人，最终主动构建出“我们企业家还是要……”的移情意义。

---

① 指尤二姐的“你”虽然没有说出来，但是可以补出，比如说“撕了他那嘴给你看”。

(三) 语境化提示(contextualization cues)

在具体语境中,直指映射常常需要借助一定的语境化提示手段,明确直指信息,使人称代词进入具体认知场景,获得语境化(contextualization),最终达成指称解读。语境化,是对话双方经过各种方式使语境渐渐明晰起来的过程。(Verschueren 1998: 111)语境化过程依赖于一些引导和指示话语、行为的话语表面特征,即语境化提示。语境化提示负载的信息是意义互动的产物,其价值体现于交谈者心照不宣的理解之中。(参看完权 2015)

在直指映射的过程中,常常能找到直指中枢转移的语境化提示信息。例(24)中说"老韩"而不是"我老韩",例(25)中的"贾蓉早笑着跑了出去"等都是提示。再举一例:

(28) 如果你去投降,那是"九死一生",根本没有希望。(《凤凰周刊》2009 年第 26 期)

"如果"假设了一个条件,从现实转向虚拟的语言世界,提示了直指坐标系的转移。

语境化提示既能引导移指理解,也能限制人称代词的不适当使用。比如例(16)显示都用"你"并不合适,这是因为随着话语内容的发展,认知场景在变化,参与者角色也在变化,指示坐标系也必然随之变化,"你们也不想想"就构成指示系统转换的语境化提示,人称代词应该随之应变才对,不能都用"你"。

(四) 移指理论(Deictic shift theory)

发话人为什么能够从坐标系Ⅰ切换进坐标系Ⅱ? 释话人又为什么能够把自己从坐标系Ⅲ代入坐标系Ⅱ? 移指理论给出的答案是"共同想象"(Segal 1995: 15)。

认知语言学家 Talmy 参与的纽约州立大学布法罗分校话语与叙事研究小组整合了语义学、语用学和认知语言学中关于直指的理论,发展出一套认知诗学的移指理论,提出叙事话语的理解需要直指转移,认为读者会运用一切知识和逻辑来阐释开放文本,在想象中的交际场景的基础上理解直指转移。作者为读者创制了陈述话语的直指中枢,并随着情节的发展而转移;读者为故事世界(story world; Talmy 1995: 426)假想一个心理模型,把自己置身其中,读者的直指中枢就通过想象,从现实世界切换进了故事世界。

该理论研究对象主要是叙事,本文扩展应用于互动性强的对话。在对话中,双方持续不断交相建构一个个话语中的想象世界,直指中枢也在不断转移。"语言世界不是直接对应于物理世界,而是有一个心理世界作为中介。"(沈家煊 2008: 403)语言是客观世界映照在人类认知中的概念化心理世界。那么,指示词的所指对象也并非存在于客观环境中,而是存于人类对交际语境的认知心理之中。理解,基于会话双方对同一个心理世界的共同想象。对此,我们将另文深入阐述。

五、结论和余论

人称代词移指不是代词语法意义的转移,而是认知场景中人称指示坐标系的转移,是直指中枢和直指映射框架的转移。移指解读由会话双方联合建构起共同想象而达成。基于语言使用的共同想象是理解移指乃至一切言语交际的基础。

正如历史学家赫拉利在《人类简史》中所说:"在认知革命之后,……'讨论虚构的事物'正是智人语言最独特的功能。""'虚构'这件事的重点不只在于让人类能够拥有想象,更重要的是可以'一起'想象。"(赫拉利 2014: 25)

看来,历史研究和语言研究在认识语言互动的虚构性和合作性上达成了"共同想象"。

参考文献

陈新潮(2011),人称代词异常用法及其不对称性,《河池学院学报》第 6 期。

董秀芳(2005),移情策略与言语交际中代词的非常规使用,齐沪扬主编《现代汉语虚词研究与对外汉语教学》,上海:复旦大学出版社。

吕叔湘(1945),伊作你用,《国文月刊》第 45 期。

吕叔湘(1949),说代词语尾"家",《国文月刊》第 82 期。

吕叔湘(1985),《近代汉语指代词》,江蓝生补,上海:学林出版社。

吕叔湘主编(1980),《现代汉语八百词》,北京:商务印书馆。

冉永平(2007),指示语选择的语用视点、语用移情与离情,《外语教学与研究》第5期。

沈家煊(2001),语言的"主观性"和"主观化",《外语教学与研究》第4期。

沈家煊(2008),三个世界,《外语教学与研究》第6期。

完　权(2009),入场理论:认知语法的新进展,《外国语》第6期。

完　权(2012),超越区别与描写之争:"的"的认知入场作用,《世界汉语教学》第2期。

完　权(2015),话语互动中的光杆有定宾语句,《当代修辞学》第4期。

完　权(2016),言者主语与隐性施行话题,《世界汉语教学》第4期。

王　力(1945),《中国语法理论》(下册),北京:商务印书馆。

王红梅(2008),第二人称代词"你"的临时指代功能,《汉语学习》第4期。

王义娜(2008),人称代词移指:主体与客体意识表达,《外语研究》第2期。

杨姗姗、郭书法、刘佳佳、汪田田(2016),"你"是谁?——浅析认知语用视角下第二人称代词"你"的语用身份建构,《鸡西大学学报》第6期。

尤瓦尔·赫拉利(2014),《人类简史:从动物到上帝》,林俊宏译,北京:中信出版社。

张爱民(2001),现代汉语第二人称代词人称泛化探讨,《徐州师范大学学报》第1期。

张　华(2010),符号入场问题及其哲学意义,《哲学动态》第1期。

张　磊(2014),口语中"你"的移指用法及其话语功能的浮现,《世界汉语教学》第1期。

张炼强(1982),人称代词的变换,《中国语文》第3期。

宗铁丽(2010),三身代词的外部换指研究,《南开语言学刊》第2期。

Bara, Bruno(2010), *Cognitive pragmatics: The mental processes of communication*. Cambridge: MIT Press.

Bara, Bruno(2017), Cognitive pragmatics. In Yan Huang(ed.), *The oxford handbook of pragmatics*, 279 - 299. Oxford: Oxford University Press.

Benveniste, Eile(1971), Subjectivity in language. In Eile Benvensite (ed.), *Problems in general linguistics* 223 - 230. Coral Gables: University of Miami Press.

Bühler, Karl(1934) *Sprachtheorie: Die darstellungsfunktion der sprache*. Jena: Fischer.

Bühler, Karl(2011), *Theory of language: The representational function of language*, translated by Donald Fraser Goodwin. Amsterdam: John Benjamins.

Chao, YuenRen(1968), *A grammar of spoken Chinese*. Berkeley, CA: University of California Press.

Jakobson, Roman(1957), Shifters verbal categories, and the Russian verb. In *Roman Jakobson selected writing II: Word and language*, 130—147. The Hague: Mouton.

Jespersen, Otto(1922), *Language, its nature, development and origin*. London: George Alen and Unwin.

Langacker, Ronald(2008), *Cognitive grammar: A basic introduction*. New York: Oxford University Press.

Levinson, Stephen(1983), *Pragmatics*. Cambridge: Cambridge University Press.

Lyons, John(1973), *Deixis as the source of reference*. Trier: L.A.U.T.

Lyons, John(1977), *Semantics*, vol. 2. Cambridge: Cambridge University Press.

Segal, Erwin(1995), Narrative comprehension and the role of deictic shift theory. In Judith F. Duchan *et al*. (eds.), *Deixis in narrative: A cognitive science perspective*, 3 - 18. New York and London: Routledge.

Talmy, Leonard(1995), Narrative structure in a cognitive framework. In Judith F. Duchan *et al*. (eds.), *Deixis in narrative: A cognitive science perspective*, 421 - 460. New York and London: Routledge.

Verschueren, Jef(1998), *Understanding pragmatics*. London: Edward Arnold Ltd.

Wales, Katie(1996), *Personal pronouns in present-day English*. Cambridge: Cambridge University Press.

完权,中国社会科学院语言研究所　wan2quan2@163.com

(原载《世界汉语教学》2019年第4期)

语义演变与主观化*

吴福祥

提　要　本文认为主观化并非语义演变的机制，而只是语义演变的一种结果或类型；主观化亦非语义演变的单向性过程，最多只是语义演变的一种倾向或趋势；很多语义演变过程与主观化无涉，既非主观化亦非客观化。

关键词　语义演变　主观化　交互主观化

近些年来，主观性和主观化是认知-功能语言学界和历史语言学界备受关注的话题。特别是在语法化和语义演变研究中，主观化无疑是一个重要的热点话题和研究课题。本文从历史语言学角度讨论主观化与语义演变的关系及相关问题。

一、什么是语义演变

什么是语义演变？简单的回答是“语言形式的意义所发生的任何演变，通常也包括语法语素的语法功能所发生的演变”(Trask 2000：303)。不过，语义演变到底是指什么样的历时过程，学界的看法并不完全一致。目前主流的看法是，语义演变是指义位的增加或消失，而非某个义位本身的改变。这种看法可称为“多义模式”观。代表性观点见于 Wilkins(1996：269)：“语义演变指的不是意义本身的改变，而是一个语言成分在形式不变的前提下，其语义系统增加了新的意义或丧失了原有的意义。重要的是，言语社会中所有语义演变在其开始或最后阶段都涉及多义性。基于这种观点，一个完整的语义演变实际包含了两种语义演变：第一种是通过意义的增加而导致多义模式的产生；第二种是通过原有意义的丧失而消除上述多义模式。共时的多义模式在语义演变研究中至关重要，因为正是这种多义模式为两个义项在语义上互相关联以及一个义项引发另一个义项出现这样的假设提供了重要证据”。

Wilkins(1996：269)用图 1 来刻画语义演变的“多义模式”观：

时间(T)：	T1		T2		T3		
形式(F)：	F1		F1		F1		
意义(M)：	M1	→	M1	&	M2	→	M2
特征：	p,q,r		p,q,r		q,r,s		q,r,s

图 1　语义演变的“多义模式”观(Wilkins 1996：269)

与 Wilkins 的主张极为相近的是 Kearns(2002)，后者认为语义演变本质上体现为如(1)所示的两个过程：

(1) 语义演变的两个过程(Kearns 2002：1)：

　　(a)　　Fa　　>　　Fa,b　[具有意义 a 的语言形式 F 获得了另外的意义 b]

　　(b)　　Fa,b　>　　Fb　　[具有意义 a 和 b 的语言形式 F 丢失了意义 a]

Kearns(2002：1)指出，既然过程(b)作用的是一个多义形式(Fa，b)，因此，如果我们假设这个多义形式是过程(a)的产物，那么，过程(b)的发生一定依赖于过程(a)，而反之则不然。由此可见，语言成分意义获得的过程是

* 本项研究受国家社科基金重大项目“功能-类型学取向的汉语语义演变研究”(14ZDB098)资助。

其意义丧失的必要条件。

此外，主张语义演变“多义模式”观的，还有德国的 Peter Koch(2016：24—25)，他认为对语义演变比较合理的界定是，一个词的现有意义 M1 获得一个新的意义 M2，从而使该词变成具有 M1 和 M2 两项意义的多义词，并用下图 2 来描述语义演变的连续性过程：

	TIME：	FORM：	MEANING
Change 1	T1：	F1：	M1
	T2：	F2：	M1(M2)
	T3：	F3：	M1>M2
	T4：	F4：	M1=M2
	T5：	F5：	M2>M1
Change 2	T6：	F6：	M2(M1)
	T7：	F7：	M2

图 2　语义演变中词汇多义性产生和消失的循环模式(Koch 2016：25)

综上所述，我们赞同 Wilkins 等学者的看法，即语义演变指的是义位的增加(添加新义)或消失(丢失旧义)，而非某个义位本身的改变。

二、(交互)主观性与(交互)主观化

“主观性(subjectivity)”指的是语言的一种特性，即在话语中多多少少总是含有说话人“自我”的表现成分。也就是，说话人在说出一段话的同时表明自己对这段话的信仰、立场、态度和感情，从而在话语中留下“自我”的印记(Lyons 1982；Finegan 1995；Traugott 1999；沈家煊 2001)。如果这种主观性在语言中用明确的形式来编码，或者一个语言形式经过演变而获得主观性的表达功能，则谓之“主观化(subjectification)”。学者们对主观性和主观化的系统研究始于 20 世纪 80 年代后期，主要有共时和历时两种研究取向，前者从认知语言学角度探讨一个时期的说话人采用什么样的结构或形式来表现主观性，代表性人物是 Ronald W. Langacker；后者从历史语言学角度考察一个主观性的结构或形式是如何演变而来的，代表性人物是 Elizabeth Closs Traugott(沈家煊 2001；吴福祥 2004)。

Traugott 是最早将(交互)主观化的研究纳入历史语言学框架的学者，也是从语用-语义演变及语法化角度研究(交互)主观化建树最多、影响最大的学者。下面我们扼要介绍 Traugott 有关(交互)主观性和(交互)主观化的主要观点。

Traugott 对“主观性”这一概念的理解是基于 Lyons(1982：102)的定义：“‘主观性’这一术语指的是，自然语言以其结构和正常的运作方式为说话人表达自己以及自己的态度和信仰提供的一种方式。”Traugott(2003，2006，2010)认为，语言中表达这种主观性的手段主要有提升结构(raising constructions)、言语行为动词和心理动词的施为用法(illocutionary uses)以及认识情态助动词、焦点小词、话语标记等语法成分。

不仅如此，Traugott 参照 Lyons 对主观性的定义方式，对交互主观性(intersubjectivity)做出了下述定义：

(2) “‘交互主观性’这一术语，指的是自然语言以其结构和正常的运作方式为说话人表达他(或她)对听话人态度和信仰的关注(尤其对听话人‘面子’和‘自我形象’的关注)所提供的一种方式”(Traugott 2003：128，2006，2010)。据 Traugott，语言中表达这种交互主观性的手段主要有委婉语(euphemisms)以及礼貌用语(politeness expressions)。

另一方面，跟 Lyons(1982)和 Langacker(1990：17)等不同，Traugott 对主观化和交互主观化(intersubjectification)的定义完全是从语用-语义演变的角度做出的，下面是 Traugott 有关主观化和交互主观化的几个广为引用的重要定义：

(3a) 主观化是指“意义变得越来越植根于说话人对命题或所说话语的主观信念/态度”这样的一种语义-语用过程(Traugott 1995：31)。

(3b) 主观化是指这样的一种符意学(semasiological)过程：意义随着时间的推移用来编码或明确表达说话人/作者的视角和态度，这些视角和态度受到言谈事件的交际世界的制约，而不受所述情状或事件的所谓“真实世界”特征的制约(Traugott 1999：1)。

(3c) 主观化作为一种演变过程，它导致一种语言成分(expressions)的产生，这种语言成分用来表达说话人对所说话语的信仰和立场(Traugott 2012：9)。

(4a) 交互主观化是指这样的一种符意学(semasiological)过程：意义随着时间的推移用来编码或明确表达说话人/作者在认识和社会意义上对听话人/读者“自我”的关注(Traugott 1999，2003：129—130)。

(4b) 交互主观化作为一种演变过程，它导致一种语法标记(markers)的产生，这种语法标记用来编码说话人(或作者)对听话人的认知立场和社会身份的关注(Traugott 2003：124，2012：9)。

在 Traugott 的主观化理论中，有几个观点特别值得关注：

第一，(交互)主观性指的是语言成分的编码意义。一个词语的(交互)主观性意义，指的是固化于该词词义系统之中的编码意义(coded meaning)，而不是这个词在特定语境中获得的语境意义；换言之，主观性或交互主观性是语言成分的一种语义意义(semantic meaning)，而非语用意义(pragmatic meaning)(Traugott 2010；Traugott & Dasher 2002)。比如英语的 *must* 作为认识情态助动词，表达“说话人对命题的信仰和态度”，这种主观性意义是认识情态助动词 *must* 的一个业已固化的编码意义，与任何语境无关。同样，汉语的人称代词“您”表达对第二人称受话人的敬称，这种交互主观性意义也是“您”独立于任何语境的编码意义。

第二，(交互)主观化是一种语义化过程。既然(交互)主观性意义是指语言成分的编码意义(语义意义)，那么主观化和交互主观化过程自然都蕴含了一个重新分析的过程，即特定语境中的语用意义被重新分析为某一语言成分的编码意义。换言之，主观化和交互主观化本质上是一种语义化(semanticization)而非语用化(pragmaticalization)过程，即原先与特定语境相关的语用意义发生了语义化，变成特定词语的编码意义(Traugott 2006，2010；Traugott & Dasher 2002)。

第三，主观性和主观化都具有连续统性质。(交互)主观性和(交互)主观化都是梯度概念。在共时层面，词语的(交互)主观性构成下面(5)所示的连续统。

(5) (交互)主观性的共时连续统(Traugott 2010：35；Traugott & Dasher 2002：225)：

non-/less subjective-subjective-intersubjective

因为主观性总是由非/少主观性(non-/less subjective)演变而来，而交互主观性又是主观性的进一步发展，上述连续统可解读为下面(6)所示的历时演变链(Traugott 2010：36)：

(6) non-/less subjectivized>subjectivized>intersubjectivized

据(5)和(6)，交互主观化总是蕴涵主观化，不可能存在没有某种主观化程度的交互主观化，一个形式若没有某种程度的主观化就不可能有交互主观化。历时地看，交互主观化通常比主观化出现得晚并且来源于主观化(Traugott 2003：129—130，2006，2010)。

第四，(交互)主观化是语义演变的机制。Traugott 在多种文献中反复强调，(交互)主观化是语义演变的机制。例如：

(7a) 主观化是导致意义变得更深地聚焦于说话人的机制，交互主观化则是导致意义变得更加聚焦于受话人的机制(Traugott 1999：3，2003：129)。

(7b) 主观化和交互主观化是一种元语言(meta-linguistic)机制，它们导致主观化或交互主观化这种新的编码意义的产生(Traugott 2007：300)。

(7c) 主观化和交互主观化指的是这样的机制：a) 意义被用来编码或调节说话人的态度和信仰(主观化)；b) 一旦发生主观化，某一语言形式就可能用来编码聚焦于听话人的意义(交互主观化)(Traugott 2007：299，2010：35)。

(7d) 主观化作为一种机制，它导致意义随着时间的推移用来编码或明确表达说话人/作者的视角和态度，这些视角和态度受到言谈事件的交际世界的制约，而不受所述情状或事件的所谓“真实世界”特征的制约

(Traugott 2003：126)。

(7e) 语义演变的主要机制是主观化(包括交互主观化)(Traugott & Dasher 2002：279)。

第五,(交互)主观化是一种单向性演变过程。如前所述,Traugott 主张,主观化是一种"非/少主观化(non-/less subjectivized)>主观化(subjectivized)>交互主观化(intersubjectivized)"的单向性语义演变过程。不仅如此,Traugott 认为,语言成分主观化的这种单向性过程与其句法和语义的单向性演变高度平行,并据此提出了一种涵盖句法、语用和语义等不同维度且互相关联的语义演变的单向性路径。具体如图 3 所示。

真值条件的		>		非真值条件的
内容的	>	内容的/程序的	>	程序的
以命题内成分为辖域	>	以命题为辖域	>	以话语为辖域
非主观性的	>	主观性的	>	交互主观性的

图 3　语义演变相互关联的单向性路径(Traugott & Dasher 2002：40)

图 3 刻画的单向性路径涉及语义、语用和句法等不同方面。语义上,真值条件意义变为非真值条件意义,内容义(content)变为内容义/程序义(content/procedural)并最终演变为程序义;句法上,以命题内成分为辖域变成以整个命题为辖域,并最终变为以话语为辖域;语用-语义上,非主观性意义变为主观性意义,并最终演变为交互主观性意义。

三、语义演变的主观化、客观化及其他

Traugott 的上述观点中,有两点我们并不赞同。

首先,Traugott(Traugott 2010；Traugott & Dasher 2002)主张(交互)主观化是一种语义演变的机制,认为语义演变的机制主要有：a) 类推(隐喻与之相关);b) 重新分析(转喻与之相关);c) 主观化(元语篇意义的产生以及褒化、贬化与之相关),而主观化则是语义演变最基本的机制。我们认为(交互)主观化是语义演变的一种结果或类型,而不是语义演变的机制。语义演变的机制只有类推(隐喻与之相关)和重新分析(转喻与之相关)两种[①]。

其次,Traugott 宣称(交互)主观化是单向性的演变过程。我们认为这个断言过于绝对,尽管(交互)主观化确是语义演变的一种常见结果或类型,但这并不意味着这个过程是单向的。实际上,近年来已有若干学者对 Traugott 的(交互)主观化单向性假说提出质疑或挑战(参见 Adamson 1995,2000；Rhee 2005；Kranich 2010；Ghesquiere 2010；Shinzato 2007；Cornillie 2008)。

我们认为,主观化只是语义演变可能的结果之一,除此之外,语义演变也可能出现相反的结果,即导致"客观化"或"去主观化"现象的发生;还有一些语义演变的过程与主观化无涉,既非主观化,亦非客观化。下面分别讨论。

(一) 语义演变的主观化

如果一个语义演变,其结果导致语言成分的意义变得用来表达说话人对命题的态度、情感或视角,或者对听话人"自我"形象的关注,那么这样的语义演变过程就是(交互)主观化的佳例。或者用 Traugott(1982,1989)早年的术语来说,如果一个语义演变导致意义由"命题(propositional)"功能变为"表情(expressive)"功能,那么这个语义演变就是典型的主观化过程。这样的例子广泛见于各种语言,主要有词汇成分主观化和语法成分主观化两种基本的类型。词汇成分的主观化,最常见的是褒化(amelioration)、贬化(pejoration)等词语内涵义(connotation)的演变,例如英语的 *boor*"农民">"粗野的人";德语的 *billig*"适当的">"廉价的">"肮脏的";汉语的"爪牙",先秦指"勇士,武士",汉代以后贬化为"党羽,帮凶"。

语法成分的主观化,最常见的是话语标记、语用小词、情态标记以及敬称形式的演化历程。譬如当代英语的连词 *while*,源自古英语的名词性语串 *þa þwile þe*,意思是"在那时(at the time that)",中古英语时期 *þa þwile þe* 变为 *while*,意义由"在那时(at the time that)"变为"在……时候(during)",降至现代英语,*while* 由"在……时候(during)"变为"尽管(although)"。"在那时"描述的是真实世界中的一种情状(时间情状),意义上属于命题功能;

① 这只是就内部演变而言的;从接触语言学角度看,语义演变的机制还应包括"复制"(replication)。

“在……时候”不仅表达真实世界中两个事件的时间关系，而且也表明话语中两个小句在时间上的衔接关系，因此，在意义上具有语篇功能，已有一定的主观性；最后，*while* 的“尽管”意义主要表达说话人对话语关系的态度，实现的是其表情功能，主观化程度显然高于“在……时候”(Traugott 1982，1987 [1990])。

（二）语义演变的客观化

如前所述，近些年来已有学者对 Traugott 主张的主观化单向性原则提出质疑，譬如 Rhee(2005)在考察韩国语动词 *kathta*“相同”、*siphta*“想要”和 *pota*“看见”的语法化过程时发现，*kathta*、*siphta* 和 *pota* 在由实义动词演变为情态标记(markers of modality)的过程中，其语义的演变并不是单向的，既有“较少主观性＞更多主观性”这种主观化演变，也有相反的演变，即“更多主观性＞较少主观性”。Rhee(2005：241)将后一种演变称之为“客观化(objectification)”，并定义为：客观化是指语言成分的主观性意义变成客观性意义或较少主观性的意义。Rhee 的研究表明，韩国语情态标记 *kathta*、*siphta* 和 *pota* 的演化过程实际上是主观化和客观化共同作用的结果。此外，Adamson(2000)在讨论英语形容词 *criminal* 的语义演变时，也明确提出语义演变的“去主观化(de-subjectivisation)”现象，认为这种演变对 Traugott(1995)主张的主观化单向性假设构成了挑战。

事实上，在语义演变甚至语法化演变中，这种“客观化”(或叫“去主观化”)现象并非仅见。兹举几例，以见一斑。

1. 强调反身代词＞完全反身代词

有些语言里，强调反身代词(emphatic reflexive)和完全反身代词(full reflexive)具有相同的编码形式，譬如汉语的“自己”、英语的 *himself*。强调反身代词具有强调和焦点表达的功能(如“老张自己炒股”)，但不能做主宾语论元；完全反身代词能做主宾语论元(如“老张炒股会害了自己”)，但不具有强调和焦点表达的功能。Haspelmath(2003)的研究表明，如果一个语言形式具有强调反身代词和完全反身代词两种功能，那么其完全反身代词功能源自强调反身代词功能，而不可能有相反的演变。下面(8)是 Haspelmath(2003：235)构拟的与反身代词功能相关的历时概念空间。

(8) 带有方向性的反身和中动功能的概念空间：

emphatic reflexive → full reflexive → grooming/body motion → anticausative → potential passive → passive

因为强调反身代词体现的是主观性意义，而完全反身代词不具备这样的主观性意义，所以“强调反身代词＞完全反身代词”是主观化反例，换言之，这是一个客观化演变的实例。

2. 完成体标记＞完整体/过去式标记

Joan Bybee(Bybee *et al*. 1994；Bybee & Dhal 1989；Bybee 2006)发现，在人类语言里，完成体(PERFECT)标记有两种可能的演变路径，或者是“完成体标记(PERFECT)＞过去式标记(PAST)”，如欧洲的绝大部分罗曼语和日耳曼语以及非洲的某些克瓦语(Kwa languages)；或者是“完成体标记＞完整体标记(PERFECTIVE)”①，如非洲的部分克鲁语(Kru languages)。下面(9)是 Joan Bybee 发现的与完成体标记语义演变相关的单向性路径：

(9) 完整体/过去式演化路径(Perfective/Past path)(Bybee 2006：184)：

“be”，“have” + PP＞RESULTATIVE ↘

“come from”————→ANTERIOR② ——→PERFECTIVE/PAST

“finish”————→COMPLETIVE ↗

完成体标记表示的是，一个动作行为发生于过去，但与当前的情状密切相关，也就是说，完成体标记除了表示过去的时间指称外，还表达“现时相关性(current relevance)”。另一方面，过去式标记或完整体标记只表示过去的时间指称，并不表达现时相关性(参看 Comrie 1976：12；Bybee *et al*. 1994：86)。可见，“完成体标记＞完整体/过去式标记”这一语义演变主要体现为“现时相关性”这一意义成分的消失，而现时相关性是说话人对话语关系的一

① Bybee *et al*. 1994(1994：85—86)认为汉语的完整体标记(了$_1$)就导源于后一种演变路径：完成体标记(了$_2$)＞完整体标记(了$_1$)。

② ANTERIOR 概念上等于 PERFECT，Joan Bybee 的文献通常都用 ANTERIOR 来指称完成体。

种主观看法。由此可见，人类语言里普遍发生的“完成体标记＞完整体/过去式标记”这一语义演变，显示的是与主观化相反的方向。正因如此，Kranich(2010：103)在讨论法语和德语“完成体标记＞过去式/完整体标记”演变时，将这种语义演变过程称之为“客观化”，他对“客观化”的定义是“意义变得越来越少地植根于说话人对特定情状的信仰或态度，而更多地植根于特定情状的某些可客观验证的属性”。

3. 汉语一身代词“奴”的语义演变

魏晋六朝时期“奴(阿奴、奴家)”是带有爱称色彩的第二人称代词(尊呼卑、长呼幼)，但到了唐五代则变成没有任何语用色彩的中性第一人称代词(吕叔湘 1987；吴福祥 1996)。

4. 北京话儿化标记的语义演变

据方梅(2007)，北京话的小称形式“儿”经历了“指小＞表爱＞名词后缀”这样的语义演变①。指小(如“球儿”“车儿”)和表爱(如“脸儿”“嘴儿”)体现的是主观性意义，但名词后缀(如“盖儿”“乐儿”)则只有派生和屈折功能，已不再具有任何主观性意义。显然，这也是一个典型的客观化实例。

(三) 与主观化无涉的语义演变

除了主观化和客观化，语义演变还有一种更常见的类型：演变的结果跟主观化或客观化无涉，也就是说，演变而来的新义相较于源义，并不涉及主观性的增加或减少。这类与主观化无涉的语义演变，广泛见于词汇范畴的语义演变，但也见于功能范畴的语义演变。

1. 知觉动词的语义演变

据 Viberg(1984：147)，知觉动词(verbs of perception)的语义演变具有明显的单向性路径，譬如在世界语言里，“见”义视觉动词(如英语的 *see*)往往演变为“听”义听觉动词(如英语的 *hear*)或“摸”义触觉动词(如英语的 *touch*)，但反之不然。情形如图 4 所示：

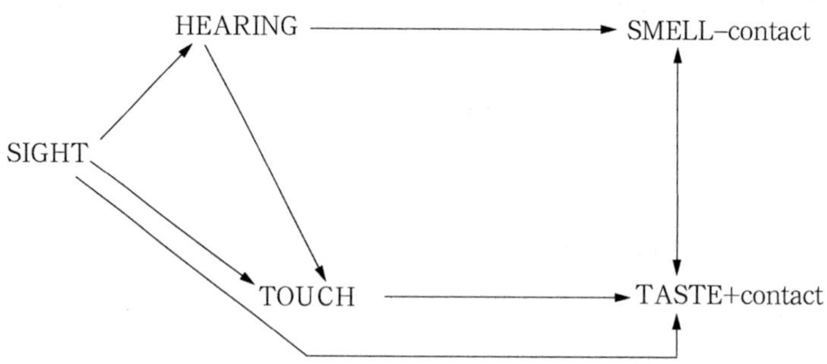

图 4　知觉动词语义演变的路径(Viberg 1984：147)

在图 4 中，表达视觉意义的动词可以通过演变而获得其他感觉情态(sense modality)的意义。譬如“视觉(sight)＞听觉(hearing)＞嗅觉(smell)＞味觉(taste)”“视觉＞触觉(touch)＞味觉＞嗅觉”“视觉＞味觉＞嗅觉”，等等。在这些演变路径中，只有味觉和嗅觉之间的演变是双向的，其他演变过程都是单向的。但是，这种知觉动词范畴内部的转喻性语义演变，无论是单向的还是双向的，都不涉及主观化程度的变化，换言之，这类语义演变跟主观化没有任何关系。

2. 空间语法语素的演化路径

Svorou(1986，1993)认为，人类语言中由普通名词到空间语法语素(spatial gram)的演变具有可预测的方向制约，她基于跨语系和跨地区语言的广泛观察，概括出图 5 所示的空间语法语素的演化路径：

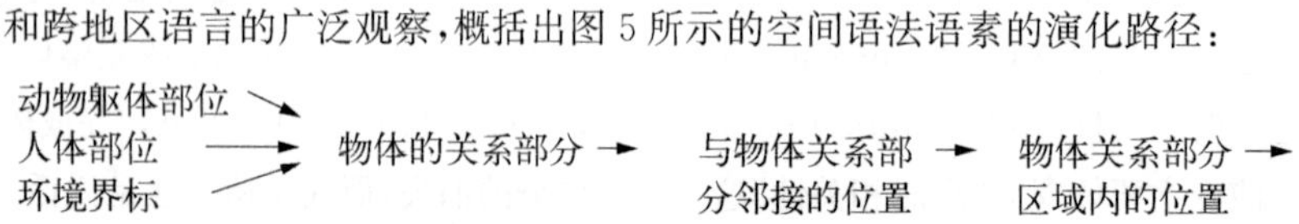

图 5　空间语法语素的演化路径(Svorou 1993：90)

① 方梅(2007)将“指小”和“表爱”这两种功能分别表述为“客观小量”和“主观小量”。

图 5 显示的语义演变过程，尽管涉及虚化程度的变化，但并不关涉主观化的有无或强弱。换言之，上述空间语法语素的语义演变似乎也跟主观化无涉。

3. 格标记的语义演变模式

Lehmann(1995[1982])基于格范畴语义演变的跨语言研究，提出图 6 所示的格标记的语法化渠道(channels)：

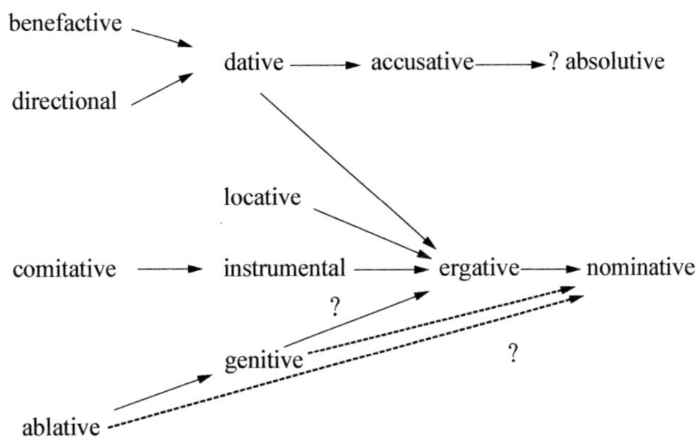

图 6　格标记的语法化渠道(Lehmann 1995[1982]：99)

图 6 所列格标记的各种语义演变模式，比如"益格(benefactive)/方向(directional)＞与格(dative)＞宾格(accusative)""伴随(comitative)＞工具(instrumental)＞作格(ergative)＞主格(nominative)""离格(ablative)＞属格(genitive)＞作格＞主格"等，自然涉及语法化程度的差异，但并不关乎主观化程度的变化。也就是说，这种格范畴内部语义功能的演变跟主观化或客观化均不相涉。

综上所述，我们认为，主观化既非语义演变的普遍机制，亦非语义演变的单向过程，而只是语义演变的一种结果。语义演变的结果可以是主观化，也可以是客观化(去主观化)，当然也可能与主观化/客观化无涉。

四、结　语

本文讨论主观化与语义演变的关系及相关问题，主要结论是：

(1) 语义演变指的是义位的增加(添加新义)或消失(丢失旧义)，而非某个义位本身的改变。

(2) 主观化并非语义演变的普遍机制，而只是语义演变可能的结果之一。主观化并非语义演变单向性过程，它最多只是语义演变的一种倾向或趋势，换言之，并非所有的语义演变都是主观化，有些语义演变很可能是客观化(或曰去主观化)，还有些语义演变跟主观化或客观化无涉。

参考文献

方　梅(2007)，北京话儿化的形态句法功能，《世界汉语教学》第 2 期。

吕叔湘(1987)，《近代汉语指代词》，上海：学林出版社。

沈家煊(2001)，语言的"主观性"和"主观化"，《外语教学与研究》第 4 期。

吴福祥(1996)，《敦煌变文语法研究》，长沙：岳麓书社。

吴福祥(2004)，近年来语法化研究的进展，《外语教学与研究》第 1 期。

Adamson, Sylvia(1995), From empathetic deixis to empathetic narrative: Stylisation and (de) subjectivisation as processes of language change. In: Dieter Stein and Susan Wright (eds.), *Subjectivity and Subjectivisation*, 195 – 224. Cambridge: Cambridge University Press.

Adamson, Sylvia(2000), 'A lovely little example': Word order options and category shift in the premodifying string. In: Olga Fischer, Anette Rosenbach, and Dieter Stein (eds.), *Pathways of Change: Grammaticalization in English*, 39 – 66.

Amsterdam/Philadelphia: John Benjamins.

Bybee, Joan(2006), Language change and universals. In: Ricardo Mairal and Juana Gil (eds.), *Linguistic Universals*, 179 - 194. Cambridge: Cambridge University Press.

Bybee, Joan and Östen Dahl(1989), The creation of tense and aspect systems in the languages of the world. *Studies in Language* 13, 1: 51 - 103.

Bybee, Joan, Revere Perkins, and William Pagliuca(1994), *The Evolution of Grammar: Tense, Aspect, and Modality in the Languages of the World*. Chicago: University of Chicago Press.

Comrie, Bernard(1976), *Aspect*. Cambridge: Cambridge University Press.

Cornillie, Bert(2008), On the grammaticalization and (inter)subjectivity of evidential (semi-)auxiliaries in Spanish. In: Elena Seoane and Maria Jose Lopez-Couso (eds.), *Theoretical and Empirical Issues in Grammaticalization*. 55 - 76. Amsterdam/Philadelphia: John Benjamins.

Finegan, Edward(1995), Subjectivity and subjectivisation: an introduction. In: Dieter Stein and Susan Wright (eds.), *Subjectivity and Subjectivisation*, 1 - 15. Cambridge: Cambridge University Press.

Ghesquiere, Lobké(2010), On the subjectification and intersubjectification paths followed by the adjectives of completeness. In: Kristin Davidse, Lieven Vandelanotte, and Hubert Cuyckens (eds.), *Subjectification, Intersubjectification and Grammaticalization*, 277 - 314. Berlin/New York: Mouton de Gruyter.

Haspelmath, Martin (2003), The geometry of grammatical meaning: semantic maps and cross-linguistic comparison. In: Michael Tomasello (ed.), *The New Psychology of Language*, Vol. 2, 211 - 243. New York: Erlbaum.

Kearns, Kate(2002), Implicature and language change. In: Jef Verschueren, Jan-Ola Östman, Jan Blommaert and Chris Bulcaen (eds.), *Handbook of Pragmatics: 2000 Installment*. Amsterdam/Philadelphia: John Benjamins.

Koch, Peter(2016), Meaning change and semantic shifts. In: Pävi Juvonen and Maria Koptjevskaja-Tamm (eds.), *The Lexical Typology of Semantic Shifts*, 21 - 66. Berlin/Boston: Mouton de Gruyter.

Kranich, Svenja(2010), Grammaticalization, subjectification and objectification. In: Ekaterini Stathi, Elke Gehweiler, and Ekkehard Konig (eds.), *Grammaticalization: Current Views and Issues*, 101 - 122. Amsterdam/Philadelphia: John Benjamins.

Langacker, Ronald W(1990), Subjectification. *Cognitive Linguistics* 1: 5 - 38.

Lehmann, Christian(1995[1982]), *Thoughts on Grammaticalization*. Munich: LINCOM EUROPA.

Lyons, John(1982), Deixis and subjectivity: loquor, ergo sum? In: Robert J. Jarvella and Wolfgang Klein (eds.), *Speech, Place, and Action: Studies in Deixis and Related Topics*, 101 - 124. New York: Wiley.

Rhee, Seongha(2005), At the crossroad of objectification and subjectification: a case of *kathta*, *siphta*, and *pota* in Korean. *Language and Linguistics* 35: 241 - 258.

Shinzato, Rumiko(2007), (Inter)subjectification, Japanese syntax and syntactic scope increase. *Journal of Historical Pragmatics* 8, 2: 171 - 206.

Svorou, Soteria(1986), On the evolutionary paths of locative expressions. *Proceedings of the Twelfth Annual Meeting of the Berkeley Linguistics Society*, 515 - 527.

Svorou, Soteria(1993), *The Grammar of Space*. Amsterdam: Benjamins.

Trask, R. Larry(2000), *The Dictionary of Historical and Comparative Linguistics*. Edinburg: Edinburg University Press.

Traugott, Elizabeth Closs(1982), From propositional to textual and expressive meanings; some semantic-pragmatic aspects of grammaticalization. In: Winfred P. Lehmann and Yakov Malkiel (eds.), *Perspectives on Historical Linguistics*, 245 - 271. Amsterdam: Benjamins.

Traugott, Elizabeth Closs(1989), On the rise of epistemic meanings in English: an example of subjectification in semantic change. *Language* 65: 31 - 55.

Traugott, Elizabeth Closs(1990[1987]), From less to more situated in language: The unidirectionality of semantic change. In: Sylvia M. Adamson, Vivien Law, Nigel Vincent, and Susan M. Wright (eds.), *Papers from the Fifth International Conference on English Historical Linguistics*, 497 - 517. Amsterdam: Benjamins.

Traugott, Elizabeth Closs(1995), Subjectification in grammaticalization. In: Dieter Stein and Susan Wright (eds.), *Subjectivity and Subjectivisation*, 31 - 54. Cambridge: Cambridge University Press.

Traugott, Elizabeth Closs(1999), From subjectification to intersubjectification. Paper presented at the Workshop on Historical Pragmatics, 14th International Conference on Historical Linguistics, Vancouver, Canada, July 1999.

Traugott, Elizabeth Closs(2003), From subjectification to intersubjectification. In: Raymond Hickey (ed.), *Motives for Language Change*, 124 - 139. Cambridge: Cambridge University Press.

Traugott, Elizabeth Closs(2006), Where subjectification, intersubjectification, and grammaticalization meet. 北京大学中国语言学研究中心演讲稿,2006年8月。

Traugott, Elizabeth Closs(2007), (Inter)subjectification and unidirectionality. *Journal of Historical Pragmatics* 8, 2: 295 - 309.

Traugott, Elizabeth Closs(2010), (Inter) subjectivity and (inter) subjectification: a reassessment. In: Kristin Davidse, Lieven Vandelanotte and Hubert Cuyckens (eds.), *Subjectification, Intersubjectification and Grammaticalization*, 29 - 71. Berlin: De Gruyter Mouton.

Traugott, Elizabeth Closs(2012), Intersubjectification and clause periphery. *English Text Construction* 5, 1: 7 - 28.

Traugott, Elizabeth Closs and Richard Dasher(2002), *Regularity in Semantic Change*. Cambridge: Cambridge University Press.

Viberg, Äke(1984), The verbs of perception: a typological study. In: Brian Butterworth, Bernard Cornrie, and Östen Dahl (eds.), *Explanations for Language Universals*, 123 - 162. Berlin: Mouton de Gruyter.

Wilkins, David(1996), Natural tendencies in semantic change and the search for cognates. In: Mark Durie and Malcolm Ross (eds.), *The Comparative Method Reviewed: Regularity and Irregularity in Language Change*, 264 - 304. New York: Oxford University Press.

吴福祥,北京语言大学语言科学院 wufuxiang100@126.com

(原载《民族语文》2019年第5期)

为什么要给语言建造一座宫殿?*

——从符号系统的转喻本质看语言学的过度附魅

袁毓林

提 要 本文受当代人本主义哲学关于"哲学家建造一座理念的宫殿,却住在茅屋里"等论断的启发,提出问题:"我们在茅屋里说话,为什么要为语言建造一座宫殿?"文章认为,现代语言学竭力堆砌理论、大肆为语言修筑宫殿的附魅行为,主要归咎于它坚信两个教条:意义的组合性原理和句法-语义同态原理。诸如空语类或轻动词、语壳结构或DP结构等假设概念和相应的理论方案,莫不是为了更好地体现这两个原理。但是,参照人类手势语的形式(结构)与意义(功能)之间的关系及其转喻机制,可以发现人类语言本质上是一种转喻性的符号系统,其形式与意义之间未必具有完全的对应关系和可归约性。因此,不需要为它假设这么多的空语类或轻动词等隐变量,以及语壳结构或DP结构等看不见的句法结构。总之,本文旨在为语言祛魅,希望语言学研究能够让语言呈现出其本来的朴素面貌。

关键词 理念的宫殿 附魅/祛魅 组合性原理 同态原理 空语类/轻动词 语壳结构/DP结构

新中国成立70年来的语言学研究,大部分时间都处于形式语言学爆发式增长的压力之中。于是,跟进还是不跟,便成了一个问题。盲目跟从,难免有削足适履之嫌;顽抗无视,也可能有自甘落后之虞。万全之策也许没有,分头行动倒是可以分散风险:让信奉者身体力行、切实尝试,让怀疑者隔岸观战、评头品足。笔者衷心希望看到这样一幅学术景观:形式语言学在犹豫中不断前进,在质疑声中茁壮成长。

一、现代人本主义哲学对当代语言学的启示

在西方哲学从近代向现代转变的过程中,若干关键观念和研究取向的改变及其根据,对当代语言学正确地评价自身目前的学术状态,并且找到合适的学科定位和发展方向,可能有十分重要的参考价值。有鉴于此,下面先引述一些哲学家的相关论述。

中国专门研究现代外国哲学的刘放桐教授(2005)指出:

西方哲学由近代到现代的转折不是由唯物主义转向唯心主义、由进步转向反动,而是哲学思维方式上一次具有划时代意义的转型,它标志着西方哲学发展到了一个新的、更高的阶段。主要表现为多数哲学流派各以特有的方式力图使哲学研究在不同程度上从抽象化的自在的自然界或绝对化的观念世界返回到人的现实生活世界,企图以此摆脱以构建无所不包的体系为特征的近代哲学所陷入的种种困境,为哲学的发展开辟新的道路。

反观当代语言学,我们不能不说:形式学派的语法理论,深陷于抽象化的实在(比如:内在语言,I-language)和绝对化的观念世界(比如:深层结构、形式普遍现象)之中。

专门从事马克思主义哲学发展史研究的安启念教授(2015)指出:

在现代西方哲学中,人本主义思潮比科学主义思潮更加波澜壮阔,激动人心。这一思潮人物众多,思想庞杂,分歧丛生。其共同的特点是把注意力转向个人的生活世界,包括深入探讨人的生命体验、非理性世界。在这一思

* 本课题得到教育部人文社会科学重点研究基地重大研究项目"汉语意合语法框架下的词汇语义知识表示及其计算系统研究"(18JJD740003)和国家社科基金重大项目《基于"互联网+"的国际汉语教学资源与智慧教育平台研究》(18ZDA295)的资助,承审稿人提出批评意见,谨致谢忱。

潮中最引人关注、人们讨论最多的是海德格尔。海德格尔认为，自柏拉图以后，形而上学主宰哲学，抽象的观念或者神，成为哲学的主要对象，耗费了无数人的聪明才智。遗憾的是他们恰恰忘却了距离自己最近的东西，即个人的存在。这里说的存在既不是物质存在，也不是精神存在，而是个人被抛到这个世界之后形成的理性难以言说的生命体验，例如欢乐、需要、激情、痛苦、焦虑、烦恼、畏惧、死亡，等等。

看着一些青年才俊孜孜不倦地忙于画句法分析树，设想一个又一个空语类节点，构拟一种又一种移位箭头和层级，在抽象的概念术语中你来我往地争论；耗费了无数的才智和青春年华，却顾不上想一下自己日常是怎样跟别人说话，和用语言表情达意的。笔者不禁感慨万千，唏嘘不已。

安启念(2015)引述海德格尔(1996：385)的卓见：

> 人的本质在于，人比单纯的设想为理性生物的人更多一些。“更多一些”在此不能这样用加法来了解，仿佛流传下来的人的定义依然是基本规定，然后只消再加上生存的内容体会一下这种扩充就行了。这个“更多一些”的意思是：更原始些因而在本质上更本质些。

对此，安启念(2015)进行了发挥：

> 这里讲的“更多一些”是针对“人是理性的生物”这一设想而言的。在他看来，不论怎样定义人的本质、人性、人道，都是从人之外、人之上对人的形而上学设定。人道主义最基本的观点是把人视为理性生物，认为理性是人与动物的根本区别所在。这样的人道主义，从古罗马文化直至文艺复兴以来的人文思潮、萨特的存在主义，甚至基督教，一以贯之。然而它恰恰把人的存在，人的生命体验，排斥在外，就是说，忽视了人的“更原始、更本质”的内容。萨特尽管受到海德格尔的批评，但在对人的存在的理解上，与海德格尔基本一致。

为此，安启念(2015)引述了萨特(1998：12～13)的卓见：

> 存在的人不会被一个理念体系所吸收；不管人们对痛苦能说些什么和想些什么，它都避开了知识，因为它是在自己之中，为了它自己而被忍受的，因为只是仍然无力改变它。“哲学家建造一座理念的宫殿，却住在茅屋里。”……实际上，主观的生命由于是被体验的，所以永远不能成为一种知识的体系。

对此，安启念(2015)做了进一步的发挥：

> 萨特与海德格尔一样，强调生命体验不是知识，被哲学家们遗忘了。他们全力为理念营建宫殿，对自己的生命体验所知甚少，自己本身反而如同住在茅屋里。

我们最感兴趣的是这最后两段话。经过检索，知道“哲学家建造一座理念的宫殿，(而他自己)却住在茅屋里”大概出自丹麦宗教哲学心理学家克尔凯郭尔(Søren Aabye Kierkegaard，1813～1855)。[①] 真是“一句话点醒梦中人”，这句警语犹如一声惊雷让我猛然醒悟：相比于近代哲学，当代语言学的情况可以说是有过之而无不及；语言学家不遗余力地构造了无数的语法理论模型，相当于为语言建造了一座又一座金碧辉煌的宫殿，而无视人们实际上却住在茅屋里借助社会性心智用俭朴的方式说话和交际这一现实。也就是说，语言学家应该扪心自问：“我们在茅屋里说话，为什么要为语言建造一座宫殿？”当然，这是一种蹩脚的比附性隐喻表达，意思是：就像简陋的茅屋就足以给人遮风避雨一样，语言系统以其俭朴的结构供人思维构想和传情达意，不必把它想象成一座富丽堂皇的宫殿。

仔细想起来，这种竭力堆砌理论、大肆为语言修筑宫殿的附魅(enchantment)行为，又或多或少地可以归咎于现代语言学坚信的两个教条：意义的组合性(compositionality)原理和句法-语义同态(isomorphism between syntax and semantics)原理。其实，无论哪一种流派，不管怎么做，句法分析最终都是以语句形式的语义解释为目标性指引的；当然，具体的策略和方式有所不同。像空语类、轻动词、语壳结构、DP 结构等假设概念和理论方案，莫不是为了让句法结构能够跟语义解释相对应、让词语组合或句子的意义可以在结构树上由构成成分逐步拼装出来。其实，诸如此类的理论方案和描写模型的必要性和理论动机，都可以参照人类手势语的形式(结构)与意义(功能)来做出评判。下面略做申述。

---

① 据文献介绍，克尔凯郭尔明确地把自己的哲学与传统哲学对立起来，特别是把对以黑格尔为代表的理性主义的批判当作自己哲学的根本方向。他认为黑格尔哲学的根本错误在于把逻辑必然性当作实在的统一性的最高原则以及理性和实在的统一性的保证，并由此而陷入了“客观主义”。世界无非是客观精神的必然显露，一切具体的、特殊的存在是这个普遍存在的实例，是这个整体中的某一阶段中某一成分。这样，人实际上失去了自己的自主性和独立性，失去了做出决定和进行选择的可能性，失去了自己的个性和自由，从而也将使自己忘却了对发生的事件责任，取消了个人从伦理上对待自己和世界的可能性。黑格尔哲学是一种用思想整体来牺牲个人、使人非人化的哲学，是对人的地位和尊严的一种蔑视。

二、重檐飞脊十层楼叠阁的语法理论宫殿

当代形式语言学为语言假设了层层叠叠的语法结构图式，其中最繁复的当数轻动词随处出没的语壳结构。从 Larson(1988)以来，生成语法学者先后提出了性质极为不同的轻动词，随之而来的是格局(configuration)不同的语壳结构。据司富珍(2018)介绍，在当代生成语法的研究中，典型的“轻动词”指谓语语壳结构中居于主动词之上的功能中心语；一般沿用 Chomsky(1995)的做法，用小写字母 v 表示。经典的 Larson 式轻动词结构是这样的(司富珍 2018：12，图 1)：

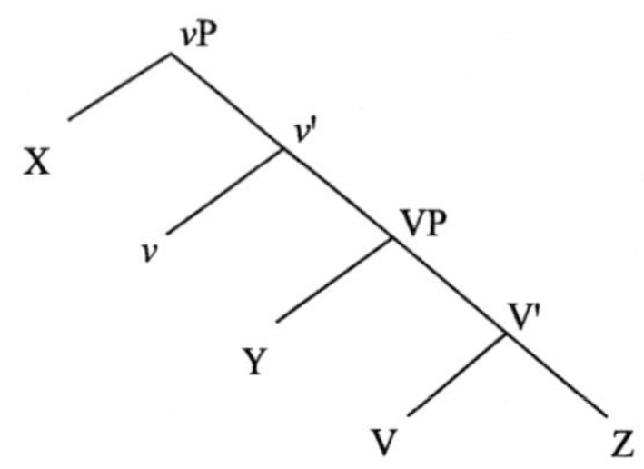

Chomsky 式轻动词语壳结构是这样的(司富珍 2018：14，图 8)：

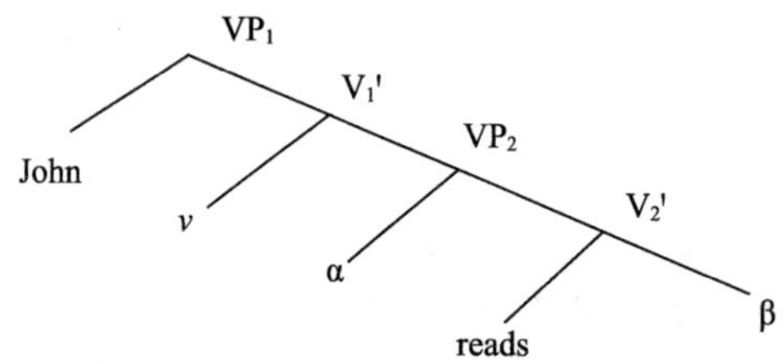

据此，“John read a book carefully”的语壳结构是这样的(司富珍 2018：14，图 8)：

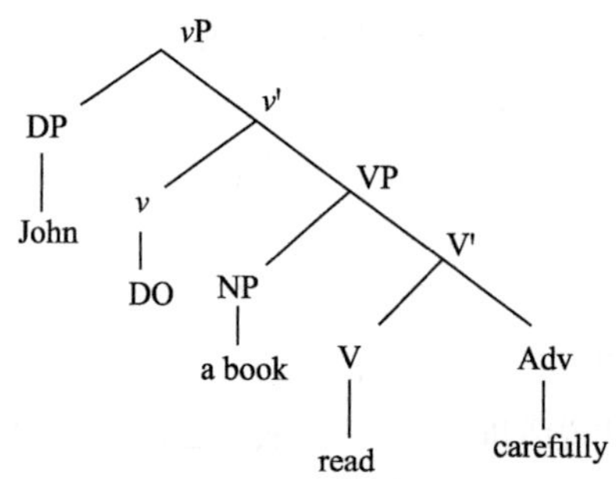

这种结构图式表示：施事者“John”“DO”了“read a book carefully”这样一件事。这看起来还不错。但是，爱抬杠的人可能会问：既然要让表层结构中的谓语“read a book carefully”受杜撰出来的轻动词“DO”管辖，那么能不能再彻底一点，假设表层结构中的整个主谓结构受杜撰出来的轻动词“HAPPEN”管辖？这样，更加完整的语壳结构是“It HAPPEN-past that John DO-past read a book carefully”。这种结构图式表示：发生了[施事者“John”“DO”了“read a book carefully”这样一件事]这样一种事情。于是，在某种韵律(重音)条件下，其语壳结构可以是“It IS TRUE that It HAPPEN-past that John DO-past read a book carefully”；这种结构图式表示：{发生了[施事者“John”“DO”了“read a book carefully”这样一件事]这样一种事情}是真的。这种魔盒一打开，就难保会飞出什么样的幺蛾子。①

---

① 承审稿人指出：这是一种探索。对乔而言，用 v 就足够了。乔用 v，最初主要是用它取代 Agr 说明格的核查，后来也赋予它更多功能，如决定词根的词类。后来的学者采用 Do、Become 等，是希望句法能做更多的事，如说明论元的选择、题元的指派等。Do、Become 等，可以想象作对轻动词的分类。不分，就是一个 v；分，谁也不知道多少合适，只能探索。像动词，也会碰到这样的问题，如取得类、给予类、制作类、问询类……像语义角色的分类也是如此，里面的幺蛾子也很多。

笔者以为，关键是怎么证明这种概念和分类的必要性，并且找到限制和验证的办法。

含有动词活用为名词的“I have a bad lie”的语壳结构是这样的(司富珍 2018：14,图 10)：

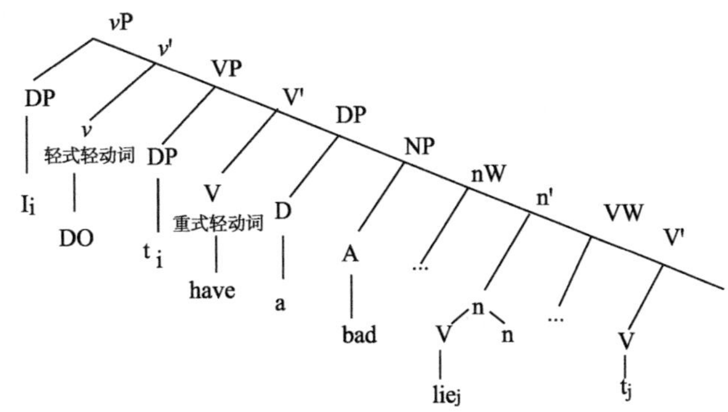

像“He will have the eye specialist examine the patient”这种复杂结构的语壳结构是这样的(司富珍 2018：15,图 15)

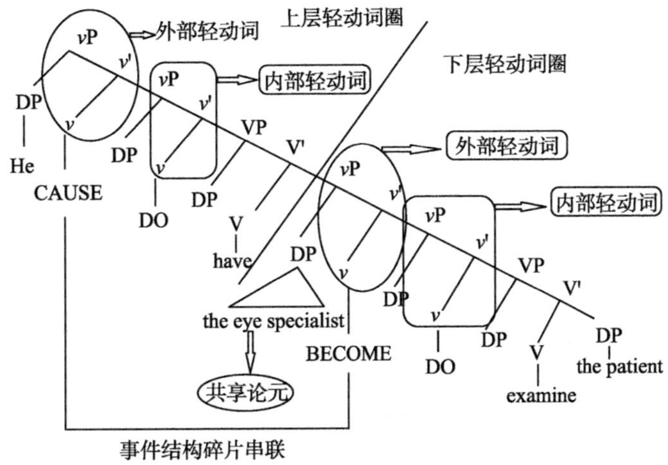

汉语“他洗干净衣服了”的轻动词场结构是这样的(司富珍 2018：16,图 16)：

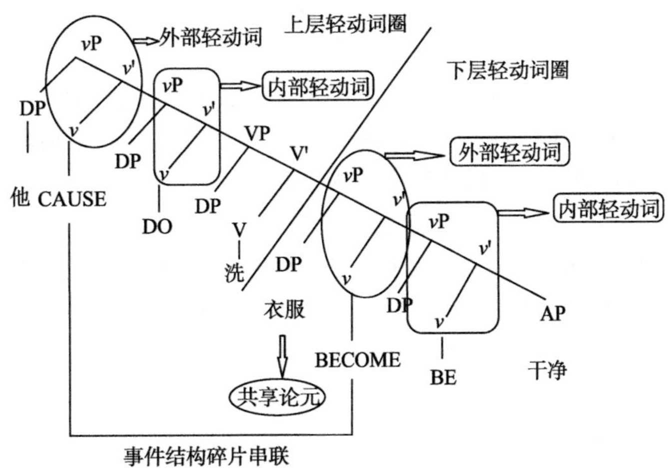

故事远远没有结束,vP 只是句子结构的中间一个片段。按照左缘结构(left periphery)的“制图理论”(cartographic approach),其上还有表示语态(voice)、时体(tense and aspect)等的曲折层(IP);再上面还有表示致使(causation)、伴同关系(comitative relation)等事态(eventuality)的标句词层(CP)。当然,IP 和 CP 层次上还有各种轻动词,它们吸引着相关的实义动词(content verbs)提升上去。蔡维天(2016)的下图可以作为例示：

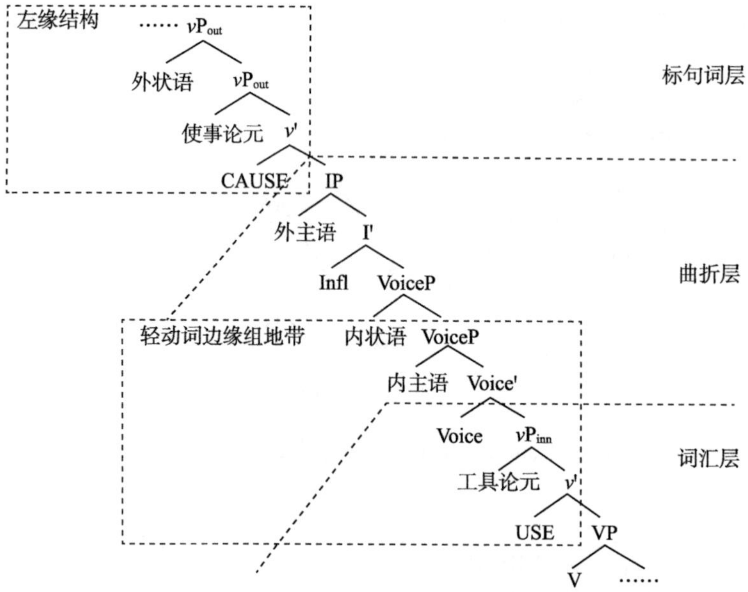

此外，按照名词性成分的“DP 假设”，处于 vP、IP 和 CP 中的论元性名词成分，也还有复杂的层次结构呢。鉴于传统的 NP 结构（［$_{NP}$［$_{spec}$］［$_{N'}$［$_{N}$］［$_{comp}$］］］）不便于分析动名词短语（gerundive），Abney（1987）提出了 DP 假设（Determiner Phrase Hypothesis）：名词短语是以限定词为核心成分的最大的功能投射，即限定词短语。比如，Simpson（2005）的 DP 图式是这样的：①

（1）（in）definite：［$_{DP}$ D^0［$_{NumeralP}$ Nume^0［$_{ClP}$ Cl^0］［$_{NP}$N^0］］］］

当 SpecDP 被限定词 Dem 占据时，（1）表示有定（definite）；当 SpecDP 和 D^0 都没有成分来填充时，（1）表示无定（indefinite）。画成树形图大概如下（郝琦 2018，§ 2.1.6，例 27）：

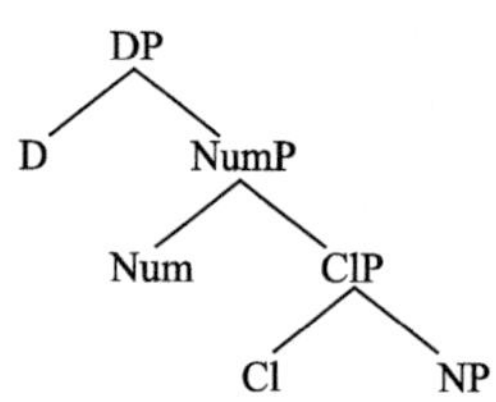

这样，就为论元性名词成分设计了跨语言统一的四层句法投射：最底层的 NP 是谓词，负责提供名词短语的描述性内容（descriptive content）；其上的投射是量词短语 ClP，负责把谓词性的名词短语个体化（individualize）；再上的投射是数词短语 NumP，负责对个体化以后的名词短语的所指进行计数（counting），即对名词短语进行弱量化——基数性量化（如：a/one/three＋N）；最高层的投射是限定短语 DP，负责名词短语的语义的指称性（把名词短语跟外部世界中的实体联系起来），或对名词短语进行强量化——比例性量化（如：every/most＋N）。这种叠床架屋式的理论方案，还在不断增殖和裂变，愈来愈繁复。对此，我们尽量往好里想：也许有那么一天，最终吹尽黄沙始见金；在大量尝试之后，会形成一种相对简洁而又有解释力的方案。

三、现代语言学的两个教条及其后果

在现代哲学史上，不乏敢于打破常规、猛烈批判被业内奉为金科玉律的教条的学者。美国逻辑学家和哲学家蒯因（Willard Quine，1908～2000）就称得上是这样的人。他在 1951 年发表的《经验论的两个教条》（Two dogmas of empiricism）一文中指出：

① 见 Huang *et al*. eds.（2014：265）。原文编号为（42b）。

现代经验论(empiricism)大部分是受两个教条制约的。其一是相信分析性真理(analytic truth)与综合性真理(synthetic truth)有根本的区别:前者依赖于意义而不依赖于事实,后者则依赖于事实。其二是还原论(reductionism),即相信每一个有意义的陈述都等值于某种对于指称直接经验的词项的逻辑构造。我将要论证:这两个教条都是没有根据的。①

这对于当时(20 世纪 80 年代)正在读研究生的笔者来说,无异于是石破天惊。因为,刚刚在数理逻辑课程上学会区别分析性真理和综合性真理;当然,同时学到的还有语义组合性原理和句法与语义同态原理。平心静气地说,笔者一直觉得蒯因对那两个教条的批判不够有力,说服力不强。同时,三十多年的语言学著作阅读和语言现象分析,倒是清晰地告诉我:现代语言学深受与此相关的两个教条的限制与束缚。其一是所谓的弗雷格原理,即语义组合性原理(Frege's principle of semantic composition):一个符号表达式的意义是其构成元素和结构方式的函项。大意是,一个句子的意义必须从其构成成分及其结构关系推导出来。其二是句法与语义同态原理(principle of syntactic-semantic isomorphism),大意是,一个句子的句法构造确保了构成成分的意义循此组合起来,形成整个句子的意义。这第二个教条在一定程度上是可以从第一个教条推导出来的。这两个教条根深蒂固、影响广泛。当代的形式语法的各种理论模型,尽管不一定明确直说,但是都以这两个原理为指导。最明显的就是以前的各种空语类理论,还有当今的各种轻动词语壳模型及其争议。比如,根据温宾利、程杰(2007)的分析,Chomsky(1995)的轻动词 v 作为核心功能语类,选择及物性 VP 做补足语,投射一个 vP;下层 V 上移并嫁接到 v,形成 V-v;Spec-vP 提供一个论元位置,用于合并外论元或填充词,或者接纳从下面移入的内论元。轻动词 v 和功能语类 Agr 一样,没有语音形式,也不表示语义内容。到了 Radford(1997),各种动词构成的 VP 都可以做轻动词 v 的补足语。于是,轻动词 v 成了各类谓语结构中的强制性成分,它必须选一个 VP 做补足语。轻动词可以分为致使、施事、事件 3 类,分别选择不同类型的动词。其中,表示致使义的轻动词(选择 roll、get、turn、decide 类动词)相当于一个词缀(如“-en”)或实义动词(如“make”)。因此,Radford(1997)对轻动词 v 的定义介于语义和句法之间。Huang(1997)和 Lin(2001)认为句子表达事态(eventuality),事态结构决定句子结构;每个动词对应一个简单或复杂的事态,复杂事态的蕴涵关系靠 HOLD、DO、BECOME、CAUSE 等事态谓词(eventuality predicate)来表达。例如(温宾利、程杰 2007:114,例 10):

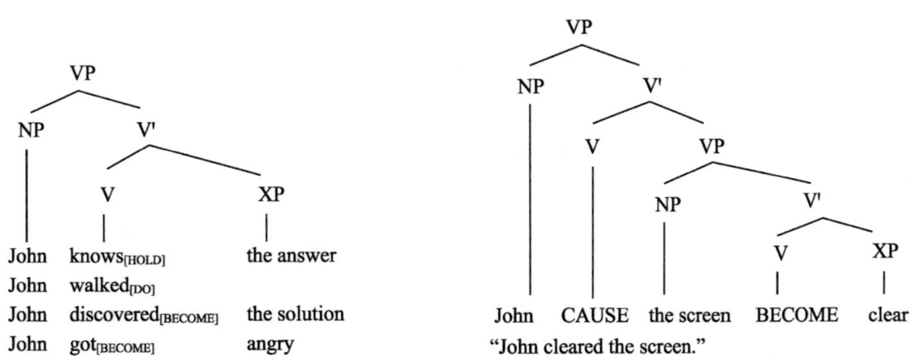

左图中的句法结构表达简单的状态、活动和结果,右图中的句法结构表达复杂的事态。他们把这些事态谓词定义为轻动词,并且认为轻动词的实现方式因语言而异:汉语在句法层实现,比如“打+破”,因为轻动词不包含在动词的语义结构内;英语则在词汇层实现,比如“break”,因为轻动词包含在动词的语义结构内。

但是,温宾利、程杰(2007)指出,如果把事态谓词当成轻动词,会使得句法推导复杂化,不符合经济原则。②

---

① 中译本第 19 页,个别地方,我们根据英语原文重新翻译。

② 承审稿人指出:乔的经济原则是有定义,(2)在生成语法中虽然不一定为所有人所接受,但它不一定违反经济原则。经济不经济,得比较,所以 Chomsky(1995)首先建立参照集(reference set),然后通过比较推导与表征来确定经济与否,假如词汇阵列中有 DO、CAUSE、BECOME,它得用光才行。英语原文如下:

We want the initial array A, whether a numeration or something else, not only to express the compatibility relation between π and λ but also to fix the *reference set* for determining whether a derivation from A to (π, λ) is optimal — that is, not blocked by a more economical derivation. 'Determination of the reference set is a delicate problem, as are considerations of economy generally. As a first approximation, let us take the numeration to determine the reference set: in evaluating derivations for economy, we consider only alternatives with the same numeration.

例如：

(2) a. John rubbed the screen clear.

b. $[_{VP3}$ John $[_{V'}$ DO rubbed $[_{VP2}$ CAUSE $[_{VP1}$ the screen $[_{V'}$ BECOME clear$]]]]]$

根据 Chomsky(1995)[①]，语段(phase)中的轻动词会吸引宾语的[Accusative]特征进行隐性移位，予以核查。于是，像(2)中 3 个事态谓词层层嵌套，支配了 3 个语段；它们分别核查哪些个成分的什么特征呢？此外，按照他们所青睐的生成语义学观点，动词的语义结构与句法结构相匹配；那么事态谓词及其论元结构应该在句法层得到实现或表达。这样，(2)中复合动词 rub-clear、事态谓词 BECOME 的内论元(the screen)得到了实现，DO 的外论元(John)得到了实现；但是，DO 的内论元没有得到实现，CAUSE 的外论元也没有得到实现。[②]

其实，我们认为，在句法结构为语义解释服务的目标制导下，这一切都不是问题。首先，特征核查之类的隐性工作，可以假定不同类型的轻动词在不同的句法层次会吸引不同情状类型的谓词或谓词性结构；其次，可以假定不同类型的轻动词有不同的论元结构(包括它们跟其补足语谓词的论元的共享关系)。一人之心，千万人之心也。你可以做出如此这般的抽象假设，只要别人不迷信它，也不把它奉为金科玉律；那么，别人也尽可以做出更加炫目和任性的其他假设。

关于名词性成分的结构与指称的争论也莫不如此。比如，Longobadi(1994)发现通常只有带限定词的名词短语可以出现在论元位置，不带限定词的名词短语只能出现在谓语位置；于是，对于出现在动词之后的论元位置上的光杆名词，就假设其前有一个语音为空的限定词。这样，就堂而皇之地得出原则：只有 DP 可以做论元，而 NP 不能做论元。为了把这一原则推广到英语，就需要消弭(即解释)英语的光杆复数名词既可以出现在动词之后(如 3a)又可以出现在动词之前(如 3b)、既可以做存在解读(如 4a)又可以做类指解读(如 4b)之类现象。例如(详见郝琦 2018，§ 1.2.1)：

(3) a. There were dogs sitting on my lawn.

b. Dogs were sitting on my lawn.

(4) a. Big beavers were building dams.

b. Big beavers build dams.

但是，凭借句法表达与逻辑表达分层和原则与参数差异之类的理论安排，Longobadi 照样可以做出理论概括。比如(Longobadi 1994)：

(5) 在意大利语中，从 N 提升到 D 的移位发生在显性句法中；在英语中，从 N 提升到 D 的移位发生在逻辑式中；

(6) 空语类要得到词汇性管辖，这一要求在意大利语中是在显性句法层面的要求，在英语中是逻辑式层面的要求。

接下来就可以心安理得地解释：因为英语的 N-to-D 移位发生在 LF 中，所以如果发生了这种移位，那么就得到类指解读(如 4b)；如果没有发生这种移位，即 D 位置被空限定词占据，那么就得到存在解读(如 3a、3b 和 4a)。至于(3b)和(4a)中动词前光杆复数名词的词汇管辖问题，又可以通过援引 Kratzer(1995)关于英语的 IP 主语可以在 LF 中重构到 VP 主语的位置这种理论假设，来做出解释：VP 主语位置是词汇管辖位置，由于词汇管辖在英语中可以发生在 LF 中；因而，英语允许(3b)和(4a)这种光杆名词做主语，表示存在意义。

郝琦(2018，§ 2.1.6)假设：在"一量名"结构中，数词"一"基础生成于 Num-head，带来数量语义；对于特指"一量名"，"一"上移到 D-head 给 D 赋值，从而带来指称性/强量化性；对于非特指"一量名"，"一"停留在原位，D 为空，需要 DP 之外的存在封闭(existential closure)为其赋值。可以图示于下：

---

① 承审稿人指出：phase 理论是乔 2000 年之后的理论，建议改成 Chomsky(2000，2001)。

② 承审稿人指出：采用(2)的人，一般不会说 DO 的内论元，CAUSE 的外论元。在西方，采信该理论的大多学者都只认为功能语类只选择一个论元。

(7) a. 特指“一量名”结构

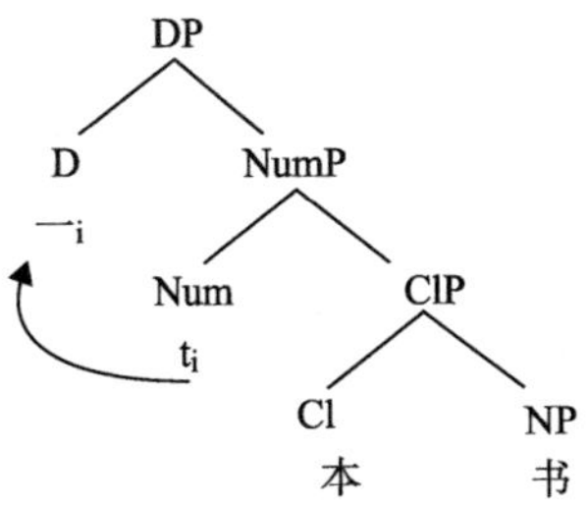

b. 非特指“一量名”结构

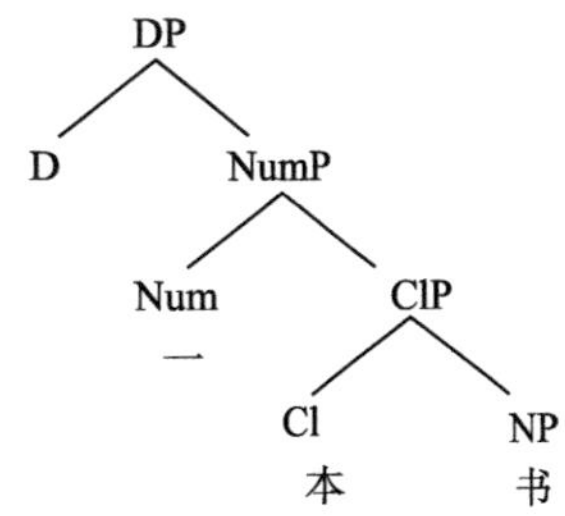

这种水来土掩、兵来将挡、见招拆招的招数，不免令人眼花缭乱。虽然好像也能自圆其说，而且效果不错；但是，很容易滑向“什么都行”(everything goes)的泥潭。

由此看来，形式语法费尽心机设计出来的各种句法结构理论或假设，无非是希望在遵循语义的组合性原理的前提下，尽可能设计一种跟语义解释最对应、最贴近的结构描写。Borer(2005a & b, 2013)三卷本著作 *Structuring Sense*(《为意义建立结构》)，其书名就直接点破了这一层意思。正是在语义的组合性原理和句法-语义的同态原理这两个教条的诱惑下，语言学家不断地给语言附魅(enchant)，为语言建造了一座又一座七彩宝塔。问题是，语义的组合性原理和句法-语义的同态原理是从逻辑学中搬来的。这两个原理作为构造人工符号系统的原则是必要的。但是，人类自然语言不同于人工的符号语言。两种系统最大的差别在于：自然语言是一个机会主义的系统，除了使用“编码-解码”这种符合语义的组合性原理的方法之外，在更多的情况下是使用“示意-推理”等超越语义的组合性原理的方法。[①] 下面，我们将从人类的手势语言的结构和意义来说明这一点，从而给语言祛魅(disenchant)。

四、从手势语的视角给语言祛魅

根据 Tomasello(2010：2)的观点，以手指物是人类独有的原始沟通形式。手势这种由社会认知及社会动机的基础结构所促成的新的沟通模式，便形成了一种心理平台。不同系统、各种规约的语言沟通模式(总共 6000 种)，就立基于这层平台之上。人类的沟通动机基本上是合作性的。我们不仅会告知对别人有帮助的事情，而且当我们对别人有所求时，所用的主要方法之一，就是让别人知道我渴望什么，并且期待他们会主动协助。所以，我如果想喝水，可以明说我要水(告诉你我想要的)，我也知道多半情况下，你有主动协助的倾向(我们彼此都知道的)，会把我这个告知的举动，有效地转变成充分发展的请求。人类的沟通行为本质上是一种合作的事业，在(1) 彼此假定的共同概念基础下，(2) 彼此假定的合作动机下，以最自然且平顺的方式进行(Tomasello 2010：4)。沟通者希望接收者有某种反应——我们可以称之为社会意图。为了达到这个目的，他试着把对方的注意力引导到某件事上——我们称之为“指涉”(referential)意图。他期待如果对方望向自己要他看的方向，就表示他也会愿意照自己的意思去做。这种二阶的意图结构，只有类人猿或其他灵长类动物才有(Tomasello 2010：19～21)。

Tomasello(2010)根据指涉的方式，把人类基础的手势分为下面两类：(1) 直示法(deictically)，即在周遭的感知环境里，从空间上引导对方的注意力到某件物品上；(2) 图像法(iconically)，即借由行为上模拟一个动作、一种关系或一件物品，把对方的想象力引到某物上，这个物品通常不是周遭感知环境里的东西。借着把接收者的注意力或想象力引到某物的这些指涉行为，目的在于引导这个人去揣摩沟通者的社会意图——沟通者希望接收者做什么、知道什么、感觉什么(Tomasello 2010：42～43)。从手势(无论直示法还是图像法)到指涉意图是一种形式-意义配对，又以此(形式-意义配对)来表示社会意图，则是一种转喻过程。

Tomasello(2010)报道：他偶尔观察人们在自然情境下以手指物的动作，特别是当他们不开口时。有些手势很简单，有些却像小型连续剧一样，有不少情节故事在里头。他给每个例子都加上了释义，后面分别点出指涉意图(“注意”)和社会意图。我们挑选两个例子：

---

① 详见袁毓林(2015)。

例一：酒吧里的人想再点一杯饮料；他等酒保看着他时，便指了指自己的空杯子。

释义：注意杯子空了；请再倒点酒来。

例五：我站在飞机机舱后头，想去吃点东西，那里刚好靠近厕所。有位女士走过来，她看到我时，指着厕所的门，带着询问的神情。

释义：注意厕所；你也等着上洗手间吗？

这些事例中的指涉意图和社会意图都有所区分，因为沟通者出于某种理由，希望把接收者的注意力引到某物上，而接收者会试着跟随这个指引，并推论原因。有时推论的"距离"可以天差地远。比方说，看到女人指着飞机内的洗手间，我应当告诉她我是不是也等着进厕所。这些情境都依赖各种不同的背景知识才有意义（这种知识一定是双方共享的基础）(Tomasello 2010：43～45)。可见，从字面意义（指涉意图）到转喻意义（社会意图）需要接收者根据语境和背景知识来进行推论。

Tomasello(2010)指出，使用图像手势时，沟通者用他的手或肢体（可能是静态地描绘某个物品）引发某种动作，目的在于引导接收者采取某种行动，或希望他去拿某个东西。换句话说，比手势者把他想指涉的情况，替接收者象征出来。在此，接收讯息的人一旦知道了指涉物是什么，也需要完成其他的认知工作，才能推论出对方的社会意图。下面，我们挑选他的 3 个例子：

例八：机场安全人员把手画圈移动，要我转身，让他可以扫描我的背部。

释义：想象你的身体做这个动作；你自己也跟着做吧。

例十：嘈杂的工地中，有个工人对十几米远的另一个工人比划着，假装他在使用电锯。

释义：想象我做的这个动作；把我需要的那个工具拿来。

例十一：电视上正在转播足球比赛。有一颗球差一点就射进球门了。电视台的摄影机给了教练一个特写。教练把大拇指跟食指分开两寸左右，对着他的助手比划。

释义：想象只差了这么一点距离；"只差这么多就进了"。

这里所涉及的基本行为，都是要引发一个动作（或一种空间关系）。这个动作或关系不是目前能立刻感知的，因此要接收者想象它所对应的一个真实动作或关系（有时是一件相关的物品）。基于共同的概念基础，接收者应能推论出对方的社会意图。……这里很重要的一点是，我们能够理解图像手势，基本上全靠我们晓得手势背后含有沟通的意图。例十一中助手如果不知道教练的沟通意图，便会觉得他两个手指分开的动作很怪，而不会认为教练的动作是要告诉他什么什么讯息(Tomasello 2010：45～47)。

下面，我们就着这些例子来讨论轻动词、语壳结构和 NP 的指称理论。从这些例子来看，从手势（作为一种符号形式）到指涉意图（作为一种符号意义）和社会意图（作为一种推论意义）是有相当大的距离的，端赖接收者依据实际语境所做出的判断和推论。比如，例一中客人指酒杯这个手势，也可以表示注意杯子脏了、要求撤走或更换酒杯；例十一中教练把大拇指跟食指分开两寸左右这个手势，也可以表示己方队员应该分布在两侧、早该采用边路进攻的方式。相反，注意杯子空了这样的意思，也可以采用眼看着杯子、两手一摊之类的动作；想象只差了这么一点距离这样的意思，也可以采用两手的食指来比划，甚至可以用咧一下嘴的方式来表示。例五中的询问意义，可以说是通过询问的神情来表示的。那么，例一、八和十中的祈使性意义，好像都没有相应的动作或神情。在这种情况下，要不要假设其中也有类似于轻动词[PLEASE, DO, CAUSE, BECOME, BE]之类的"轻手势"(light signs)呢？

现在，我们来看手势与事物的指称关系。例一中客人指自己的酒杯这个手势，表示了定指性的所指（自己的酒杯）。但是，相似的例五中那位女士指着厕所的门，却并不表示定指性的所指（这个厕所的门）。当然，在特定的情境下，这个指点动作是可以表示定指性的所指的。比如，她要"我"注意这个厕所的门，它快要掉下来了，当心别砸着你！例八、十中，"[想象]你的身体[做这个动作]"和"我需要的那个工具"这种定指性的所指，似乎并没有相应的动作或姿势。在这种情况下，要不要假设其中也有类似于[N, NP, DP]之类的名词语壳、定指语、存在算子之类的成分与结构呢？

正是从手语的形式与语义的配对关系上，我们能够充分地体会到：自然语言（不管是有声语言还是手语），作为一种传递信息的符号系统，注定是转喻性质的；表现为，发出者总是用某种物质材料（不管是流淌在口耳之间的声音，还是呈现在手眼之间的手势）来直接或间接地表达某种指涉意图（字面意义），进而引导接收者去理解或猜测其社会意图（交际意义）。不仅从指涉意图（字面意义）到社会意图（交际意义）是一种认知转喻，两者之间的联系需要依据具体场景和凭借社会文化知识来建构；[①]而且从声音/手势（材料/形式）到指涉意图（内容/意义）也是一种认知转喻，需要根据交际语境和利用概念结构等知识来建构，其间充满着脱节、扭曲和不确定性。因此，语义的组合性原理是无从处处得到保证的，而句法-语义的同态原理更是一种遥远的理想。在语言的转喻本质这面朴素的镜子面前，现代语言学给语言附魅的各种轻虚成分、空壳结构将荡然无存，徒为后世学人的谈资甚或笑柄。

五、结语：秦宫汉殿何处是？

现代语言学为语言杜撰了无数种深层或浅层的句法结构和逻辑形式，并且还通过树形图等图像形式具体化、实体化，使人产生一种“这就是现实”的幻觉。多姿多彩的语言被吸收到繁简不同的树形图中，仿佛语言的真理就在树上；[②]一切端看你画图技巧和解说功夫的高下，还有手中掌握的学术（甚至行政）资源的多少，以及学术影响力和话语权的大小。

层出不穷的隐变量（及其术语）和脑洞大开的隐性移位（及其机制），带走了我们先前对活生生的语言的全部想象，浑朴鲜活的语言在这种日益理性的语言学中几近终结。这一切，不禁使人想起法国哲学家让·波德里亚（Jean Baudrillard，1929～2007）在反思当代文化时所指出的：

当图像比任何其他的“现实”都更真实的时候，那里便只有表象而没有深层的东西。

不唯如此，语法理论的树形图还不断地自我进化甚至快速迭代和更新；一方面仿佛是虚构的仿像（simulacra）的逐层加深，另一方面又仿佛是对语言真实的逐步逼近。差不多构成了一种乱花渐欲迷人眼的浮华世界，同时也造就了一波又一波的学术时尚。令圈外人摸不着头脑，使圈内人欲罢不能；还裹挟着无数的年轻人陷于两难之境：追随潮流却永远无法抵达实际语言的深处，逃避时尚却又无处可去、无话可说，甚至无法说话与交流，更遑论发表与出版。

语言学家不惜为语言附魅，营造了无数种宫殿楼阁般的结构图式，也耗费了无数人宝贵的聪明才智。遗憾的是，随着理论模式的转变，各种结构图式也不断地更新换代：有的勉强能够存活数年，有的则朝生晦死。正如辛弃疾《浪淘沙·山寺夜半闻钟》词中所形容的：

雨打风吹何处是，汉殿秦宫？

除此之外，这林林总总的理论模式和树形图式，也徒然耗费了莘莘学子的青春年华。不禁让人想起哲学家尼采（Friedrich Wilhelm Nietzsche，1844～1900）在《查拉图斯特拉如是说》所说的令人伤感的话语：

每一个不曾起舞的日子，都是对生命的辜负。

我感到难过，不是因为你欺骗了我，

而是因为我再也不能相信你了。（《旧榜和新榜》篇，第二十三节）

想一下，20 世纪 60 年代、90 年代，多少人曾经是生成语法当时的版本或理论模式拥趸；现如今，还有多少人在跟踪和与之同行？又有多少人改换门庭或淡出圈子？不消说，现在又有多少年轻人加入进来，成为更加新出的理论的热心追随者。马丁·海德格尔说过：

人活在自己的语言中，语言是人“存在的家”，人在说话，话在说人。

我们忍不住要问：离开了空成分、壳结构等虚构的理论概念，我们就无法分析语言的结构面貌和表意机制了

---

① 正如 Quine(1960：ix)所说的：“语言是一种社会艺术。习得语言必须完全依靠人际之间所有可获得的线索，知道什么时候该说什么。”(第 93 页)

② 承审稿人指出：树形图只是结构的表征形式。做语言结构分析，其结果得有一定的表征形式，或采用树形图，或采用括号，或采用框式图解法。

笔者以为：树形图、括号、框式图等等，都不过是呈现语言分析结果的数据结构；语法研究根本性的关注点，还是应该落在对语言结构的合理、适度的分析上。

吗？我们怎样才能避免让鲜活的语言之花枯死在虚构的理论之树上？

别忘了，我们无论跟人说话还是听人说话，都要经过大脑。我们的大脑能够进行直觉性的认知、洞察和想象与推理。是语言发出者通过繁复或简约的语言形式，来表达繁简不一的意义；并且，是语言接收者通过调用包括语言知识在内的各种知识和认知推理资源，来从或繁或简的语言形式上解读出繁简不一的意义。没有必然的理由把没有在表层句法上得到编码的意义，统统委之于空范畴、轻动词和语壳结构、DP结构等虚构出来的成分和结构。我们不至于要吊死在一棵由理论构拟出来的树上吧？

学术研究，贵在"不受成见束缚，不为时髦诱惑"。这话说起来容易，做起来还真的很难很难。当看到"轻动词"的概念又裂变出"内部 vs.外部、上层 vs.下层、重式 vs.轻式、形式（句法）vs.内容（词汇）"等成对的轻动词概念时，我们看到了这种对理论系统内部自身抽象实体的不断拆分与重复来自我再生产；看到了理论"能指"的浮动，及其实在"所指"的延异（differences/différance）和迟迟不出场。"轻动词"的标签仿佛成为一种自主的"仿像"，摆脱了实际话语的表层句法结构，被卸载了确定的词汇意义或语法意义；或者说，它自身就是一种可以由研究者随意定义的词汇意义或语法意义，在理论的抽象的旋转和不断翻新中呼风唤雨，获得了操作性仿真（simulation）的无限权力。① 也正是在这种情况下，我们似乎闻到了这种理论行将死亡的气息。也许吧，既然死亡的气氛久已充塞四周，那么向死而生的门径可能正在悄然开启。

参考文献

安启念（2015），欧洲哲学史上的马克思，《北京行政学院学报》第5期。

蔡维天（2015），《从微观到宏观——汉语语法的生成视野》，北京：商务印书馆。

蔡维天（2016），论汉语内、外轻动词的分布与诠释，《语言科学》第4期。

郝　琦（2018），《汉语名词短语的指称性与名词短语的内部结构和句法位置的关系》，北京大学中文系博士研究生开题报告。

刘放桐（2005），杜威哲学的现代意义，《复旦学报》（社会科学版）第5期。

马丁·海德格尔（1996），《海德格尔选集》，孙周兴译，上海：上海三联书店。

让·保罗·萨特（1998），《辩证理性批判：上卷》，林骧华等译，合肥：安徽文艺出版社。

司富珍（2018），《轻动词的层级制图》，《语文研究》第1期。

温宾利、程　杰（2007），论轻动词 v 的纯句法性质，《现代外语》第2期。

袁毓林（2015），汉语意合语法的认知机制和描写体系，日本《中国语学》第262号。

Abney, S(1987), *The English Noun Phrases in Its Sentential Aspect*. Doctoral dissertation, Massachusetts Institute of Technology.

Baudrillard, J(1976), *L'echange Symbolique et la Mort*. Paris: Gallimard. [法] 让·博德里亚著《象征交换与死亡》，车槿山译，南京：译林出版社，2012年。

Baudrillard, J(1994), *Simulacra and Simulation*. Translated by Sheila Faria Glaser. Ann Arbor: The University of Michigan Press.

Borer, H(2005a), *Structuring Sense. Vol. Ⅰ: In Name Only*. Oxford: Oxford University Press.

Borer, H(2005b), *Structuring Sense. Vol. Ⅱ: The Normal Course of Event*. Oxford: Oxford University Press.

Borer, H(2013), *Structuring Sense. Vol. Ⅲ: Taking Form*. Oxford: Oxford University Press.

Cheng, L.-S. L. & R. Sybesma(2014), The syntactic structure of noun phrases. In Huang, C.-T. J., Y.-H. A. Li, & A. Simpson (eds.) *The Handbook of Chinese Linguistics*, 248 - 274.Malden, MA: Wiley-Blackwell.

Chierchia, G(1998), Reference to kinds across language. *Natural Language Semantics* 6(4): 339 - 405.

Chomsky, N(1995), *The Minimalist Program*. Cambridge: The MIT Press.

Chomsky, N(2000), Minimalist inquiries: The framework. In R. Martin, D. Michaels & J. Uriagereka(eds.). *Step by Step: Essays on Minimalist Syntax in Honour of Howard Lasnik*, Cambridge, MA: MIT Press.

Chomsky, N(2001), Derivation by phase. In M. Kenstowicz. (ed.). *Ken Hale: A Life in Language* .Cambridge, MA: MIT Press.

Huang, C.-T. J(1997), On the lexical structure and syntactic projection. *Chinese Language and Linguistics* 3, 45 - 89. Taipei:

① 参考 Baudrillard(1976)对于货币符号的分析，中译本第25～28页。

"Academic Sinica".

Huang, C.-T. J, Y.-H. A Li & A. Simpson(eds.)(2014), *The Handbook of Chinese Linguistics*. Malden,MA: Wiley-Blackwell.

Kratzer, A(1995), Stage-level and individual-level predicates. In Carlson, N. G. & F. J. Pelletier (eds.) *The Generic Book*,125－175. Chicago: University of Chicago Press.

Larson, K. R(1988), On the double object constructions. *Linguistic Inquiry* 19, 335－391.

Larson, K. R(2014), *On Shell Structure*. New York: Routledge.

Lin, T.-H. J(2001), *Light Verb Syntax and the Theory of Phrase Structure*. Ph. D. Dissertation. Irvine: University of California, Irvine.

Longobadi, G(1994), Reference and proper names: A theory of N-movement in syntax and logical form. *Linguistic Inquiry* 25, 609－665.

Quine, W(1951), Two dogmas of empiricism. *The Philosophical Review* 60, 20－43. Reprinted in W.V.O. Quine, *From a Logical Point of View*(Harvard University Press, 1953; second, revised, edition 1961).

Quine, W(1960), *Word and Object*. Cambridge, MA: The MIT Press.[美]蒯因著《词语与对象》,陈启伟、朱锐、张学广译,中国人民大学出版社,2005年。

Quine, W(1980), *From a Logical Point of View*. Cambridge, MA: Harvard University Press.[美] 威拉德·蒯因著《从逻辑的观点看》,江天骥、宋文淦、张家龙、陈启伟译,上海:上海译文出版社,1987年。

Radford, A(1997), *Syntax: A Minimalist Introduction*. Cambridge: Cambridge University Press.

Simpson, A(2005), Classifiers and DP structure in Southeast Asia. In G. Cinque & R. S. Kayne (eds.) *The Oxford Handbook of Comparative Syntax*,806－838. Oxford: Oxford University Press.

Tomasello, M(2010), *Origins of Human Communication*. Cambridge,MA: The MIT Press.[美] 迈克尔·托马塞洛著《人类沟通的起源》,蔡雅菁译,北京:商务印书馆,2016年。

袁毓林,北京大学中文系　yuanyl@pku.edu.cn

(原载《语言战略研究》2019年第4期)

汉语句法中的框-棂关系

张伯江

提　要　汉语的句法关系是篇章关系的凝结，廖秋忠在篇章关系中确立的"框-棂"语义关系可以用来刻画汉语的句法关系。传统上所谓的主谓谓语句、周遍性主语句、无定主语句、反身与相互代词句、名词作状语以及带"得"的补语句等句式中，都存在着大的话题框之下，说明语中还有一个小的次话题棂的现象。汉语的基本句法关系是话题-说明关系，论元关系的有无在句首部分并不重要。话题的指称性质宜以通指性为基本认识，而作为棂成分的次话题，其指称性质倒是多种多样的。

关键词　话题-说明　框-棂　次话题　名-实耦　通指性

一、"框-棂关系"：从篇章到句法

廖秋忠(1985)研究了汉语篇章中的框-棂关系，我们把这个概念引申到句法中，用以描写汉语句法中与话题相关的一些句法成分的语法表现。

廖秋忠(1985：323)是这样定义框-棂概念的："汉语语流中两个名词性成分，特别是相邻的，A和B有时存在着这样的语义关系：B或为A的一个部件/部分、一个方面/属性，或为与A经常共现的实体、状态或事件，A为B提供了进一步分解A或联想到B的认知框架。A就是这儿所说的框，B即是棂。除了整体-部分这种关系外，框-棂关系最常见于主谓谓语句的两个主语成分之间或领属结构的两个名词性成分之间。"可以看出，廖秋忠确定框-棂关系主要是着眼于语义关系，而且他主要考察的是篇章中的框与棂的关系。我们注意到，发生在汉语篇章中的语义-篇章关系经常凝聚为汉语的句法关系，而且往往是最重要的句法关系。框和棂这一对概念在汉语里就已经落实为一种句法关系，可以概括一类重要的语法现象，这种关系可以使几种传统上认为并不相关的句法现象得到统一的解释，从而使汉语的基本句法关系得到合理的说明。

我们接受赵元任(1979[1968])把汉语基本语法关系解释成话题-说明关系，认同沈家煊(2012，2017)把汉语的连续语段看成并置的指称性零句。如此，则每一个零句都有可能是一个话题，也有可能是一个说明。在说明部分里，我们常常可以看到一些算不上句子层面话题的名词性词语，它们与话题又有这样那样的关联，这就是我们所说的"棂"。就是说，它们与大话题的关系，就如同窗子的框与窗棂之间的关系。汉语里作为一种句法成分的棂的种类都有哪些？棂在说明里的作用是什么？建立句法上的框-棂关系对整个汉语句法体系来说有什么意义？这是本文要探讨的问题。

二、"框-棂关系"的句法类型

(一) 与"主谓谓语"有关的框-棂关系

1. 与"整体-部分"有关的框-棂关系

汉语里主谓结构可以作谓语最早是赵元任(1952[1948])提出来的，举的例子"这个人心好""他记性很好"都是整体-部分语义关系的。廖秋忠(1985)讨论过这种情况，举了"<u>该作品</u>(A)<u>内容</u>(B)丰富"和"<u>他</u>(A)<u>头</u>(B)痛"为例(用括号标为A的是框,标为B的是棖,下文将沿用其标法,B后面再有下位棖的,顺次标为C、D……)。应该说这是典型的框-棖关系。其实,正如廖秋忠(1985)所说,"该作品内容丰富"里的"内容"事实上是无指成分,与其说是"部分"不如说是"属性"。跟属性有关的具有"广义隶属关系"(吕叔湘1986)的例子有:

(1) 这几个生产队的耕地(A)好坏(B)差不多。

(2) 我(A)主科(B)学唱,你(A)主科(B)钢琴。

(3) 包产责任制(A)各地的做法(B)不尽相同。

(4) 众人(A)大眼(B)望小眼。

棖的部分也可以是动词:

(5) 你(A)说话(B)太快。

(6) 他(A)看书写文章(B)都在晚上。

(7) 他们(A)认识(B)很早。

语法学界特别关注的话题与说明之间"没有这种或那种明显的联系"(吕叔湘1986)的例子,如果按照廖秋忠的定义"A为B提供了进一步分解A或联想到B的认知框架",也可以归入框-棖关系:

(8) 咱们菜地(A)水(B)第一要紧。

(9) 做人(A)老实(B)第一。

(10) 娘的思想(A)你(B)得帮我做工作。

(11) 闺女的亲事(A)她(B)比谁都急。

(12) 这次考试(A)小梁(B)是最有把握的一个。

2. 与"整体-部分"无关的框-棖关系

从上面的讨论我们看到,廖秋忠(1985)已经把框-棖关系从语义上的"整体-部分"关系引申到了"事物-属性"关系、从不同分句之间的指同关系引申到了"主谓谓语句"中大小主语之间的关系。其实,汉语里"主谓谓语句"的范围如何,小主语/次话题的定义如何,向来是没有统一认识的(吕叔湘1986)。我们认为,顺着廖秋忠的思路,进一步把汉语"话题-说明"结构中的"说明"部分中带有次话题性质的成分,一律看作话题的"棖"成分,是顺理成章的事情。先看如下例子:

(13) 家里的事(A)她(B)管,外边的事(A)我(B)管,这个(A)您(B)知道。

(14) 他们之间的这次重逢(A)黎清(B)感到是生活对他的嘲弄和挑战。

(15) 他这个人(A)该忘的(B)没有忘,不该忘的(B)却总记不住。

这些是话题成分与说明部分里的谓词具有明确论元语义关系的那些情况,"仿佛是从里边提出来安在句子头上似的"(吕叔湘1986:334)。吕叔湘(1986:334)说:"这当然不是事实,只是一种方便说法。实际上大概是先想到一个事物就脱口而出,一面斟酌底下的话怎么安排。句子里边的语序基本上反映思想的过程。"这"脱口而出"的成分,就是说话人选作框的东西,后面小句的主脑,不管是什么词,都应该视作这个框里边的棖,因为它也是借助框这个认知框架而产生联系的成分。

3. 棖的层级

棖里边还可以有下位的棖(范继淹1984;吕叔湘1986),例如:

(16) 龙潭湖(A)你(B)东单(C)换八路。

(17) 这篇文章(A)我的意见(B)最后一段(C)你(D)最好补充点儿材料。

(18) 晃旗那小子(A),他爹(B)我(C)认识。

(19) 骑兵(A),马乏了(B),你(C)有多大能耐也不行。

(二) 与"周遍性主语"有关的框-棖关系

陆俭明(1986)关于"周遍性主语句"的研究,一直被当作非话题性主语的实证。其实这些居前的周遍性成分缺乏话题特征并不足奇,因为它们无一例外前面都还有一个范围性的话题存在,只不过研究者有时把话题成分截掉了。在吕叔湘(1986)中就有几例这样的句子:

(20) 我们班长那身体，什么病，对付上几天就都好了。

(21) 烟和酒他一样也不沾边儿

(22) 他这个人事事领先，人人夸好

(23) 她那俊俏模样，婶子大妈们谁看见谁爱。

这些句子只要去掉周遍性词语前的成分，就是陆俭明(1986)所说的“周遍性主语句”，我们试着用廖秋忠的办法标写出框-棂关系，这些句子便是：

(20') 我们班长那身体(A)，什么病(B)，对付上几天就都好了。

(21') 烟和酒(A)他(B)一样(C)也不沾边儿。

(22') 他这个人(A)事事(B)领先，人人(B)夸好。

(23') 她那俊俏模样(A)，婶子大妈们(B)谁(C)看见谁(C)爱。

(三) 与“特指疑问词”有关的框-棂关系

陆俭明(1986)提到特指疑问句里的疑问代词不是话题，如“谁去?”“哪一位要红茶?”里的“谁”和“哪一位”。其实，这也是不完整的语言片段，作为话题的框成分没说出来，完整的情况是：

(24) 你们几个/咱们班(A)谁(B)去？

(25) 你们几个/在座的(A)哪一位(B)要红茶？

陆俭明(1986)说，同样，作为答句的“老李去”“我要红茶”里的“老李”和“我”也不是话题。这个现象也很好解释，因为答句是问句的接应，承接上文的话题框省略，所以我们仅看到棂成分“老李”和“我”。

(四) 与反身、相互代词有关的框-棂关系

含有反身代词和相互代词的句子里，先行词是框，回指性代词是棂，这应该很好理解。以下是从蔡维天(2002)和刘探宙(2003)摘录的几个例子，标出框-棂关系：

(26) 阿Q(A)自己(B)喜欢花，就鼓励大家种

(27) 门(A)自己(B)会开

(28) 意义上相同或相近的字(A)彼此(B)互相解释

(29) 姊妹三个(A)，彼此(B)提挈，感情很好。(汪曾祺《晚饭花》)

与此相类似的还有“一个人”这样的回指性词语：

(30) 萧萧仍然是往日的萧萧。她能够忘记花狗就好了。但是肚子真有些不同了，肚中东西总在动，使她(A)常常一个人(B)干着急，尽做怪梦。(沈从文《萧萧》)

(五) 与名词状语有关的框-棂关系

一般的语法体系认为名词很难直接做状语，可是双音节名词出现在句子谓语里紧贴在动词前的现象现在却有增长的趋势，它们的身份究竟是状语还是次话题/小主语，有不同的看法。我们也都看作是棂成分。

(31) 咱们(A)电话(B)联系吧！

(32) 菜店里的菜(A)还都明码(B)标着价呢！

(33) 公司一个姓董的同事(A)弄了我之前用过的手机号，把信用卡开通了，从里面恶意(B)透支了三万多。

(34) 远安警方(A)依法刑事(B)拘留了这位行骗的男子。

(35) 那些暂时“中断”学业的志愿者们(A)还是会笑脸(B)迎接着每一个宾客的问询。

(36) 著名演员王志飞、郑晓宁等(A)，友情(B)出演了该剧中的角色。

(六) 与“无定主语”有关的框-棂关系

“无定主语”现象，自从范继淹(1985)做了大面积考察以后一直广受关注，大多认为这是汉语主语有定性倾向的反例。其实用框-棂观来看，这些句子所在的语境并非没有定指性的话题，这些所谓“无定”的成分，都是话题框下的棂成分而已。以下是范继淹(1985)和刘安春、张伯江(2004)里的例子：

(37) 除夕的前一天晚上(A)，湘西山区雪雨交加(B)，一辆吉普车(C)翻到河里。

(38) 在四号诊室(A)，一位医生和一位护士(B)正在给一位叫黄亚一的青年电焊工治疗。

(39) 第二天的英语课(A),一个二十岁出头的男老师(B)拿着一个崭新的教案夹,咚咚咚地走了进来。

(40) 陈才福正在吃惊(A),两匹快马(B)飞奔而来。

(41) 1947年(A),一个金发碧眼的青年(B)带着对中国这个神奇国度的梦幻来到上海。

(42) 这时(A),一只白鸽(B)听到了灰姑娘的哭声。

(43) 正在审问的时候(A),一只大老虎(B)跳进公堂。

(七) 与动补式有关的框-棖关系

刘勋宁(2007)令人信服地论证了所谓"得"字补语其实都是谓语,"得"字前面的是谓语所陈述的指称语。我们要进一步指出的是,这个指称语通常不是话题,它也是话题框的棖成分:

(44) 花儿(A)红得(B)好看极了

(45) 房价(A)高得(B)让人无法接受

(46) 行李(A)重得(B)背不动了

(47) 老人(A)病得(B)晕倒了

也有棖下面含有下位棖的现象:

(48) 你(A)编故事(B),也编得(C)满好听的

(49) 他(A)开车(B)开得(C)好

(50) 他(A)打字(B)打得(C)飞快

三、关于棖的性质的讨论

以上我们简单展示了我们认为应当处理为"框-棖"关系的几种情况。在通行的语法体系里,这些"棖"成分,有的处理为次话题,有的处理为(小)主语,有的处理为状语。这些看法都有一定的道理,但都是针对局部的事实。放在一起看,可以观察到具有全局意义的若干事实。

(一) 为什么不宜看作主语

上面列举的各类棖现象,有一些是被人叫做主语的,如"无定主语、周遍性主语"等,甚至"得"字所附加的成分也有看作主语的。问题是,汉语其实并没有符合普通语言学定义的主语特征,既没有形式上的一致关系,也没有格标记,施受关系公认难以把握,而唯一可以依凭的手段——语序,得出的也只是话题,跟普通语言学意义上的"主语"有巨大的差距。前人称为"主语"的依据其实也各不相同,如陆俭明称"周遍性主语"的依据是语序(动词前的位置),而范继淹称"无定主语"的依据是语义(动作行为的发出者)。讨论这个问题,可以先从吕叔湘(1986)所指出的一个重要事实说起:

(51) 刘老太太有些害怕,手腕子乱哆嗦,脸色惨白,瞪直了眼睛,半天发傻,心直跳。

他的分析是,这个句子句首"刘老太太"是一个话题,后面接着六个连续的说明,而这六个说明性的零句,内部结构各不相同,"有些害怕"和"半天发傻"是不及物性的陈述语,"手腕子乱哆嗦"和"心直跳"是主谓结构,"脸色惨白"是描写性说明语,"瞪直了眼睛"是述宾结构,"很难作出某些解释来使它们获得进一步的协调"(吕叔湘 1986:340)。

一者,并置的说明语里并不要求一定都有个"主语";二者,相同语法位置上的成分也不一定都是"主语":手腕子、脸色、半天、心。正像沈家煊(2016,146—7)所说:"汉语的实际情形是,句子的主语不必是谓语动词的论元。更重要的是,汉语的句子可以没有主语,没有主语的句子在汉语里是正常的句子。拿'这本书我不打算写了'来讲,'不打算写了'也是一个正常的句子 S'',这样就没有理由说'我'(位于 S''前)不是话题。"

(二) 为什么不宜看作状语

陆丙甫(2003)曾经用多方面的证据说明陆俭明(1986)所说的"周遍性主语"其实都是状语,蔡维天(2002)也详尽讨论了反身代词的论元性和状语性,而自从陆俭明(1986)把"电话联系吧、盆儿装吧"说成"主谓结构"以后,相当多的体词性成分究竟是论元还是状语就变得模糊了。

现代汉语状语的作用域不是紧挨着它的那个谓词而是它后面整个谓语部分，这是 20 世纪 80 年代层次分析法与中心词分析法大讨论中层次分析法胜出的地方（华萍 1981）。这样一来，“状语＋中心语”和“话题＋说明”就基本重合了，尤其当状语是体词的时候。汉语状语的原型意义是“方式”，有些枨成分（如周遍性的、反身性的、相互性的）确实有明显的方式意义，但“主谓谓语句”里那些“小主语”就不好说是方式了，因此，枨不能说都是状语。

可不可以反过来说状语都是话题呢？这个想法虽然大胆，细细想来，逻辑上倒是没什么问题。我们已经清楚地看到，反身状语、周遍词语、名词状语等都有显而易见的话题性，更值得一说的是，吕叔湘（1986）曾经指出如下现象：

（52）怎么你们两个一天到晚意见老提不完呢？

（53）我替你们好话说了一大筐，才将就到今天。

既然“意见、好话”是话题，那么它们前边的“一天到晚、替你们”为什么不能看成更大一些的话题呢？

（三）能否看作次话题

次话题其实是对我们非常有用的一个概念，可以说所有的“枨”都是次话题，但这与学界通常所说的次话题就对不上了。许多论著谈到次话题时看重的是它对其后句法行为的控制能力，这实际上还是着眼于论元结构的句法观。我们相信汉语最重要的句法关系不是论元关系，而是指称语的并置，后者对前者作说明，亦即沈家煊（2017）所说的“名实耦”——“根据信息排序原理衍生推导‘所谓-所以谓关系’”。那么，次话题的范围就是远远大于现在的一般认识了。

枨的存在不是普遍现象，不是每个句子都有枨。就如同传统上说汉语存在主谓谓语句但不意味着所有的谓语都是主谓结构一样。我们认为“话题-说明”是最重要的语法关系，那么“说明”里仍然可能是次一级的“话题-说明”结构，这个次一级的“话题”就是枨。枨不妨看作一种次话题，像（17）那样的情况就是多重次话题结构。沈家煊（2017：11）说：“仍然叫‘话题-说明’既照顾习惯也便于语言间的比较，关键是要认识，汉语的‘话题-说明’跟其他语言的‘话题-说明’有何不同。”依此，我们自然可以得出推论：汉语的次话题也是就汉语的“话题-说明”结构而言的。

四、汉语的基本语法关系与指称语的性质

（一）汉语的基本语法关系

沈家煊（2017）在赵元任“零句说”和吕叔湘“流水句”说的基础上，结合近来关于汉语谓语指称性的新认识，得出汉语基本语法关系就是“指称语的并置”论断。汉语不靠论元关系作为语法关系的主要支撑，而靠的是并置性指称语之间的说明关系来构建句法，这是近年得出的一个重要的新认识。不以论元关系为首要，则主语、状语就都不是必要的，更宜于用话题性质去理解。但不是说汉语里不存在论元关系，尤其是体现为述宾结构的种种论元关系，在汉语里同样有丰富的表现。同时应该看到的是，述宾结构是包含在说明语里边的，动词对其论元的支配性、动宾短语的陈述性，都是说明语的组成部分。简单地说就是：话题-说明关系包含论元关系，说明性包含述谓性。

沈家煊（2017）给出的汉语流水句的构造是：

（54）流水句→$U_{指}$＋$U_{指}$＋$U_{指}$……

本文的研究只是想进一步指出，在每一个“$U_{指}$”里，还有可能是次一级的“$U_{指}$＋$U_{指}$”，其中起话题作用的，我们称之为枨成分。同时 $U_{指}$ 也可能是 VO 式的论元结构，只不过结构作为一个整体，仍然是指称性的。

（二）话题的指称性质

说到这里，需要顺便讨论一下 $U_{指}$ 的指称性质。长期以来，人们对汉语的话题以“定指”（identifiable 或 definite）为共识，这固然不错，因为不确定的指称是难以成为谈论对象的。但从“谈论的对象”这个角度看，通指性（generic）也许是更合适的认识。

陈平（1987：85）曾经说：“通指成分在语义上有两个特点值得我们注意。一方面，它并不指称语境中任何以

个体形式出现的人物。从这个角度看,它与无指成分有相同之处。另一方面,通指成分代表语境中一个确定的类。从这个角度看,它与定指成分有相同之处。”

由此可见,通指和定指是相通的,定指是通指的一个特例,它的特性就是个体性。语言学意义上的个体性,应该从句子的语义类型角度去理解。

李洁(Li 1997)很有见地地指出,光杆普通名词在表示状态的谓语(individual-level predicate)里一般是通指,在表示事件的谓语(stage-level predicate)里一般是定指。这个观察可以启发我们认识一些更微妙的语言事实,我们发现,不仅普通名词,甚至专有名词也有这样的倾向:

(55) 司马光也无法忠实记载这段历史

(56) 司马光砸了缸救出同伴

一般的语法著作会统一把这两个句子里的“司马光”处理为定指名词,我们想指出的是,(55)的“司马光”可以理解为“司马光那样的人”,因此体现为通指意义,(56)的“司马光”则只有定指意义。再看(57):

(57) 上面供着致秋的遗像。致秋大概第一次把照片放得这样大。小冯入神地看着致秋的像,轻轻地说:……(汪曾祺《云致秋行状》)

“致秋大概第一次把照片放得这样大”说的不是云致秋作为施事去做放大照片这件事,这不是一个事件性的句子,而是一句评论,这个句子里的“致秋”理解为通指比理解为定指好——“致秋这样一个人第一次把照片放得这样大”。处置式的话题虽然典型情况是具有施行能力的施事,但是当整个句子不是叙述性而是评述性的时候,即便是专有名词,也有解读为通指而不是定指的可能。(58)也是一样:

(58) 梁丹将陈杰和吴万博这两件本是八竿子都打不着的事情,联系到了一起,也将这原本相对简单的事情变得更加复杂了。(网络小说《权路迷局》)

这句话不是“梁丹”做了“联系”这件事,而是有关方面在破案的过程中,发现陈杰的案子和吴万博的案子里都牵涉到“梁丹”这个人。句子的准确理解可以说是:梁丹这样一个人将陈杰和吴万博这两件事情联系到了一起。

汉语的“话题-说明”关系的实质是“所谓-所以谓”的关系(沈家煊 2017),所谈论的个体不同于所报道的个体,谈论侧重于属性意义,报道侧重于事件意义。理解“话题”,多看它的通指意义,有好处。

(三) 棖的指称性质

依据上面的讨论,棖是“话题-说明”关系里“说明”部分中具有次话题性质的指称语,由于它依赖于话题而被辨识,所以它自身可以是无指性的,如以下几种情况:

1. 棖是框的组成部分或内容,靠框来确定它的指称,如:

我(A)主科(B)学唱。

你(A)说话(B)太快。

2. 棖是框参与事件的方式,如:

阿Q(A)自己(B)喜欢花。

她(A)常常一个人(B)干着急。

咱们(A)电话(B)联系吧!

同事(A)恶意(B)透支了三万多。

3. 棖是框的某种状态,如:

花儿(A)红得(B)好看极了。

房价(A)高得(B)让人无法接受

棖为有指的几种情况是:

1. 框是谈论的事情,棖是有关此事的一个角色,如:

闺女的亲事(A)她(B)比谁都急。

外边的事(A)我(B)管。

2. 棖为遍指,棖是有关框的一个侧面的所有成员,如:

我们班长那身体(A),什么病(B)……。

他这个人(A)事事(B)领先。

3. 框是时空信息背景,棂是某新出现的角色,如:

在四号诊室(A),一位医生和一位护士(B)……

第二天的英语课(A),一个二十岁出头的男老师(B)……

由此可见,棂的指称类型是多种多样的,甚至不排斥那些句子大话题所不允许的无指、不定指等类型。这里讨论棂的指称,其实还是就其词汇意义孤立地判断的,如果放到框-棂关系里,其借助于框的可辨识性都是十分清楚的,每一个棂成分与其后成分所形成的"所谓-所以谓"关系也是清楚的。

五、结　　语

本文是在沈家煊(2012)"流水句"和沈家煊(2017)"名实耦"观点的基础上,对以范继淹(1984)为代表的"多项NP句"现象做一个更为宽泛的观察。借助廖秋忠(1985)提出的"框-棂"语义关系的名义,拿来当作汉语句法中最重要的两种指称语的关系框架。这项工作的目的,就是进一步强调汉语中"话题-说明"关系的基本性,帮助我们看到,即便在低一级的层次上也是如此;还要强调论元关系不是汉语语法关系中最主要的因素。不看重汉语句首多项NP是否论元,不是不关心论元与非论元的区别,正如沈家煊(2016:148)所说:"包含格局并没有抹煞这种区别,只是淡化了这种区别,而这种淡化恰恰是贴近汉语事实的,因此能消除理论上的不自洽。"

近年来我们在摆脱印欧语眼光看汉语方面取得的重要进展是认识到汉语主要语法范畴之间的包含关系:名词包含动词,说明包含述谓,话题结构包含论元结构,篇章关系包含句法关系。在汉语语法研究中应该更多地重视篇章和语用,这无疑应该归功于廖秋忠早期的倡导。

参考文献

赵元任(Chao, Yuen Ren)著,李荣编译,1952,《北京口语语法》。北京:开明书店。原著:1948. *Mandarin Primer: An Intensive Course in Spoken Chinese*. Cambridge, MA: Harvard University Press.

——.吕叔湘译,1979,《汉语口语语法》。北京:商务印书馆。原著:1968. *A Grammar of Spoken Chinese*. Berkeley/Los Angeles, CA: University of California Press.

Chen, Ping(陈平). 1987. On referentiality vs. nonreferentiality, identifiability vs. nonidentifiability, specificity vs. nonspecificity, and genericity vs. individuality in Chinese. *Studies of the Chinese Language* 2: 81-92.[1987,释汉语中与名词性成分相关的四组概念。《中国语文》第2期,81—92页。]

Fan, Jiyan(范继淹). 1984. The Sentence with multiple NP's. *Studies of the Chinese Language* 1: 28-34.[1984,多项NP句。《中国语文》第1期,28—34页。]

——.1985. The sentence with an indefinite NP as subject. *Studies of the Chinese Language* 5: 321-28.[1985,无定NP主语句。《中国语文》第5期,321—28页。]

Hua, Ping(华萍). 1981. A critique of "The Provisional System of Chinese Grammar for School Use". *Studies of the Chinese Language* 2: 98-106.[1981,评"暂拟汉语教学语法系统"。《中国语文》第2期,98—106页。]

Li, Jie(李洁). 1997. Predicate type and the semantics of bare nouns in Chinese. In Liejiong Xu(徐烈炯), ed., *The Referential Properties of Chinese Noun Phrases*. Centre de recherches linguistiques sur l' Asie orientale, Paris.

Liao, Qiuzhong(廖秋忠). 1985. The Frame-Pane relations and referential identification in Chinese discourse. *Research and Explorations in Grammar* 3. Beijing: Peking University Press. Pp. 323-37. [1985,篇章中的框-棂关系与所指的确定。《语法研究和探索(三)》。北京:北京大学出版社。323—37页。]

Liu, Anchun(刘安春)and Bojiang Zhang(张伯江). 2004. The discourse function of the sentence with an indefinite NP. *Journal of Chinese Language and Computing* 2: 97-105.[2004,篇章中的无定名词主语句及相关句式。《汉语语言与计算学报》第2期,97—105页]

Liu, Tanzhou(刘探宙). 2003. Reciprocals and their referents in Chinese grammar. *Research and Explorations in Grammar* 12. Beijing: The Commercial Press. Pp. 118－40.［2003,汉语的相互代词及其指称特点。《语法研究和探索(十二)》。北京：商务印书馆。118—40 页。］

Liu, Xunning(刘勋宁). 2007. The property of *de*(得) in verb-complement structures. In Li Zhang, Yutaka Furukawa, Ying Ren, and Sachiko Shimoji, eds., *Selected Papers on Contemporary Chinese Grammar in Japan*. Beijing: Beijing Language and Culture University Press. Pp.269－83.［2007,"得"的性质及其后所带成分。见张黎、古川裕、任鹰、下地早智子主编,《日本现代汉语语法研究论文选》。北京：北京语言大学出版社。269—83 页。］

Lu, Bingfu(陆丙甫). 2003. The adverbial status of totality nouns before predicate. In Liejiong Xu and Danqing Liu, eds., *Topic and Focus Revisited*. Shanghai: Shanghai Educational Press. Pp.83－96.［2003,试论"周遍性"成分的状语性。见徐烈炯、刘丹青主编,《话题与焦点新论》。上海：上海教育出版社。83—96 页。］

Lu, Jianming(陆俭明). 1986. On totality subjects and related matters. *Studies of the Chinese Language* 3: 161－7.［1986,周遍性主语句及其他。《中国语文》第 3 期,161—7 页。］

Lü, Shuxiang(吕叔湘). 1986. Samples of sentences with subject-predicate predicates. *Studies of the Chinese Language* 5: 334－40.［1986,主谓谓语句举例。《中国语文》第 5 期,334—40 页。］

Shen, Jiaxuan(沈家煊). 2012. On minor sentences and flowing sentences in Chinese: In commemoration of the 120th birthday of Yuen Ren Chao. *Studies of Chinese Language* 5: 403－15.［"零句"和"流水句"——为赵元任先生诞辰 120 周年而作。《中国语文》第 5 期,403—15 页。］

——. 2016. *Noun and Verb*. Beijing: The Commercial Press.［2016,《名词和动词》。北京：商务印书馆。］

——. 2017. Does Chinese have the subject-predicate structure? *Modern Foreign Language* 1: 1－13.［2017,汉语有没有"主谓结构"。《现代外语》第 1 期,1—13 页。］

Tsai, W.-T. Dylan(蔡维天). 2002. Self, Selfness, and nature: On reflexive adverbials in Chinese. *Studies of the Chinese Language* 4: 357－62.［2002,自己、自性与自然——谈汉语中的反身状语。《中国语文》第 4 期,357—62 页。］

张伯江,中国社会科学院文学研究所　zhangbj@cass.org.cn

（原载《当代语言学》2018 年第 2 期）

时间顺序原则与像似性的"所指困境"*

张 敏

提 要 本文从以下三个角度检讨戴浩一(1988)提出的时间顺序原则:(1) 现代汉语的语序为什么会在大于其他许多语言的规模上受制于这一像似原则;(2) 如何理解PTS的作用范围及效度,特别是以往研究提出的例外;(3) 如何理解像似性特别是PTS反映的时间像似性的所指。

关键词 时间顺序原则 像似性 语序类型学 识解 语言共性 方所结构

引言:为什么要重新检讨时间顺序原则?

本文旨在重审戴浩一(1988)提出的时间顺序原则(以下简称PTS)。该原则简约地概括了汉语里以往被认为互不相干的大量语序表现,自提出即受到汉语语法学界广泛关注,并在一定程度上推进了从认知功能角度研究汉语的热潮。

该原则之所以有重审的必要,是因为以下三方面的问题至今并未得到很好的解答。第一,现代汉语的语序为什么会在显著大于其他许多语言的规模上受制于这一像似原则?第二,PTS在汉语里的作用范围和效度到底有多大?是否有例外?若有,多见于何处?尽管学界对PTS已有各个角度的检讨,但相关研究并不充分,且有不少理解和阐释上的问题。本文的重点将放在第二个问题上。第三,PTS是像似原则,而海内外学界对像似性的界定一向有问题,亦即所指不明;PTS里的所指也是如此:"概念领域里的……时间顺序"到底是什么?对这个重要问题的不同认识会直接影响到第二个问题的解答。

一、时间顺序原则的类型学及历时背景

(一) 从语序类型学看PTS到底有何奇特之处

PTS是次序像似动因在汉语句法里的体现。次序像似性并非汉语独有,在世界语言里广泛可见(参见Haiman 1985)。任何语言里述谓性成分的语序安排都或多或少地遵循时间顺序,Greenberg(1966)提出的语言共性里就有与此相关者,如第14、15条。Comrie(1981/1989: 107)解释说:"愿望必定先于愿望的实现,目的的表述必定先于目的的实现,因此,我们可以预料,在其他情形等同的条件下,……有许多情形表明语言有用线性语序反映事件的时间顺序的倾向。"在世界各地广泛分布的连动型语言里,表连贯动作的连动式几乎都是遵循时间顺序原则的(Aikhenvald & Dixon 2006)。

跨语言地看,遵循时间像似性的PTS在汉语里至少有如下三方面的奇特之处:

* 本文的研究主要完成于本人2007—2008年度学术休假中在莱比锡MPI-EVA和北京语言大学做访问学者期间,题为"Reexamining the principle of temporal sequence: A dynamic view""像似性的所指困境与时间顺序原则""时间顺序原则再检讨"的初稿在2007年9月至2008年1月间先后报告于MPI-EVA、北京语言大学和中国社科院语言所。感谢Alain Peyraube、Bernard Comrie、Martin Haspelmath、张桢、张博、刘丹青诸位教授促成相关访问、研究和/或安排演讲机会,也感谢报告后不少师友提出的意见与建议。此次修改成稿端赖张博教授的督促,修改过程也多所得益于与本人博士生徐毅发就处所成分句法位置的讨论,在此一并致谢。文中错误概由本人负责。

第一，与其他许多语言相比，该原则在汉语里的作用范围少见地宽。尽管英语里也有不少符合时间像似性的构造(Haiman 1985)，但其核心的语序安排可无视时间顺序。汉语则是诸多核心格式都遵循该原则；按戴浩一(1988)的说法，汉语里“PTS 可以看成是一条总的句法限制”。即使与其他连动型语言相比，其作用范围也是过宽。在其他连动型语言里，对称型连动式基本按时间顺序安排语序，但非对称型连动式却不必如此，特别是在左分枝或右分枝特征占优势的语言里；此外，因果连动式遵循时间像似性，但使役连动式未必如此，等等(Aikhenvald & Dixon 2006)。

第二，像似性原则作为倾向性原则而非规则，通常不难找到例外。而 PTS 在汉语里明晰、确凿的例外却不易寻获，已报道的疑似例外不少能引导我们发现更深一层的规律。

第三，从类型学角度看，PTS 是一条“昂贵”的原则。汉语语序大范围地遵循 PTS 的代价是汉语成为多条语言共性的例外，甚至是大样本考察中一再出现的唯一例外，包括：(1) 作为 VO 型前置词语言，汉语差比句语序符合 PTS(“比我高”)，却违反了 Greenberg(1963)的第 22 条语言共性；在 199 种 VO 型语言样本里汉语是唯一例外(Dryer 1992)。(2) 现代汉语介词短语的语序依从 PTS(如方所介词短语前置于动词者表事件/动作方所，后置者表结果位置或状态)，其他 VO 型语言则使用与 VO 语序和谐的 V－PP 语序(介词短语后置于动词)。Dryer(1992)基于 625 种语言的比较发现的共性中最强的一条是“VO&V－PP”，汉语是唯一例外。(3) 根据戴文，汉语方式状语前置于动词乃是遵循 PTS。Dryer(1992)的统计显示方式副词在 VO 型语言里以后置为常，汉语虽非唯一例外，亦属少数。(4) 汉语里的动后限制也与 PTS 相关，VO 语言里仅见于汉语，详下。

(二) PTS 的成因

过于奇特的现状必有不寻常的成因。现代汉语语序的上述诸多奇特表现乃是汉语史上内外因交织促成的一些句法演变的结果，内外因都是结构性的，独立于概念因素，不能用目的论(teleological)的态度视之为朝向更高像似性的演变，而是相反，这些演变间接导致现代汉语的语序更为像似。本文聚焦于现代共同语，成因问题仅略谈。

整体而言，汉语的语法组织更多地依赖像似原则，PTS 的效度只是其体现之一。在不同类别的像似动因中，有些在作用范围、效度方面并无显著的跨语言差异，如距离像似性；有些(如时间像似性)则跨语言差异较为突出。在有差异之处，过于依赖像似原则的语言多半具有较简单的语法系统，或曰其系统整体的语法化程度较低，亦即谢信一(1991)所说的抽象原则与临摹原则会呈彼此消长之势，刘丹青(2001)所说的“句法本身的制约力越强，像似性的制约力就越弱”。不少学者对汉语语法总体特征的描述，如汉语是一种语义型/语用型语言，其实说的就是汉语的语法化程度整体较低。

对像似原则的依赖，现代汉语有甚于古汉语。上古汉语结构系统的复杂度整体超过现代汉语，尤其是在音韵结构、形态系统、综合性等方面。近年来学界已开始放弃通行于 20 世纪的“语言复杂性恒定说”，对结构复杂性差异及其成因的研究已蔚然成风，并总结出一些相关性，如语言孤立、社群规模小、社会稳定、儿童双母语等因素与结构复杂化相关；高强度的语言接触、社群规模大、社会动荡等因素与简化相关(Sampson *et al*. 2009)。由这些因素看，先秦已降汉语结构系统的简化是合乎预期的。简化较显著地体现在音韵、形态层面(并产生补偿效应)，句法则是繁化、简化交织。繁化体现在多种新兴句法格式的产生发展，简化体现在新语法系统整体而言更多地依赖功能映射，例如基于任意性原则的清浊、四声别义的衰落促成了基于像似原则的动结式，等等。

介词短语后置为常的上古汉语不尽遵守 PTS，戴浩一(1988)已提及，不少学者也从不同角度探讨过这个问题(张赪，2002 及所引文献)。上古以降，PTS 对汉语语序制约力的逐步增强是几项句法演变的结果，最显著的是介词短语的位移(张赪，2002)。与此相关的还有两项较少受到关注的重要演变：(1) 汉语由非连动型转为连动型，(2) 动后限制的形成与发展。我们认为晚期上古汉语里严格意义上的连动式仅见萌芽，上古中古之交汉语开始转向彻底的连动型(张敏、李予湘，2009)，而严格依照自然时间顺序且结构紧密的连动式的广泛使用，为其后诸多符合 PTS 的构造的产生提供了来源结构，如来自动词的新兴介词、新的差比句、处置式以及动结、动趋式及其他动补结构等。“动后限制”(the postverbal constraint)是制约现代汉语句法构造的一个基本限制，指的是一个句子里动词之后最多只能接一个短语成分(即分支成分)。这一奇特限制几乎不见于任何其他 VO 型语言，汉语是唯一例外。张赪(2002)注意到汉语史上该限制的形成与介词短语位移相关且大致同步(定型于宋元明)，演变的动因是内部的;我们的研究显示这一演变清末以来还在进行,且呈现显著的区域推移,语言接触是诱因(张敏,2010、2011)。共同语及所有方言都不容动后有两个述谓性成分;共同语及南方话、太行山以东的北方话容许动后有两个名词性成分的例外(给[他][一本书]/打[他][一巴掌]),西北方言不容;南方话容许动后一个名词短语、一个介词短语的例外(送[本书][给他]/放了[一些书][在桌子上]),北方话不容。北方话(尤其是西北话)甚至对动后单个述谓性成分都程度不等地出现了不容的倾向(移除或包装成假宾语)。这显示动后限制在汉语里形成一个渐进的连续统,它正好与各地汉语变体与北方 OV 型及南方 VO 型非汉语在历史上的接触深度与强度相关。方言差异自然会以不同方式投射到共同语里。兼容古今南北的共同语是一个异质系统,其共时状态是历时、地域差异复杂的折射,在分析其语序表现时应先厘清其中的层次。

应该强调的是,PTS 是对现代汉语共同语语序现状的共时归纳与阐释,而究其成因的历时分析并不能取代这种共时概括。这是因为鲜活的自然语言与有机体一样具有强大的自组织特性,而历史过程对当下的说话人而言是完全被屏蔽的;无论成因为何,结构一旦形成并被广泛使用就会进入说话人的识解(construal),识解的依据只能是共时状态与共时原则。下面会用具体例证说明,即便是在共同语这样一个异质性较高的系统里,相关识解也常常是朝向而非偏离像似原则的,只是具体原则为何须做具体分析。

二、PTS 的作用范围与效度:正例、反例、例外与非例

(一)正例、反例、例外与非例

在既定的作用域内,符合某原则预测的例子是其"正例",不合者是"反例"(若该原则做的是全称预测)或"例外"(若只是倾向性预测),作用域之外的例子乃是"非例"。就 PTS 而言,戴浩一(1988)并未声称它有百分百的覆盖率,考虑到制约语序的因素绝非单一,PTS 若有例外实属可期,但不大可能有反例。Newmeyer(1992)和 Paris & Peyraube(1993)指出"我吃饭以后,你打电话给我"这类复句里从句与主句的语序是固定的,不必依照固有时序,因此是反例;Tai(2002)回应说包含外显时间关系标记如"以后/以前"的时间从句一般都前置于主句,根据的是核心居后的结构原则(亦符合背景先于前景这一功能原则)。若将包含外显标记的主从句剔除在 PTS 的作用域之外,则上例为 PTS 的非例;若维持戴文原定范围,则为 PTS 的例外。

可见,对 PTS 作用范围的理解会影响对其效度的认识及正例、例外、非例的判定。以下是本文对其作用域的界定。按此界定,学界以往提到的例外不少是非例或正例。

(二)PTS 作用范围的界定及简单疑似例外的排除

戴浩一(1988)将 PTS 定义为"两个句法单位的相对次序决定于它们所表示的概念领域里的状态的时间顺序"。以下是本文基本按戴文原意对其作用范围的界定:

(1) PTS 仅作用于以下句法单位的语序安排:表示事件、行为动作或状态的两个彼此有句法关系的述谓性单位,在相关句法结构中它们表示的事件、行为动作或状态在同一维度上有可量度的时间关系。

由戴文引例及论述看,受制于 PTS 的构造包括两个子句含时间关系的复句、复谓结构、动结式等动补结构、由介词短语或动词、形容词性成分充任状语的状中结构(包括"把"字句、"比"字句等)、时量/动量表达式等,包含的都是述谓性单位。"述谓性"其实有程度差别,最原型的述谓性单位是有直接陈述功能的小句及能做谓语的动词、形容词性成分。介词短语多不能直接做谓语,但仍有一定程度的述谓性(内部也有程度之别,如"在、用"之类同动词的述谓性较高,"把"之类较低)。数量结构虽是体词性成分,但也有谓词性。状中结构情况较复杂,下面会做更多讨论。在此要指出的是,由"都、也、常常、究竟"之类没有述谓性的副词充任的状语是在 PTS 作用域之外的,相关状中结构和作用域内由动词、形容词充任状语的状中结构不同,后者逻辑语义上包含两个可在同一时间轴上排开的述谓结构,例如"他满意地离开了"包含"他满意+他离开了"两个陈述。

上文提到(1)的界定"基本按戴文原意",是因为戴文在两处暗示名词性成分的语序以及话题先于说明的语序也受制于 PTS,本文则将它们明确排除出其作用域。按(1),名词短语的语序安排应与 PTS 无关:名词性成分指称的事物不具备固有的时间性(事物的存在或出现才有时间性),谈不上时序。戴文有"PTS 和名词短语"一节,引

例包括“(a)*他把黑板上的字写了;(b)他把黑板上的字擦了”。作者指出上例体现了汉语里名词有定在前无定在后、预设在前照应在后的倾向,也可根据PTS解释。我们认为这种趋势乃其他功能原则所致,它虽与像似原则PTS高度兼容,亦即戴所说的“是同一枚硬币的两面”,但毕竟是不同的面。移除上例的“把”后,两句的对立依然存在,即“*黑板上的字写了/黑板上的字擦了”,这时句中只含一个述谓单位,起作用的是其他原则而非PTS。上例(a)(b)的对立若与PTS相关,只是因为它们都包含两个述谓性单位。

一句话中即使包含两个述谓性单位,其相对语序也未必都与PTS相关,要看特定格式中这两个事件/动作/状态是否在同一维度上呈现时间关系。例如动宾、主谓等结构都有含两个谓词性成分者(如“知道他来了、他来当然好”),这里从属述谓结构与主干述谓结构之间并无同维度的时间关系,与PTS无关。降级述谓结构与主干述谓结构的关系也是如此(如“读了他买的书”)。戴浩一(1988)暗示话题—说明结构也受制于PTS,其实不那么简单。汉语的主谓结构基本上是话题—说明结构,而主谓语序应与PTS无关;话题先于说明的语序则是受制于信息流原则(PIF)。比较戴文提到的如下例子:

(2) a.[用筷子][吃饭]　b.[吃饭][用筷子]

我们认为(2a)在PTS的作用范围内,是其正例,其中两个述谓结构构成一个复合述谓结构。(2b)按通常的理解是主谓(话题—说明)结构,乃PTS的非例,其中“吃饭”只是从属述谓结构。但若将(2b)理解为紧缩的条件复句(“若要吃饭,就用筷子”),这时两个述谓单位构成一个复合述谓结构,因此受制于PTS。条件子句往往具有话题性(Haiman, 1985),其常规语序在世界语言里均为前置(Greenberg(1963)的第14条共性),这是时间像似性的体现。孙良明、金敬华(2002)举出以下疑似例外:

(3)(饭店服务员说)男客吃饭到/在北房,女客吃饭到/在南房。

(4)(图书馆管理员说)查工具书到东阅览室,查期刊到西阅览室。

此处两个述谓单位都构成主谓(话题—说明)关系,可通过其测试式(如“男客吃饭是不是到/在北房? 查工具书是不是到东阅览室?”),因此是PTS的非例。若理解为紧缩条件复句(如作“你要想查工具书的话,到东阅览室吧”解),则是PTS的正例。

上文提及,动宾结构的语序安排与PTS无关,无论含有体宾还是谓宾。以往有学者明确将起点成分做宾语的结构如“离开了北京”看成PTS的例外(宋文辉 2007: 81),其实这无涉PTS。PTS对“[在台上][跳]、[跳][在台上]”的解释并非依据相关方所题元是起点、终点、路径、处所等,而是两个述谓单位代表的状况的时间顺序。需要说明的是,次序像似性可体现在各种句法成分的语序安排上,并不一定要求相关构造必须是两个述谓性单位的组合,只不过PTS是其一种特别的体现,有这一要求。刘丹青(2001)注意到汉语及其他一些语言里方所题元的位置与像似原则有关:动词前表示源点或行为发生的场所,动词后表示行为后主体或客体到达的场所,作者称之为“方所语序像似性原则”。我们可将这个原则视为与PTS部分叠合的一个原则;PTS还涉及不少与方所结构无关的构造,而这一原则并无两个述谓性成分结合的特别要求。柯理思(2004)提到,普通话的两个趋向补语“出”和“下”可引导位移起点,如“a. 跳下舞台”(起点)与“b. 跳下水”(终点)对立。作者称前者为“特殊格式”,因为趋向补语引进起点违背了动趋式的基本意义,也与汉语历史演变的倾向(位移终点后置于动词,起点前置于动词)相反。上面(a)类例子明显不符前述方所语序像似性原则,但并不构成PTS的例外。这些例子通常分析为动趋式带宾语,即“[跳下][舞台]”,其中动趋式“跳下”里两个述谓单位间的相对语序符合PTS,而动趋式和后面的名词组成动宾式,与PTS无关。由于这里的趋向词带有一定的介词性质,上述形式亦可以分析为“[跳][下舞台]”,这时整个格式是两个述谓构造的组合,在PTS作用范围内,是其正例(先跳,然后就下舞台了),而其中的“下舞台”本身因只有一个述谓单位而与PTS无关。

(三)从语言的“有序异质”性质看疑似例外

任何语言都是有序异质的系统,但现代汉语共同语与地道的方言口语相比,其异质性无疑更强。前文已提到,在讨论共同语的语序表现时应厘清其中包含的不同层次。

首先,PTS的效度在共同语口语里强于书面语,主要是因为书面语含有较多文言成分。前文已谈到古汉语不尽遵守PTS。其实上古汉语基本上还是遵循PTS的,以介词短语语序为例,不符PTS者主要见于介词为“于、自、以"者(吴可颖,1988;Zhang,1995)。现代书面语里"生于……、来自……、乘以……"之类不符 PTS 的例子正是其余绪。有些书面语格式虽不含文言虚词,但仅见于书面或正式语体,也与文言格式的存留或影响有关。在古汉语里,处所结构后置于动词者既可表有界事件,也可表无界事件;在现代汉语口语里,除了个别格式(如含"住"类动词者,详下),处所结构后置于动词者一般表有界事件,前置者可兼容有界无界。张赪(2002: 275)指出"走向光明、开往北京"之类句子用 PTS 无法解释。柯理思(2004)也注意到有些现代汉语语法书所举的介词结构后置于动词的例子,如"走向社会主义、开往北京",其中"向、往"表达的是还没有到达终结点的位移方向,表示的是无界的位移事件,与动补结构原型的格式义相抵触。柯文指出这都属于书面语层次,在她调查的纯北方话口语(如河北冀州话)里根本不说,要说成"朝学儿学校跑"这样的前置式。其实共同语口语(以及北京话)也不说,比较:

(5) a. 332 路,开往颐和园。　　b. *开往前边儿。　　c. *开往哪儿?

(6) a. 走向前方　　b. *走向前边儿　　c. *走向哪儿?

(5a)是北京公交车用语,乃口头说出来的书面语,若将"开往 L"里的 L 换为任何口语体语汇,如(5b)里的"前边儿",或用口语词"哪儿"提问,即不合法(口语要说成符合 PTS 的"往前边儿开、往哪儿开")。(6)的对立也是如此:(6a)是典型的书面语,(6b)不合法,口语要说成"往前边儿走、往前走"之类。柯文也引了宋玉柱(1995)的例子"我们走在大路上"(歌词)。宋文指出,"大路上"表示"走"这个动作发生的处所而非位移的终结点,乃诗歌用语,口语要说成"在大路上走(着)"。显然,书面语的这类格式是折射了古汉语(也包括一些南方话)的情形,应分别对待。

第二,PTS 在现代方言里效度有别,这与前文论及的 PTS 形成史有关,特别是介词短语的位移、动后限制的发展在南北、东西方言间不同步。2.2 节提到南方话常用的介宾补语式"送本书给他""放了本书在桌子上"不见于地道的北方话,要说成"送他一本书/把书送给他/给他送本书、把书放桌上/在桌上放了本书"之类,这是动后限制所致。该限制在南北、东西方言间的差异对 PTS 效度的影响不一而足。近代汉语原有、仍见于南方的上述介宾补语式符合 PTS:后置的介词结构引出终点成分(转移或位移的终点)。北方话/北方普通话里"给他送本书、在桌上放了本书"之类说法里的"他""桌上"的题元角色若理解为接受者、位移终点,则看似违反了 PTS。不过,不能笼统地说 PTS 在北方话里的作用弱于南方话。上述演变也使得北方话里的许多结构反倒更符合 PTS,而南方话的相应说法却未必,如差比句式以及"在 L 住"和"住在 L"格式的交替等。

前后置可交替的方所介词短语"在 L"(以下简称为"动前式、动后式",L 指处所成分)是一个很好的例子。共同语里的基本情形是动前式表示事件/动作处所(或状态呈现的处所),谓语既可有界亦可无界;动后式表示结果处所或结果状态,谓语一般为有界。典型的情况直截了当地符合 PTS 的预测:比较无界的"小猴子(一直)在马背上跳"和有界的"小猴子(*一直)跳在马背上"。但不少学者都注意到,当动词为"住、坐、躺、睡、漂、挂、贴、摆"这类静态动词时,动后式还可以表静态的无界状况:

(7) a. 他(一直)在乡下住。　　b. 他(一直)住在乡下。

(8) a. 他(一直)在沙发上坐*(着)。　　b. 他(一直)坐在沙发上。

(9) a. 那幅画(一直)在墙上挂*(着)。　　b. 那幅画(一直)挂在墙上。

(a)(b)里的谓语都是无界的。当这类动词表动态动作时,动后式(如"他一屁股坐在沙发上""把那幅画挂在墙上")是有界的,不能转换为动前式,"在 L"是结果位置,语序合乎 PTS。但(b)里无界的"V 在 L"看起来不符合 PTS 的预测。其中含动词"住"者更为显著,含其他动词的"V 在 L"不能直接转说成动词是光杆形式的"在 L+V",(如(8a)(9a)),但含"住"者可以自由交替,似无明显语义差异。

戴浩一(1988)的解释是,"住、睡、坐"这类表持续状态的动词与"在 L"之间的时序是模糊的,故 PTS 不起作用。的确,二者时间大体重合,因此语序有了自由变异的空间,这样看来它也算不上 PTS 严格意义上的例外。不过,它毕竟与动补式的总体格式意义不兼容,是一个异数;也有学者(如 Paris & Peyraube 1993;张国宪 2009 等)明确将其视为 PTS 的例外。柯理思(2004)为这个异数揭开了谜底:无界的格式(b)在地道的北方话口语里是不说的,在其考察的一大批北方话里对应于"V 在 L"的结构都只能表动态的有界事件,不表静态的状态。若要表无界持续状态只能用方所结构前置的格式,如不能说"她住在北京",要说成"她在北京住着哩"。而在不少南方话里，处所结构放在动词后是能表无界状态的。作者用元至清的文献资料证明普通话里这个特殊句式是在南方话影响下产生的。张敏(2010，2011)指出这一差异是动后限制在北方话里持续发展的结果：北方话甚至对动后单一的述谓性成分也有了表现不一的排斥倾向。

若只是给这些疑似例外格式贴上一个“非固有、异质”的标签，对解决问题帮助不大。下文会论证，即使是这些由语言接触、特殊结构演变等与概念因素不相干的原因进入共同语的格式也未必构成 PTS 的例外，相反，却可说明 PTS 在识解层面的作用。

自然语言除了异质性还有有序性。异质成分一旦被吸收入普通话并被广泛使用，说话人便会依据共时原则及语言系统的共时状态进行识解。这种识解在普通话里常常是朝向而非背离像似原则的，因此我们不同意戴浩一(1988)在谈到“V 在 L”时所说的“PTS 不起作用”的看法。其作用有二：一，南方话里方所介词短语的语序有多种不合 PTS 者，但共同语不是将其悉数吸收。什么样的异质成分能够被容纳、在哪里能打开突破口，呈现出明显的选择性；亦即“V 在 L”是在两个时间状态基本迭合的情况下被打开缺口容纳表无界状态者，这个缺口正是对时间次序像似规律损伤最小的地方。二，拿最典型的“在 L 住/住在 L”的交替来说，尽管以往研究多认为它们无意义差异，共同语的使用者其实仍以符合 PTS 的方式对其进行了识解，因此语义上并不完全等值。这也是经济原则的作用：它排斥两个完全等义的形式。这两种格式的意义及表述功能差异张国宪(2009)及张国宪、卢建(2010)已有专门论述，下面补充一个观察：

(10) a. *他终于在医院住了。　　　　b. 他终于住在医院了。

(11) a. *一家五口人总算在一起住了。　　b. 一家五口人总算住在一起了。

我们选取了结果取向的副词“终于、总算”在(10)(11)里做测试，它们分别“表示经过较长过程后出现某种结果”(《八百词》)、“表示经过相当长的时间以后某种愿望终于实现”(《现代汉语词典》)。典型的“在 L”动后式(如“掉在水里”)同时具有[+结果][+有界]属性，动后式的这两种属性是符合 PTS 预测的。[+结果]通常蕴含[+有界]，但结果性可有强弱之别，强结果性会排斥无界性(如不能说“*正在吃饱”，可以说“终于/总算吃饱了”)，但弱结果性未必排斥。上文例(7)a、b 说明“在 L 住”和“住在 L”都可以是无界的，不过它们在(10)(11)里的不同表现显示，共同语的说话人明显为“住在 L”强加上了一种结果义(上例中分别是结果位置和结果状态)。由于“住”和“在 L”并无固有的因果关联，这种弱结果性是说话人按句式义将其识解的产物，这正是 PTS 所预期的。若将(a)的谓语变为有界就合法了，如“他终于在医院住下了/住了两个月”。

上文提到“开往 L、走向 L、走在 L”这些与文言相关的格式。其中“开往 L、走向 L”至今仍仅用于书面语体；“走在 L”有些不同，似已进入共同语口语(比较：谷歌搜索“走在前边儿”有 21200 例，“走向前边儿”仅 3 例)。有意思的是，这种进入了口语的异质格式“走在 L”也发生了重新识解，其方向不是强加结果义，而是改变原本的无界性，按符合 PTS 的原型的“V 在 L”构式义将谓语变为有界。根据 Liu(2009)，对“走”这类本身不含方向性的无界动态动词而言，动后的“在 L”将一个任意的事件边界强加到本为无界的事件之上，使谓语变为有界。作者有若干证据，其中一个是：

(12) a. *张三不断地走在路上。　　　　b. 车子不断地走在路上。

“V 在 L”在上例均为有界，两例的对立说明了这一点：“车子”可作复数解而“张三”不可，(12b)里的副词与有界的“走在路上”的结合带出的是多重事件的解读。

下面简要讨论上文提到的如下格式，其中(a)式常被视为 PTS 的例外：

(13) a. 给他送本书　　　　b. 送本书给他

(14) a. 在桌上放了本书　　　　b. 放了本书在桌上

(a)式被看成例外的原因是一些学者在分析题元关系时将它与不少普通话说话人可说的(b)式等量齐观，认为其中“他、桌上”都是接受者、致移终点；其实不然。上文说到(b)式是近代汉语原有、仍留存在南方话/南方普通话里的格式，符合 PTS。由于动后限制在北方话里强烈禁止宾语和介词短语在动后共现，(b)式已不见于地道的北方话，要表达类似意义只能以各种方式去除其中之一，如动后介词短语(13a)(14a)。有意思的是，这种变化完全未影响 PTS 在上例中的作用。先看双及物结构。近现代汉语里由介词标注的指人间接题元多前置于动词，包括受益者（“给他理发”）、伴随者（“跟他打架”）、指人动作方向（“给他敬个礼”）等；后置的指人间接题元仅有接受者（“送本书给他”），乃转移的终点，两种语序都符合 PTS。在清末以来的北方话里，尽管连动式“偷了一本书给他”（表两个事件，“给”为动词）还可以说，但（13b）这样的介宾补语式（两个述谓单位仅表一个事件）已不能说。只有西北方言可将接受者论元直接移至动词前，因此造成 PTS 真正的例外，这是 OV 型语言强烈影响下转向纯结构原则的结果（张敏 2011）。不过这类格式未进入共同语，本文不谈。其他北方话及普通话里动前的“给”字结构引出的都不是接受者，而是符合 PTS 的其他题元角色，主要是受益者，也有指人动作方向。以往有不少学者认为动前的“给”可引出接受者，实际上这里接受者的意思可用语用推理获得，不是句式编码的角色。尽管受益者未必都接受，但接受者一定受益（或受损），这使得二者很容易相混。但我们有充分证据证明动前的“给”字结构在普通话里不可能是接受者，证据之一是排他性论元（如不是接受者的受益者）固定的位置分布，详见张敏（2011：4.3.1 节）。下面再补充一项观察：

（15）a. 给他打电话/给他打了个电话　　　b. 打电话给他/打了个电话给他

（16）a. 一直在给他打电话　　　b. *一直在打电话给他

普通话里（15a）（15b）两种说法都有，这是南北糅合的结果。因动后限制的作用，北方人一般用前者，南方人倾向于用后者，但两个格式都符合 PTS：通话对象在南方型（15b）格式里被识解为隐喻性的转移终点，亦即接受者；在北方型的（15a）里不是接受者，而是指人动作方向（与“给他敬礼”同类），证据是（16a）（16b）的对立。

最后看例（14）。俞咏梅（1999）认为“在案板上放了块肉”（与（14a）同格式）里的“案板上”是“终点”，不同于“在案板上剁肉”里的“原点”，因此前者构成 PTS 的疑似例外。我们认为，真正识解为终点的只能是动后的“在 L”，如南方型（14b）里的“在桌上”，北方话/普通话里的终点当然也能居于动后（仅当宾语不出现），且仅见于动后；其动前的“在 L”只有一种识解方式（或曰句式义），即事件/动作的处所（“在案板上”是动作“剁肉”的处所，同样是动作“放了块肉”的处所）。换言之，我们认同以往许多学者如王还（1957）、Tai（1975）、范继淹（1982）、崔希亮（2002）、张国宪（2009）、赵春利、石定栩（2012）等的看法，动前“在 L”若能解读出诸多不同空间关系，它们应来自动词语义和百科知识，不是识解的结果，不反映句式义。

三、句法像似性概念的“所指困境”及解决方案

上文屡次使用了“识解”这一认知语言学核心概念，却未澄清一个重要问题：PTS 作为一种像似原则，它是“管辖自然语序的原则”（戴浩一 1988），那么，纯粹由识解而来的时间顺序算不算“自然”的？若不算，上节排除的疑似例外就是真正的例外了；若都算，“识解”就有成为机会主义遁词的危险。上文回避了这个问题，是因为海内外学界至今未解决一个相关的基本问题：像似性的“所指”是什么？

句法像似性指的是句法里的能指和所指在结构上的相似性或同构性，亦即前者临摹后者。这里的能指即语法形式，是一目了然的，但所指为何一向不清晰。行内常见的界定都是以如下两种方式做出的。第一种，所指是用“或/和”列出来的两种或多种情况，如 Greenberg（1966）谈到共性 14、15 的像似动因时（尽管未用该术语），说它指的是“语序平行于身体/实际经验（physical experience）的次序或知识/认识的次序（the order of knowledge）”（斜线表示可有不同译法）；Croft（2003：102）将像似性定义为“语言结构以某种方式反映了经验的结构，亦即世界的结构，（按多数功能主义者的看法）也包括说话人加诸其上的视角”。糟糕的是，这里“或/和”连接的是非常不同的东西。第二种界定方式虽不用“或/和”，但给出的单一所指却很含混，因此与第一种无实质差别。典型者如 Givón（1985），其“像似性元原则”界定为“一个被编码的经验更容易储存、检索及交流，若该语码最大限度地与经验同构”。这里的所指是含义宽泛的“经验”，无怪乎 Givón 的像似性几乎等同于非任意性，其元原则的不少子原则也被其他学者视为功能原则而非像似原则。Haiman（1985）以来，其他通行的界定也大多类此，将所指定义为“经验的结构”“意义的结构”“概念结构”，都可有不同理解。

若将句法像似性理解为句法结构对应或平行于语义结构，那么语言学家建构出来的任何语言的句法系统在整体上都应是像似，因为多数语法理论都会以寻求句法结构与语义结构较严整的对应为目标之一。事实上

Newmeyer(1992)就认为像似性可说是生成语法标准理论架构的一个基本属性,因为D-结构、S-结构、逻辑式呈较整齐的对应关系。一个值得注意的现象是,若某个语法理论既不放弃普适性的追求,也不放弃上述理论架构的所谓像似性,那么它通常就不会仅设立句法结构和语义结构这两个层次,而必须设立三个层次,因为两个层次的系统至少会牺牲上述两个追求中的一个。无论形式、功能学派大多如此,下面仅看后者。Langacker的认知语法、Croft(2001)的激进构式语法、戴浩一(2002)的汉语认知功能语法都是三层的模型(细节差异、术语差别等在此忽略不计),其中第Ⅰ、Ⅱ层反映个性,第Ⅲ层反映共性:

(Ⅰ)句法结构、(Ⅱ)语义结构、(Ⅲ)概念结构

表层的句法结构因语言而异,它直接映射语义结构;语义结构与句法结构完全同形(homomorphic)(Croft 2001:110),因此同样反映语言个性,代表对现实经验的概念化,是对经验进行约定俗成的识解的结果。识解亦即概念化,因此戴浩一(2002)在其框架里将语义结构称为"概念化结构"。第Ⅲ层的概念结构则是普遍的,乃固有的现实经验;它本身就是多面体,可为语义层面不同角度的识解提供基础。在普遍的概念结构的基础上,不同语言可做不同识解而产生不同的语义结构,并外化为句法结构(同一语言也可如此)。例如,身体感觉到寒冷的经验是人类共同的,体现在普遍的概念结构,但不同语言可采用不同的意象对这一经验做出不同识解,使用"我是冷、我有冷、对我来说是冷的"之类表达法,它们反映了不同的语义结构(概念化结构)。

像似性的"所指困境"指的是这样一种两难的情形。若所指是(Ⅱ),像似性就成了一个空洞无效的概念,因为语义结构按定义就与句法结构同构。若任何语言里的任何句法结构都是像似的,该概念便变得毫无意义。若所指是(Ⅲ),那么:(1)在认知功能语法里至关重要的概念化/识解因素被全然抛开,像似性概念是否就过于狭窄?(2)与某种情状相关的概念结构往往不是铁板一块,而是一种经验,其间同时存在各种相互冲突的方面可供概念化去选择(Croft, 2001:128),若是这样,我们由何得知哪种选择才是像似的?

注意到像似性概念的所指是一个未解决的问题并试图提供答案的,目前仅见Slobin(2005)。作者的疑惑是,若说像似性指的是能指和所指之间"自然的相似性",凭何认定某语言的某结构与其表达的意义之间是"自然地相似"?作者以位移事件词汇化模式的跨语言差异为个案提出问题:在描述完全相同的客观场景时(如表达"约翰跑进了房间"),不同类型的语言可从不同角度以不同的方式进行识解并反映在句法形式上,如卫星框架型的英语用"John ran into the room",动词框架型的法语用"Jean(约翰)est entré dans la chambre(入于房间)en courant(以跑的方式)",如何判断这些形式是否像似?作者指出自省的办法是无效的,因为任何一个语言的母语者都会觉得本族语的表达方式最自然,亦即像似地对应于其经验结构。作者提出的解决方案是进行独立于言语的心理实验,向被试呈现位移活动的画面,测量其对位移方式、位移路径等的注意及短时记忆,看其相关认知处理是否与语言形式有一致的表现。作者对操英语、西班牙语、韩语的被试所做的实验证实:说话人确实是怎么想就怎么说,因此相关形式都是像似的。

用像似性概念做研究的学者多半不会同意以上结论:这不是他们心目中的像似性。从这个角度说Slobin的尝试是失败的。反过来看,Slobin肯定会觉得冤枉,因为自己论证出的像似性完全符合行内通行的界定,即语码与经验同构,或语言结构、经验结构之间有自然的相似性,况且其证明方式和过程比以往谈像似性的认知功能派学者要严格得多。我们不妨这么看:Slobin的实验能证明的当然只是语言相对论而不是句法像似性,因此并未解决像似性的所指问题,但它却以近乎"示谬"的方式(尽管并非作者原意)说明以往宽泛的界定不靠谱。前述(Ⅱ)语义结构和(Ⅲ)概念结构都可以说是"经验的结构""意义的结构",Slobin的问题是试图去证明语义结构(识解出来的概念化结构)平行于表层句法结构,在其他学者看来这种平行性是预设的,无关像似性。当然,语言相对论角度的证明可以强化(Ⅰ)(Ⅱ)层之间具有直接映射关系的看法。

如何走出"所指困境"?本文的解决方案很简单,那就是依赖语言共性。首先,学界毫无分歧、最典型的像似性体现为第Ⅰ层(特定语言的表层句法结构)与第Ⅲ层(跨语言普遍的概念结构)之间的平行性(自然的相似性)。其次,第Ⅰ、Ⅱ层之间一部分的对应关系,即朝向普遍的第Ⅲ层方向识解而来的平行性,也是像似的,尽管程度稍低(像似性与相似性、自然性一样都有程度之别)。其他的对应关系则不是像似的。

回到与PTS相关的时间顺序,我们可将其分为三种。(A)"自然"的时间顺序:它映射了第Ⅲ层普遍的概

念结构，独立于语言结构和识解方式，是可普遍感知并在世界语言中有广泛反映的自然次序，如先后相继、毫无叠合的动作时序、因先于果、意志先于行动、行动先于结果等。(B)“半自然”的时间顺序：是特定语言里识解的结果，但识解的方向是朝向(A)，反映了人类语言概念化的普遍趋势，可得到跨语言共性的支持。它可视为位于Ⅱ、Ⅲ层的界面。(C)“非自然”的时间顺序，处于第Ⅱ层，也可以是识解而来，但并非朝向(A)，也无足够的共性支持。

显然，只有按照(A)(B)安排的语序才是符合时间像似性的，它们都是PTS的正例。这三种情况形成序列(A)—(B)—(C)，PTS的解释力、预测力越往左越强，而以往不少学者提出的疑似例外里的时序其实都属于(B)类。

四、识解而来的“半自然”时间顺序

(A)(B)(C)三种情况中最有意思的是(B)类，因为它既反映共性也体现个性。限于篇幅，本节仅以两种有代表性的疑似例外格式为例说明何种情况才可视为(B)类。

(一) 含“不移/非移动词”的“V在L”

王还(1957)、Tai(1975)以来，许多学者都认为处所结构“在L”在动前式里表事件/动作/状态的处所，在动后式里表事件参与者的某种结果、处所或状态，尽管概括的细节及用语不尽相同。汉语里诸多动后述谓成分都带结果义，动后的“在L”是其中一种，这些结构将结果成分后置显然是PTS所预测的。值得注意的是，“V在L”符合PTS的典型例子多是V为位移/致移动词时，但V为非位移动词时却成批地出现疑似例外。我们将以往学者明确指出的例外分类列举如下，其中(18a)来自Chen(1978)，(19e)来自Liu(2009)，(17a)(18b)(19a)(20)来自范继淹(1982)，其余为自拟的同类例句：

(17) a. 你去吧，我留在家里。　　b. 你呆在那儿别动！
　　c. 钥匙落(là)在车上了。　　d. 手机丢(遗失义)在出租车上忘了拿。
　　e. 我把手机忘在家里了。　　f. 饭都剩在锅里。

(18) a. 他死在厨房里。　　b. 病人昏迷在手术台上。
　　c. 钥匙断在锁里了。　　d. 我的车堵在高速公路上了。
　　e. 车都塞在路口。

(19) a. 糖溶化在水里。　　b. 花开/谢在树上了。
　　c. 气球爆在半空中了。　　d. 雪化在路面上了。
　　e. 许多稻子烂在田里。

(20) a. 少先队员走在队伍的前头。　　b. 云儿飘在天上。
　　c. 花瓣儿漂浮在水面上。

例(20)的三句均属同类，动词都是Liu(2009)所说的不含方向性的无界动态动词，第二节第三部分已指出“走在L”格式在识解层面并不违反PTS，因此以下只讨论(17)—(18)。

以往学者将上述例句视为例外，是因为其心目中的时间顺序是(A)类，亦即普遍的概念结构里的时间顺序，按此以上所有例句都违反了PTS，如(18b)里的“他”必定是先在手术台上而后才昏迷，并非受昏迷的影响或通过昏迷这个动作而后居于手术台上。本文则将其视为(B)类，按上节的标准，这些例句都是PTS的正例。下面以(18b)为例略作说明，其余可类推。首先，在普遍的概念结构层面上，“昏迷”动作发生在时间点T_1，这时事件参与者处于地点“手术台上”。在该动作发生前的某个不确定的时间段T_0里，他已位于该处所；在该动作发生之后的某个不确定的时间段T_2里，按常理他仍会在相同处所停留一阵。但在识解或曰概念化结构层面上，动后的“在手术台上”仅代表事件参与者“他”在动作“昏迷”(T_1)发生之后(T_2)受该动作的影响而处身的结果处所，因此该语序符合PTS的预测。至于“他”在昏迷之前(T_0)早已“在手术台上”，当然可以凭百科知识推知，但这一状况与该句式无关，说话人也不关心。换言之，说话人将“在手术台上”识解为“昏迷”导致的结果处所。“在手术台上”在T_0

时和在 T_2时根本是两种不同的状态，只有后者才是说话人关心的结果状态。

以上说法若不加证明则纯属臆测，下面从汉语内和跨语言两个角度证明。宋文辉(2007)已用汉语证据论证(18a)等并非 PTS 的例外，我们也提出过两项内部的验证(张敏 2008)，以下仅略谈，重点放在跨语言论证。注意，(17)—(19)里的大多数疑似例外有一个共同点：动词为非宾格(作格)动词。但并非所有非宾格动词都能进入这种疑似例外格式，条件是所编码的动作是否能按常理(亦即在普遍的概念结构层面上)导致相关的结果状态。比较成对的非宾格动词"昏迷"与"苏醒"的表现：

(21) a. 病人在手术台上昏迷过去了。　　　　b. 病人昏迷在手术台上。

c. 病人在手术台上苏醒过来了。　　　　d. *病人苏醒在手术台上。

(b)(d)的对立是因为苏醒不大可能导致在手术台上这一结果状况。语境若提供一个明确的时序，"苏醒在"也能说，如"……终于苏醒了，苏醒在一个男人的怀抱里"(网上搜得)。

第三节谈到，识解而来的时间顺序必须得到极强的跨语言共性的支持才可视为"半自然"的。上述分析有以下三方面的跨语言证据：1) "动作先于结果"是跨语言极普遍的语序安排倾向(亦即在其他条件相同时的缺省语序)，(17)—(19)的识解显然符合上节所说的"识解的方向是朝向(A)"的条件；2) 这一识解可得到反映语言共性的语义地图的支持；3) 它也符合跨语言普遍运用的概念隐喻"状态变化即位置变化"。

下面从(17)(18)看起。其中的动词我们称为"不移动词"，它是一个情状类，并非完全基于动词的词汇语义。相关句子都有某个事件参与者"该移或可移而不移或未移"的含义。这些动词大多是表非自主状态变化的非宾格动词(在相关义项上)，少数不是。非作格动词"留、呆"的词汇语义本身就包含上述含义，其他非宾格动词也可表达这个意思，有些可见于其词汇语义(如"落(là)、堵"等)，其他则体现在相关情境里(如"死、昏迷"等)。如(17e)"我把手机忘在家里了"，手机从 T_0到 T_2都一直在家里，若非在 T_1发生了动作"忘"，在 T_2时间段手机本应移往他处而非继续留在家里，因此这里的"在家里"指的是 T_2时段的一种新状况，它是"忘"造成的结果状况。(17)(18)里动词所编码的动作都是无所作为的"不动不作"，是 Croft(2012：8.2 节)归纳出的"惰性动作"(inactive action)动词类的一小部分。有意思的是，(17)里的"留/呆/落/忘"等正是 Dahl(1987：151—153)在分析方所题元跨语言标注差异时谈到的一类较特别的动词。作者注意到，在表达移至终点的位移事件时，俄语用宾格、芬兰语用方向格标注，英语用介词"to/into"标注；在表达典型的动作/事件处所时，俄语、芬兰语、英语分别用位置格、在内格、介词"at/on/in"标注。但当动词是不移动词时，俄语和英语用的是与标注动作事件处所相同的方式(分别是位置格和"at/on/in")，芬兰语用的则是与标注位移终点相同的方式(方向格)。Croft(2001：117)在解释这一差异时指出，移至终点的原型位移场景至少涉及两个不同的时间点和空间位置；原型的动作事件发生于某处所的场景则仅涉及同一时间及同一空间。但不移动作涉及两个时间点和一个处所，代表了一种中间状态：在人类共有的概念结构里它既与动作事件发生于某处所的原型场景有相似之处(单个处所)，也与位移至终点的位移事件有相似之处(两个不同的时间点)，如下所示：

	时间点	空间点	
位移：	2	2	(在 T_1—T_2的时间里从 L_1位移到 L_2)
不移动作：	2	1	(在 T_1—T_2的时间里停留在 L_1不动)
动作事件处所：	1	1	(发生在时间 T_1，处所 L_1)

Croft(2001)据此建构了一幅反映语言共性的概念空间"原型的位移—不移动作—原型的动作事件处所"，它反映的是人类语言普遍的概念结构里的情形。它预测：世界语言对这三种场景进行编码时，可用同一形式，也可将左边的两种或右边的两种用相同形式编码，余下的一种另行编码，但不会有任何语言将左右两端的场景用相同形式编码，将中间的场景另行编码。这一预测目前未见例外。张敏(2008)引述了 Croft(2001：117)用俄语、芬兰语在该概念空间上切割出的如下语义地图并加上英语、现代汉语的情形，本文再加上古汉语(三种场景可用同一句式编码，如"自投于车下、久留于齐、战于长勺")。

	原型的位移(终点)	不移动作	原型的动作事件处所
俄语：	宾格	位置格 ←	位置格
英语：	*to/into* L	at/on/in *L* ←	at/on/in *L*
芬兰语：	方向格 →	方向格	在内格
现汉：	V在L →	V在L	在LV
古汉：	V于L		

俄语、英语型的识解基于右边两种场景的共同处(均涉及同一个空间)，芬兰语、现代汉语型的识解则看重左边两种场景的共性(均涉及两个不同的时间)。现代汉语如此识解的理据显然与汉语里存在着势力极其强大的“动作—结果”基模相关。

再看(19)，其中动词都是表非自主状态变化的非宾格动词，不过相关句子多不带“该移或可移而不移或未移”的意思。但(19)与(17)(18)是相通的，(17)(18)除含非作格动词“留、呆”者外也都表非自主状态变化，而状态变化自然是涉及两个时间点、一个空间点，因此在上面语义地图上与不移动作一样处于中间段，现代汉语也用了同样的识解方式。这些表状态变化的句子采用了原型位移的格式“V在L”是有充分概念理据的。在世界许多语言里，表状态变化的语法形式往往采用本表原型位移的形式，如英语状态变化句里的介词多用“to/into”，这就是认知语义学界常说的状态变化的路径图式，或概念隐喻“状态变化即位置变化”的体现，理据是普遍的概念结构里二者的相似性：空间位移是一种具体的状态变化(空间存在状态的改变)；状态变化是一种抽象的位移(新旧状态、两个时间位置间的隐喻性位移)，因此该隐喻其实还带有转喻性。(17)—(19)里的状态变化句使用原型位移格式“V在L”同时由上面语义地图表达的共性及这一隐喻背后的概念共性所驱动。这些状态变化句里动词的“在L”并非隐喻性的状态位移终点，而仍表事件参与者所处的空间处所，但这些表状态变化的非宾格动词在词汇语义上含有“两个时间点间的推移”义，而空间位移在是“两个空间点间的推移”之外同样是“两个时间点间的推移”，因此状态变化句倾向于用原型位移格式“V在L”实属可期。

(17)—(19)里的动词可统称为“非移动词”，不移动词是其一个次类。张国宪(2009)敏锐地注意到“在L”动后式的动词是非宾格动词，但非宾格既非充分亦非必要条件，本节讨论的疑似例外格式有含非作格动词者，其实也兼容及物动词，只要符合以家族相似的方式连缀起来的上述条件。例如，“他把自己锁在房间里不愿意见人”(锁之前他必定在房间里)、“敌人被围在城里了”(围之前敌人已在城里，但现在还在城里完全是“围”的结果状态)。以上讨论其实与以往不少学者对“在L”动前、动后式差异的概括是相通的。例如崔希亮(2002)说前者用的是容器图式，后者用的是路径图式；张国宪(2009)说前者表述“动作事件”，后者表述“状态事件”。就动后式而言，这里的“路径”就是“终点路径”，这里的“状态”就是“结果状态”，尽管结果性有强弱，且来自识解。

(二) 形容词充任状语的状中结构“A (*de*) VP”

按戴浩一(1988)的原意及本文(1)里的界定，形容词做状语应在PTS作用范围内。戴文用“(a)他很高兴地玩儿～(b)他玩儿得很高兴”的意义差别说明了PTS的作用，但仅此一例。人们不难找到疑似例外，如“他清清楚楚地看到一条船”(看到后才知道是否清楚)。可见，有必要大批量地检视同类结构，看是否有例外、例外在哪里。

卢智暎(1999)已做了这项工作。作者考察了85万字语料中462种/1435例形容词状语，按自己归纳出的语义类[态度]/[情绪]/[质量]/[力度]/[速度]/[时间]/[形状]/[方式]/[结果]/[数量]，检核了状语和动词代表的状态(以下分别记作S_A、S_V)之间自然的时间顺序，结果是：1) S_A先于S_V，633例，占44%，含[态度]/[情绪]/[质量]类，如“认真钻研、愤怒地控诉、机智地应付”；2) S_A与S_V同时，619例，占43.2%，含[力度]/[速度]/[时间]/[形状]/[方式]类，如“轻轻地吹拂、缓慢地前行、突然停下来、整齐地排列、幽默地回答”；3) S_A后于S_V，183例，占12.8%，仅见于[结果]和[数量]类，[结果]类如“平安地到达、充分地描绘出”，[数量]类如“满满地斟了一盅、厚厚地铺了一地”。

第1)类完全符合PTS，其中的时间顺序是上节所说的(A)类。第2)类都可以变换为补语式，如“充分地描绘～描绘得很充分”，二者有明显的意义差异。按本文的说法这里的时间顺序是朝着(A)的方向识解而来的(B)

类，因此也符合 PTS。最有意思的是第 3)类，卢文认为它违反了 PTS：上例中动作“到达、描绘”发生在先，其后才谈得上是否“平安、充分”，“满满、厚厚”是动作“斟、铺”的结果，却前置于动词。

我们注意到，卢文对第 3)类语序成因的解释恰好与本文谈到的动后限制有关。作者指出第 3)类里的形容词多有后置为补语的能力，它们之所以未能居于动后（这样就符合 PTS 了）是因为结构不允许：该类 183 个例句里的动词有 34.4%带宾语，28.4%同时带宾语和补语，24%带补语，6%带体标记，7.1%为其他情况（作者未交代）。换言之，92.9%的例外是结构限制所致，动后限制占 86.8%。这看来应是像似性、任意性拉锯的结果。

我们重新考察了卢文的第 3)类（[结果]、[数量]类），也兼及第 1)、2)类中我们有疑惑的个别形容词，结果出乎意料。按理说，认知原则在与结构原则的竞争中对后者做出某些让步是很自然的（这正是卢文的结论），何况只是 12.8%。但我们观察到的是，PTS 在让步之后还要反弹，在另一个层面上通过识解将某种自然的时序强加到这 12.8%。具体而言，形容词做状语时，“A(*de*)VP”有一套不寻常的语义/语用限制，体现在下面要交代的几种测试中。有意思的是，当“A(*de*)VP”语序符合 PTS 时，这一套限制不必生效。语序违反 PTS 时它才开始起作用。下面先看正面/负面（肯定/否定）测试的结果：

(22) a. 这个角色，他扮演得很成功。　　b. 这个角色，他扮演得不太成功。

c. 他很成功地扮演了这个角色。　　d. *他不太成功地扮演了这个角色。

“成功地扮演”属于第 3 类（先扮演，才能判断是否成功）。(22)显示，做补语时形容词性成分可以是肯定形式（正面意义）也可以是否定形式（负面意义），做状语时只能是前者。同类例子如“顺利地通过、圆满地完成”也是如此，比较“顺利地通过了～*不太顺利地通过了”“很圆满地完成了任务～*不太圆满地完成了任务”。这一限制不作用于符合 PTS 者，例如“他不耐烦地打断了我的话、他很不情愿地出了国”都合法，其中自然的时间顺序是“不耐烦、不情愿”先于“打断、出国”。在(22c)这类疑似例外里，状语形式上的肯定否定或色彩上的正面负面都不是关键，关键在于是否合意。例如(22d)若改为“他必须不太成功地扮演这个角色，这样才能如愿离开剧团”就合法了。

以上观察显示卢文的第 3)类也不是 PTS 的例外：若“A(*de*)VP”语序合乎 PTS，句子合法；不合 PTS 则被强加了一套限制，符合这些限制才合法。也就是说，必须强行将语序释读为符合某种自然的时序。我们将这套限制归纳为：表面不符 PTS 时，形容词状语所表达的状态 S_A 必须是（Ⅰ）（施事的）意图状态，或（Ⅱ）（言者的）预期状态（当（Ⅰ）不相干时），或（Ⅲ）先于 S_V 感知到的状态（当 S_A 和 S_V 之间并无内在的时间关联）。鉴于“意图先于行动”“期待先于结果”“先感知先报道”都是跨语言的普遍倾向，这种识解出来的时间顺序可归入第四节所说的(B)类时间顺序，因此也符合 PTS。

<u>(Ⅰ)S_A 是意图状态</u>：卢文第 3)类疑似例外里有“满满地斟了一盅”，可换说为“斟了满满的一盅”。这是以往语义指向研究中经常提到的情况：动后宾语的形容词定语有时可提到动词前做状语，有时不行。当能前置做状语时，因结果居前而表面上违反 PTS，这时 S_A 可被识解为一种意图状态（计划中打算实现的状态），它先于 S_V，因此符合 PTS。如“阿 Q 圆圆地画了一个圈”有阿 Q 想把那个圈画得尽可能圆的意味，而“阿 Q 画了一个圆圆的圈”不必有此意味。詹人凤(1997：229)、卢建(2003)早已明确指出这类状语的意图倾向，以下无须多言，仅用“故意”“一不小心”做测试进一步强化这一结论：

(23) a. 阿 Q 故意画了一个圆圆的圈。　　b. 阿 Q 故意圆圆地画了一个圈。

(24) a. 阿 Q 本来想画一个三角形的，可是一不小心，画了一个圆圆的圈。

b. *阿 Q 本来想画一个三角形的，可是一不小心，圆圆地画了一个圈。

(23)显示 S_A 在(a)(b)两式里都可以是意图状态。用“一不小心”去掉意图意味后，(24b)不再合法，表明状语式强制性带有意图意味。下面看合意/不合意的不对称：

(25) a. 他喝了一碗热乎乎的酸辣汤。　　b. 他热乎乎地喝了一碗酸辣汤。

(26) a. 他喝了一口臭乎乎的海水。　　b. *他臭乎乎地喝了一口海水。

以上测试也证明了状语式的意图性：不合意的通常也不会在意图/计划之中。注意：当语序符合自然时序时，这一限制不起作用，例如“他稀里胡涂的犯了一个大错”完全合法。

<u>(Ⅱ)S_A 是预期状态</u>：当 S_A 无关意图或有悖于常人意图或计划时，它是言者预期的状态。下例显示了这一点，

其中的“病人”假定是一个患了肌肉萎缩症的病人：

(27) a. 病人歪歪扭扭地写了几个字。　　b. *病人故意歪歪扭扭地写了几个字。

c. 那个病人连笔都拿不稳，居然写出了几个工工整整的字。

d. *那个病人连笔都拿不稳，居然工工整整地写出了几个字。

(a)(b)显示状语“歪歪扭扭地”与施事意图无关，(c)(d)显示只有状语位置才与预期相关。与相对较明确的施事意图性不同，言者预期这层含义非常微妙、隐晦，若不用“居然、没料到”这类反(言者)预期的副词做测试，单凭(27a)这样的例句很难察觉及论证。难以察觉的另一原因是它并非汉语状语全局性的表义特征(意图状态也不是)，而是以是否合乎 PTS 为条件。测试的效度在双重反预期的情境里表现得最清楚，即反(言者)预期的副词与“吃惊、惊讶、诧异”这类表反(施事)预期的心理状态形容词结合时。卢文将“吃惊”等归入完全符合 PTS 的[情绪]类，其引例“诧异地看着我”“惊奇地望着他”显示确是如此。但当动词是“看到、发现、见到”等时，语序明显违反自然时序，如“几个人顺着隧道来到一处秘密所在，惊讶地见到了皇上”(见到才会惊讶)。

(28) a. 没料到他惊讶地说他完全不知情。　b. *没料到他惊讶地见到了皇上。

c. 他居然惊讶地说他完全不知情。　　d. *他居然惊讶地见到了皇上。

以上测试显示符合自然时序时(先惊讶，后说)不必含有言者预期意味，不符时则有。

在状语语序有一定自由度的一些语言如英语里，前置状语有时也会有类似含义。如 Lu & Wu(2009)引述的 Bolinger(1943)的例子“He angrily refused～He refused angrily”，Bolinger 指出，此例状语前置时是预期状态，后置时不是。这应是信息流原则作用所致(Bolinger 的后续研究也注意到后置时可有对比意味)。Lu & Wu(2009)认为汉语里“*他愚蠢地回答了～他回答得很愚蠢”的对立也受制于信息流原则，类似英语。上文显示汉语不同于英语，至少英语里状语的位置交替与 PTS 无关。至于信息流原则在此是否也有作用，由于汉语自然焦点的位置是近年来讨论的热点，争议很大，我们暂不能确定。下面测试 Lu & Wu(2009)的例子。汉语里不少谓词有较固定的恒常态(individual-level)或阶段态(stage-level)意义，“愚蠢”这类词不太典型，两种用法都有(他是个笨人～他做了件笨事)。做补语时最自然(“他回答得很愚蠢”)，只有阶段态解读。做状语时则视乎动词、情境的差异而有可接受性的不同。以下两例都合法，但(29a)可接受性更高：

(29) a. 他愚蠢地相信这是真的。b. 他愚蠢地回答了这个问题。

这是因为(29a)不能交替为补语式，全无结果性，“愚蠢”在此理解为恒常态(他笨到相信……)，这完全符合 PTS。(29b)里的阶段态动词“回答”迫使“愚蠢”也必须解读为阶段态，但这就违反了 PTS(前置的“愚蠢”作为结果)；当宾语留在原位时又因动后限制的缘故不能转用更自然的补语式，因此说话人面临两难。能接受及使用(29b)的说话人应是给它强加了一个预期的解读。(30)显示反预期测试影响不到补语式：

(30) a. 没料到他回答得很愚蠢。　　b. 他居然回答得很愚蠢。

(31) a. 没料到他愚蠢地相信这是真的。　b. ?没料到他愚蠢地回答了这个问题。

(32) a. 他居然愚蠢地相信这是真的。　b. ?他居然愚蠢地回答了这个问题。

(31)(32)显示状语式里的“愚蠢”是被释读为言者预期的。(31b)(32b)的可接受性明显比原式(29b)低很多，而(31a)(32a)的可接受性与原式(29a)毫无分别。

(Ⅲ)S_A是先于 S_V感知到的状态：当 S_A和 S_V之间并无内在的时间关联时，语序可由其他原则决定或由观察、呈现的次序接管；若是后者，也可视为 PTS 的作用，其中的时序是识解而来。例如，语义指向研究中常引到的例子“几千只亮晶晶的眼睛仰望着他～几千只眼睛亮晶晶地仰望着他”，其中[眼睛亮晶晶]和[眼睛仰望着他]这两个述谓结构之间并无固有的时间关系，前置的状语“亮晶晶地”应是先感知到的状态，证据是：

(33) a. 伸出一双脏兮兮的手　　b. 脏兮兮地伸出一双手

(34) a. 藏起一双脏兮兮的手　　b. *脏兮兮地藏起一双手。

(35) a. 寄来的书里面夹着厚厚的一封信。b. 寄来的书里面厚厚地夹着一封信。

(36) a. 寄来的书里面夹着长长的一封信。b. ?寄来的书里面长长地夹着一封信。

“脏兮兮地”在(33)里能做状语，在(34)里不能，应是“藏”导致该状态无法观察到的缘故。(35)(36)里“厚厚”和

"长长"相比，前者在感知上更直接、更显著：在未打开信之前已经可以注意到它是厚厚的，打开信之后才能知道它是不是长长的。

郑贵友(2000：137)举的例子"左手粗粗细细地摸到几根绳子"及下面的(32b)(34b)亦可视为PTS的疑似例外：动作"摸"之后才知道绳子是不是"粗粗细细的"。作者的归纳是：形容词在具有[形状不规则]的特征时才能前置做状语，如下例所示：

(37) a. 他摸到几根长长短短的木棍。　　b. 他长长短短地摸到几根木棍。

(38) a. 他摸到一摞整整齐齐的书。　　b. *他整整齐齐地摸到一摞书。

(39) a. 触到几根高高矮矮的暗桩。　　b. 高高矮矮地触到几根暗桩。

(40) a. 他摸到几块方方正正的石头。　　b. *他方方正正地摸到几块石头。

心理学界有关注意力攫取的研究证实，刺激物的形状越不规则、越异常、对比越鲜明，就越容易被感知(Arnott & Pratt，2002及所引文献)，这或许是以上对立的认知基础。

五、PTS真正的例外：以逆序动趋式为例

与疑似例外相比，真正的例外往往更引人入胜，更能将研究引向深入。史文磊(2014)注意到的"逆序动趋式"就是一例。可归入"动作—结果"基模的动趋式V_1V_2一般都符合PTS，特别是当V_1为位移/致移动词时，如"跑出去、搬进来"等。但以下例子不同：

(41) a. 小青……跟她男朋友边聊边喝。我也坐过去蹭酒喝。

b. 汽车来了，祥子楞头磕脑的坐进去。

c. 我爹……解开裤带，蹲了上去。d.刚才哪个骂的站出来！

史文称之为逆序动趋式，其中V_1V_2语序都不符PTS，如(41a)里"坐过去"显然是先过去再坐。根据史文，逆序式里的动词都是不表位移的静态动词，只有"站、坐、躺、蹲、伏、跪、住"，若换为位移动词语序就都符合PTS了(下称正序式)。该文的历时考察显示，逆序式的出现远远晚于正序式，是明清以来的事(作者说逆序式最早可追溯至南宋，但其唯一的宋代例句出自伪书，该例应属明代)。作者按动词考察找到的最早用例包括："跪上去/跪过去"(明)、"坐至身边"(明)、"站到那里去"(清)、"躺到烟炕上"(清)、"蹲到门前撒尿"(20世纪)。文章考察了动趋式自形成以来如何发展成汉语的一个显赫范畴，并认为晚出的逆序式是显赫范畴向相关概念语义范畴施行强势扩张的结果。我们同意这一结论。像似性的磨损(erosion，见Haiman，1985)可有多种成因，语法化程度的增强是重要的一种。有趣的是，PTS的作用甚至也体现在这一例外里。

史文提到，逆序式应受到某种认知规则或者信息结构规则的约束，因为只有少数静态动词可以进入。我们认为，这里的认知规则至少包括PTS。能进入逆序式的除"住"之外均为身体姿态(posture)动词，这类动词也是前文提到的惰性动词的次类，其句法语义特征尤其是体特征较特别(Croft，2012第2—3章及所附语义地图)，原因在于其在概念结构里的特殊性。简单地说，逆序式和上文讨论的"在L住～住在L"有共通之处(难怪非身姿动词"住"也能进入)。表身姿改变时，身姿动词是用在动态义，可进入正序动趋式如"站起来、坐下去、蹲下来"，这时相关动作其实介于位移和不移之间，因此也与上节的语义地图相关。位移在于身体部位的位置改变了，不移在于整个身体的空间位置基本未变。由于身体构造的限制，身姿改变的幅度小、动程短，因此在上述正序式里V_1和V_2发生的时间完全叠合。比较V_1为位移动词和身姿动词的正序式"走出去""坐下来"。前者，"走"明显先于"出去"；后者，"坐"一开始"下去"就开始了，坐稳了，"下去"就结束了，二者完全同步。正是在这种中间状态里像似性被打开了磨损的缺口，因此几乎可以说，在一定程度上PTS甚至能预测自己的例外会在何处有更大的机会出现(若例外与概念因素相关而非仅与外部因素如语言接触相关)。

由此我们推测，逆序动趋式也许是表身姿改变的正序式如"坐下去"(出现得很早)与史文所说的V_1不是位移动词的静源动趋式(也是正序式)如"挤出去"糅合(blending)的结果。静源式宋元以来就有了，上文显示逆序式明清以来才出现，从时间看应是静源式成熟之后才有的发展。不同于V_1为位移动词的正序式如"跑出去"(其中动词是[位移][方式]要素的融合)，静源式V_1的语义要素不含[位移]只含[方式]，因此为V_1V_2格式带来更强的方

式含义，尤其体现在历史上出现过的相关格式如“挤着出去、哭着出去”里。这或许能解释史文谈到的逆序式 V_1V_2 里语义重心在典型的位移动词 V_2，它甚至不像补语(没有否定式和可能式“*坐不/得过来”)。逆序式与身姿改变正序式的关联体现在两点：1) 逆序式的位移幅度同样很小。比较典型正序式“喜马拉雅山他都爬上去了”和(41)，后者难以用于长距离位移的场景，如“?走廊那一头的厕所还有空位，你蹲过去吧”。2) 逆序式的逆序性应开始于表身姿改变的正序式，如“站起来”。若“站”指的是达成直立姿态，那么可说是“起来”发生在先，因此是逆序。若要维持正序解读，那么从动作开始尚未直立一直到完全直立，整个动程都算是实施“站”的动作。但若是如此，(41d)里的“站出来”也可理解为正序式，因为位移者一直都维持着站姿，若从起步离开人群到完全脱离人群的过程都算作动作“站”，则符合 PTS。这种两可的解读为演变提供了条件。其实许多逆序式在不同场景里分别可解读为逆序式或身姿改变正序式。此外，还有第三种解读，即保持原有身姿作短距离位移，例如“坐过来”(当位移者坐在一张长椅上时)。这种维持身姿的位移在“跪、坐、站”时较容易，“蹲”则很难。逆序式中含“跪、坐”者出现得最早(明代)，“蹲”最晚(20 世纪)，也许与此有关。

六、余论：从多项状语句看 PTS 效度的局限性及 PTS 与其他原则的关系

最后回到本文主旨，即贯穿全文的 PTS 的作用范围与效度问题。尽管上文显示 PTS 在汉语里极为强势，它毕竟只是制约语序诸多因素中的一种，当其他原则作用域与之有交叉时，它未必能起决定性作用。大体而言，在包含多于两个述谓单位的构造里，若相关结构是对称型的(并列结构、复谓结构)，PTS 预测力依旧；若是非对称型的向心结构，语序往往由其他原则决定，其中最主要的是距离像似性，亦称概念距离原则(以下简称 PCD)，也就是陆丙甫(2004)所说的语义接近原则。跨语言地看，向心结构里多项修饰语的语序共性主要受制于 PCD，这体现在陆丙甫(1993：88)提出的多项状语的轨层结构，它只能呈现为二维的轨层图，就是因为与核心间的距离才是关键，其他对向心结构的类型学研究也有类似结论及呈现方式，如 Rijkhoff(2012)的“嵌套层级”。汉语里多项状语的语序也是如此，以往研究得出的各种序列整体上多可用 PCD 解释。

以下仅以动前处所状语“在 L”与另一状语共现的多项状语式为例说明 PTS 与 PCD 的互动。徐毅发(2014)从生成语法制图理论的角度提出主语之后、动词之前的“在 L”在句法树上有高低两种位置，分别表示事件处所(处所$_{事件}$)和动作处所(处所$_{动作}$)。前者指整个事件发生的处所，在空间上容纳施事；后者仅表事件中某个动作作用的具体位置，在空间上不容纳施事。这两类处所的句法位置必须通过测试才能得知，亦即逐类考察各个类别的状语与这两种“在 L”共现时的情况。以下状语序列为其测试的参照系：

(42) S＞时间＞语气＞频次＞情状＞协同＞工具＞方式＞VO

测试的结果是，处所$_{事件}$的典型分布范围是在语气状语之后、方式状语之前较宽的一个区域内浮动；处所$_{动作}$典型分布范围在工具状语之后，可出现在方式状语的前面或后面。

(42)里的状语序列本身可视为概念距离的序列，徐毅发(2014)发现的处所$_{事件}$和处所$_{动作}$在其上的位置也可用 PCD 解释。看(43a)里的处所$_{事件}$和(43)b、c 里的处所$_{动作}$：

(43) a. 在院子里洗衣服　　b. 在水龙头下洗衣服　　c. 在盆子里洗衣服

处所$_{事件}$与动作间的概念距离居中(在陆丙甫的轨层结构 TDLIMV 里 L 就是居中)，动作对它的依存度较低(如(43a)里的动作移至他处进行时性质不变)。处所$_{动作}$则非常不同，它对动作的实施有很大的制约力，亦即概念关系极紧密，接近工具，体现为(b)(c)里处所$_{动作}$涉及的事物多可转说成工具(“用水龙头水洗衣服、用盆子洗衣服”)；但强于工具，表现在去除工具(如搓板、肥皂)动作仍可实施，但去除“水龙头/盆子”则动作难以进行或动作状况大变。因此，处所$_{动作}$是在工具之后与方式争夺一个紧邻动词的狭小位置。而处所$_{事件}$的句法位置是个很宽的区域，如此大的浮动性明显来自 PCD 从两头对它的拉力：处所$_{事件}$与动作的概念关系居中，动词会将它稍往右拉；由于处所$_{事件}$是容纳施事的空间，主语会以更大的力度将它往左拉。不容纳施事的处所$_{动作}$则不同，主语对它不拉反斥。

我们用徐毅发(2014)的测试例句检查了 PTS 和 PCD 对句子合法性的预测力。鉴于时间、语气、频次状语(如“刚才、居然、经常”)均非述谓单位，我们只检测了其他四类。由于要公平地检测两个原则的预测力，判断是否符

合某原则的依据只能是常理而不是识解。“＋、－”代表符合、不符，“Ø”代表既非相符亦非不符。下面从徐文选取两组例子做说明。“＋、－、Ø”的判断针对的是两个状语，因为只有它们才是语序变项。

(44) a. *小王用肥皂在厨房里洗手。　　(工具＞处所$_{事件}$)　　[－PTS][－PCD]

b. 小王在厨房里用肥皂洗手。　　(处所$_{事件}$＞工具)　　[＋PTS][＋PCD]

c. 小王用肥皂在脸盆里洗手。　　(工具＞处所$_{动作}$)　　[ØPTS][＋PCD]

d. #小王在脸盆里用肥皂洗手。　　(处所$_{动作}$＞工具)　　[ØPTS][－PCD]

由于“在厨房里”先于“用肥皂”，(44a)是[－PTS]，(44b)是[＋PTS]。但“用肥皂”和“在脸盆里”之间时序不明或是同时，故标为[ØPTS]。

(45) a. 老李跟老王在公园里下棋。　　(协同＞处所$_{事件}$)　　[ØPTS][＋PCD]

b. 老李在公园里跟老王下棋。　　(处所$_{事件}$＞协同)　　[ØPTS][＋PCD]

c. 老李跟老王在白玉棋盘上下棋。　　(协同＞处所$_{动作}$)　　[＋PTS][＋PCD]

d. #老李在白玉棋盘上跟老王下棋。　　(处所$_{动作}$＞协同)　　[－PTS][－PCD]

“老李协同/伴随老王”与“在某处”两个状态的时序在(c)(d)里很清楚，分别[＋PTS]、[－PTS]；在(a)(b)里不明(不清楚老王是先在公园还是先与老李在一起)，故记为[ØPTS]。

上例显示，[－PTS]时句子不合法，但同时也是[－PCD]；[＋PTS]时句子合法，但同时也是[＋PCD]。二者平手。但当[ØPTS]时，PTS对句子合法性只能做出弱预测或不能预测，PCD则能做出正确预测。实际上，若去掉上例中所有[PTS]，PCD仍能独力预测。

由此看来，至少在含“在L”的多项状语句里，PTS的作用最多只是背景性的，对语序的主要制约因素是PCD。

参考文献

崔希亮(2002)，空间关系的类型学研究，《汉语学习》第1期。

戴浩一(1988)，时间顺序和汉语的语序，黄河译，《国外语言学》第1期(原文刊于1985年)。

戴浩一(2002)，概念结构与非自主性语法：汉语语法概念系统初探，《当代语言学》第4期。

范继淹(1982)，论介词短语“在＋处所”，《语言研究》第1期。

柯理思(Christine Lamarre)(2004)，方向词的范畴化、[V在L]句式和结果句式，“中研院”语言所系列演讲稿，台北南港，4月22日。

刘丹青(2001)，方所题元的若干类型学参项，《中国语文研究》第1期。

卢　建(2003)，可换位摹物状语的句位实现及功能分析，《语言研究》第3期。

卢智暎(1999)，形容词作状语的语义类型分析，北京语言大学硕士论文。

陆丙甫(1993)，《核心推导语法》，上海：上海教育出版社。

陆丙甫(2004)，共性探索背景下的汉语句法研究，《语言学论丛》第三十辑，北京：商务印书馆。

史文磊(2014)，语言库藏显赫性之历时扩张及其效应，*International Journal of Chinese Linguistics* 1(2)：293—324.

宋文辉(2007)，《现代汉语动结式的认知研究》，北京：北京大学出版社。

孙良明、金敬华(2002)，正确对待外来理论：谈对“时间顺序原则”的评价及运用，《语言教学与研究》第4期。

王　还(1957)，说“在”，《中国语文》第2期。

吴可颖(1988)，汉语处所结构的位移及其底蕴，北京大学硕士学位论文。

谢信一(1991)，汉语中的时间与意向，叶蜚声译，《国外语言学》第4期(原文刊于1989年)。

徐毅发(2014)，从制图理论的观点看“在黑板上写字”句式的歧义问题，中国人民大学学士学位论文。

詹人凤(1997)，《现代汉语语义学》，北京：商务印书馆。

张　赪(2002)，《汉语介词词组词序的历史演变》，北京：北京语言文化大学出版社。

张国宪(2009)，“在＋处所”构式的动词标量取值及其意义浮现，《中国语文》第4期。

张国宪、卢　建(2010)，“在＋处所”状态构式的事件表述和语篇功能，《中国语文》第6期。

张　敏(2008)，自然句法理论与汉语语法像似性研究，沈阳、冯胜利主编《当代语言学理论和汉语研究》，北京：商务印书馆。

张　敏(2010)，“动后限制”的区域推移及其实质，“中国语言的比较与类型学研究国际研讨会”论文，香港科技大学。

张　敏(2011),汉语方言双及物结构南北差异的成因:类型学研究引发的新问题,《中国语言学集刊》第2期。

张　敏、李予湘(2009),先秦两汉汉语趋向动词结构的类型学地位及其变迁,"汉语趋向词之历史与方言类型研讨会暨第六届海峡两岸语法史研讨会"论文,台湾"中研院"语言所。

赵春利、石定栩(2012),"NP1+在NP2+V+NP3"歧义解析,《语文研究》第4期。

郑贵友(2000),《现代汉语状位形容词的"系"研究》,武汉:华中师范大学出版社。

Aikhenvald, Alexandra Y. & Robert. M. W. Dixon (eds.)(2006), *Serial verb constructions: A cross-linguistic typology*. New York: Oxford University Press.

Arnott, Stephen R. & Jay Pratt (2002), Commentaries on Ruz & Lupiáñez (2002): A review of attentional capture: On its automaticity and sensitivity to endogenous control. *Psicológica* 23: 311-369.

Bolinger, Dwight(1943), The position of the adverb in English: A convenient analogy to the position of the adjective in Spanish. *Hispania* 26: 191-192.

Chen, Chung-yu(1978), Aspectual features of the verb and the relative position of the locatives. *Journal of Chinese Linguistics* 6(1): 76-103.

Comrie, Bernard(1981), *Language universals and linguistic typology: Syntax and morphology*. (《语言共性和语言类型》,沈家煊译,北京:华夏出版社,1989年。)

Croft, William(2001), *Radical construction grammar: Syntactic theory in typological perspective*. Oxford: Oxford University Press.

Croft, William(2003), *Typology and universals*. Cambridge: Cambridge University Press.

Croft, William(2012), *Verbs: Aspect and causal structure*. Oxford: Oxford University Press.

Dahl, Östen(1987), Case grammar and prototypes. In René Dirven and Günter Radden (eds.), *Concepts of case*. Tübingen: Gunter Narr.

Dryer, Matthew S.(1992), The Greenbergian word order correlations. *Language* 68: 81-138.

Givón, Talmy(1985), Iconicity, isomorphism and non-arbitrary coding in syntax. In John Haiman (ed.), *Iconicity in syntax*, 187-220. Amsterdam: John Benjamins.

Greenberg, Joseph H.(1966), Some universals of grammar with particular reference to the order of meaningful elements. In J. H. Greenberg (ed.), *Universal of language*, 73-113. Cambridge: MIT Press.

Haiman, John(1985), *Natural syntax*. Cambridge: Cambridge University Press.

Liu, Feng-hsi(2009), Aspect and the post-verbal *zai* phrase in Mandarin Chinese. In Janet Zhiqun Xing (ed.), *Studies of Chinese linguistics: Functional approaches*, 103-129. Hong Kong: Hong Kong University Press.

Lu, Bingfu & Xiaozhou Wu(2009), The placement of Chinese adverbial revisited. In Janet Xing (ed.), *Studies of Chinese linguistics: Functional approaches*, 23-44. Hong Kong: Hong Kong University.

Newmeyer, Frederick(1992), Iconicity and generative grammar. *Language* 68(4): 756-96.

Paris, Marie-Claude & Alain Peyraube(1993), L'iconicité: un nouveau dogme de la syntax Chinoise? *Faits de Langue* 1: 69-78.

Rijkhoff, Jan(2012), A functional-typological account of NP-clause parallels. Paper presented at the the 45th Annual Meeting of SLE, University of Stockholm, 31 August 2012.

Sampson, Geoffrey, David Gil & Peter Trudgill (eds.)(2009), *Language complexity as an evolving variable*. Oxford: Oxford University Press.

Slobin, Dan(2005), Linguistic representations of motion events: What is signifier and what is signified? In Costantino Maeder, Olga Fischer and William J. Herlofsky (eds.), *Outside-In — Inside-Out*, 307-322. Amsterdam: John Benjamins.

Tai, James H.-Y.(1975), On two function of place adverbials in Mandarin Chinese. *Journal of Chinese Linguistics* 3: 154-179.

Tai, James H-Y.(2002), Temporal sequence in Chinese: A rejoinder. In Lily I-wen Su, Chinfa Lien and Kawai Chui (eds.), *Form and function: Linguistic studies in honor of Shuanfan Huang*. Taipei: Crane.

Zhang, Min(1995), Iconicity and word order change in Chinese. In Jose Camacho and Lina Choueiri(eds.), The Proceedings of the Sixth North American Conference on Chinese Linguistics, Vol. Ⅱ, 249-263. Los Angeles: GSIL, University of Southern California.

张敏,香港科技大学人文学部　zhangminhuma@gmail.com

(原载《世界汉语教学》2019年第2期)

汉语韵律语法研究中的双音节和四音节*

周 韧

提 要 过去的汉语韵律语法研究,主要的关注点在单音节和双音节的分布对立上。实际上,汉语中双音节和四音节之间也常常会引起句法分布上的差异。本文首先指出,汉语中存在着一级比双音节更高的韵律单位,这种韵律单位通常由四音节组成。在接下来的讨论中,本文通过讨论词缀对词干音节数目的要求、特定格式对音节数目的要求、语序调整和音节数目的关联三个方面,证实汉语韵律语法中存在着双音节成分和四音节成分的对立。本文进一步讨论四音节成分在汉语韵律层级体系中的地位,说明在汉语韵律语法现象当中,常常展现音节计数的特点,从而无法直接套用音系短语和音系词等当代西方韵律音系学理论中的概念。

关键词 韵律 四音节 双音节 韵律层级 音节计数

一、研 究 回 顾

韵律和句法语义关系的研究是目前汉语语法研究中的热点和难点。学者们发现,讨论汉语的句法、词法和语义问题,常常要涉及语音平面的韵律因素。这种关于语音和句法语义之间关系的研究,一般被称为"韵律语法"。

吕叔湘先生1963年发表的《现代汉语单双音节问题初探》(以下简称为《初探》),是最早从语言学角度系统探讨汉语韵律与语法关系的论文。在这篇经典论文中,吕先生首先指出:与双音节成分相比,单音节成分在句法分布上要受到一系列的限制。比如,称呼人名的时候,可以叫"老张"或"小张",但是不能直接叫"张"。同样,称呼花名的时候,可以将"牡丹花""水仙花"省去类名后直接说成"牡丹""水仙",而单音节的"菊""樱"就不能单独使用,必须加上类名说成"菊花""樱花"。

半个世纪以来,韵律语法研究的主要研究视野和研究进展集中于讨论汉语单音节成分和双音节成分在句法上的一系列不对称现象。在《初探》一文的基础上,学者们经过深入挖掘,发现在汉语的诸多方面,单音节成分和双音节成分的差异常常会造成句法分布上的一系列的对立。请看(1)a—f:

(1) a. 买米　买大米　*购买米　购买大米　(动宾结构排斥2+1格式)

b. 煤店　*煤商店　煤炭店　煤炭商店　(定中结构排斥1+2结构)[①]

c. 把火熄灭—*把火灭　(“把”字句动词不能挂单)

d. 关严窗户—*关严实窗户　(1+2述补结构不能带宾语)

e. 新红棉袄—*红新棉袄

*新红色棉袄—红色新棉袄　(单双音节对汉语多项定语语序的制约)

f. 采血车—*血采车

*采集血液车—血液采集车　(单双音节对汉语动宾饰名复合词语序的制约)

* 本研究得到了中组部万人计划青年拔尖人才支持计划项目的支持。感谢方梅、陆丙甫、沈家煊、完权、袁毓林、张伯江等专家对本文的帮助,感谢《世界汉语教学》匿名审稿专家对本文提出的宝贵修订意见。

① 对于类似"纸老虎"和"小苹果"这样的反例,周韧(2007,2011)有详细的研究和说明。

但是，在过去的韵律语法研究当中，双音节成分和四音节成分之间的语法差异却很少被谈及，构成了一个研究的空白地带。

本文的研究目标就是：通过我们对汉语中一系列语法现象的讨论，说明汉语中不仅单双音节的对立会造成语法差异，而且双音节和四音节之间的对立也会造成语法差异。汉语韵律语法研究对这一点也应该给予充分的重视。

二、四音节成分也是一级韵律单位

回过头来，再次细读吕叔湘先生《初探》一文，就会发现文章第三节的名称就是“从双音节到四音节”，并且，这一节篇幅很长，丝毫不亚于前面讨论单双音节对立的情况。吕先生指出，汉语在音节数目上不仅有“凑双”的要求，而且在很多时候，也有“凑四”的要求。除了汉语中存在着大量四字成语的事实，吕先生还说道：“四音节的优势特别表现在现代汉语里存在着大量四音节熟语即‘四字格’这一事实上。”他举了下面这些例子来说明这一点：

(2) a. 日月星辰　牛羊马匹　桌椅板凳　坐卧行走

门窗墙壁　瓜菜豆角　耳鼻咽喉　吃喝玩乐

b. 新书旧书—*新旧书—新旧图书

大事小事—*大小事—大小事务

c. 真刀真枪—*真刀枪

屋前屋后—*屋前后

d. 旧衣旧裳　闲是闲非　怪模怪样

一模一样　无拘无束　不尴不尬

e. 一干二净　七零八落　千辛万苦

三朋四友　一清二楚　千头万绪

f. 荒乎其唐　冤哉枉也　微乎其微

难而又难　久而久之　自然而然

在例(2a)中，每个例子都是四个音节，可是其实都只代表三样事物或动作，例如“日月星辰”其实只有“日月星”三样事物，“辰”是为了“凑四”而用。而在“桌椅板凳”中，“桌椅”代表两样事物，而双音节“板凳”只代表一样事物，但合起来却是四音节。①

在例(2)b、c和d中，一些语素常常出现两次，目的就是为了“凑四”。如“新旧书”和“真刀枪”因为不是四音节，所以说成“新书旧书”和“真刀真枪”，二者唯一不同就在于前者是二四两个字相同，而后者是一三两个字相同。

例(2e)是说明为了“凑四”，常常在一些双音节词中插入数字，如果说“千辛万苦”中的“千”和“万”还有一点表义功能的话，那么“一干二净”中的“一”和“二”可能就纯粹是为了“凑四”的需要而加进去的。例(2f)是表明为了“凑四”，常常加入一些虚词，如“荒乎其唐”中的“乎”和“其”。

冯胜利(1998)通过讨论汉语中并列结构和音译词的韵律节奏，说明双音节是汉语中的一级重要韵律单位，冯先生称之为“自然音步”。尽管很多学者可能并不同意双音节为音步这个观点，但是为了便于表述，我们暂且将汉语中由双音节组成的韵律单位称为“音步”。② 请看以下一些例子：(一个括号代表一个音步)

(3) a. (墨西哥)—*(墨西)(哥)—*(墨)(西哥)

b. (数理化)—*(数理)(化)—*(数)(理化)

c. (坦桑)(尼亚)　　d. (东西)(南北)

e. (斯堪)(的纳)(维亚)—*(斯堪的)(纳维亚)

---

① 当然，像“南朝北朝→南北朝、上午下午→上下午”之类合流式三音节短语，需要专门的解释。

② 我们在第六节还要论述“音步”问题。

通过以上例子我们知道，在汉语中，单音节一般不能独自组成一个音步，两个音节可以形成一个标准音步，而三个音节可以形成超音步，四个音节一般就要分成两个音步。

如果再稍加考虑，我们就会发现汉语还有比音步更大一级的韵律单位。冯胜利(1998)曾经提到："七个音节的组合根据一般人的语感，前四个字后三个字明显分成两截，同时前四个字之间又取二、二间歇的形式。"冯先生举例如：(其中"#"代表一个较大停顿)

(4) [(布宜)(诺斯)]#[(艾立斯)]

[(柴米)(油盐)]#[(酱醋茶)]

而更直接通俗一点的例子就是长串数字的念法。比如，对于一个八位数的电话号码，一般人的念法，都会在前四位数和后四位数之间做一个较大的停顿。如我们对一个电话号码"82303150"的念法一般是：

(5) [(82)(30)]#[(31)(50)]

前四个数字，也就是前四个音节，组成一个大的韵律单位，它和后四个数字组成的大节奏单位之间有一个大的停顿。在这两个大的韵律单位内部，每边又可以分成两个音步，它们之间可以有小的停顿。而三个音节的单位，如果处于停延段之前，也可以利用后面的停延形成一个空拍，从而组成两个音步。比如说，对于例(4)中的"艾立斯"和"酱醋茶"，可以处理为例(6)的形式：("Ø"代表一个空拍)

(6) [(艾立)(斯Ø)]　　　　[(酱醋)(茶Ø)]

总而言之，汉语中存在着一种韵律单位，它的规模要大于音步。这种韵律单位通常由四个音节组成，也可能小到由三个音节组成，大到由五个或六个音节组成。对于这种韵律单位的性质，我们将在第六节详细论述。

过去的研究比较注重双音节和单音节在语法上的对立，而现在，我们也应该开始研究四音节和双音节在语法上的对立。接下来，本文将讨论词缀对音节数目的要求、特定格式对音节数目的要求、语序调整和音节数目的关联这三个大的方面，说明在汉语语法中，也存在着双音节成分和四音节成分的对立。

三、词缀对音节数目的要求

词缀在和词干结合时，有两种情况：第一种是词缀对词干本身的韵律属性没有要求。例如英语中的表复数后缀-s，无论词干有多少个音节，或者词干的重音位置如何安排，都对-s的出现没有限制。而在另外一种情况中，如果词干本身的韵律属性不符合词缀的要求，则词缀不能和词干结合。典型的例子就是英语中表比较级后缀-er和表最高级后缀-est，它们要求与之结合的词干为单音节或者为重轻型的双音节，而不能是轻重型的双音节或超过双音节。例如，可以说 red-er、yellow-er 和 stupid-er，但没有 absurd-er、和 beautiful-er。

汉语中的词缀一般属于后一种情况，对词干有音节数目上的要求。按照现在很多学者的观点，如马庆株(1995)、王洪君和富丽(2005)等，汉语的词缀可分为两种：真词缀和类词缀(或准词缀)。前者就是我们传统意义上所说的词缀，典型的代表如"阿-、-子、-头、-儿"等，后者是近几十年来汉语中新出现的构词语素，典型的代表如"总-、零-、-性、-门、反-、-员、-热、-型"等。真词缀和类词缀的主要差异在于：前者意义比较虚，在现代汉语中已丧失构成新词的能力；而后者意义还相对实在，且在现代汉语中拥有较强的构成新词的能力。

其实，也可以从韵律角度来观察真词缀和类词缀，真词缀一般只与单音节成分构成新词，以"阿-"和"-子"为例，相关的例子有：

(7) 阿公　阿哥　阿妈　阿芳　阿杜　阿猫　阿三

刀子　剪子　梳子　桌子　凳子　瓶子　罐子

而类词缀在构成新词的时候，一般是与双音节成分结合构成新词，典型的例子有：

(8) 总书记　总顾问　总导演　　反常规　反潮流　反收购

零首付　零距离　零增长　　伪科学　伪政府　伪球迷

追星族　工薪族　月光族　　足球热　国学热　钢琴热

研修生　实习生　后进生　　咆哮体　梨花体　羊羔体

综合型　敏感型　清爽型　　IT业　通讯业　投资业

珠宝商　赞助商　开发商　　偏执狂　自恋狂　工作狂

饲养员　特派员　观察员　　公开赛　测试赛　辩论赛

QQ秀　美女秀　真人秀　　团购风　退房风　返券风

限价房　二手房　廉租房　　数据论　阴谋论　集合论

类词缀一般不与单音节成分结合，而另一方面，也很少与三音节成分和四音节成分结合构成新词。此处，四音节和双音节体现了分布上的对立。下面，我们举例论述。

比如，以表示"带有爆炸性的负面事件和新闻"意义的"门"为例。这个"门"目前在现代汉语中的构词能力极强，以"门事件"在百度百科中进行检索，除了作为鼻祖的"水门"外，其他的"门事件"词条几乎都是"双音节+门"的形式，例如：

(9) 玻璃门　粗口门　鬼脸门　豪赌门　伯爵门　奶粉门　破解门　禁药门　身高门

奖金门　乱播门　任意门　含毒门　整容门　耳光门　碰撞门　抢购门　司机门

窃听门　集邮门　房事门　团长门　洗牌门　嫖娼门　订单门　基金门　集资门

间谍门　媒体门　拉链门……

某些例子好像是四音节或五音节成分和"门"组合，如"肯德基秒杀门"和"惠普质量门"等，但仔细分析起来，实际上是"门"先和一个双音节成分结合，构成新词后整体再被另外的成分修饰。以"肯德基秒杀门"为例，它的正确切分应该是"[肯德基[秒杀门]]"，因为我们上网搜索后，还发现有"淘宝秒杀门"和"苏宁秒杀门"等。

我们并不否认在实际的例子中，也有三音节和四音节成分和类词缀结合构成新词的例子，例如：

(10) 总工程师　羽毛球热　巴基斯坦日　经济适用房　宇宙爆炸论　伪南京政府

对于这些例子我们想说明两点。首先，类词缀和三音节成分或四音节成分构成新词，很可能是这些三音节成分或四音节成分并没有语义对等的双音节格式，所以只能选择这种格式。很多时候，句法切分和韵律切分可能并不一致，比如说"经济适用房"的句法切分是"[[经济适用]房]"，韵律切分却可能是"(经济)(适用房)"，这样，"房"在韵律上还是和双音节成分结合。其次，一旦有可能，这些多音节成分可能就会缩短变成简称形式，例如，"经济适用房"和"宇宙爆炸论"也可说成"经适房"和"宇爆论"，而"伪南京政府"也可能说成"南京伪政府"。

类词缀偶尔可以和四音节成分结合，如"反帝国主义"和"反封建主义"。但我们要指出，如果可以选择，在同义的多音节成分和双音节成分之间，类词缀一般更易于和双音节成分结合，请看以下一些例子：

(11) 哈佛生—剑桥生—?斯坦福生—?康奈尔生—*普林斯顿生—*兰卡斯特生

马来熊—*马来西亚熊　澳洲虎—*澳大利亚虎

北大派—*北京大学派　印尼帮—*印度尼西亚帮

黄骅市—中山市—*孙中山市—尚志市—*赵尚志市—沙市市

红楼体—*红楼梦体　丹丹体—*宋丹丹体

拇指族—*大拇指族　　本山号—?赵本山号

经过以上的讨论我们发现，现代汉语中那些新兴的、能产性强的类词缀，在韵律上都要求与双音节成分结合构成新词，而一般不与四音节成分为代表的多音节成分结合构成新词。

四、特定句法格式对音节数目的要求

吕叔湘先生在《初探》一文中论述汉语的四音节倾向时，明确指出："四音节的倾向表现在某些个组合里一个双音节成分要求另一个成分也是双音节。"吕先生认为，2+2是汉语中一种重要的节奏倾向。吕先生列举了五个方面的汉语事实，涉及汉语中动宾结构、偏正结构和并列结构，吕先生举的例子有：

(12) a. 进行调查　加以整顿

互相支持　共同使用（形式动词以及某些双音副词的后面要求双音动词）

b. 调查事实　了解情况

　发生作用　操纵机器（很多双音动词要求后面的名词宾语至少有两个音节）

c. 钢铁生产　余粮收购

　货物运输　地质勘探（名词在前动词在后的组合要求名词至少是双音节）

d. 伟大人物　辉煌成绩

　宝贵意见　先进经验（某些双音形容词只出现在双音名词之前）

e. 文化教育　财政经济

　图书仪器　风俗习惯（两个同类且意义相近的双音词联合起来造成一个短语）

这些格式都说明汉语中很多句法结构在韵律上要求长度为四音节。顺着吕先生的思路，我们再以汉语中的一些特定句法格式说明这一点。

汉语中有一种“爱V不V”的格式，如“爱要不要”“爱拿不拿”和“爱去不去”等。这种格式通常表达说话人对他人参与事件的不重视态度。但我们注意到，其中的动词V只能是单音节。请看以下对比：

(13) 爱学不学—*爱学习不学习　　爱拿不拿—*爱拿走不拿走

　爱睡不睡—*爱睡觉不睡觉　　爱搭不理—*爱搭理不搭理

从例(13)很容易看出来，只要把其中的动词V换成等义的双音节，整个“爱V不V”结构都不成立了。为什么动词V只能是单音节？答案很简单，就是为了确保整个“爱V不V”格式整体为四音节。

第二个例子是关于汉语中“评价性指人名词＋一个”的格式。这种格式表示说话人对他人属性的一种主观评价，例如，“傻瓜一个”“活宝一个”等。我们发现，这个格式中的名词大多为双音节或三音节，但不能是单音节，一般也不能是四音节或四音节以上。例如：①

(14) 天才一个—小天才一个—?天才小子一个

　*宝一个—活宝一个—大活宝一个—?现世活宝一个

　*贼一个—毛贼一个—小毛贼一个—?小偷毛贼一个

　*猪一个—猪头一个—猪头三一个—?大猪头三一个

与之相类似的是汉语中“关系名词＋多年”的格式，这种格式表示说话人提请听话人注重长期存在的人际关系，比如“同事多年”“兄弟多年”和“父子多年”等表述。我们注意到，其中的名词一般也只能是双音节或三音节，但一般不能是四音节或四音节以上。例如：

(15) 师生多年—*老师学生多年　　姐妹多年—*姐姐妹妹多年

　搭档多年—*合作伙伴多年　　上下级多年—?上级下级多年

以上举例从一个角度看，是要求其中一个成分为单音节或者为双音节，可是从另外一个角度看，这些成分之所以只能是单音节或双音节，也是为了保证整个格式总体为四音节左右。

近年来，很多学者乐于从构式语法（construction grammar）的角度对汉语的一些句式进行解析。构式语法打破“动词中心说”的传统，认为某个格式整体本身就具有一定的语法意义，它强调句法分析中自上而下和自下而上相结合的分析，将格式内成分之间的语序关系和成分本身的语义特征当成解读构式的重要依据。根据以上的一些讨论，我们认为，音节数目也常常是汉语构式的重要组成部分。这体现在两个方面：第一，对某个构式整体的音节数目有一定限制；第二，对构式中某个组成部分的音节数目有一定限制。例(13)—(15)都体现了前一点，要求整个格式为四音节左右；下面我们再说明第二点，举一些例子表明有很多格式要求其中的某个具体成分为四音节。

第一个例子是现代汉语中的“别＋NP重叠形式＋的＋X”的格式，表示说话人禁止他人所使用的称呼语或口头语，比如：

(16) a. 别大哥大哥的乱喊。　　b. 别哥哥哥的乱喊。　　c. 别哥哥哥哥的乱喊。

① 方梅老师告诉笔者，其中的“一个”不像在定语位置上可以轻读，而是一般要重读。

我们注意到，如果其中的名词是双音节，那么一般只重叠一次即可，如(16a)中的"大哥"。但如果其中的名词是单音节，则要重叠两次或是三次，如(16b)(16c)中的"哥"。如果将其中的双音节名词重叠两次，或者将其中的单音节只重叠一次，整个格式就很别扭，如(17)所示：

(17) a. *别大哥大哥大哥的乱喊　　　b. ?别哥哥的乱喊

类似的例子还有：

(18) a. ?别钱钱的了。　　　b. 别钱钱钱的了。　　　c. 别钱钱钱钱的了。

(19) a. ?别娘娘的喊了。　　　b. 别娘娘娘的喊了。　　　c. 别娘娘娘娘的喊了。

(20) a. 别老板老板的瞎叫　　　b. *别老板老板老板的瞎叫。

可见，在"别＋NP重叠形式＋的＋X"这种格式中，名词重叠的部分一般为四音节或三音节，但不能是双音节。

第二个例子为邢福义(1988)研究过的"NN地V"结构。所谓"NN地V"结构，例子如(例子均摘自邢福义，1988)：

(21) 烧鸡烤鸭地吃　　　野草树皮地啃

皮鞋夹克地经常买　　　原理公式地天天背

邢先生很敏锐地指出，结构中有两个名词，也可以是三个名词或四个名词，但合起来只能是四个音节或四个音节以上，绝对不能只是两个音节。请看以下对比(以下是邢先生的例子，本文重新做了一些编排)：

(22) a. 烧鸡烤鸭地吃—鸡鸭海鲜地吃—鸡鸭鱼虾地吃—*鸡鸭地吃

b. 上海广东地跑—上海广州、南京北京地跑—*沪粤地跑

在(22a)中，"烧鸡烤鸭""鸡鸭海鲜"和"鸡鸭鱼虾"分别讲的是两样、三样和四样东西，但整体都是四个音节。"鸡鸭"尽管也是讲两样东西，但整体只有两个音节，整个结构就不合法。显然在"NN地V"结构中，充当状语的"NN"合起来只能是四个音节或四个音节以上。

第三个例子是"NP＋样样＋VP"的格式。由于"样样"本身含有的语义信息，它要求其关联的主语NP可以表示多种不同的事件，例如：

(23) a. 琴棋书画样样精通。　　　b. 吃喝嫖赌样样在行。

c. 体育运动样样都行。　　　d. 十八般武艺样样精通。

考察(23)我们发现，与"样样"关联的主语NP，一般也是在四个音节左右。其中，有两种情况：第一种是主语为一个并列结构，其中的每个音节表示一种具体的事情，例如"琴棋书画"；第二种是主语为表示包含多个小类(但未具体列出)的大类名词，例如"体育运动"可包含足球、篮球和排球等分项。

有意思的是，当我们考察北大CCL语料库后，发现有一些跟"样样"关联的主语名词只是指两样事情，如(24)所示。其中既可以指两样具体的事情，如例(24b)"骑马射箭"，也可以是指两个包含若干小类的大类，如例(24c)中的"读书运动"。

(24) a. 我们跑了全国好多地方，从未见过这样漂亮的农民新村！绿树掩映，鲜花盛开，房屋里空调电视样样都有。

b. 他从小练得一身武艺，骑马射箭，样样精通，加上胆壮力大，后来被选拔做了小军官。

c. 他那红发的小儿子，在学校向来是优等生圈子里的翘楚，读书运动样样精通，是双亲的骄傲。

d. 李教练就是这样一心扑在工作上，为兰兰和芳芳的成长付出巨大的爱和智慧，她把兰兰和芳芳当作亲生女儿，生活、学习样样操心。

很容易看出，无论是指四种具体的事情还是两种具体的事情，无论是指一个大类还是两个小类，在例(23)(24)的例子中，与"样样"关联的名词都是四音节。

需要注意的是，如果主语只是双音节，不管其中只是表示两样具体事情的两个名词，还是内部可以表示包含小类的名词，都是不能和"样样"搭配的。例如：

(25) a. *吃喝样样精通。　　　b. *书画样样在行。

c. *运动样样达标。　　　d. *农活样样拿手。

第四个例子是汉语中表列举性质的"NN的"名词性谓语结构。王冬梅(2014)在讨论汉语的名词性谓语句

时，举出了例(26)：

(26) 你这一路上，翻山越岭，火车汽车的，中间还有一段沙漠……

例(26)中的“火车汽车的”正是我们关注的“NN 的”名词性谓语。其中，“NN”可以看成是事件名词，表示对复数事件的列举。具体说来，(26)中“火车汽车的”表示的意思就是“又坐火车，又坐汽车”。

我们认为，在表列举的“NN 的”名词谓语中，“NN”一般是四音节，但不能是双音节。请看以下对比：

(27) a. 春节这几天鸡鸭鱼肉的，大家都长胖了不少。

b. 春节这几天大鱼大肉的，大家都长胖了不少。

c. *春节这几天鱼肉的，大家都长胖了不少。

d. 春节这几天鱼肉什么的，大家都长胖了不少。

以上几个例子中，四音节成分的使用体现了语言的象似性(iconicity)。“别＋NP 重叠形式＋的＋X”格式中“NP 重叠形式”是用来临摹称呼语的冗长，“NN 地 V”“NP 样样 VP”和“NN 的”结构中的名词性成分是用来临摹名词表达的事物或事件繁多。当客观世界表示“长”和“多”的概念时，语言当中也相应地用“长”和“多”的语言形式来表述。这个语言形式，就是四音节，因为四音节比双音节更长，音节数目更多。

五、语序调整和音节数目的关联

双音节成分和三音节、四音节等多音节成分的对立也会对汉语语序的安排造成影响。在这一节中我们将以现代汉语中的几类语法现象来说明这一点。

第一种现象就是对并列结构的限制。一般来说，在并列结构中，如果几个并列项在语义上没有主次重要之分，那么在安排上，应该是尽量将双音节成分放在前面，而将多音节成分放在最后，比如下面的这个例子：

(28) a. 拉萨、西宁、乌鲁木齐

b. 拉萨、乌鲁木齐、西宁

c. 乌鲁木齐、拉萨、西宁

如果中性环境下，那么应该是(28a)的安排要好于(28)b、c，但我们必须要说，这还只能看成是一种倾向，还不能说(28)b、c 就是不合法的例子。

不过，在稍微注重节奏感的语体当中，合格度的差异马上就能体现，例如下面例(29a)的民谚和例(29b)的歌词：

(29) a. 东北有三宝：人参、貂皮、鹿茸角。

b. 白云、沙滩、海浪、仙人掌，还有一位老船长。

在这两个例子当中，三音节的成分都最好处于末尾，比如我们稍微改动一下(29)，变成(30)，句子就很难被接受了(注意，我们并没有改变原有的押韵)：

(30) a. ?东北有三宝：人参、水貂皮、鹿角。

b. ?白云、沙滩、仙人掌、海浪，还有一位老船长。

下面的这个例子来自东北二人转中的《报地名》，由笔者根据网络视频资料整理而成：

(31) 匈牙利/和罗马，苏联捷克/还有华沙，布鲁塞尔/地拉那，波恩柏林/索菲亚；

南斯拉夫/葡萄牙，摩洛哥/利比亚，坦桑尼亚/赞比亚，那还有/阿尔及利亚；

布隆迪/卡芬达，华盛顿/渥太华，墨西哥(末)/巴拿马，洪都拉斯/尼加拉瓜，也门巴林/安卡拉；

科威特/新加坡，越南老挝/和泰国，瑞士瑞典/意大利，印度伊朗/西班牙；

沃尔特/冈比亚，日本朝鲜/孟加拉，还有阿尔巴尼亚，这些都是/小国家；

哪也比不了/地大物博的，中华人民/共和国，咱的老家呀/哎哎哎呀。①

在这段二人转中，演员以一种类似说唱的形式完成表演，其中的节奏安排常常以 3＋3 和 2＋2＋3 进

① 表演视频网址：https：//www.iqiyi.com/w_19rrm3rp4h.html。

行，在这当中，纯粹的不含虚词的三项并列结构出现了五次，分别是“波恩柏林索菲亚”“也门巴林安卡拉”“瑞士瑞典意大利”“印度伊朗西班牙”和“日本朝鲜孟加拉”，这些例子全部是 2＋2＋3 格式进行。这种 2＋2＋3 格式，从更宏观的角度理解，可以看成一种 4＋4 格式，其中前面的“2＋2”构成一个四音节单位，而后面的三音节可加上一个末尾的空拍构成一个四音节单位。但如果将这些并列结构安排成 2＋3＋2 格式，节奏就被完全破坏了。

第二个例子是关于多项定语排序的例子。我们知道，当多个定语同时修饰一个中心名词的时候，这些定语之间的先后顺序通常由语义来决定，但是，汉语中单音节和双音节的对立常常会干扰正常的排序。比如说，我们通常不能说“白大馒头”，而要说“大白馒头”，但如果将其中的“白”变成双音节的“白色”后，就不说“大白色馒头”了，而一般只说“白色大馒头”。而陆丙甫先生（私人讨论）指出，其实双音节和四音节语音上的对立常常也能造成语序的变化，在陆丙甫（1993：112）的论述中就有这样的例子：

(32) 高层水泥建筑—*水泥高层建筑

*高层钢筋水泥建筑—钢筋水泥高层建筑

在(32)中，双音节的“水泥”在语义上表示“材料”，它比定语“高层”更反映中心名词的本质属性，所以应该处于“高层”之后。但是，如果将“水泥”扩充为四音节的“钢筋水泥”后，语序就会颠倒。类似的例子还有：

(33) 马来传统音乐—传统马来音乐

马来西亚传统音乐—?传统马来西亚音乐

(34) 清华老图书馆—老清华图书馆

清华大学老图书馆—?老清华大学图书馆

另外一个例子是关于汉语中宾语和动量成分的次序问题，处于动词后的宾语和动量成分在次序上常常可以互换。例如：

(35) a. 去两趟天津　　b. 去天津两趟

(35a)次序为“动量成分＋宾语”，本文暂称为 A 式；而(35b)次序为“宾语＋动量成分”，本文暂称为 B 式。那么，A 式和 B 式的使用条件非常值得研究。张伯江、方梅(1996)主要是从信息结构和名词宾语的指称性质来讨论这个问题，但他们也提到了名词宾语的音节数目的影响。

张伯江、方梅(1996：120)发现，A 式和 B 式对一至三个音节的 N 接受能力相差无几；当 N 在四个音节以上的时候，A 式的接受能力显然强于 B 式。比如(例子为笔者自拟)：

(36) a. 去了两趟地大　　b. 去了两趟地质大学　　c. 去了两趟中国地质大学

(37) a. 去了地大两趟　　b. 去了地质大学两趟　　c. ?去了中国地质大学两趟

例(36)都是 A 式，而例(37)都是 B 式。(36a)(37a)都是合格的形式。而在语感上(36b)要好于(37b)，(36c)要远远好于(37c)。这是因为在(37b)(37c)中的名词宾语分别是四个音节和六个音节。当然，我们也注意到，并不能把类似(37b)这样的例子就看成是不合格的。而在实际语料中，只要名词宾语超过四个音节，B 式出现的数量就会锐减。张伯江、方梅(1996：120)曾经根据名词宾语的音节数目，观察真实语料中 A 式和 B 式的使用情况，他们的统计如(38)所示(本文对原表样式做了调整)：

(38) 名词宾语音节数目与 A 式、B 式的选择关系

名词宾语音节数	句子采用 A 式的数目	句子采用 B 式的数目
1	25	162
2—3	68	109
4—6	15	9
7—8	5	1
9—11	3	0

根据上表，可以看出，当名词宾语的音节数在一到三个音节的时候，都是B式的数量超过A式。可是一旦名词宾语的音节数在四个或四个以上，情况就发生逆转，A式的数量就明显地超过B式。可见，四音节在使用A式和B式的选择上，起了分水岭的作用。

第四个例子来自汉语的主谓谓语句结构。汉语的主谓谓语句结构包括一个大主语和一个小主语，在很多情况下，两者的位置是可以互换的。例如：

(39) a. 论著他发表了很多。　　b. 小贝球踢得最好。　　c. 印尼我还没去过。

(40) a. 他论著发表了很多。　　b. 球小贝踢得最好。　　c. 我印尼还没去过。

由哪个成分来充当大主语和小主语，在很大程度上由篇章等语用因素制约，所以这种大主语和小主语之间的关联也常被看成是主话题和次话题的一种关系。但是，本文要指出，音节数目常常也会制约大小主语的选择，例如，将例(39)(40)中的一些双音节主语换成四音节或五音节后，形成例(41)(42)。我们注意到，(41)依旧合格，但(42)则语感变差很多：

(41) a. 论文著作他发表了很多。　　b. 贝克汉姆球踢得最好。　　c. 印尼我还没去过。

(42) a. ?他论文著作发表了很多。　　b. ?球贝克汉姆踢得最好。　　c. ?我印度尼西亚还没去过。

如果要让(42)中的句子更易被人接受，一种方法就是在单音节的大主语后面加上一些语气词，造成明显的停顿。例如：

(43) a. 他呀，论文著作发表了很多。　　b. 球嘛，贝克汉姆踢得最好。　　c. 我呐，印度尼西亚还没去过。

与上面主谓谓语句情况类似的是由“人称代词＋名词”构成的汉语同位性结构，如“他老张”；这种同位结构的语序也可以改变为“名词＋人称代词”，如“老张他”。到底使用哪种语序，主要是由语义语用因素决定的。但我们也发现，如果将其中的名词扩展到四音节或四音节以上，则一般采用后者“名词＋人称代词”的语序，而不采用前者的语序。也就是说，像“他贝克汉姆”的合格性要远远低于“贝克汉姆他”。

第五个例子是关于述补结构带宾语的例子，这种现象最早是由董秀芳(1998)、冯胜利(2000：184—197)提及。述补结构“摆齐”可以直接带宾语，但“摆整齐”和“摆放整齐”不能直接带宾语，只能以把字句的形式带宾语。例子有：

(44) 摆齐桌子—*摆整齐桌子—*摆放整齐桌子

把桌子摆齐—把桌子摆整齐—把桌子摆放整齐

(45) 讲通道理—*讲通顺道理—*讲解通顺道理

把道理讲通—把道理讲通顺—把道理讲解通顺

(46) 办妥事情—*办妥帖事情—*办理妥帖事情

把事情办妥—把事情办妥帖—把事情办理妥帖

过去讨论这类语序对立的时候，常常将原因归结为述补结构中补语的单音节和双音节的对立，如“齐”和“整齐”的对立。而如果从更大的格局来看，原因也可归结为整个述补结构在音节数目上的对立，即双音节“摆齐”和四音节“摆放整齐”以及三音节“摆整齐”的对立。因为现代汉语很少有三音节成分直接带宾语的情况。所以，这种语序变化完全可以看成是由双音节与四音节、三音节之间的对立引起的。

上面讨论到的语序变动和音节数目之间的关联，可以从节奏单位和句法单位之间的对应关系找到原因。很多学者认为，句法单位的边界并不一定就等于韵律单位的边界，比如说，“我想买米”的句法层次是“[我[想买米]]”，但是其韵律节奏的组成却可以是“(我想)(买米)”。但是，从另外一方面讲，在句法操作允准的范围之内，句法边界和韵律边界应尽量保持一致，为传达正确的语义信息服务。过去的研究都表明，双音节是汉语中一级重要的韵律单位。本文的主旨是说明四音节左右的成分也是一级重要的韵律单位。那么，句法边界也应该和这种韵律单位的边界保持一致。如果从这样的角度看问题，那么上述大多数关于语序调整的例子都不难解释了。请看例(47)：(“|”表示四音节左右的韵律单位构成的边界，“[ ]”表示句法边界)

(47) a. 拉萨[乌鲁|木齐]西宁　　b. 高层[钢筋|水泥]建筑

c. 去了[地质|大学]两趟　　d. 球[贝克汉姆|踢得最好]

我们可以看到,韵律边界和句法边界并不对应。以“高层钢筋水泥建筑”这个例子来讲,如果承认四音节成分也是一级韵律单位,那么这级韵律单位的边界应该在“钢筋”和“水泥”之间。可是,“钢筋水泥”本身是一个句法成分,它们联合表示“质料”的语义。因此,就出现了句法边界和韵律边界并不对应的情况。句法边界和韵律边界不对应往往会造成语义解读困难。比如说,语言使用者很可能根据韵律信息将“高层钢筋”这样一个错误的句法语义单位进行解析,从而延缓了正确的语义解读。

而对语序做一定的调整,使得句法边界和韵律边界对应起来,则会得到(48)的效果:

(48) a. 拉萨西宁|[乌鲁木齐]　　b. [钢筋水泥]|高层建筑

c. 去了两趟|[地质大学]　　d. [贝克汉姆]|[球踢得最好]

在(48)中,韵律边界和句法边界形成对应,有利于句子的解读。

不难注意到,在上述语序调整的例子当中,四音节成分都是被调整到整个结构的最左侧或最右侧,这正好符合陆丙甫(2006)提出的“内小外大”规则。陆丙甫(1993,2006)认为语序安排和人的短时记忆相关,为了方便记忆和句子解析(parsing),“大块成分”更适宜放在句子的两端,由此造成了“内小外大”的格局。所谓“大块成分”,主要是从长度(即音节数目)和难度(即内部的句法语义构造)来考量的。在我们上面讨论到的例子中,四音节成分相对于双音节成分来讲,属于“大块成分”,因此在我们上面涉及的语序调整的例子中,这些四音节成分都被调整到两端。

陆丙甫(2006)还提出了“最小总距离原则”和“最小干扰原则”来说明“内小外大”的功能动因。我们这里只讨论“最小总距离原则”。“最小总距离原则”指的是附属成分和核心成分之间的总距离不宜太远,以免语义关系标示不清。以“去地质大学两趟”和“去两趟地质大学”来讲,前者“地质大学”紧靠中心“去”,而“两趟”与中心“去”之间隔了“地质大学”四个音节。而后者“两趟”紧靠中心,“地质大学”与中心之间只隔了两个音节。所以,从音节数目的角度来核算的话,后者更符合“最小总距离原则”。同样,“高层钢筋水泥建筑”和“钢筋水泥高层建筑”的对立,以及“球贝克汉姆踢得最好”与“贝克汉姆球踢得最好”的对立也可以从这个角度进行解释。

国外学者 Hawkins(1994)曾经提出“直接成分尽早识别”原则(Early Immediate Constituent, EIC)来说明各种语言的语序安排,而后 Hawkins(2004)从效率(efficiency)的角度又提出了“领域最小化”(Minimize Domains, MiD)、“形式最小化”(Minimize Forms, MiF)和“在线处理最大化”(Maximize On-line Processing, MaOP)三条原则进行进一步解释。这些原则和陆丙甫先生提出的“内小外大”有颇多相通之处,限于篇幅,就不一一说明了。

而陆丙甫曹琳琳(2017)还引入了“浴缸效应”(Bath-tub Effect)理论,认为在一个多音节词当中,首和尾在韵律上相对更为凸显,好比一个人躺在浴缸中,一般露出的是两端的头和脚(而头比脚露出更多)。相对于“内小外大”,“浴缸效应”是更为浓缩和精炼的表达,同样能解释本节我们提出的语序变动现象,因为“内小外大”的做法,就是凸显首和尾。

还想说明的一点是,我们认为四音节成分调整到两侧是为了使韵律边界和句法边界对应,这个说法在本质上,与陆丙甫(2006)和 Hawkins(1994,2004)基于功能动因的解释是不冲突的。因为,现在通过很多实验心理学的工作,我们已经知道,韵律信息在很大程度上对句子语义的解析起着非常重要的作用,因此调整了句法结构,在很大程度上也是调整了韵律结构,这些调整都是为了更好地表述语义而服务的。从我们的角度看,韵律并不一定要站在句法和语义规则的对立面,其本身就是语法规则的一部分。更详细的讨论,也可参看近期沈家煊(2017)和周韧(2017)的讨论。

六、韵律层级与汉语的四音节成分

本文有一个重要的理论问题不能回避,就是:从当代语言学中的韵律音系学(prosodic phonology)理论来看,汉语的四音节成分在韵律层级上是否对应于哪一级韵律单位?

韵律音系学认为韵律单位也像句法单位一样,有着一套从小到大的单位。在韵律音系学的代表性著作 Nespor & Vogel(1986,2007)当中,设定的韵律层级体系为:

(49) 韵素-音节-音步-音系词①-黏附组-音系短语-语调短语

这套体系主要是根据英语、德语、荷兰语、意大利语等印欧语系的语言事实建立起来的，它的特点有：第一，音步和音步以下的韵律单位是由纯音系因素决定的，不掺杂句法语义信息。而音系词和音系短语等高层单位，是要通过形态句法或语义语用等方面的信息来确定的。所以，确切地说，音系词和音系词往上的单位都是一种既包括句法信息也包括韵律信息的“句法韵律单位”；②第二，这套体系要遵守“严格层级假设”（Strict Layer Hypothesis），这个假设要求某一层级的韵律单位必须由其低一层次的一个单位或几个单位构成，也要求某一层级的韵律单位被完全包含在其高一层次的韵律单位中。但是(49)这套体系并不完全适用汉语。我们不妨先看王洪君(2008)、张洪明(2014)为汉语设计的韵律层级体系。其中(50)为王洪君(2008：279)设计的体系，(51)为张洪明(2014)设计的体系：

(50) 摩拉-韵-韵律字-合音字-韵律词-黏附组-(韵律类词)-韵律短语-语调短语-话语

(51) 摩拉③-音节-韵律词-(黏附组)-音系短语-语调短语

韵律话语

上述两个体系都照顾到了汉语的特点，它们的两个共同特点是：

第一，两个体系中都没有设置“音步”这个层级。因为从音步这个阶层开始，汉语就开始和印欧语产生差异。按照当代音系学理论，一个重读音节和一个非重读音节交替一次，就可以形成一个节奏的基本单元“音步”。但是，王洪君(2008：145)、张洪明(2014)和周韧(2018)等都曾指出，汉语不含轻声的两字组之间，很难分出轻重，所以汉语不具备等同于普通音系学理论中“音步”的概念。④

第二，两个体系都部分地违反了“严格层级假设”，表现在多个级别的层级都可以直接实现为“语调短语”或“韵律话语”。在(50)中，方框内部的层级单位都可以直接实现为语调短语；而在(51)中，如四个箭头所示，“音节”“韵律词”“音系短语”和“语调短语”都可以直接实现为“韵律话语”。这种观点的源头来自朱德熙(1985：74—75)对于汉语句法单位的认识，朱先生认为汉语句子是一种语用单位，汉语的词组(即短语)和句子之间不是一种构成关系，而是一种实现关系。词组并不总是一种抽象的东西，而可以直接实现成为具体的话语。不仅词组如此，词也是这样，小到一个音节的词，也可以实现为一个句子，实现为音系上的“语调短语”或“话语”。

现在回到本文的主题上来，问题是：汉语的四音节成分作为一级大于音步的韵律单位，是否等同于(49)(50)和(51)韵律层级中的某个单位呢？是否可以等同于其中的“音系短语”或“韵律短语”呢？我们认为答案是否定的。

句法韵律单位和句法单位的对应关系，主要是以生成语法的 X-bar 结构作为基础来操作的。一般说来，音系词对应于一个中心词 X^0 成分，而音系短语主要是和句法上的最大投射 XP 发生关联，Nespor & Vogel(1986，2007)、Selkirk(1986，1995，2011)以及 Truckenbrodt(1999)都提出了句法单位到音系短语的换算法。以 Selkirk(1986，1995)提出的单边界对应理论(single-edge-based theory)为例，要求音系短语的边界和句法上 XP 的边界在一端保持对应关系。限于篇幅，具体技术细节不再详述。总之，在韵律音系学的体系当中，一个双音节的成分，甚至是一个单音节的 NP 成分，都有可能自成一个音系短语。音系短语不是用音节数目来定义的。所以，汉语四音节左右的成分不对应于音系短语(或韵律短语)。

匿名审稿专家提醒我们，本文提及的“四音节成分”和王洪君(2000，2008：279)提出的“韵律类词”有高度关联。我们认为，两者有很大的重合部分，但还是有一定差异。

① 音系词，国内也有学者采用“韵律词”(prosodic word)的翻译。不过，本文讨论的是“韵律音系学”(prosodic phonology)，关于韵律层级，采用的是 Nespor & Vogel(1986，2007)的系统。而韵律词，更多的是“韵律构词学”(Prosodic Morphology)中的概念。

② 这一点，王洪君(2008：279)、Zhang(1992)、张洪明(2014)也提到过。

③ 为了节省篇幅，我们将张洪明(2014)原文的图示做了简化处理。其中“摩拉”，张洪明(2014)原文翻译为“韵素”。“摩拉”加上虚线的方框是因为张洪明(2014)认为这个概念是汉语中的“非显赫范畴”。

④ 我们认为，是否在“句法韵律单位”层级体系中保留“音步”这个单位层级，还可以再斟酌。这主要是因为：如果没有“音步”，就无法处理“(利比)(里亚)”中“(利比)”和“(里亚)”这样的单位。另外，王洪君(2008)虽然没有在“句法韵律单位”层级体系中设置“音步”这个层级，但在“纯韵律单位”这个层级体系中还是为汉语设置了这个层级，我们下面还要讲到。

王洪君(2000,2008：280—282)区分了汉语中的三种句法韵律单位：韵律词、韵律类词和韵律短语。这三种单位的定义是：韵律词是语法上黏合的、节律上内紧外松的稳定单音步或凝固复二步；韵律类词是语法上黏合的、节律上内紧外松的、左重的可能多音步；韵律短语是语法上等立或组合的，节律上内部较松散的、等重或右重的可能多音步。这三种单位可以分别以“雨伞厂”“小雨伞”和“买雨伞”为代表。它们在韵律上的区分标准可如下表所示：

(52) 韵律词、韵律类词和韵律短语的韵律鉴定标准

韵 律 标 准	韵律词	韵律类词	韵 律 短 语
单音步或凝固复二步，更大组合中音步不再分裂	+	−	−
音步内顺向连调	+	−	−
更大组合中内部成分间停延小于外部停延	+	+	−
各音步音域的展敛遵循“左重”	不适用	+	−

从王洪君(2008：281—282)列出的“韵律类词”实例来看，确实很多例子是四音节或四音节左右，请看(53)：(例子均来自王洪君 2008)

(53) 劈里啪啦　稀里糊涂　哆哆嗦嗦　乱七八糟

取长补短　眉开眼笑　远走高飞

大房间　　铬镍合金　常务委员会　新天地广告部

全程旁听　认真学习

人民代表大会　中华人民共和国

但是，结合(52)中的韵律标准，“韵律类词”和本文所讨论的四音节成分并不完全一致。这表现在两个方面：

第一，本文讨论的一些四音节成分，如例(11)中的“普林斯顿”和“澳大利亚”，属于(52)中由“凝固复二步”构成的韵律词。这些韵律词由两个音步组成，[①]并且，在更大组合中音步不再分裂。但是，这些两个音步组成的韵律词和一个音步组成的韵律词，如“哈佛”和“澳洲”，在分布上有差异。

第二，本文讨论的一些四音节成分，如例(21)和例(24)中的“烧鸡烤鸭”“骑马射箭”和“生活学习”，属于(52)中的韵律短语。这些韵律短语由并列的等立结构组成，结构内部松散，成分之间有较大韵律边界。

我们提出这两点差异，并不是批评(52)的分类出现了错误。我们要认识到，韵律音系学中句法韵律单位和本文提出的四音节成分，服务的研究目标是有差异的。王洪君(2008)设置这三种句法韵律单位的依据是它们的语法性质以及内部成分的韵律松紧程度，最终为定义音系现象的作用域而服务。而本文将四音节成分看成一种韵律单位，是关注这些四音节成分和双音节成分在某一句法分布位置上替换的可能性，服务的目标是考察句法格式合格性的韵律限制。

在(49)(50)和(51)的体系中，其中的单位主要是句法韵律单位。从“韵律词”“音系词”“音系短语”和“韵律短语”等名称上就可以看出来，这些单位的定义既包括句法信息也包括韵律信息。与句法韵律单位构成的韵律层级体系不同，还有一种韵律层级体系只依靠韵律信息而组成。这种韵律层级体系的组成单位都是“纯韵律单位”。王洪君(2008：251)在 Selkirk(1984)研究的基础上，依据汉语实际情况，为汉语构造了这样一套“纯韵律单位”的韵律层级体系：

(54) 摩拉-音节-音步-小停延段-大停延段-语调段

在(54)中出现了“音步”这个概念。只不过，按照王洪君(2004,2008：145—146)的观点，(54)中的“音步”概念并不以轻重定义，而以松紧确定。王洪君(2008：255—257)讨论了“音步”和“停延段”的差别。王洪君(2008：255)认为音步由一至三个正常音节组成，以两音节为常规，后头还可以另加一至两个轻声音节；而停延段由一至三个音步组成，以两个音步为常规。而具体到两者之间的差异，王洪君(2008：256)指出：音步和停延段都是内停延小于外停延的“内紧外松”结构，但音步的“内紧外松”表现在音步中间位置上音节声调末段的不完全实现和声

① 注意，“复二步”并不等于“两音步”，下面还将专门讨论“复二步”。

母强度的减弱,而停延段的“内紧外松”主要表现为内部的音高降阶和段间的音高重置。

值得本文注意的是,王洪君(2008：256—257)专门指出了一种纯韵律单位“复二步”。王先生指出:“还有一种介乎音步与停延段之间的小单位,我们称之为‘复二步’。复二步是由两个音步紧密结合而成的复合体,由 4—5 个音节组成。它在某些特点上像两个音步,播音学界称为‘跨语节’。”在声学属性上,“复二步”内部两个音步之间的可能停延大大缩短,这是它和两音步之间的主要差别。

复二步在语流中的出现频率较高,王洪君(2008：257)将其韵律性质定义为“小停延段”,其典型成员即王洪君(2008)定义的韵律类词。从本文的角度看,我们探讨的四音节成分,在韵律属性上,和复二步是一致的。一方面,我们讨论的四音节成分,都可以分析成韵律上的 2+2 格式,而没有 1+3 或 3+1 格式;另一方面,本文讨论的四音节成分,无论是凝固成词的“普林斯顿”,还是具有构式性质的“爱 V 不 V”,或者是列举性质的“骑马射箭”,[①]其内部两个音步之间的停延都是较为短暂的。

经过上面这些讨论,我们认为,本文讨论的四音节成分,在韵律性质上和复二步是一致的。而在句法韵律属性上,和韵律类词大面积重合,但还存在一定差异。原因是,四音节成分本身也是一个只包含韵律信息的单位,它并不完整对应于某一级句法单位,所以很难归入某一级句法韵律单位。

七、小　　结

本文在吕叔湘先生《初探》一文的基础上,进一步说明了汉语中确实存在四音节左右的韵律单位,而且在语法的诸多方面,四音节成分和双音节成分会在分布上形成对立。确立四音节成分在韵律语法研究中的地位,有着很重要的意义。

第一,当我们说这种单位为“四音节”时,就代表了这是一种“音节计数”(syllable counting)的韵律单位,它无法和韵律音系学中韵律层级的某个句法韵律单位有对应关系。过去,汉语韵律语法研究的主要兴趣集中在单音节和双音节的对立上。而对于汉语的双音节来说,总还是有机会将其归入印欧语中的“音步”概念范畴。至少在印欧语中,也是将两个音节视为一个“音步”为常规操作。但是,四音节成分的出现,是无法对应于印欧语中的“音系短语”(或“韵律短语”)的。那么,我们回头看汉语的“音步”时,就更应该注意到这种“音步”也是一种依靠音节数目确定的音步,而不是依靠轻重对立确定的音步。

第二,引入音节计数的另外一个好处就是：它能帮助我们解释三音节成分的不稳定现象。通过前面讨论的一些例子,我们可以看到,三音节成分在分布上,有时候是和四音节一致,有时候是和双音节一致的。如果我们认为汉语的韵律单位通过音节计数确定,那么双音节单位和四音节单位相差较大,而三音节单位正好处于两者之间,正好造成了三音节单位分布上的不稳定性。

回顾本文讨论到的一些语法现象,我们发现,汉语中四音节成分和双音节成分的对立显著度明显弱于单双音节对立的显著度。我们所指的是,在语感上,很多例子是否成立可能值得再斟酌。四音节成分和双音节成分的对立,弹性更大,在语流当中,双音节成分可以拖长,四音节成分可以快读,很多我们认为不合格或是不自然的句子,通过这种变换语速的方法,可能就能提高可接受性。本文牵涉的很多现象,很可能只是一种倾向,不是能说不能说的问题,而是语料出现频次多寡的问题。到底是否如此,值得更多的研究。

汉语用音节数目的选择作为表达语法意义的一种重要手段,是汉语在语法上区别于印欧语的一个重要特点。多年以来,汉语韵律语法研究一直在节律音系学(metrical phonology)、韵律构词学(prosodic morphology)和韵律音系学等西方理论的背景下开展,但四音节成分独特的句法语义性质,很难套用现成的西方音系学理论。这突出

① 本文希望突出四音节成分和双音节成分的分布差异。可是,当我们强调这种差异,并希望这种音节数目的差异会造成句法合格性差异时,我们找出的四音节成分,要么在语法上是凝固性的,要么就是被嵌入一个事先设定的“模板”(template)。在这种情形下,本文所说的四音节成分就趋同于“复二步”,内部的两个音步韵律上结合紧密。不过,按笔者的设想,像一般的 2+2 动宾结构,如“开采石油”等,也是本文强调的四音节成分。但是,要找出这种四音节成分和等义的双音节成分在分布上的对立,如“开采石油”和“采油”的对立,还不是一件容易的事。

说明汉语"音节—语素—字"的大致对应关系的重要性,说明汉语韵律语法研究的特有价值。这对于我们更深刻认识汉语语法本质有着重要的帮助,对于普通语言学理论的研究也有重要意义。

参考文献

董秀芳(1998),述补带宾句式中的韵律制约,《语言研究》第 1 期。

冯胜利(1998),论汉语的"自然音步",《中国语文》第 1 期。

冯胜利(2000),《汉语韵律句法学》,上海:上海教育出版社。

陆丙甫(1993),《核心推导语法》,上海:上海教育出版社。

陆丙甫(2006),论形式和功能的统一是语法分析的根本基础——兼谈转换语法的一些发展,《外国语》第 3 期。

陆丙甫、曹琳琳(2017),"浴缸效应"与多音节词音节时长,《汉语学习》第 1 期。

吕叔湘(1963),现代汉语单双音节问题初探,《中国语文》第 1 期。又载于《汉语语法论文集》(增订版),吕叔湘著,北京:商务印书馆,1984 年。

马庆株(1995),现代汉语词缀的性质、范围和分类,《中国语言学报》第 6 期。又载于《著名中年语言学家自选集·马庆株卷》,马庆株著,合肥:安徽教育出版社,2002 年。

沈家煊(2017),汉语"大语法"包含韵律,《世界汉语教学》第 1 期。

王冬梅(2014),从"是"和"的"、"有"和"了"看肯定和叙述,《中国语文》第 1 期。

王洪君(2000),汉语的韵律词和韵律短语,《中国语文》第 6 期。

王洪君(2004),试论汉语的节奏类型——松紧型,《语言科学》第 3 期。

王洪君(2008),《汉语非线性音系学》(增订版),北京:北京大学出版社。

王洪君、富　丽(2005),试论现代汉语的类词缀,《语言科学》第 5 期。

邢福义(1988),"NN 地 V"结构,《语法研究和探索》第四辑,北京:北京大学出版社。

张伯江、方　梅(1996),《汉语功能语法研究》,南昌:江西教育出版社。

张洪明(2014),韵律音系学与汉语韵律研究中的若干问题,《当代语言学》第 3 期。

周　韧(2007),信息量原则与汉语句法组合的韵律模式,《中国语文》第 3 期。

周　韧(2011),《现代汉语韵律与语法的互动关系研究》,北京:商务印书馆。

周　韧(2017),汉语韵律语法研究中的轻重象似、松紧象似和多少象似,《中国语文》第 5 期。

周　韧(2018),争议与思考:60 年来汉语词重音研究述评,《语言教学与研究》第 6 期。

朱德熙(1985),《语法答问》,北京:商务印书馆。

Hawkins, John A.(1994), *A performance theory of order and constituency*. Cambridge: Cambridge University Press.

Hawkins, John A.(2004), *Efficiency and complexity in grammars*. Oxford: Oxford University Press.

Nespor, Marina & Irene Vogel(1986), *Prosodic phonology*. Dordrecht: Foris.

Nespor, Marina & Irene Vogel(2007), *Prosodic phonology: With a new foreword*. Berlin: Mouton de Gruyter.

Selkirk, Elisabeth O.(1984), *Phonology and syntax: The relation between sound and structure*. Cambridge, MA: The MIT Press.

Selkirk, Elisabeth O.(1986), On derived domains in sentence phonology. *Phonology Yearbook* 3: 371 - 405.

Selkirk, Elisabeth O.(1995), Sentence prosody: Intonation, stress and phrasing. In John A. Goldsmith (ed.), *The handbook of phonological theory*, 550 - 569. Cambridge: Blackwell.

Selkirk, Elisabeth O.(2011), The syntax-phonology interface. In John Goldsmith, Jason Riggle and Alan Yu (eds.), *The handbook of phonological theory*, 2nd edn, 435 - 484. Oxford: Blackwell Publishing.

Truckenbrodt, Hubert(1999), On the relation between syntactic phrases and phonological phrases. *Linguistic Inquiry* 30: 219 - 255.

Zhang, Hongming(1992), *Topics in Chinese phrasal phonology*. PhD. dissertation, University of California, San Diego.

周韧,北京大学中文系　zhouren@126.com

(原载《世界汉语教学》2019 年第 3 期)